母性のディストピア

宇野常寛

集英社

目次

序にかえて　5

第1部　戦後社会のパースペクティブ　13
第2部　戦後アニメーションの「政治と文学」　42
第3部　宮崎駿と「母性のユートピア」　86
第4部　富野由悠季と「母性のディストピア」　138
第5部　押井守と「映像の世紀」　248
第6部　「政治と文学」の再設定　372

結びにかえて　475

註一覧　495
付記と謝辞　503
主要参考文献　506

装丁／池田明季哉

母性のディストピア

序にかえて

宮崎駿、富野由悠季、押井守——この本はこの国のアニメーションを牽引した作家たちについて論じたものだ。

なぜいま、アニメなのか。少なからぬ人々が疑問を抱くかもしれない。もはや現代はアニメを、サブカルチャーを語っていられる時代ではないのではないか、と。

たしかに現代は危機の時代だ。

EU離脱を決定したイギリスの国民投票（ブレグジット）、アメリカのドナルド・トランプ大統領の出現、そしてシリア内戦を契機とした新しい冷戦と、その延長線上にある第三次世界大戦の足音——昨2016年の世界をざっと見渡しただけでも既にそれは明白だ。

このグローバル／情報化の急速な進行と、そのアレルギー反応としてのナショナリズムの噴出によって再び歩みはじめた世界史下において、国内のサブカルチャーについて、しかもアニメについて語ることにどれほどの意味があるというのだろうか。かような情況下では、もはやアニメ「なんか」について語っている場合ではないのではないか。そう考える人も多いかもしれない。

だが私は逆に問いたい。

いまこの国の現実のどこに、本当に語る価値があるものが存在するというのだろうか。

難民を締め出し、移民に門を閉ざし、過ぎ去りし過去の成功の思い出に引きずられてグローバル化からも情報化からも置き去りにされたこの国のどこの誰に、世界の、イギリスの、アメリカの情況について述べる資格があるというのだろうか。

断言するが、いまこの国で現代の危機を、世界の激動を語ることは滑稽だ。

多文化主義の理想を支持しながらも、自らは移民を排除した中産階級の暮らす閑静な住宅地から半歩も出ない西ヨーロッパの戦後中流の陥った欺瞞について物憂げに語ることも、あるいは情報技術と市場から世界を変えると息巻いているアメリカ西海岸の起業家とエンジニアたちのヒッピーゆずりの楽観主義とユートピア思想の欺瞞について嘆息まじりに呆れてみせることも簡単だ。しかしこうした「安全に痛い」批評を饒舌に述べて安心するその前に私たちはこうした世界の潮流についてこの国で語ることの滑稽さにもう少し敏感になってもいいはずだ。

まずは自分の足元を見てみるといい。

気がつけばこの国は完全に閉塞し、時代から取り残されている。

この四半世紀で政治的にも経済的にも二流国に転落したこの国は、「歴史の終わり」を嘲笑うかのように再び歩みを、それも誰もが望まないかたちで始めた国際社会の舞台に上がることも許されていない。

この国の政治は茶番と化して久しく、経済においてはかつての工業社会下で「ジャパン・アズ・ナンバーワン」と呼ばれた頃の肥大した自己像を引きずった人々が、さして何かを生むこともなく横たわりながら壊死を待っている。

いわばこの国とこの社会は座して死を待つだけの情況にありながら、そのことから目を逸らしているのだ。

こうして「失われた10年」を20年に更新し、さらに30年に延長しようとしているこの国の経済のどこに語る価値があるというのだろうか。

二十五年間に希望を一つ一つ失つて、もはや行き着く先が見えてしまつたやうな今日では、その幾多の希望がいかに空疎で、いかに俗悪で、しかも希望に要したエネルギーがいかに厖大であつたかに啞然とする。これだけのエネルギーを絶望に使つてゐたら、もう少しどうにかなつてゐたのではないか。

私はこれからの日本に大して希望をつなぐことができない。このまま行つたら「日本」はなくなつてしまふのではないかといふ感を日ましに深くする。日本はなくなつて、その代はりに、無機的な、からつぽな、ニュートラルな、中間色の、富裕な、抜目がない、或る経済的大国が極東の一角に残るのであらう。それでもいいと思つてゐる人たちと、私は口をきく気にもなれなくなつてゐるのである。[*1]

これは三島由紀夫がその自決の前に遺した遺言的なエッセイからの抜粋だ。三島がこの遺言を記した1970年から半世紀を迎えようとする現在、情況は三島が想定したものよりも圧倒的に深刻だと言わざるを得ないだろう。たしかにこの国は無機的で、からっぽだ。言葉の最悪の意味においてニュートラルでも、中間色だとも言える。そしてもはや富裕でも、抜け目なくもなくなったため経済「大」国の地位からは実質的に転落している。

三島が〈それでもいいと思つてゐる人たちと、私は口をきく気にもなれなくなつてゐる〉ように、私もまたこの現実に語る価値を見出せない。

もちろん、その滑稽さを克服するためにこそ、私たちはこの現実について肉薄すべきなのだ、と考えることはできるだろう。だが、それは想像力の要らない仕事に人生の限られた時間を投入することを意味する。

実際にこの国の言論は、この貧しい現実に引きずられるかたちで貧しいメッセージしか発信することができなくなっている。具体的にそれはこの国の耐用年数を過ぎたシステムの弊害を指摘すること（政治）と、グローバル／情報化の波に流されることなく器用にバランスを取るべきと述べること（文学）だ。そして実際にあの震災からこの国はこうした空疎な言論だけを反復してきただけのように思える。

誤解しないでほしいが私はこうした貧しい現実に対応した貧しい言論たちに特に反論はない。むしろ逆でそのメッセージの内容そのものには完全に共感しているとすら言える。ここでの前者（政治）はマイナスをゼロにするためだけのバケツの底に空いた穴を塞ぐ作業のようなものであり、後者（文学）は夏に増す熱中症への警鐘として水分補給の重要性を訴える啓蒙活動のようなもので、こうした一般論の類には意義のある反論の可能性も必要性もない。当然バケツの底の穴は塞ぐべきだし、夏期の水分補給には気をつけるに越したことはない。

しかし、だから何だというのか。

私が絶望しているのは、第一にこの絶望的な現実そのものに対してであり、そして第二にはその現実から目を背け事実上無内容な常識論を表面的に取り繕うことしかできていないこの国の言論に対してだ。

そう、私たちは目を背けるべきではないのだ。もはやこの国で現実に起こっていることの全ては茶番であり、それが茶番であることを指摘することしか語るべきことは存在しない。この現実から私たちは目を背けるべきではないのだ。

だから私はここで一度、現実について語ることをやめようと思う。徹底的に虚構について、サブカルチャーについて、アニメについて考えたいと思う。

そもそも、一度冷静になって考えてほしい。

この国のあまりに貧しい現実に凡庸な常識論で対抗することと、宮崎駿、富野由悠季、押井守といった固有名詞について考えることと、どちらが長期的に、本当の意味で、人類にとって生産的だろうか。想像力の必要な仕事だろうか。

安倍晋三とかSEALDsとかいった諸々について語ることと、ナウシカについて、シャアについて語ることのどちらが有意義か。答えは明白ではないだろうか。

何もかもが茶番と化し、世界の、時代の全てに置いていかれているこの国で、現実について語る価値がどこにあるというのだろうか。いま、この国にアニメ以上に語る価値のあるものがどこにあるのだろうか。

それは君が怠惰なだけだ、貧しい現実に対峙する勇気をもたないだけだと、指弾されるかもしれない。しかし断言するが私はこの手の想像力の要らない仕事から逃げたことは一度もない。

膨大な中傷と嫌がらせを受けながらも自主媒体を10年間運営し続け、毎週死んだ魚のような目をしながらそれが茶番であることを伝えるためだけにテレビワイドショーに出演し、保守政治家と共著を出版して左翼知識人から罵倒され、ヘイトスピーチと歴史修正主義を批判して右翼街宣車の類に仕事を妨害されながらもそれを放棄しないのは、それでもそれがこの国に必要なことだと信じているからだ。この国にはもう希望はないのだと、安全圏からつぶやいて共感を集めるような生き方を選ぶべきではないと考えたからだ。

私はこのバケツの底に空いた穴を塞ぐ仕事から、想像力の要らない仕事から逃げたことはただの一度もない。

しかし、もうたくさんだ。

もう一度断言する。いまのこの国に本当の意味で語るに値する現実は一つも存在しない。この国の現実に想像力の必要な仕事は一つもない。

だからこの本では徹底して虚構について考える。サブカルチャーについて、アニメについて考える。この国の戦後という時代の中で奇形的な発展を見せた商業アニメーションの想像力を通じて考えることから全てを始める。

アニメーションという純度100パーセントの虚構の世界にこそ結果的に露呈していた時代の本質を拾い上げること。そして、戦後アニメーションを牽引してきた天才たちがその本質にいかに対峙したかを論じること。これらの作業を通して、初めて私たちは現代の、本当の問題に接続することができるのだ。

こうしているいまも、世界中で奇妙な存在感を放っている戦後の商業アニメーションの想像力――それは、単純に考えれば文化鎖国的な戦後社会と、肥大した情報環境のもたらした時代の徒花《あだばな》にすぎない。しかし、その徒花が見せた奇形的な発展の中で展開された想像力を使うことで、今日の暗礁に乗り上げた情報社会をこれまでとは異なる角度から捉え直し、また、脱出口を模索することができるのではないか――本書はこうした思考実験をまとめた本だ。同時にこの国の戦後という長すぎた時間とその終わりについて論じた本だ。そしてさらには、現代における世界と個人、公と私、政治と文学の関係について思考したものでもある。

恐らくは多くの人が、この三つの問題はそれぞれ独立したものだと考えるだろう。

しかし、この三つの問題は根底の、それも本質的な部分で接続されている。いや、接続することで初めて見えてくるそれぞれの本質がある。本書はこうした確信の下に書かれている。

圧倒的な彼我の距離を言葉を用いて破壊し、ゼロにすること。遠く離れ、本来はつながらないはずのものを、つなげること。それが批評の役割だ。

だから本書の読者の何割かはアニメ評論だと思って読み始めたら、抽象的な社会論が始まって面食らうかもしれないし、逆に戦後論に関心を抱いて手に取ったところアニメーションのことが延々と論じられていて愕然とするかもしれない。さらに言えば、恐らくこの本が発売される２０１７年現在の国内において、私を知る人間の大多数がテレビワイドショーのコメンテーターとして認識しているはずであり、批評文を発表していること自体が奇異に映るかもしれない。

しかし、私があの場所で語っている言葉にもし少しでも引っかかるものがあれば、本書を手にとってもらいたい。もし、私があの場所で紋切り型の思考から自由であるとするのなら（そうでありたいと常に意識しているのだが）、それは私がこうして虚構を通じて現実を考えてきたからに他ならず、こうしてつながらないはずのものをつなげて考えてきたからに他ならない。

いま、この国でものを考えることは多大な苦痛を伴う作業だ。

こうした情況下に必要な言葉は、事実上無内容な20世紀的イデオロギー回帰へのアジテーションでもなければ、消費／情報社会に適応するためにバランスを取って生きるべきだという程度の常識論を哲学と社会学の言葉で装飾した耳当たりのいい文化論でもない。ましてや、西海岸への劣等感を丸出しにしたイノベーションと人生戦略（！）の教科書でもないだろう。それが、本書が現在を見つめ未来を提起することからではなく、過去に立ち返ることから始まる理由だ。

この絶望的に空疎な情況は、いかにして生まれたのか。その解除のためにはまず、その成立について考える必要があるのだ。そしてその成立の背景に存在する目に見えないものについて考えるために、戦後アニメーションの巨人たちの想像力を借りる。それは考えてみれば、自明なことなのだ。

世界には虚構だけが捉えることのできる現実が存在する。これはこの逆説を信じることができる人のための一冊であり、そしてまだ信じられないけれど、信じてみてもいいかもしれないと考えている人のための一冊だ。もし、信じられないし信じてみたくもない、という人はこう考えてはどうだろうか。（自分には信じられないことだが、確固として存在する現実として）人間はなぜ、目に見えるものよりも目に見えないものに動かされるのか、と。

では、想像力の必要な仕事を始めよう。

第1部　戦後社会のパースペクティブ

1　二つの「戦後」から

あの決定的な敗戦から70年後にあたる2015年の夏、この国は二つの言葉、二つの思想、二つの物語に引き裂かれていた。

安全保障関連法――通称「安保法制」――をめぐり国会は紛糾し、反対派のデモが国会議事堂を取り囲んだ。そしてメディアではこの半世紀以上飽きるほど反復されてきた憲法9条をめぐる議論が性懲りもなくまた、反復されることになった。その反復の中で、二つの言葉、二つの思想、二つの物語は表面的な対立関係と実質的な共犯関係によって奇妙にゆがんだ関係を結んでいた。

【A】

アメリカの核の傘に守られ、自らは一滴の血も流さずに平和を謳歌する「永遠の12歳」の国家・日本。いまこそ私たちはその欺瞞を排し、「普通の国」として成熟するために、憲法9条を改「正」しなければならない。たとえそれがアメリカの暴力を肯定することにつながっても、その罪と痛みを対等な立場で共有することでしか、倫理的であることはできないのだ。

【B】

憲法9条が掲げる理想はたしかに偽善的かもしれない。しかし現実主義という名のイデオロギーを振りかざしてなし崩し的に暴力を肯定する勢力が跋扈する現代において、この偽善をあえて選択することが最大の批判力となるのではないだろうか。憲法9条を死守することで、日本は自覚的に偽善を選択する国家として再出発すべきなのだ。

【A】と【B】はそれぞれ戦後民主主義批判とその反批判として、半世紀以上反復され続けてきたいまやテンプレートと化した思考である。

もちろん、現代においてこの二つの主張はともに政治的な実効性の観点からは問題外の空虚な精神論の域を出ない。しかし、それゆえにこうした現実と切断された物語がこの国の社会において半世紀以上も支配力を保ち続けてきたという事実から私たちは目を背けるべきではないだろう。重要なのはこれらが愚かであることを指摘することではなく、なぜこの愚かさが必要とされたか、だ。

この国の戦後という長すぎた時代は同時に「もはや戦後ではない／あってはならない」という言葉とともに常に語られてきた時代でもあった。「もはや戦後ではない」というキャッチフレーズが新聞の紙面に躍った復興期の終わりから、「戦後レジームからの脱却」を掲げる現政権の時代まで、戦後とは来るべき成熟した国家に移行するまでの、「12歳の少年」に許された仮免許の時代であり、遠からず終わるもの／終わらせるべきものであるという意識を誰もが共有したまま半世紀以上の時間を浪費してきた時代だったのだ。

そして、問題はその戦後を終わらせるための通過儀礼として提示されていた像が、奇妙な分裂を見せていたことだ。

まるで同一の人間の精神の中に二つの異なる人格があるように、戦後日本では建前論的に形式化されたアジアの被害者への謝罪と、本音としての政治家の歴史修正主義的な「失言」が反復される。それは国家という擬似人格がその同一性を保つためにこそ、建前と本音を分担して使い分けているからに他ならない――。これは加藤典洋が戦後半世紀の節目の年にあたる1995年に雑誌に発表した『敗戦後論』で行ったこの「二つの戦後」に対する分析だ。

55年体制下の自民党と社会党の、偽悪的な本音（アメリカの核の傘に守られた経済発展の結果的な肯定）と、偽善的な建前（その成果を受け取りながらもサンフランシスコ体制を批判する平和主義）との役割分担がそうであったように、そして当時出現した戦後中流家庭の多くが選挙においては批判票を社会党に与えて抑圧としながら執政では自民党の政権を是認するという建前と本音を使い分けていたように、この戦後という時代を代表する二つの主張は、表面的には対立しながらも実質的には役割分担として共犯関係を結んできたのだ。

そして、加藤はこの建前と本音の分裂、国家という擬似人格の精神分裂は、敗戦の屈辱からの自己回復のために日本社会に必要とされたものなのだと主張し、この分裂を再統合するための国民的な物語（歴史認識の再構築）の必要性を主張する。[*1]

しかしここでは一度その前に、戦後日本を呪縛するこの二つの思想の表面的な対立と実質的な共犯関係の裏側にあるものについてもう少し踏み込んで考えてみたい。

私がここで注目したいのはむしろ戦後日本がこの実質的な共犯関係によって、ある一つの決定的な成熟観に支配されていたことだ。

【A】と【B】、戦後民主主義批判とその反批判という二つの物語は、ともにこの戦後という長すぎた偽りの時代を国家としての正しい成熟をもって終わらせるべきだ、という前提を共有している。そして、その前提の共有によって両者は実のところは全く同じ論理をもって成立している。その論理とは「あえて」偽善／偽悪を引き受けること、つまり、無垢なる状態から偽りを「あえて」引き受けることが国家としての成熟に、戦後レジームの解体につながるという論理だ。

そう、戦後民主主義批判【A】とその反批判【B】という二つの物語、二つの思想は政治的な立場を異にしながらも、実は同じ人間観に、もっと言えば成熟観に基づいているのだ。

例えば戦後民主主義批判【A】を代表する思想家であった江藤淳は、この両者の共犯関係を「ごっこ」というキーワードで批判する。曰く、保守の主張する対米従属による経済的繁栄とリベラルの主張する護憲による一国平和主義はともに対米従属の、アメリカの核の傘への依存によって初めて可能になる「ごっこ」にすぎない。したがって両者は表面的な対立関係とは裏腹に実は共犯関係にある、とする。[*2]

江藤はここで対米独立と自主防衛の必要性を述べ、その延長線上に改憲を、自主憲法の制定を主張するのだがここで重要なことは、こうした対米自立論が（今日においてはともかく）当時（1970年）の冷戦下においては全くリアリティを伴わないものであった点にある。ここで江藤はいわば、現実と切断されているがゆえに成立する理想主義を説いているのだ。まるで、彼の敵視するリベラル勢力が戦後民主主義のアメリカの核の傘に依存した一国平和主義を、現実のある部分を隠蔽することで世界平和と喧伝したように。

ここに出現しているのは現実と切断された理想が、虚構の理想だけが真正な理想であるという欺瞞に満ちた逆説だ。そして江藤の自意識とは裏腹に、この逆説は戦後民主主義の精神を体現すらしているだろう。現実主義と理想主義を対置し、現実と切断された理想だけが真正であるという逆説は、徹底して私的であることが逆説的に公的であるという戦後民主主義の精神の変奏なのだ。

江藤の批判は対米従属を対等な同盟と錯覚すること――強者と同一化することで自らを強者と錯覚すること――に向けられている。しかし、その一方で自身の対米独立論が現実から切断された理想にすぎないことにもおそらくは自覚的であったと思われる。「ごっこ」遊びを終わらせることができないことを、江藤が理解していなかったとは思えない。しかしそれでも江藤はそれが「ごっこ」遊びにすぎないことを指弾する。江藤は現実的な解を示すことができないにもかかわらず、いや、だからこそより徹底された「ごっこ」遊びを提示するのだ。江藤の実質的なメッセージはそれが「ごっこ」遊びでしかないことを自覚せよ、ということにすぎない。その欺瞞を、悪を、より自覚し、「あえて」より徹底した「ごっこ」遊びを志向せよ――それが戦後における成熟につながる、と述べているのだ。

江藤はこの戦後的な成熟の問題をもっとも明確に言語化した文学者でもあった。〈喪失感の空洞のなかに湧いて来るこの「悪」をひきうけること〉――それが、江藤の考える「成熟」の定義だ[*3]。江藤の述べる「悪」とは何か。それは、それが偽りであることを自覚したうえで「あえて」という態度のことに他ならない。つまり江藤はこの成熟をもたらす喪失に、戦後日本の偽善／偽悪性を自覚的に引き受けることを見出していた。戦後社会の虚構性に自覚的であること、それが江藤が捉えた戦後的「成熟」の回路なのだ。

だとすると、戦後日本においては政治的（公的）には対立するものが、文学的（私的）には同質なものとして機能することになる。江藤の戦後社会論は戦後民主主義批判【A】の立場から展開されたものだが、同様の論理を【B】の立場の主張から抽出することも容易である。

戦後日本の憲法には、「戦争の放棄」という項目がある。それは、他国からの強制ではなく、日本人の自発的な選択として保持されてきた。それは、第二次世界大戦を「最終戦争」として闘った日本人の反省、とりわけアジア諸国に対する加害への反省に基づいている。のみならず、この項目には、二つの世界大戦を経た西洋人自身の祈念が書き込まれているとわれわれは信じる。世界史の大きな転換期を迎えた今、われわれは現行憲法の「戦争の放棄」の理念こそが最も普遍的、かつラディカルであると信じる。われわれは、直接的であれ間接的であれ、日本が戦争に加担することを望まない。他国がそれを強いることも望まない。われわれは、「戦争の放棄」の上で日本があらゆる国際的貢献をなすべきであると考える。

われわれは、日本が湾岸戦争および今後ありうべき一切の戦争に加担することに反対する。[*4]

これは1991年の湾岸戦争勃発時に発表された柄谷行人、いとうせいこう、高橋源一郎、中上健次など「文学者」有志による「湾岸戦争に反対する文学者声明」の一部だ。2017年の現在に通読すると、これがアメリカの核の傘の下で実現する一国平和主義に無自覚に依存しながら、自国の派兵拒否と世界平和を安易に同一視する愚劣で倫理を欠いたパフォーマンスだと受け取られることは避けがたいだろう。しかし、ここで指摘したいのは当時から既に批判されていた「文学者」たちの愚劣さ（実効性のなさ）と非倫理（紛争地域の見殺し）ではなく、むしろ彼らがその愚劣さから目を背けるために、「あえて」偽善性を引き受けるという主張を採用していたことだ。

この「声明」には原型となった草案があり、その草案には声明の発起人のうち川村湊、中上健次、島田雅彦による以下に引用する文章が添えられていたという。この付記にこそ、私たちは戦後民主主義者とその批判者が共有する成熟観をもっとも色濃く認めることができるだろう。

こうして列挙してみると、いかにも白々しく、偽善的に響くので、思わず苦笑いしてしまった。いずれもすでに世界の到るところで起きてしまっていることを自分は認めないと宣言しているだけのことで、「反対する」の四文字は空虚に空しく響く。だからといって、ニヒリストになってみても始まらない。[*5]

ここで彼らはその愚劣さ（運動の効果が見込めないこと）と非倫理性（事実上は一国平和主義に居直り紛争解決への努力を放棄しつつ、それが世界平和への発信であると騙ること）にある程度は自覚的だ。そして自覚的だからこそ、その現実から「あえて」目を逸らし愚劣な振る舞いをすることに価値を見出している。ここでは現実的には無価値であることこそが、理念的な価値を生むというアイロニカルな態度が取られている。現実に接続し作用することではなく、切断され作用しないことこそが真正な理念の条件と、成熟の条件とされているのだ。これはかつて江藤が述べた成熟の条件——それが空位であるからこそ、玉座を守る——と何ら選ぶところはない。それは虚構にすぎない。だからこそそれを自覚した上で演じよ、という論理形式において、江藤のそれと柄谷らのそれは完全に同一であり、この戦後的アイロニズムとも呼ぶべき精神性は戦後文学の「第三の新人」たちの諸作品や戦後日本の成熟観を論じた江藤淳から、湾岸戦争への反対署名を経て震災後の反原発／反安保デモを称揚する柄谷行人まで完全に通底しているのだ。[*6]

そう、ここに表れているのは戦後日本をその政治的な立場を超えて呪縛してきた成熟観だ。それが偽りであることを自覚しながらも「あえて」引き受けること——日本にとっての戦後とはそれ（戦後的なアイロニーの内面化）が社会的存在としての成熟である、と考えられてきた時代だったのだ。

「あえて」偽善／偽悪を引き受けること、その虚構性を自覚しながらも演じること、空位の玉座を守ること。こうしたアイロニーを通過することによって獲得されるものが、戦後の「成熟」であり、さらには「世界と個人」「公と私」の関係だった。これが「徹底して私的であることが逆説的に公的なものにつながる」という戦後民主主義そのものの命題だった。

2 「政治と文学」再び

私はかねがねこの問題について言つてゐるやうに、文学を生の原理、無倫理の原理、無責任の原理と規定し、行動を死の原理、責任の原理、道徳の原理として規定してゐる。芸術が生の原理であり、無責任の原理であり、無倫理の原理であるといふ点については、彼らと私との芸術観について は相隔たるところはない。しかしながら、行動が死の原理であり、責任の原理であり、道徳の原理であるといふ点について、まさにその点についてこそ彼らとわれわれとの思想的対立があらはにされるのである。[*7]

これは「政治の季節」が終わりを迎えようとしていた1969年5月13日、当時既に「楯の会」を中心とした右翼活動に邁進していた三島由紀夫が、東大全共闘の有志と交わした議論を経て、その総括として自ら書き遺したものの中の一節だ。

ここでいう「彼ら」とは三島と議論したその東大全共闘の有志たちのことで、三島に対した学生たちはこのとき、三島がその小説で用いる天皇というモチーフは作品内でこそ三島の文学を支える回路として存在し得るものの作品外においては戦前の国家主義と結果的に結びつくものとしてしか機能しないのではないか、と投げかけた。

ここでの「政治」は公的なことを、「文学」は私的なことを指す。「政治と文学」の問題とは個人が世界の中に自分をどう位置づけるのか、という問題、つまり「世界と個人」「公と私」との関係性の問題のことを指し、そして20世紀半ばの日本は、敗戦によってこの「政治と文学」の関係性が大きく変化した時代でもあったのだ。

かつて「政治と文学」という問題設定が戦後文学において試みられたことがある。このとき、そこではマルクス主義に代表される政治的なイデオロギーから文学表現は自由であるべきか、自由でいられるのか、といった問いが主に検討されていたわけだが、この時点で既に「政治と文学」の問題は文学表現の自由をめぐる問題である以上に、個人が世界とどう関わるべきかという問いに変奏されていたのだ。

このとき東大全共闘の学生たちは、(好意的に解釈すれば)三島の陥った「政治と文学」の断絶を批判している、と言えるだろう。実際は三島の反動的態度への難癖じみた批判という側面が強かったと思われるが、言い換えればそれは「政治」から遊離した「文学」の脆弱さを指摘したものでもあったはずだ。果たして「政治(公的なもの)」と断絶した「文学(私的なもの)」は表現それ自体としての強度を持ちえるのか、という古くて新しい問題をここから抽出することができる。

これに対する三島の事後の回答が引用部にあたる。そして、三島は自分にとっての「政治と文学」の関係は、学生たちの考えるような単純なものではない、と主張する。

したがつて彼らが私の行動の矛盾を衝くことは不可能であつて、私にとつて生の原理と死の原理が一体化し、そして一連のものとして、かつ相表裏するものとして私の中で私の肉体と精神に溶け合つてゐるならば、彼らもそのやうな矛盾を自己の内部に包摂するところに行動原理を見つけ出してゐるのでなければならない。この二つの原理がお互ひに行動の根本動機になるのであるとすれば、われわれは同じ行動様式によつて反対側の戦線で闘つてゐるといはなければならないのである。

ここで三島は「文学」と「政治」は異なる原理をもって存在するもの（生の原理／死の原理）だとしながらも、その原理的に相容れないはずの二つのものが否応なく結びついてしまうという矛盾こそが、自分のあらゆる活動を支えるものなのだと述べている。三島にとって「政治」も「文学」もそれ自体で成立するものではなく〈二つの原理がお互ひに行動の根本動機になる〉ものだった。原理的に断絶しているはずの政治と文学が、「にもかかわらず」否応なく結びついてしまう。少なくともそれを結びつけることへの欲望が拭い去れないものとして存在する。戦後民主主義の精神が「徹底して私（文学）的であることが、結果的に公（政治）的である」という逆説によって成り立っていることに起因することを考えれば、三島もその自覚よりも深いレベルで「戦後」の文学者だったと言えるだろう。

戦後とは、「文学」的（私的）であることを通して逆説的に「政治」的（公的）である、という論理的に成立し得ないはずの命題を、さも成立し得るかのように振る舞うこと、仮構すること、演じることが要求された時代であり、その擬制に、虚構性に自覚的であることが成熟（江藤淳）、芸術（三島由紀夫）の成立条件として機能したのだ。

言い換えれば戦後とは「政治と文学」の「政治」が「アメリカの影」によって機能しない時代だ。

本当は成立していない「政治」をさも成立しているかのように振る舞うことで維持される社会――それが戦後だ。そして「公」との関係なくして「私」が定義できないように、「政治」が成立しなければ「文学」も成立しない。少なくとも三島はそう考えた。その結果、三島は自らの身体を、生活を、政治活動を、全て虚構化することでこの情況に対抗しようとした。政治〈公〉のレベルと文学〈私〉のレベルがどちらも虚構化されていれば、虚構の中に完結した「政治と文学」の、つまり「生活と芸術」の関係が成立する、そう三島は考えていたふしがある。しかし、その「実験」の結果は、広く知られているように三島の確信犯的な自滅に終わった。

近代とはそもそも公的な空間という舞台に立ち市民という役を演じる演劇に他ならない。しかし、近代日本という未完のプロジェクトはそもそもその舞台自体が成立しない。台所や納屋といった生活の現場に妖怪たちを日常的に幻視するこの虚実の皮膜の融解した国においては、舞台と客席を切断する力が機能しない。その意味において、この国における公的なもの、政治的なものは二重に虚構である。そして、戦後というこの長すぎた時間にいたっては、主権者たる国民が〈「アメリカの影」の下に〉近代的な市民を演じることすら許されない。したがって戦後日本における成熟とは、その不可能性を自覚すること、その舞台それ自体が成立していないことを自覚した上で演じること、という二重の虚構性を通過したアイロニーをその内面に備えることとして存在した。だからこそ三島は「政治と文学」を〈二つの原理がお互ひに行動の根本動機になる〉ものだとしたのだ。政治レベル〈公的なもの〉の虚構性に自覚的であることでしか、戦後下における文学レベルの構造を理解することはできないからだ。三島が身体改造や自邸の構築、「楯の会」に代表される政治活動などを通じて、一貫してその実人生をつくりもので、イミテーションで塗り固めていたことは有名だが、これまでの議論にひきつければ三島は戦後日本に対して、そこに生きる文学者としての自身の生物的／社会的身体をもっ

て して批評的介入を試みた、とも言えるだろう。
この三島の自決に際して西尾幹二は「文学の宿命——現代日本文学にみる終末意識」と題した長編評論を発表している。

従って政治的な次元で言えば、「全共闘」の運動も、三島氏の率いる「楯の会」もともに有効性をもたないが、政治を倫理の次元で考える立場から言えば、どんな行動も今の日本の現実の内部では政治的な有効性を発揮することはないという自覚を確認したという点で逆説的な意味があるのである。つまり個人倫理の立場で政治的に何を企てても、それが真剣であればあるほど遊戯性を帯びざるを得ないような生ぬるい、泥沼のようにぶよぶよした現実の内部に私たちが閉じこめられて生きているという事実を、誰の目にもわかるように、実験的行動で明確化したところに意味がある。〔中略〕政治はもはや個人のモラルにはなり得ない。どんな真剣も遊戯に終るというのではなく、遊戯以外に真剣などはあり得ないようなきわめて文学的な空間の中で、文学の非文学化が無気力にひろがっているというのが今の私たちの生きている現実なのである。[*8]

西尾が指摘するように、戦後という時代は、政治的（表面的）には対立する二つの運動が、文学的（実質的）には同一の構造によって成立していた時代だ。より詳細に述べれば、文学レベルでの同一性を隠蔽しつつ、さも政治的には対立するかのように振る舞うことで成立していたのが戦後社会だ。それが江藤の述べる「『悪』をひきうけること」であり、成熟のかたちでもあった。そして若き日の西尾はこの現実に自覚的であるがゆえに、無力感を表明している。文学的な背景をもたない政治（個人のモラルにはなり得ない政治）は空疎であり、また政治を射程に収められない文学もまた空疎だ。

加えて、ここで忘れてはならないのは、全共闘／楯の会がともに、表面的には政治的でありながらも実は文学的なパフォーマンスの域を出ないことを喝破していた西尾幹二が、その四半世紀後には「新しい歴史教科書をつくる会」の中心人物として【A】の立場から歴史修正主義運動を推進していくことになっていったという皮肉な事実だ。西尾もまた、その空疎さを自覚した上で演じることを（それも、最悪のかたちで）選んでしまった戦後日本人なのだ。

3　母性のディストピア

では、このような不毛な演技はなぜ反復されるのか。

近代の国民国家は国民の「父」として成人男性の擬似人格で比喩され、これら国民国家を支える成熟した国民（市民）もまた家長としての「父」として比喩されてきた。国民国家下では、世界と個人、公と私の関係は「政治と文学」の関係でもあった。国民国家下において、（少なくともある時期までは確実に）成熟とは国民（市民）としての成熟であり、「父」になることとして比喩されてきた。そこで、徹底して私的であることが（逆説的に）公的であるという戦後民主主義の命題下にあった文学者たちは、この逆説によって発生したアイロニーを、「父」性というモチーフを用い反復して表現してきた。

そして前述したように戦後的想像力における「成熟」像は二つのかたちが存在する。一つは偽悪的に「父」であることを表面的には主張しながら実質的には断念すること（「普通の国」としての成熟を表明しながらも、アメリカへの追従を重ねること）、もう一つは偽善的に「父」であることを表面的には拒絶しながらも、実質的には主張すること（平和憲法の遵守を標榜しながら、一国平和主義的に血まみれの繁栄を謳歌すること）だ。

ここでは前者は江藤淳、後者は村上春樹をその代表として例示しよう。そしてやはり、この両者の体現する精神性は一見正反対だが、実はほとんど同じ構造に立脚している。

『成熟と喪失』において江藤淳は安岡章太郎『海辺の光景』、小島信夫『抱擁家族』などの戦後文学を論じることで、その（戦後における）成熟のかたちを示している。江藤は前近代を「母」のゆりかごに包まれたユートピアとして、そして近代を誰もが「父」になるという呪縛に囚われたディストピアとして描写する。〈母の「圧しつけがましさ」は、流動性のある社会、あるいは誰でもが「騎兵」にになる可能性をあたえられている社会に生きる母の心に生じる動揺の表現である〉[*9]と定義する江藤にとって「母」とは前近代の運命論を、「父」とは近代の自己決定論をそれぞれ象徴している。

前近代において、「母」の使命は獣医の子を獣医として再生産することだった。しかし、近代の到来はこの「母」を取り巻くものを崩壊させた。獣医であった夫の子が騎兵にも学者にもなり得る世界＝近代の出現によって、「母」の役目は獣医である夫を恥じてその子を騎兵に育てあげることとなり、さらには彼女たち自身が騎兵にも大学教授にもなれる自由、つまり「母」であることを拒否する自由をも手にしたのだ。

その結果として「母」は「圧しつけがましさ」をもつようになる。「母」は自己決定論が支配する近代に怯え、運命論に支配された前近代へ回帰しようとする。あるいは、過剰に適応すべく過度に夫を恥じるようになる。前者が『海辺の光景』の主人公の母であり、後者が『抱擁家族』の主人公の妻（時子）だ。そして、母（妻）たちはこの動揺に耐えられず崩壊していくことになる。

江藤はこの「母」たちの崩壊に感傷的な視線を寄せる。そして、「母」の崩壊による喪失を成熟の条件とする。「母」の崩壊による喪失を受け入れること、「母」を崩壊させる欺瞞を、悪を、戦後社会を自覚した上で受け入れることとしてその成熟は定義される。この悪を引き受けた存在を、成熟を経た存在を江藤は「治者」と呼んだ。それは裏返せば同時に江藤の考える「治者」としての成熟には崩壊すべき「母」が必要とされることを意味した。

江藤淳には『成熟と喪失』と並行して書かれた「日本と私」というエッセイがある。これは江藤がアメリカ留学から帰国後の生活を綴ったものだが、同作は江藤が夫人に対する家庭内暴力を告白していることで知られている。

> それにしてもなぜあざができるほど殴ったのだろう? 「楽しくなれ、楽しくなれ」と相手を殴っているのはこっけいな話だ。殴られて陽気になる人間があるわけはない。私は家内を遠ざけ、暗くして行くなにものかと闘っているはずだが、それが家内のなかにあるものか外にあるものかがわからない。それともそれは私のなかにあるなにかなのだろうか。[*10]

もちろん、それは妻にではなく、江藤自身の中にあるものに他ならない。引用した文章はその痛切な自覚のもとに書かれたことは疑いようがないだろう。ここで江藤が妻を殴ることは、引用文の記述から分かるように自身の中にある満たされないものを吐き出す行為に他ならない。

大塚英志は『江藤淳と少女フェミニズム的戦後』で、この「日本と私」を論じている。[*11] 江藤がアメリカ留学によって、その（アイロニカルな）ナショナリストとしての側面を確認したことは広く知られている。それは文学レベルでは、「父」を演じること＝「治者」であることとして提示されるのだが、「日本と私」から確認できるのは、帰国後の江藤は「父」であることの確認のために、妻に対し依存的なアプローチを反復していたということだ。これらの記述から大塚は、江藤の妻は江藤の社会化――「父」＝治者を演じること――の生む世界との軋轢を引き受ける存在であったと指摘している。「日本と私」で江藤が半ば露悪的に告白するのは、まず留学時には誇るべき心のふるさととして確認できたはずの日本が、帰国時には色あせて見えたという現実だ。この色あせた、ハリボテのような戦後日本の現実の姿は、江藤の心を確実に蝕んでいく。少なくともこの社会で「政治と文学」の関係を文学の側から記述することは――アメリカ留学時に初めてそこにあると確認できた日本を根拠に世界と個人、政治と文学を接続することは――帰国後の江藤にはできなくなる。

その結果、江藤は「父」であるために「治者」であるために、妻と営む家を守ることを、家長としての自己実現を性急に求めることになる。ここで江藤の妻は、江藤に正しく守られるべき女性性を演じることを要求される。しかし、それは表面的には江藤による妻の庇護であるがゆえに、実質的には妻による江藤の庇護として機能している。こうして彼女は「もっと楽しくなれ」という極めて理不尽な要求のもと、江藤に殴られることになるのだ。

江藤淳にとって「治者」であることはその妻＝「母」への依存によって支えられていた。江藤は「治者」であること――政治的なもの、公的なものが二重に、いや三重に虚構であることを自覚した上で演じるというアイロニーを抱え込むこと――を戦後的成熟像として示していた。また、江藤の抱えていたこうしたアイロニーは、より正確にはアイロニカルな回路を稼働するために必要なコストは、家庭内の被差別階級に転嫁されていたのだ。まるで、この国の戦後の経済的繁栄が、アメリカの核の傘の下の「血まみれの平和主義」に支えられていたように。

そして江藤は依存対象である妻を失うと自らを形骸と断じ、自らその生涯を終えた。「誰でもが『騎兵』になる可能性をあたえられている社会」に「動揺」していたのは「母」ではなく、むしろその庇護下にあった江藤（の代表するその子たち）なのだ。「母」＝妻たちは、その「動揺」を転嫁され、受け止めていたにすぎない。そして「動揺」のコストを引き受けた彼女たちは「崩壊」し、「母」＝妻を失った江藤自身も崩壊した、のだ。

江藤はその虚構性に自覚的であること、自覚していながらもあえて「政治」が成立しているかのように振る舞うこと＝治者として振る舞うことによる戦後的成熟を全力で生きた批評家であった。そして江藤のこの治者としての矜持は実のところ極めて個人的な領域に支えられており、それを失った瞬間に瓦解した。戦後というアイロニーによって支えられた回路は、その破綻を反復し摩耗してきたのだ。

あるいは村上春樹について考えてみよう。この作家については前著『リトル・ピープルの時代』で包括的に論じているので[*12]、ここでの議論に関連する部分を簡単に紹介しよう。

村上春樹のそれは「父」であることを急ぎすぎた人々の過ち——先の大戦のもたらした大量死と、マルクス主義の帰結の一つとしての連合赤軍事件——に根ざしている。20世紀的なイデオロギーからの、近代的な「大きな物語」からの、「父」を演じることからの「デタッチメント」を時代への回答として選択した村上春樹は、このとき置き去りにされる正義の問題に回答するべく（具体的にはオウム真理教による地下鉄サリン事件を契機に）時代への「コミットメント」像を模索し始めた[*13]。

大きな物語が衰微し、消費社会が浸透し、価値相対主義が前面化すると、そこから解き放たれた人々は「何が正しいか／価値があるか」わからない宙吊り状態に耐えられず「自分の信じたいものを信じる」ようになり、その決断を相対化の視線から守るために小さな共同体に引きこもることになる。そして、その小さな共同体を守るために暴力性を発揮することになる。その端的な例が「発泡スチロールのシヴァ神」を信じる共同体を守るために、被害妄想的にテロに及んでいったオウム真理教である。

デタッチメントからコミットメントへ――それまでデタッチメントを倫理としてきた村上に対し、地下鉄サリン事件(が象徴する彼の想像力を超えた悪の出現)は、具体的なコミットメントの「モデル」を提示することを彼に要求した。ただ「やれやれ」と斜めに構えてデタッチメントしているだけではオウム的なもの――エルサレム賞の受賞スピーチで村上の言う(新しい)「壁」=システムの生む悪――に私たちは敗北してしまうからだ。ここにおいて村上は能動的なコミットメントのモデル(究極的には「暴力」)を提示しなければならなくなった。連合赤軍にもオウム真理教にもならず、それでいてこうした「悪」に対抗し得る新しいコミットメントのかたちを、村上は要求されることになったのだ。

ここで村上がその新しい「コミットメント」として提示するのが江藤のそれと酷似した女性に依存したモデルだ。『ねじまき鳥クロニクル』第3部の結末近く、主人公のオカダトオルは「夢の中で」義兄である綿谷ノボルを撲殺する。*14 オカダトオルが(夢の中で)綿谷ノボルを殺害したその同刻に彼の失踪中の妻・クミコは彼になり代わり入院中の綿谷ノボルを(現実で)殺害するのだ。

村上はそれまで、欠落を、傷を抱えた女性が「僕」を無条件に求め、その要求に応えることでの受動的なコミットメントの成就を、積極的に反復してきた。それが「デタッチメント」を堅持したままの「コミットメント」のかたちだった。しかし時代は村上にさらに一歩踏み込んだ能動的なコミットメントを求めた。

傷を抱えた女性=この「他者性なき他者」を用いた受動的なコミットメントは、「やれやれ」と構えた主人公の男性のナルシシズムを満たしてはくれるが、正義を執行し世界を変えることはない。そこで、『ねじまき鳥クロニクル』では一歩踏み込み新しい「コミットメント」＝新しい「悪」への対峙法が提示されることになる。

つまり男性主人公のナルシシズムの補完のために導入された「他者性なき他者」としての女性は、ここに来てついに男性主人公に代わって「悪」を誅殺するに至る。その結果、男性主人公＝オカダトオルは「悪」を滅ぼす自己実現を手にし、実際に「手を汚した」妻クミコは闇の世界に失踪したまま帰還しない。ここでは明確にオカダトオルのコミットメントの「コスト」をクミコが代わりに負っているのだ。

「父」になることなく、近代的な主体であることは可能か——デタッチメントからコミットメントへ、と村上の語るアイロニズムの記述もまた、江藤のそれと同じように成熟のコストを家庭内の被差別階級としての女性（妻＝「母」）に転嫁することで成立している。

村上のそれは、妻＝「母」に武器を預ける。例えば『ねじまき鳥クロニクル』において、主人公の妻は主人公に代わりコミットメントを代替する。主人公は自らの手を汚すことなく、コミットメントの手応えを享受する。そう、ここにおいて江藤の「治者」と村上の「デタッチメントからコミットメントへ」の構造は完全に一致する。それを演じることのコストを、性的に閉じた関係性を構成する想像力（対幻想）のレベルで処理（転嫁）する。

江藤／村上の根底にあるのは自分たちは「父」にはなれない、武器は持てないという諦念である。そのため、どちらも自分が偽物であることを自覚することで成熟する、という形式を取り、そしてどちらも性差別的な構造に依存している。前者は彼が「父」を演じるために自分の代わりに誰か（象徴的には母、妻、娘といった自分を無条件で肯定してくれる女性）が犠牲になってナルシシズムを下支

え し、後者は彼が「父」としての自己実現を実質的に得ながらも表面的には「父」にならない、と主張し得るために同様に女性が代わりに手を汚し「父」としての責務を果たす。

要するにどちらも「偽物であることを自覚すること」(アイロニー)のコストを、被差別者(多くの場合女性的なものに比喩される)に預けるモデルだ。自分たちは父になれない、不能である、父権的な権力性を拒否する、と主張することは容易だ。しかし人間は社会に否応なく接続されてしまう存在でもある。私たちは自動的に「父」にされてしまう。そのとき、私たちは多かれ少なかれ権力性を帯び、それを行使する。民主主義を、資本主義を生きるとは、社会的動物としての人間を生きるとは、不可避に「父」として機能することだ。江藤淳的であれ、村上春樹的であれ、私たちは父になれないのだと宣言することは「父」であることを深く、柔軟に受け止めることにはつながらず、むしろその責任を被差別階級に転嫁しているだけなのではないか。それが村上春樹論としての側面を強く持つ前著『リトル・ピープルの時代』での問題提起だった。

「彼」に無条件の承認を与え、そして「彼」がその共同体の外部に対峙するために市民(治者/戦後民主主義者)を演じるためのコストを、内部において被虐的に代替する、あるいは「彼」に代わって武器を取り、その外部に対峙し社会的自己実現の成果と快楽を持ち帰り、与え、そのコストはやはり被虐的に代替する——そう、彼らにとっての妻とは事実上の「母」的な存在に他ならない。偽悪と偽善、二つの戦後を支えた精神性はともに、妻を対等なパートナーではなく「母」と錯覚することで、さらにその「母」的なものへの依存と責任転嫁によって成立していたのだ。

世界と個人、公と私、政治と文学を結ぶもの。いや、近代日本という未完のプロジェクトにおいては常に結ばれたふりをすることでしかなかったのだが、このいびつな演技のために彼らが必要としたものは「母」的な存在だったのだ。

妻を「母」と錯誤するこの母子相姦的想像力は、配偶者という社会的な契約を、母子関係という非社会的（家族的）に閉じた関係性と同致することで成り立っている。

本書では、この母子相姦的な構造を「母性のディストピア」と表現したい。

これは、戦後日本における「政治と文学」のアイロニカルな関係が性的なモチーフを用いて表現されたものだ。ここで戦後民主主義者／治者は、無条件に自分を承認してくれる「母」的な存在に庇護されることで初めて世界と個人、公と私、政治と文学を接続することが、「父」になることができる。しかし、その接続は虚構のものだ。それは「母」の膝の上で甘えながら「父」になる夢を見ているに過ぎない。そして「父」になることを渇望する「12歳の少年」に甘い夢を見せるために、必要以上に肥大することを要求される「母」は崩壊していくことになる。

ここでは世界と個人、公と私、政治と文学のうち前者が後者に、世界の構造の問題が（男性的な）自意識の問題に回収されながらも、それが隠蔽され擬似的な関係を結んでいる状態にある。「母性のディストピア」の常態化によって、戦後日本における成熟とはこの擬似関係に自覚的でありながらそれに気づかないふりをして演じることを意味するようになったのだ。

そしてこの構造の成立の背景には、サンフランシスコ体制のもたらす「アメリカの影」とその結果発生した戦後民主主義的な精神文化が強く作用していた。それは政治的な決定に対して永遠に当事者であり得ないという呪縛と、徹底して私的であることだけが公的であることにつながるという逆説の化学反応の生んだ不幸な精神性であったと言えるだろう。あるいはアメリカという望まれぬ義「父」に怯える「12歳の少年」が、その影から目を背けるために義「父」から与えられた環境を「母」胎に読み替えていくための想像力だったとも言えるだろう。

世界と個人、公と私、政治と文学が「父となる」こと（成熟）で結ばれるのが近代社会だ。しかし

「アメリカの影」の中にある戦後日本において人々はそのいびつな不可能性に直面する。政治的なものに国民は究極的には当事者であり得ないにもかかわらず、そのことを公的に表明することを暗黙に禁じられている。こうして、肥大した母と矮小な父の結託＝「母性のディストピア」的な構造のもとに「政治」は虚構化され、「文学」の中に自己完結してきたのだ。

4 （肥大する母性としての）日本的情報社会

そしていま、こうして無反省に、いや形式的な自己反省のパフォーマンスを経て再強化され続けてきた「戦後」的なものがその成立から70年を過ぎた現在では決定的に変質しようとしている。

しかしこれは「母性のディストピア」が超克され、「政治と文学」の新しい関係が構築されたことを意味しない。起こっていることはむしろ逆だ。「母性のディストピア」構造は、この変質を経ることでむしろ強化されているのではないか。その結果として少なくとも「文学」レベルにおいてはいびつなかたちで成熟像の一つを提示することに成功していたはずのこの国は、相変わらず「政治」レベルにアプローチする術を持たないまま、いま、そのいびつな成熟像すら失おうとしているように思えるのだ。

冒頭に掲げた三島の「遺言」は来るべき消費社会への不吉な予感を記したものとして知られている。三島は自身の芸術を根拠付けていた戦後的アイロニーが、消費社会化によって摩耗することを予見していたのだ。しかし前述したようにこの国をめぐる情況は三島の絶望的な予言を超えたレベルで悪化している。

江藤の述べた、そして三島の実践した「政治と文学」のアイロニカルな関係性のもたらす「成熟」

は（「失われた20年」を経てもはや経済大国ですらなくなった）21世紀のこの国に存在していない。

あの決定的な敗戦から70年を経てもなおこの国を引き裂いている二つの「政治」の言葉の背後には、戦後期のそれが保持していたような「文学」の回路はもはや機能していない。彼らは何も「喪失」していない。いやそれが既に「喪失」されていることも理解していない。したがって〈喪失感の空洞のなかに湧いて来るこの「悪」をひきうけること〉はあり得ないのだ。

嘘だと思うのなら代表的なソーシャルネットワーク上の発言を幾つか検索してみるとよい。いまこの国の、戦後という耐用年数の過ぎて久しい回路の枠組みをめぐる言説は、その立場にかかわらずほぼ思考するためではなく、思考することを拒否するために存在していることが分かるだろう。いまこの国には一方には時代錯誤のナショナリズムに回帰することで矮小な自己の底上げを期待する卑しさが肥大し、他方には現実から遊離した愚劣な空論を理想主義と言い換え、自分探しを革命と言い換える卑しさが渦巻いている。

そう、こうしているいまも性懲りもなく反復された「政治」の言葉たちは、表面的には「戦後」のそれと酷似していながらも、その背景をなす「文学」の言葉はひどく空疎だ。現代におけるこの二つの言葉にはそもそも「あえて」振る舞うことを、アイロニーが成立することを許容する奥行きが存在していない。江藤の言葉に従えば、ここには成熟を可能にする喪失が存在せず、したがって喪失したものをさも存在するかのように、「あえて」振る舞うというアイロニーが存在していない。むしろ偽善／偽悪を引き受けること＝アイロニーの欠落として戦後70年を経た今日にこの二つの言葉は存在している。

いま、起きていることは、少なくとも表面的には間違いなくサンフランシスコ体制下の、55年体制下の、そして戦後社会下の言論の復古に他ならない。そして表面的には完全に同一でありながらも、いや表面的には同一であるからこそ決定的に異なっている。

敵を名指しして、拒否することで思考を放棄し、楽になること。それによって共同性を担保すること。それが情報社会下におけるかつて戦後中流と呼ばれた人々の国民的なライフスタイルとして定着しつつあるとすら言えるだろう。

このような情況を生んだものは何か。それはこの国の情報社会だ。江藤の考える「母」とは子の成熟を拒否し、子が自分のテリトリーの外部に脱出することを拒否し、政治と文学を切断する存在だった。だとすると、いまこの国は情報技術の（恐らくは甚だしく間違った運用が）生んだ新しい「母」に支配されている。かつての戦後的な「ごっこ」遊びに必要とされたアイロニカルな内面はもはや必要とされない。情報技術の支援によって、今や誰もが（内面を欠いた）江藤／村上的矮小な「父」として振る舞うことができる。もはや、この国の人々は戦後の文学者たちの反復してきたようなアイロニカルな物語を経ることなく、「父」になる夢を見ることができる。そう、戦後という長すぎた時代において、この国の人々は、「母」の膝の上で「父」になる夢を見続けていた。実質的に無意味な「政治と文学」の接続という「ごっこ」遊びを続けることができた。そしてその「ごっこ」の虚構性に自覚的になることでいびつな成熟を手にしていた。しかし、かつていびつな成熟をもたらしていたものはもはや必要とされていない。現代の情報技術は、この国の人々に、アイロニカルな内面を得ることなく「父」になる夢を見せる。日本的な情報社会の発展は私たち日本人の内面から戦後的アイロニーとその結果発生していたゆがんだ成熟のあり方さえも機能停止させてしまったのだ。

情報技術に支援されることによって、いま戦後的な「母性のディストピア」は解体されるどころか延命し、肥大している。いや、情報技術の支援によって、それはアイロニーを内包することなく機能するものに進化したとすら言えるだろう。いま、この国を（あるいは世界を）覆っている情報環境は巨大な、目に見えない、母胎のようなものだ。そこで人は目にしたいものだけを目にし、そして信じたいものだけを信じることができる。政治と文学は切断され、「父」として前者（政治）にコミットしたつもりになりながら情報環境という「母」に守られ後者（文学）の中に引きこもる。何の喪失感も、悪の自覚もないままに。かつて戦後日本を包みこんでいた母胎はサンフランシスコ体制の産物であった。しかし、冷戦終結から四半世紀を経た今日、この母胎は情報技術のつくり上げたネットワークに置き換わり、そして強化されている。

「愛国」を騙る歴史修正主義者とヘイトスピーカーに「あえて」偽悪を引き受ける内面は存在せず、文化左翼たちは考えるためではなく考えないために憲法9条を盲目的に、実質的な平和と安全の実現を度外視した次元で擁護している。戦後的な「母性のディストピア」は、情報技術の支援によって進化しているのだ。それも、より醜悪なかたちに。

かつて存在した戦後的アイロニーによって駆動されていた近代的成熟に至るいびつな回路はその機能を停止し、使い古されたイデオロギーを消費する内面を欠いた人々がこの国を埋め尽くしつつある。ここには江藤淳の（身勝手な）「母」への感傷さえも、村上春樹の（「安全に痛い」パフォーマンスとしての）「父」になることへのためらい程度のものさえも存在しない。「母」の傷つき得る身体は情報化によって傷つき得ない「環境」に進化し、そして人々は情報環境的に胎児のような全能感を手にし、そして幼児のように気に入らない玩具を床に叩きつけては壊しているのだ。

一見イデオロギッシュな、つまり特定の物語を盲信してしまっているかのように見えるこれらの内面を欠いた人々だが、実のところ彼らはいたって非物語的な存在だ。

彼らがしばしば展開する（自分たちがGoogleで5分検索して見つけてきた）○○という資料の○○という部分が事実ならば、朝日新聞／安倍政権が主張してきた○○の証言はウソだ、といった類の粗探し的な批判は、半ばパズルのようなゲームであり、ほとんど非物語的な情報戦と化していることは明らかだ。彼らは、こうした情報戦をほぼ向精神薬のように、それも常用していると言えるだろう。日本社会は朝日新聞／安倍政権が象徴する「左翼メディア」「反日勢力」／「保守勢力」「国粋主義団体」の陰謀によって悪い方向へ傾いており、その陰謀を情報戦上で暴きだして謝罪させればその影響力を低下させ社会は良くなる――そんな「陰謀論」を平気で口にする人々も少なくない。村上春樹はその処方箋の提示には失敗しているが、診断そのものは的確だったと言えるだろう。

いや村上の想定した事態――物語回帰の氾濫による新しい排除の論理の発生とその帰結としての暴力の連鎖――を超えていま、この国を、世界を覆っているのは、非物語的な情報を乱用し、排除と暴力の論理を振りかざしその連鎖を生む、内面を欠いた人々だったのだ。

この排除の論理を支える情報戦の反復と常態化がもたらすのは、個人的な承認欲求を満たすために敵の存在をもってして仲間との絆を確認しあう世界、思想や歴史がこうしたコミュニケーションの建前としてしか機能しない世界の到来に他ならない。

それはもはや物語回帰ですら、ない。物語回帰の果てに訪れた、「物語」の「情報」への解体だ。彼らが盲信する「物語」は実質的には敵か味方か、ゼロかイチかを判断する「情報」にすぎない。情報化されたこの世界においては物語ではなく情報だけが地理をキャンセルし、世界の裏側まで一瞬で届いてしまう。相対的に「物語」を総合的、かつ繊細に読み込んでくれる「場」は、距離の近い小規模なコミュニティでしか成立しない。現代の情報社会において「物語」は相対的に時間をかけて、そして近くにしか届かない。一方で「情報」はどこまでも遠くに、そして瞬時に届く、いや届いてしまう。人類はずっと、情報（ソーシャルなコミュニケーション）は閉鎖的な共同体の内部でしか通用しないが、理念は、思想は、物語は地球の裏側まで届くという前提で思考してきた。しかし、情報技術の進歩はこの前提を覆している。現代においては物語のほうが閉鎖的な共同体の内部でしか機能せず、情報だけが瞬時に世界中を駆け巡るのだ。

いまこの国で、情報社会についての悲観論が支配的になっているのは、はっきり言ってしまえばインターネットがデマと陰謀論の温床になり下がってしまったからであり、そしてインターネット上の「新しい言論」が完全に、週に一度生贄を集団リンチするテレビワイドショー的な文化に堕したことへの失望が広く共有されているからだ。これは戦後的、テレビワイドショー的な言論空間（「母性のディストピア」）の生んだもの）がソーシャルメディアによって相対化されることなく、むしろ補完された結果（情報技術によって進化した「母性のディストピア」）だ。

こうした震災後の日本の「劣化」が、前向きな議論をする場を潰している。誰もがいま、なんとなくうまくやっていそうな人間が失敗する姿だけを見たがっている。そんな情況下で発言していくことの難しさに直面したのが、私にとっての「震災後」だった。

この誰もが責任を誰かに転嫁し続ける社会には、「下からの全体主義」ともいうべきものが支配的に機能している。それは戦前から、より強固に戦後社会に受け継がれた「無責任の体系」の技術的な温存、いや、進化というほかないだろう。ジョージ・オーウェルの『１９８４年』が描き出したような、トップダウンの父権的なものではなく、どちらかといえば母権的な、日本的なムラ社会の、丸山眞男のいう「無責任の体系」が情報技術によって進化したボトムアップの権力にどう対峙するのか、という古くて新しい問題がここにはある。

これは言い換えれば、本来、戦後的なものを解体するはずのインターネットが、大きな物語による社会統合装置であるマスメディアを相対化するはずのインターネット以降の情報環境が、どうして現代日本では機能しないのか、という問題でもある。

こうした情況下で、本来は「下からの全体主義」に抗う役割を負うべきジャーナリズムでは左右の20世紀的イデオロギーへの回帰を選択した／しかし戦後的アイロニーを内包していない内面を欠いた人々の陰謀論的な情報戦が前面化しているのが現状だ。

共依存的に自分と承認を与え合う存在は（擬似）家族としてその胎内に取り込み、その胎内の和を乱す異分子は排除する——彼ら内面を欠いた人々の共同体は母権的な「排除の論理」に支えられている。戦後的文化空間＝「母性のディストピア」は全く終わっていない。それどころか、インターネット、特にTwitter以降のソーシャルメディア社会を迎えることで、より解除の難しいかたちに進化しているのだ。

そう、いまこの国の言葉は衰微している。情報技術の発展は日本的な「無責任の体系」とその背景としての「母性のディストピア」とも言うべき精神性を拡張するように機能している。これは処女作『ゼロ年代の想像力』から直接的に引き継いだ議論だが、震災後の数年でより強固にそう考えるようになった。[*15]

人間を自由にするはずの情報技術が逆に人間を不自由にする。解体されるはずの「母性のディストピア」が肥大する。私たちはこの戦後社会と情報技術の不幸な結びつきを断ち、克服しない限りは一歩も前には進めないのだ。そして、これは２０１６年——ブレグジットとトランプを人類が経験した２０１６年——を経たいま、この国のみならず、世界全体の問題でもある。いま、世界は、課題先進国としての日本（的情報社会）に接近しつつあるのだ。

そう、だからこそ、私たちは今こそこの戦後という長すぎた時代を正しく終わらせなければならない。もちろん、それは敗戦の屈辱を再軍備で補うといった類の表面的なパフォーマンスではなく、より本質的なものとして終わらせなければならないのだ。それは私たちが空位の玉座を守ることで、それが偽りであることを自覚しながらも「あえて」演じることで、成熟を得ていた時代を終わらせることを意味する。

したがってまずは、この国がまだ当たり前のように「上を向いて」いた頃——復興から高度成長へ、そして高度成長から消費社会へ、めまぐるしい展開を迎えていたあの頃から、戦後アニメーションがその性格を決定づけたあの頃から始めたい。

第2部　戦後アニメーションの「政治と文学」

1　日本車と戦後アニメーション

１９６３年、国産初の連続テレビアニメ『鉄腕アトム』がブラウン管に登場した。アトムがブラウン管で活躍した4年間は、同時に戦後の高度成長がその極相を迎えた4年間でもあった。首都東京はオリンピックをその翌年に迎え、国民は敗戦と共に失った自信をいびつなかたちではあるが取り戻しつつあった。１９５６年の経済白書が記した「もはや戦後ではない」という言葉それ自体がこのとき既に過去のものとなりつつあり、「三種の神器」と呼ばれた家電製品（白黒テレビ、洗濯機、冷蔵庫）は都市部の中流家庭を中心に定着しつつあった。

時代は来るべき消費社会への予感を早くも漂わせつつあり、アトムが活躍した60年代半ば、人々の憧れは「３Ｃ」と呼ばれる新・三種の神器に移行しつつあった。カラーテレビ（color TV）、クーラー（cooler）、そして自動車（car）。そう、アトムが――その末期にはモノクロであるという点において早くも「古い」アニメヒーローになりつつあったこのアトムが――テレビで活躍した時代は、同時に人々がマイカーの夢を追いかけ、手にしていった時代でもあった。トヨタが初の小型大衆車のパブリカを発売したのが１９６１年、その後日本初の「国民車」となる初代カローラを発売したのが１９６６年――日本車と戦後アニメーション、後に戦後日本を代表する輸出産業と輸出文化を担う二つのものは、同時にその産声を上げ、まるで双子のように成長していったのだ。

ともに60年代に生まれ、70年代に大きく成長し、そして80年代には世界に進出し、アメリカとヨーロッパというそれぞれ別の意味で自信を失っていた二つの地域で、彼らの世界を脅かすものと受け止められてジャパン・バッシングの対象となる。それが戦後社会の嫡子としての日本車と鬼子としてのアニメーションという「双子」の歴史だ。

自動車と映像（映画とテレビ）はともに20世紀アメリカの文化を、いや20世紀そのものの性格を決定した装置だ。20世紀とは「自動車の世紀」であり、そして「映像の世紀」だったのだ。

19世紀末に開発されたガソリン自動車は１９０８年のT型フォードの発売によって決定的に大衆化し、そして道路網はアメリカ合衆国の広大な国土に欠かせないネットワークに変貌していった。そう、自動車はアメリカという当時既に世界最大の工業国であった大国が二つの世界大戦を経て世界の覇者にのし上がっていくまさにエンジンそのものであり、そして地理的にも歴史的にも統合されていないばらばらの存在を一つに結びつけるものとして機能したのだ。

そして同じく19世紀末にリュミエール兄弟によって発明された映画もまた、アメリカという大地を得ることで20世紀の人類社会を決定づける装置として発展していった。

リュミエール兄弟のシネマトグラフは、写真が動くという事実そのもので人の心を動かす「魔法」だった。しかし、映像が「魔法」であった時代は短かった。映像それ自体が魔法として機能した19世紀末から、20年も経たないうちに映画は報道という社会的使命を帯び、そして物語の器としての劇映画という表現が成立した。物語の器たることとは、同時に社会そのものの器たることと同義だ。映画は産声を上げ、生みの親の手を離れ自ら歩き始めたその瞬間から20世紀という時代を担わされたのだ。

二つの世界大戦とその前後に、映画は国民国家の動員手法として定着していった。アドルフ・ヒトラーは１９３６年のベルリン・オリンピックを民族の祭典と位置づけ、その命を受けたレニ・リーフエンシュタールによる記録映画『オリンピア』が生まれた。ナチスのプロパガンダ的な意図を超え、記録映画の不朽の名作として今日も参照され続けている同作は同時に、映像という制度の宿命を体現していた。

そもそも人間の目は厳密にはピントの合ったものですらない。少なくとも写真や映像のように平面的に整理された視界を持っているわけではない。実際には限られた視界を記憶と類推によって脳が補完することで、私たちはこの三次元の空間を認識している。これは同時に三次元の空間認識≠体験は個人の記憶に強く依存し、他の個体と共有することが難しいものであることを意味する。

しかし写真は、そして映像はこの三次元の体験をパースペクティブを用いて二次元に整理し、人々に共有可能なものにした。特に写真からその連続としての映像への進化は、二次元に（共有可能に）整理された時間性を伴った「体験」を提供することに成功したのだ。

気がつけば映像は巨大化した近代国家を（あるいは国家間を）統合する最大の装置として君臨していった。

20世紀前半の全体主義がマスメディアの発明、具体的にはラジオの発明と普及によって初めて可能になったことは放送史の研究において度々指摘されていることだ。マスメディアという武器によってこれだけの規模の国民を統合し、その関心事を一点に集め、同じ物語を共有させることで国民国家が総力戦を可能にしたのが20世紀前半という時代だ。そして、映像は20世紀を通じ、特にテレビの発展と普及によってマスメディアの中心に君臨し、20世紀後半の人類社会を支配した。

私たちは、20世紀に起こった出来事の大半を、前半は報道映画の、後半はテレビのニュース映像を通して記憶に刻んでいるはずだ。マスメディア、特に映像を用いたそれなくして、ここまで規模が拡大し構造が複雑化した社会を統合することはもはや不可能だ。20世紀を通じて、映像は社会を構成するものそのものに進化したのだ。

その中でも大戦期を経て20世紀の人類社会の共通言語として決定的に機能した映像は、アメリカの西海岸に「漂着」した映画人たちが作り上げたハリウッドの劇映画たちだった。映画が発明されてからまだ30年も経たない１９１０年代初頭、それはまさに短期間で権威化し、硬直化した東海岸の映画界からの亡命劇でもあり、フロンティアを求めて西へ、西へと旅立っていった開拓者たちの軌跡の再現でもあった。

こうして誕生したハリウッドの劇映画たちもまた、自動車と同じようにアメリカというばらばらの国家をつなぐためのものとして機能した。そしてそれだけではなく20世紀後半には人類史上初の、いや、幾つかの世界宗教を除外すれば初のグローバル・コンテンツとしてアメリカ生まれの映画たちは国境を越えていったのだ。

言い換えれば自動車とは「個」の捏造だった。1トン前後の鉄の塊を内燃機関で動かすという、おそらくは21世紀の人間観から考えれば個人が行使するには度がすぎた権力を免許制で与えることで成熟した市民の証明とする――それが自動車という文化であった。だからこそ20世紀を通して自動車は成熟した男性性の象徴であり続け、そして女性が自動車を所有することは女性解放の象徴であり続けたのだ。

逆に映像とは「公」の捏造だった。そもそも映像とは共有不可能な現実（リアル）を共有可能なもの（リアリティ）に加工する装置として20世紀の人類社会を決定づけたものだ。

私たちが現実に体験する世界には物事を整理して記述してくれる神の視点は存在しない。一人一人の体験はばらばらで、乖離している。これに対して劇映画の描く世界は作者によって統合された視点をもち、整理されている。

20世紀とは要するに、三次元の実体験（リアル）はローカルな文脈を理解していないと共有できないが、二次元に整理された映像（リアリティ）ならば普遍的に共有できることを用いてメディアが発達し、かつてない大規模な社会が運営可能になった時代だった。

その意味においては、作者の意図しないものは画面のどこにも存在できないアニメーションは、もっとも整理され、統合されたリアリティをもつもののはずだ。グローバル化と並行してハリウッドの興行収入ランキングがアニメと特撮に席巻されるようになっていっているのも偶然ではない。もっとも広く、遠くまで届くのは究極の二次元であるアニメの映像なのだ。アニメーションとは作家の意図したものしか存在が許されない映像であり、絵に描かれたものが生命を得たかのように動きまわる究極の虚構に他ならないのだ。

こうして考えてみても自動車と映像（とくに劇映画）は双子の関係にある。どちらも、20世紀アメリカの象徴であり、ばらばらのものをつなげる装置であり、そしてともにその発展＝人工知能（による自動運転）と情報ネットワークの進化によって21世紀には特権的な位置を失いつつある。

そして戦後日本は復興から高度成長に至る歴史の中で自動車と映画という二つの文化を輸入し、自分たちのものにしていった。

20世紀アメリカの象徴たる自動車と映画、この二つの装置のアイロニカルな受容の成果が日本車と戦後アニメーションだった。

「アメリカの影」の下、アメリカのそれのデッドコピーとして出発したこの二つの文化はやがて日本独自の運用法と技術を洗練させ、オリジナルのそれとは似て非なるものとして発展し、やがてその奇形的な進化によって生まれた差異がグローバルな商品価値として機能するようになったのだ。

そう、戦後アニメーションとはいわば「もう一つの日本車」である。そして物語という制度を内包したアニメーションには自動車よりも直接的に戦後日本の精神性が深く刻印されることになる。ローカライズされたデッドコピーとその奇形的進化――その端緒にいた作家が手塚治虫だった。

2 「アトムの命題」と戦後民主主義

手塚治虫はアメリカニズムの受容として、具体的にはハリウッドからモンタージュをはじめとする「映画的手法」を輸入することで戦後マンガを築き上げ、さらにディズニーのフル・アニメーションをリミテッド・アニメーションに改変することでそのデッドコピーとしての戦後の国産テレビアニメーションを立ち上げた。[*1]

戦後マンガとアニメーションは、ともにハリウッドの劇映画のデッドコピーとして生まれた双子なのだ。ここで留意すべきはやはり、自動車文化がそうであったように手塚によって担われたアメリカの映画文化の輸入による戦後マンガ／アニメの成立もまた、単なるコピーではなくその過程で日本独自の奇形的な進化を経てほとんど別物といえるものになっていったことにある。

例えば大塚英志は、戦後マンガの獲得した独自のリアリズムを「アトムの命題」という造語で表現している。

手塚による戦後マンガの成立において最も重要な役割を果たしたと大塚が位置づけるのはその戦時下の習作『勝利の日まで』だ。同作は、戦時下に軍需工場に動員されていた手塚が描いた習作で、その題名も同名の戦意高揚映画から取られている。そこでは、手塚が少年期から愛読した日米のマンガのキャラクターたちが先の戦争を舞台に攻防を繰り広げる、といった内容なのだがその物語は断片的かつ起伏に乏しく、コミカルなキャラクターたちがマンガ的なギャグを交わしながら淡々と殺し合いを続けるという、笑えるのか笑えないのか、読者を困惑させる内容になっている。

これは手塚が個人的に描いていた習作であり、誰かに見せるためのものではない。しかし、それだけに軍国少年時代の手塚の描いた戦争へのアイロニカルな感情が見て取れるものでもある。

大塚はこの『勝利の日まで』には三つのリアリティの水準が混在すると指摘する。[*2]

第一のリアリティとは「戦前のまんが史の水準」で決定されるものだ。これは記号的リアリズムの表現――要するに戦前から、手塚に先行する作家たちによってディズニーから輸入された記号的なキャラクター表現――だ。この水準ではキャラクターは記号的な身体として描かれる。怒れば眉間にシワ、悲しめば大粒の涙という「記号」が機械的に書き加えられる。あるコマで怪我をしても、次のコマではその傷は全快して何事もなかったかのように登場する。もしくは怪我をした腕を包帯でぐるぐる巻きにして、オーバーアクションで痛がり、そしてやはり次の数コマ後ではけろっと何事もなかったかのように振る舞うことになる。

そして第二のリアリティが戦時下の「少国民」へ向けた科学的「学習まんが」の類で多用された「戦時下のまんが史の水準」で決定されるものだ。これはハリウッドの劇映画から取り入れられた映画的アングルや写実主義などが用いられる表現――自然主義的リアリズムの水準が用いられた表現――である。ここではパースペクティブを用いて写実的に空間が描写され、現実のそれと同じように破壊された建物が次のコマで修復されることもなければ、怪我をした人間が血を流さないこともあり得ない。

最後の第三のリアリティは両者の混合した、ハイブリッドなリアリティであると大塚は指摘する。そして、この手塚がたどり着いた第三のリアリティ――記号的リアリズム（戦前のまんが表現）と自然主義的リアリズム（戦時下のまんが表現）の混在するリアリティ――こそが、戦後のマンガ／アニメーションの性格を決定したと述べる。つまり戦後マンガ／アニメーションとは、記号的（ディズニー／戦前のまんが的）な「死なない身体」を用いて、自然主義的な（ハリウッド／戦時下のまんが的な）身体がもつ成長や死を描くという矛盾を、その起源から命題として孕んだものなのだ。

手塚は「勝利の日まで」において、記号的なキャラクターたちからなる世界（いわば、それは昭和二十年の時点でのまんがの表現空間それ自体である）にリアルな爆撃機とそれがもたらすリアルな死をもちこんでしまったのである。［中略］その結果、まんが表現におけるキャラクターの記号性と、爆撃機や焼夷弾という現実との乖離が顕わとなり、だからこそ手塚は、少年をミッキーマウスやフクちゃんのように死なない身体ではなく、血を流し死ぬ身体として描かなくてはならなかったのである。

手塚少年がこのとき、はじめて「映画的表現」を採用するのも、彼が彼の習作に持ち込んだものが、それまでのまんが表現が描きえたものとは異質の技術を彼の表現に求めたからである。

手塚治虫はその出発点において、すでに彼が獲得してしまった記号的な表現では描きえないものを彼の表現に抱え込んでいる。

にもかかわらず、彼は戦後史を通じて記号的な表現を放棄しなかった。[*3]

『鉄腕アトム』は、ある科学者の亡き息子の姿に似せてつくられたロボットだった。しかし、その科学者はいつまでたっても成長しないアトムに失望して、彼を捨ててしまう。そして物語は、機械の、偽りの、成長しない身体をもつはずのアトムの人間的な内面や、自己犠牲的な死を描くことになった。そう、ここではまさに成長しない／死なない（記号的）身体を用いて、成長／死という自然主義的な身体の機能を描くことが執拗に繰りかえされていたのだ。

この事実を引いて、大塚はこの戦後マンガ／アニメがその成立過程から内包する命題を「アトムの命題」と呼んだ。

そして同時に、この『鉄腕アトム』の成長しない身体、死なない身体は、戦後日本そのものの似姿でもある。

ダグラス・マッカーサーは戦後日本を「12歳の少年」と比喩し、そして現代美術家の村上隆はその代表作に、かつて広島に投下された原子爆弾と同じ『リトルボーイ』という名前を与えた。

市民革命を経ず、欧米の近代国家のデッドコピーを展開した日本という国家は12歳の少年に過ぎず、戦後は核の傘をもつアメリカの影の下、自らその責任を引き受けることなく他国の戦争の成果としての偽りの平和と血まみれの経済的繁栄を無邪気に謳歌し続ける——国家として成熟することなく経済的繁栄だけを手にした日本は、その内面は12歳の少年のまま性器のみを発展させたネオテニー（幼形成熟）国家として消費社会を謳歌することになった。このネオテニー・ジャパンの象徴こそが戦後マンガ、戦後アニメーションの過剰に性的な要素の強調されるキャラクター群である、というのが村上隆の理解であり、その作品のコンセプトの根幹をなしている。

アメリカという絶対的な父親に去勢され永遠の「12歳の少年／リトルボーイ」として成熟を失った戦後日本が、その極めて直接的な反映として生み出した文化が成熟忌避的なモチーフに支えられた戦後マンガ／アニメだったのだ。

そう、「アトムの命題」——成長しない身体＝（マンガ／アニメの）キャラクターを用いて成熟（老い、死）を描くこと——とは、戦後のマンガ／アニメがその発生時から抱え込んでしまった命題であると同時に「12歳の（身体のまま大人になれない永遠の）少年がいかに成熟すべきか」＝「国家として事実上独立していない日本がいかに市民社会を形成するか」という戦後日本という国家の直面した命題の変奏でもあったのだ。

3 「変身」する戦後ヒーロー

大塚英志が「アトムの命題」と名付けた戦後的な身体をめぐる想像力について検討する上で決定的な補助線となるのは戦後アニメーション、とりわけテレビアニメと併走してきた文化である特撮番組と、そこに登場する変身ヒーローの存在だ。

ウルトラマン、仮面ライダーという今日も継続するシリーズが代表するこれらの番組は隣接するアニメーションの身体感に決定的な影響を残している。その正体を隠すために覆面をかぶるアメリカン・コミックのヒーローたちと違い、国産の戦後ヒーローたちはこのとき全く異なる存在へ「変身」することで初めてその超越した能力を発揮できるようになるのがその最大の特徴だが、例えば初期「ウルトラ」シリーズに参加した脚本家の佐々木守は、60年代に登場したウルトラマンによって「変身」という概念が定着したことのもたらした身体観の変貌を強調する。[*4]

『月光仮面』（1958〜59）の時代、国産ヒーローは生身の身体のまま悪を討っていた。しかし、それは戦後の文化空間においては許されない行為だった。なぜならばそれはアイロニーを経由しない行為であり、喪失の空洞を自覚しない行為であり、そして視聴者である男子児童のナルシシズム（文学）と正義の暴力を行使すること（政治）との間にある歪みを黙殺する行為だったからだ。その結果、国産テレビヒーローたちはその大衆化の過程で、他の何かに「変身」することで初めてその力を行使することが許されるようになっていったのだ。

ウルトラマン、そして仮面ライダーといった国産のテレビヒーローたちがその身体観を「変身」というモチーフを通じてどう進化させていったのかについては、前著『リトル・ピープルの時代』で詳細に論じたのでここでは概略を記すのみに留める。

重要なのは60年代後半の「ウルトラ」シリーズが牽引した「怪獣ブーム」から、70年代前半の『仮面ライダー』（1971〜73）が火付け役となった「変身ブーム」への移行の中で、「変身」というモチーフはより直接的に戦後男子児童のナルシシズムの記述法として進化していったということだ。

初代『ウルトラマン』（1966〜67）に変身する科学特捜隊のハヤタ隊員は凡庸な青年であり、危機に陥ったときはまるでスイッチのオフがオンに切り替わるように、彼の身体に憑依している宇宙人（ウルトラマン）の姿に変身する。このとき、ハヤタ隊員の人格はウルトラマンのそれに切り替わる（そしてウルトラマンの内面はほとんど描写されない）。

続く『ウルトラセブン』（1967〜68）の主人公モロボシ・ダンは宇宙人ウルトラセブンが地球人に化けた姿に過ぎない。その結果、主人公とヒーローの内面はほぼ等号で結ばれ、物語もダン＝セブンの内面をめぐって展開することが多かった。

70年代に入り、『仮面ライダー』が社会現象を起こしたとき、本郷猛や一文字隼人といった主人公たちは完全に等身大の青年として登場した。彼らは悪の秘密結社ショッカーによって戦闘用サイボーグに人体改造された存在であり、その内面は当時の20代前半の男性（団塊世代）のそれとして描かれ続けた。

要するに、国産テレビヒーローは「変身」というモチーフを導入して、生身の身体を捨てたにもかかわらずその生身ならざる身体に内面を導入していったのだ。言い換えれば「変身」とは超越した存在に接近するためではなく、正義の暴力の行使（政治）のために一度生身の身体をキャンセルする儀式であり、これは自分そのものではないという確認のために機能していたことを意味する。

そして70年代後半、第二次怪獣ブーム（変身ブーム）を終わらせて男子児童の心を奪ったのは、『マジンガーZ』（１９７２～74）を筆頭とするアニメロボットたちだった。石ノ森章太郎が原作／企画者として大きな役割を果たした特撮ヒーローから、その弟子筋の永井豪がパイオニアとなったロボットアニメへ。特撮という否応なく現実の世界と接続される想像力（拡張現実的な虚構）から、アニメという作家の意図したもの以外存在し得ない非現実（仮想現実的な虚構）へ。「変身」──全く別の存在に切り替わるという特撮番組の身体観（ナルシシズムの記述法）──から「ロボットに乗る」──自分の身体は変化させないまま、機械の肉体を得て社会的に自己実現を果たす──という回路へ。この変化を背景にロボットアニメは特撮ヒーローがリーチできなかったティーンエイジャーへ訴求していくことになる。

4　ロボットアニメの精神史

１９５０年、アメリカのＳＦ小説家アイザック・アシモフはその短編集『われはロボット』の中で、彼の創作した未来社会におけるロボット運用の倫理規則を登場させた。[*5]

第一条　ロボットは人間に危害を加えてはならない。また、その危険を看過することによって、人間に危害を及ぼしてはならない。
第二条　ロボットは人間にあたえられた命令に服従しなければならない。ただし、あたえられた命令が、第一条に反する場合は、この限りではない。

第三条　ロボットは、前掲第一条および第二条に反するおそれのないかぎり、自己をまもらなければならない。

「ロボット工学の三原則」と呼ばれるこの三つの掟は、アシモフの小説においてその思考実験的な側面を大きく担った。作中のロボットたちはこの三原則に忠実であるがゆえに、様々な事件を起こし、また巻き込まれる。そして登場人物たちはこの三原則を厳守する人工知能の思考をシミュレートすることで謎を解いてゆく。それはアシモフが設定した物語の駆動エンジンである以上に、人工知能の夢が実現した未来社会のシミュレーションでもあった。その結果、「ロボット工学の三原則」はアシモフの下を離れ、他のSF作家たちはもちろん、後の人工知能研究にも大きな影響を与えることになった。

ここで重要なのはアシモフの偉大な達成ではなく、ロボットという空想物は人工知能の夢の象徴だったということだ。自ら思考し、行動を選択し、そして苦悩する人工物としての「ロボット」。神ならぬ人類が真の創造主となる夢をその一身に背負った機械の身体。国内においても、その鋼鉄の四肢に託された夢は創作物の中で大きく花開くことになった。

例えば手塚治虫はアトムという「科学の子」＝ロボットに十万馬力の力を与え、その活躍と苦悩を描くことで国産初のテレビアニメーションを生み出した。それは人工知能の夢の直接的な表現であると同時に、ロボットたちのもつ機械の身体に近代の精神がもたらす人間疎外を重ね合わせる行為でもあった。ユートピアとディストピアの同居する「科学のつくる未来」、その象徴としてのロボットという存在を描いた作品が『鉄腕アトム』だった。

だが国内におけるロボット、特に国内のテレビアニメーションにおけるそれは、こうした人工知能が象徴する近代の両義性といった主題を程なく喪失し、独自の発展の道を歩むことになる。その萌芽は、既にアトムの活躍中に芽生えていたのだ。

『鉄腕アトム』（1963〜65）のオルタナティブとして横山光輝が生み出したもう一つの機械の身体——『鉄人28号』（1963〜65）がそれだ。

大戦末期、旧日本軍の決戦兵器として開発されたという設定を持つこの「鉄人」は、遠い未来への夢ではなく近過去に漂う亡霊を背負って登場した。そして当然、鉄人は「心」を持っていなかった。ほとんど玩具のようなリモート・コントロールによって制御される鉄人は、その操縦者によって正義の味方にもなれば悪の使者にもなった。正義感溢れる少年がその手にリモコンを握ればそれは首都東京の守護者として君臨し、犯罪者たちの手に渡れば空襲の記憶さながらに街を破壊する魔人と化す。それが鉄人——人工知能の「夢」を忘れたロボットだった。

では、人工知能の夢を忘れた私たちは、この機械の身体に何を求めたのか。それは成熟へのアイロニカルな欲望だ。鉄人28号を操る金田正太郎少年は、何ゆえその鋼鉄の巨体を手に入れたのか。その正統性は横山の原作マンガがテレビアニメ化される際に設定のレベルで強化されることになる。それは鉄人の開発者が正太郎の父親である金田博士であるという設定だ。正太郎は父親から与えられた巨大な身体を用いることで、少年でありながら大人たちに混じって「正義」を執行する＝社会参加するのだ。

アメリカに去勢された永遠の「12歳の少年」として歩み始めた戦後日本——正太郎は敗戦という汚辱の記憶を、旧日本軍の遺産を正義の使者に読み替えることで払拭し、サンフランシスコ体制下のネオテニー・ジャパンにおける成熟を仮構することに成功したのだ。

鉄腕アトムは、孤児だった。その生みの親である天馬博士は亡き息子の似姿としてアトムを生み出したが、天馬はその身体が「成長しない」ことに業を煮やしアトムを捨てた。しかしアトムは捨てられることで初めてお茶の水博士という新しい父を得て、成長しない身体を抱えたまま正義の味方として活躍することになった。それは、敗戦という決定的な記憶を経由して初めて、「科学のもたらす明るい未来」を再び信じられるようになった戦後日本の似姿でもあったに違いない。

だが、その商業的なオルタナティブとして生み出された鉄人が描いていたのはアメリカにはなれない日本、人工知能の夢をストレートには信じられない日本の姿だった。機械の身体は、人間が神になるためではなく、まず去勢された人間（日本）がその人間性を取り戻すために、人間（父）になるためにこそ用いられなければならなかったのだ。戦時中の決戦兵器として開発されたはずの鉄人28号の「顔」が、高い鼻を持つ白人男性のそれに似せたものであることは、このアイロニーを端的に表しているのだ。

かくして、国内におけるロボットは人工知能の夢を忘れ、父親から息子に与えられた巨大な身体＝依代として発展する道を歩むことになった。

依代としての「ロボット」――この想像力を決定付けたのは永井豪原作『マジンガーZ』だ。両親を早くに亡くし、幼い弟を守って生活してきた兜甲児《かぶとこうじ》少年は、天才科学者である祖父の遺産として巨大ロボット（マジンガーZ）を託される。マジンガーZはアトムのように人工知能をもたない。そして鉄人のようにリモコンも存在しない。それは甲児少年が「乗り込む」ことで「操縦」する「乗り物」であり、文字通りの「巨大な身体」だった。

同作以降、日本のアニメーションにおいて「ロボット」とは、むしろ自動車やオートバイの延長線上にあり、乗り込んで操縦するものというイメージのほうが一般化していくことになる。しかしそれはこの『マジンガーZ』とそのヒット、すなわち70年代のスーパーロボットアニメブームのもたらしたイメージが定着したものだ。

たとえばアメリカ映画に登場する「ロボット」は『ブレードランナー』（1982）から『トランスフォーマー』（2007）まで、あくまで（人工）知能を持つ機械の身体であるという定義がほぼ維持されていると言っていい（「操縦するロボット」が活躍する『パシフィック・リム』（2013）は日本のロボットアニメの影響下でつくられたものだ）。その一方で日本における「ロボット」は父親（または祖父）から与えられた機械の身体＝成熟の仮構装置として、戦後日本＝「12歳の少年」が迎えた消費社会下の男子児童に強く支持されていくことになる。

5　戦後アニメーション、もう一つの命題

変身ヒーローからロボットアニメへ、特撮からアニメーションへ。高度成長から消費社会化への流れの中で、戦後日本的な身体観はそのアイロニーを内包することで（特に男性のナルシシズムの問題と深く結びついて発展し）奇形的な進化を遂げていった。そしてこの進化は同時に、これらの奇形的な身体を受容する世界を要求することになった。

そう、戦後的アイロニーは虚構の身体だけでなく、その身体が活躍する世界の側にも強く作用し奇形的な発展をもたらすことになったのだ。

大塚英志が「アトムの命題」と呼んだものは、戦後アニメーションが内包した身体観をめぐる命題だった。それは言い換えれば世界と個人、公と私、政治と文学の戦後日本的な（アイロニカルな）接続の問題を後者（個人／私／文学）の側から捉えたものだ。では、同じ問題――戦後日本的アイロニ

ーのマンガ／アニメへの作用――を前者（世界／公／政治）の側から捉えたとき、そこにはいかなる命題が設定できるのだろうか。

ここで本書は「アトムの命題」と対をなす、もう一つの命題について考えたい。

戦後日本的アイロニーは戦後アニメーションにおいて身体（文学レベル）と戦争（政治レベル）という二つのかたちで表現されてきたのだ。その前者が「アトムの命題」であり、後者がこれから提唱するもう一つの命題だ。

この国のアニメーションが戦後的アイロニーを「政治」のレベルでも引き受けること。

この命題によってアニメーションが要求されたものとは具体的には戦争というモチーフの――あの決定的な敗戦の記憶と平和憲法の呪縛から日本人が直視することができなくなったものの――昇華だった。そして、ここでもまた、戦後アニメーションの「前史」として「特撮」の存在が決定的な補助線を引くことになる。

そもそも、ミニチュア特撮とは戦後日本で奇形的に発達した技術であり、これらの技術を背景に戦後日本では怪獣映画、変身ヒーロー番組が量産されることになるのだが、その基礎をほぼ独力で築いたと言われる「特撮の父」円谷英二がその技術を完成させたのは、戦争中の戦意高揚映画の制作であったという。

円谷英二が戦中に撮影したプロパガンダ映画（『ハワイ・マレー沖海戦』1942年）――戦後にそのフィルムを接収したアメリカ軍の将校たちは、その映像を目にしたとき旧日本軍が自分たちの想定をはるかに超えたカメラと撮影技術を備えていたことに驚愕したという。もちろん、これはアメリカ軍の勘違いだ。彼らが目にしたのは現実の真珠湾攻撃の記録映像ではない。プロパガンダ的な要請によって、ゼロから造られたミニチュア特撮に過ぎなかったのだ。

円谷英二によって密かに洗練されていった——戦後もしばらくのあいだその技術は当の映画制作の場でも理解されることはなく、円谷は手抜き撮影のために姑息な工夫を凝らすカメラマンであると誹謗するスタッフすらいたという——特撮技術はアメリカ軍の将校たちにそれを超高性能カメラによって撮影されたリアルタイムの記録映像であると誤解させたのだ。

そして戦後に円谷の技術は——ミニチュアという虚構を撮影することでときに肉眼以上に現実をえぐり出す力を持った円谷の特殊撮影技術は——本多猪四郎という固有名詞が象徴する戦後劇映画の自意識と出会うことで、現実そのものに向けられたカメラよりもときに克明に、また深く鋭く対象にアプローチしていった。

具体的にそれは冷戦下を支配する核の力を「怪獣」という虚構の存在を通じて表現した。こうして誕生したのが怪獣映画の始祖としての初代『ゴジラ』（１９５４）だった。本多猪四郎が第五福竜丸事件に着想を得た初代ゴジラには米軍の核実験が原因で異常進化を遂げた古代生物という設定が与えられ、当時の怪獣たちは戦後社会の虚構性を告発するかのように東京を焼け野原にしていった。

そして、円谷の弟子筋たちが来るべきテレビの時代に対応することで誕生した『ウルトラマン』の物語は、結果的にサンフランシスコ体制の比喩としての構造を孕むことになった。怪獣や宇宙人がソビエト連邦や中国など共産圏の侵略軍ならば、それを迎え撃つ科学特捜隊やウルトラ警備隊は自衛隊だ。当然日本は独力では自らを護ることはかなわずに、決定的な外部戦力＝米軍＝ウルトラマンの助力を要求することになる。50年代、60年代の怪獣映画／番組は、技術的にも思想的にも敗戦の落とし子だったのだ。

同時にこれは、特撮映画／番組が、あの敗戦とその後の偽りの平和の影を暗に引き受けるものとして発展したことを意味する。切通理作は昭和期の『ウルトラマン』を論じる中で、当時の怪獣映画／

番組に登場するモンスターたちの両義性を指摘する。[*6]
怪獣とはそのルーツからして戦後社会のひずみを引き受ける存在であり、その結果当時の怪獣映画／番組は戦後民主主義教育下の児童文化において、巨大な力や大量破壊が人間に与える畏れや憧れ、日常性の断絶の快楽といった部分も含めて、本当の意味で戦争の代表する多面性を描くことが許される数少ない表現の一つとして機能した。たとえそこに「救いのない結末」が描かれていたとしても、〈かえって「ふさいでいるときに明るい音楽を聴いてまぎらわす」という作用とは正反対の、重いカタルシスとでもいうべき解放感を与えてくれた〉と切通は回顧する。
それは言い換えれば戦後社会を覆う「あえて」演じられる虚構に対し、現実を対置する想像力だった。それは虚構を通してのみ現実を描くことができるという逆説によって生まれた想像力だったのだ。そしてこれは怪獣映画／番組だけではなく、マンガ、アニメといった児童文化にルーツをもつ戦後サブカルチャー全体が共有していた想像力でもあった。
マンガ、アニメで描かれる身体（特にロボットの身体）こそがもっとも戦後社会下のアイロニカルな成熟観、つまり「アトムの命題」を引き受けたように、これらの表現の中で描かれる虚構の戦争こそが「ゴジラの命題」ともいうべきもの――虚構を通じてしか捉えることのできない現実（具体的には、戦争）を描くこと――を引き受けていたのだ。
加藤典洋は2011年の東日本大震災とその後の福島第一原子力発電所事故に際して、この「アトム」と「ゴジラ」の一対性に注目した批評を展開している。[*7]
ほぼ同時（1950年代）に登場し、同じく国民的キャラクターとして受容された「アトム」と「ゴジラ」は、共に原子力技術の生んだ存在という共通項をもっていたこと、しかしその意味付けは正反対であったことに加藤は注目する。

アトムは科学技術への憧憬の象徴としての原子力を、ゴジラは科学技術への恐怖の象徴としての核兵器をそれぞれ体現している。ある技術の平和利用の象徴がアトム（原子力）であり、戦争利用の象徴がゴジラなのだ。

加藤はこの「アトム」と「ゴジラ」の一対性に、かつて『敗戦後論』で展開した同一人格の分裂を重ね合わせる。戦後民主主義的な「建前」と戦後民主主義批判的な「本音」がジキルとハイドのように表面的な対立を装いながらも、実質的には役割分担による共犯関係が結ばれていたように、「アトム」的な原子力の平和利用への期待と「ゴジラ」的な核戦争への拒絶もまた表裏一体の関係にある。「アトム」的な原子力の平和利用とは要するにアメリカの核の傘の下の平和の肯定に他ならず、そして「ゴジラ」的な核戦争への拒絶はその「後ろめたさ」の表現による解消であると加藤は指摘する。

つまり「アトム」と「ゴジラ」の一対性とは戦後日本的アイロニーに対する二つの態度の一対性の表現のことに他ならない。「アトムの命題」が（近代的）成熟という現実の戦後日本には存在し得ないものを虚構の中で実現するものとしての機能を戦後サブカルチャー、とくにアニメーションに与えたとするのなら、「ゴジラの命題」は逆説的に虚構にしか描くことのできない現実を捉える機能を与えたのだ。「虚構（ファンタジー）を通してしか捉えられない現実を描くこと」、それが今日に至るまで戦後サブカルチャーを呪縛し続ける「ゴジラの命題」だ。

6 「ゴジラの命題」と架空年代記

70年代半ばに児童文化の中心は特撮からアニメーションに移行し、さらに70年代後半から80年代前半にかけて、戦後アニメーションは幾つかの社会現象化したヒット作に牽引されるかたちで児童文化の枠に留まらない、ティーンのサブカルチャーとして定着しその市場を拡大させていった。そして当時のアニメブーム以降は、アニメの社会現象化と並走するようにその傾向が前面化していくことになる。政治の季節からサブカルチャーの季節へユースカルチャーのモードが切り替わることによって、「ゴジラの命題」を引き継いだアニメは特権的に「政治的なもの」が機能する場となった、とすら言える。

例えば70年代のアニメブームを牽引した『宇宙戦艦ヤマト』(1974)は、かつての戦艦大和を改装した宇宙戦艦に乗り込んだ日本人たちが、「世界人類を代表して」ナチス・ドイツをモデルにした宇宙人の侵略に立ち向かう、という物語を展開して社会現象化したものだ。ここでは、初期「ウルトラ」シリーズに存在した、自分たち(日本人＝科学特捜隊)はアメリカ(ウルトラマン)の力なくしては何もできないのではないか、という諦念が意図的に忘却され、極めて直接的に日本を連合国軍側に置いて第二次世界大戦をやり直すことでの日本人の自己回復が試されていた、と言える。

否応なく現実の風景と接続される特撮から作家の意図したもの以外存在できない純粋な虚構としてのアニメへ、半現実(拡張現実的な虚構)としての特撮から非現実(仮想現実的な虚構)としてのアニメへ移行することで、この国の児童文化は敗戦の屈辱からの自己回復をなし得たのだ。そしてそのために別の形で戦後という時代の呪縛を受けている、と分析するのが佐藤健志だ。佐藤は同作とその続編である映画『さらば宇宙戦艦ヤマト　愛の戦士たち』(1978)に言及し、〈ナショナリスティックな心情を表現しようとする一方で、本質的にナショナリズムと両立しえない戦後民主主義のイデオロギーも主張しようとしていた〉と述べ[*8]、戦後民主主義的な形式化した博愛主義と、特攻賛美的な精神性という本来相容れない二つのイデオロギーの共犯関係が成立していることを指摘している。その表面的な対立とは裏腹に、戦後民主主義的な博愛主義と特攻賛美的な精神主義は実のところともに実効性を度外視したロマン主義であるという一点において結びつく。この共犯関係が成立する場所としてアニメというファンタジーの器が必要とされたのだ。

そして『宇宙戦艦ヤマト』の成功を上書きすることでアニメブームを決定的なものにした『機動戦士ガンダム』（1979〜80）は「宇宙世紀」という架空年代記を構築し、個人の生を意味づける機能を止めた歴史の代替物を消費社会下のティーンたちに提示した。

人類が増えすぎた人口を宇宙に移民させるようになって、既に半世紀が過ぎていた。地球の周りの巨大な人工都市は人類の第二の故郷となり、人々はそこで子を産み、育て、そして死んでいった。宇宙世紀0079、地球から最も遠い宇宙都市サイド3はジオン公国を名乗り、地球連邦政府に独立戦争を挑んできた。この1ヶ月あまりの戦いでジオン公国と連邦軍は総人口の半分を死に至らしめた。人々はみずからの行為に恐怖した。戦争は膠着状態に入り、8ヶ月あまりが過ぎた。[*9]

「宇宙世紀」という架空年代記の解説ナレーションで幕を開けた『機動戦士ガンダム』シリーズは、視聴者の「考察」と二次創作的な「補完」を取り入れることで、その架空歴史の年表を詳細に埋めていった。

U.C.0001　人類総人口が90億人を突破する。地球連邦政府が宇宙移民政策を開始し、宇宙移民開始をもって宇宙世紀に移行。

U.C.0010　木星エネルギー開発船団が再編される。
U.C.0016　地球連邦政府が、フロンティア開発移民移送局を設立させる。
U.C.0027　月面恒久都市「フォン・ブラウン市」が完成する。
U.C.0030　フロンティア開発移民移送局が民営化される。
U.C.0040　宇宙移民人口が50億人（全人類の40％）を突破する。[*10]

これらの設定は、例えば原作者である富野由悠季（当時・喜幸）が綿密に設定したものではない。これは『ガンダム』第一作放映時にその台詞ないし描写から断片的に示唆された歴史的事件や、兵器の開発史から視聴者が想像を膨らませたもの、つまり二次創作が基本になっている。

この集合知＝宇宙世紀は１９８５年から翌86年にかけて放映された続編『機動戦士Z《ゼータ》ガンダム』の制作時に公式設定として整備され、以降四半世紀以上に亘りこの宇宙世紀は無数の続編群により更新され続け、現在も拡張を続けている。約１５０年分に亘る架空歴史の隙間を埋めるように、無数のエピソードが原作者・富野の手を離れるどころか、有志のファンなどの手による二次創作としても制作されてゆき、公式／非公式を問わず常にこの架空年表を更新し続けているのだ。

そして『ガンダム』シリーズの愛好家たちは、「ポストモダンの」「消費社会下の」個人の生を意味づけてくれない現実の歴史の代替物として、この宇宙世紀の歴史に情熱を燃やしていった。司馬遼太郎が、輝かしい明治大正と暗黒の昭和とを切断する物語を編むことで、戦後日本人の敗戦の傷を回復し得る国民文学としての「歴史」を構築したように、富野由悠季とそのフォロワーたちは事実の集合としての、データベースとしての歴史から、現実の歴史ではなく架空世界の歴史を用いることで団塊ジュニア世代の「国民文学」を仮構したのだ。

「ゴジラの命題」を引き継いだ戦後アニメーションの発展史とは、政治の季節の退潮後、個人の生を意味づける装置＝物語としての機能を低下させていった現実の歴史の代替物としての架空歴史がサブカルチャーによって整備されていく過程でもあった。人間にとっての歴史が動的な物語から静的なデータベースに変貌したとき、人々はその駆動エンジンを虚構の中に求めた、とも言えるだろう。

7 「反現実」から考える

見田宗介はこうした消費社会下で歴史の虚構化への欲望が前面化する時代を〈虚構〉の時代と呼ぶ。見田によれば社会の性質を規定するものは（私の言葉に置き換えるのなら「世界」と「個人」、「公」と「私」、「政治」と「文学」をつなぐものは）「現実」と対になる「反現実」に他ならない。「理想と現実」という対立が機能する時代は「理想」こそが「反現実」であり、「虚構と現実」という対立が機能する時代は「虚構」こそが「反現実」として機能する。そして見田はこの「反現実」の移り変わりによって戦後史は整理できると主張する。

具体的には敗戦から「政治の季節」が終焉するまで、つまり1945年から1960年頃までが、復興という「理想」、あるいはソビエト・コミュニズム／アメリカン・デモクラシーといった新しい政治体制に対する「理想」が社会を規定する「反現実」として機能した「理想の時代」であり、そして70年代以降の消費社会は商品として流通し始めた「かわいい」「おしゃれ」「きれい」といった意味をまとう記号たちに代表される「虚構」――ここでは差異化のためにあえて提示される（演技される）もの――が「反現実」として機能する〈虚構〉の時代だとする。[*11]

見田の弟子に当たる大澤真幸はこの見田による戦後史区分を発展させる。大澤は戦後期の「理想」

（アメリカン・デモクラシーとソビエト・コミュニズム）（と現実）の時代から「政治の季節」の「夢」（世界的な学生反乱と結びついたラディカルな社会変革）（と現実）の時代へと移行し、そして消費社会下の「虚構」（と現実）の時代への移行として戦後史を整理した。*12

この整理に従えば70年代後半から80年代のオカルトブーム、アニメブーム、特に『ガンダム』的な、架空年代記的なファンタジーを「虚構の時代」の症例として位置づけることができる。要するに「政治の季節」から「サブカルチャーの季節」へ、「理想の時代」から（短い「夢の時代」を経て）「虚構の時代」への移行は、「公と私」「政治と文学」「世界（システム）と個人（内面）」を結ぶ装置＝物語の、現実の歴史（理想）からサブカルチャー上の架空年代記（虚構）への移行でもあったのだ。

その虚構性を引き受けた上で「あえて」演じること、空位の玉座を守ること、それが戦後的「成熟」のかたちであり、「公」と「私」を結ぶための精神的回路であったとするのならば、「虚構の時代」のマンガ／アニメ——純度の高い虚構（作家の意図したものしか存在できない世界）を通して初めて戦争や暴力や歴史といったものにアプローチできる時代の文化——はこうした戦後的アイロニーを市場のメカニズムによって内包したとすら言える。

しかしこの「虚構の時代」は1995年に終わりを告げた、と大澤は主張する。その象徴として挙げられるのが同年に発生したオウム真理教による地下鉄サリン事件と、アニメ『新世紀エヴァンゲリオン』（1995〜96）の社会現象化である。

8　オウム真理教と「虚構」の敗北

オウム真理教の母体となった「オウム神仙の会」が教祖麻原《あさはら》彰晃《しょうこう》によって設立された1984年

は、アニメブームの極相と呼ばれる1年でもあった。宮崎駿による『風の谷のナウシカ』、押井守の出世作『うる星やつら2　ビューティフル・ドリーマー』、河森正治ら若手クリエイターが集結した『超時空要塞マクロス　愛・おぼえていますか』など、後にエポックメイキングとされる劇場用長編アニメ映画の傑作が相次いで公開されたのがこの年だ。

そして当時は同時に、オカルトブームの拡大期でもあった。２０１７年の現在、40歳以下の人間がこれを想像するのは非常に難しいように思えるが、90年代半ばまで、具体的にはオウム真理教による地下鉄サリン事件まで、超能力や心霊現象、ＵＦＯにまつわる陰謀論などは「オカルト」というカジュアルなサブカルチャーの一つのジャンルとして、若者たちの間に定着していた。

具体的には１９７３年の『ノストラダムスの大予言』の出版とそのベストセラー化、それに前後するテレビバラエティにおける超能力者、ＵＦＯなどの特集番組のヒットが連続した結果、70年代末から80年代初頭にかけて月刊『ムー』（１９７９年創刊）をはじめとするオカルト雑誌が幾つも創刊され、ティーンの間で支持を集めていった。特にオウム真理教が誕生した１９８４年頃からは、同誌などの投稿欄には、前世の記憶をもつと自称するティーン（大半は女性）たちが、当時の仲間たちとの再会を目的に読者に呼びかける、という不器用なペンパル募集の手紙が相次ぎ、数年後には投稿の大半を占めるようになっていったという。

前述したように、オウム真理教がその勢力を拡大していった80年代前後はこの国の物語的想像力において、個人の生を意味づける歴史の代替物としての架空年代記が支持を集めていった時代でもあった。『機動戦士ガンダム』シリーズなどのロボットアニメ、田中芳樹の『銀河英雄伝説』、栗本薫の『グイン・サーガ』などのファンタジー小説群など、ジャンル越境的に架空年代記が受容され、大きな支持を集めていった（この時期に登場した村上春樹も、架空作家デレク・ハートフィールドの生涯やピンボール・マシンの歴史を小説の背景に設置し、架空年代記的に扱った)。

ここには、「政治の季節」の終わりとともに現実世界では獲得することが難しくなった「大きな物語」への欲望が虚構の消費として表れているのだが、宮台真司はそこに加えて、「虚構の時代」、とりわけ80年代に「反現実」として機能した虚構として「二つの終末観」を挙げる。それは『宇宙戦艦ヤマト』の代表する男性的な最終戦争願望と、高橋留美子『うる星やつら』の代表する女性的な「終わりなき日常」への適応だ。

個人の生を意味づける歴史がその機能を止めたとき、架空年代記という虚構でその欠落を埋め、崇高さを回復しようとするのが前者であり、現実を受け入れ、学園のモラトリアムを舞台に繰り広げられる終わりなき日常のラブコメディの中で全てを忘却して楽しむことを選ぶのが後者だ。そして宮台は前者の虚構への態度をポストモダン情況に対する不適応として否定し、後者のそれを適応として肯定した。*13

ファンタジーの中で描かれる最終戦争は、まさに「虚構の時代」の架空年代記の究極形として出現したものだった。なぜならばそれは、歴史が動的な物語から静的なデータベース=終わりなき日常に変貌したことに耐えられない人々の受け皿として機能したものだったからだ。

宮台が例示する80年代のアニメはいずれも、前述した当時のブームの中で出現したものだが、『ヤマト』『ガンダム』的架空年代記への耽溺だけではもはや終わりなき日常をやり過ごせなくなった若者たちが求めたのが、『ナウシカ』や大友克洋の『ＡＫＩＲＡ』の最終戦争という彼らを取り巻いていた「終わりなき日常」を直接的に終わらせてくれる物語だった、と言える。

この80年代アニメの精神史は、オウム真理教のたどった歴史と合致する。

オウム真理教を生んだオカルトブームがアニメブームと並走していたことは前述の通りだったが、

オウム真理教はその世界観においても極めてアニメ的であったことで知られている。教団の広報アニメーションと『風の谷のナウシカ』との類似、教団幹部の「オウムとはニュータイプ（『ガンダム』に登場する超能力者）のようなもの」という発言、そして彼らがサティアンと名付けた自分たちの施設で用いていた空気清浄機を『宇宙戦艦ヤマト』に登場する放射能除去装置と同じ「コスモクリーナー」と名付けていた、という情けない笑い話のような事実……。当時のオカルトブームがアニメブームと同根の歴史の代替物としての虚構であったこと、また、同時期にティーンにカジュアルに消費されていたサブカルチャーであったことを考えれば、ブームの中で台頭したオウム真理教の世界観が戦後アニメーションの想像力に規定されていることは何ら不思議ではない（さらに付記するのなら、当時のジャーナリズムは新興宗教ブームの中でオウム真理教のそれを本格的なヨガの修行を導入した比較的まっとうな宗教として、他の都市型新興宗教と比較し持ち上げる傾向があった）。

しかし、ここで重要なのはそんなオウム真理教が自分たちの世界観、オカルト／アニメ的な（歴史の代替物としての）サブカルチャーの世界に充足できずに、現実世界での承認を求めて地下鉄に毒ガスを撒くというテロ行為に及んでしまったことだ。そう、オウム真理教は虚構の時代に充足できなかった。オウム真理教の信者たちにとって「虚構」は反現実として機能しなくなったのだ。

9　『エヴァンゲリオン』と戦後アニメの変質

オウム真理教がオカルトブームと並走しその勢力を拡大させていった過程は、『ヤマト』『ガンダム』的架空年代記が支持を集めていった過程として、そしてその果てに訪れた１９９０年の教祖麻原彰晃の国政選挙出馬とその後のテロ行為は『ナウシカ』『ＡＫＩＲＡ』的な最終戦争のパロディとして位置づけることができる。

オウム真理教による地下鉄サリン事件と同年の秋にテレビ放映が開始されたアニメ『新世紀エヴァンゲリオン』はやはり現実から独立した虚構がもはや力を持たないことを証明する作品として社会現象化していった。同作については、過去の著作（『ゼロ年代の想像力』『リトル・ピープルの時代』）で大きく取り上げたので、簡単な言及に留めておこう。

同作を監督した庵野秀明は、70年代末から80年代のアニメブームの渦中に、ファンコミュニティによる同人創作のシーンからデビューしたという経歴を持つ。さらに言えば、制作会社のガイナックス自体が庵野らを中心とした関西の同人サークルを母体とした集団であり、こうした出自は必然的にその作品に戦後アニメーションのパロディ的な側面と、総括的な側面を与えた。

70年代、80年代のアニメーションが『宇宙戦艦ヤマト』的な架空年代記上での非日常的な崇高と、『うる星やつら』的な日常的なヒーリングを必要としたことは前述した通りだ。そしてこれら戦後アニメーションのパロディ的側面の強い『エヴァンゲリオン』は、『うる星やつら』的な日常（学園ラブコメ）を守るための『宇宙戦艦ヤマト』的な非日常（最終戦争）が、やはり反復的に描かれることになった。そしてこの二つの世界観は対立的なものではなく、相互補完的なものに他ならない。

『宇宙戦艦ヤマト』的な非日常は『うる星やつら』的な日常を動機として必要とする。家族や友人からの承認に飢え、社会的責任というものをなかなか想像できない14歳の少年が命がけで戦うことができるのは学園ラブコメ的なユートピアを守るためだ。そして『うる星やつら』的、ユートピア的日常は『宇宙戦艦ヤマト』的非日常での崇高さを前提に成立している。主人公の少年が学園で周囲の生徒たちの注目を集め、任務を通じて美少女の同級生と同居するのは、彼がロボットのパイロットだからだ。ここでは「私」の領域（学園ラブコメ）と「公」の領域（戦争）が、ファンタジーの中で整合性を持って接続されている。

こうした戦後アニメの二つの潮流は、戦後社会を二分してきた二つの思想と合致する。『宇宙戦艦ヤマト』的な崇高な非日常への接続と、『うる星やつら』的日常への埋没、前者は個人の生を歴史が意味づけるかつての「政治と文学」の関係が維持されている世界（輝かしい非日常）を仮構するために、後者は「政治と文学」の「政治」の領域を隠蔽した世界（終わりなき日常）を維持するために、ファンタジー的な想像力を必要としている。

前者はあえて偽悪を引き受け、日本を連合国側に置いて第二次世界大戦をやり直すことで自己回復を仮構しようとする立場【A】に、そして後者はあえて偽善に居直ることで現実から目をそらすことこそが倫理的である、という破綻した論理が正当化される密室を築き上げる立場【B】にそれぞれ対応し、そしてその『宇宙戦艦ヤマト』的な父性と、『うる星やつら』的な母性は共犯関係にあるのだ。

物語の冒頭、主人公の少年（碇シンジ）は父親である秘密組織の司令官から巨大ロボット（エヴァンゲリオン）を与えられ、戦うことを要求される。これは男子児童の成長願望に根ざした表現である戦後ロボットアニメにおいては極めてオーソドックスな展開だ。しかし、主人公の少年はさまざまな理由をつけて搭乗をためらう。戦うことへの怯え、戦うことで誰かを傷つけることへの罪悪感、父親＝社会への不信などを背景に、シリーズを通して主人公の少年は機械の、偽りの身体を通じて戦うこと、少女を守り「父」になることへの憧れとためらいの間で揺れ動くことになった。

その結果、同作は最終2話の放送回で、これまでの物語を突然放棄し、自己啓発セミナーのパロディ的に主人公が内面を吐露、周囲の人物からの承認を確認し救済される、という結末を迎えた。

当時、この最終回は制作的破綻という側面も含めて「事件」的に受け止められた。また、内容面においても宗教的、SF的なモチーフを用いて描かれた黙示録的な展開が、失われゆく家長的な男性性への憧れと怯えをめぐる自意識の問題に矮小化されたことへの共感と失望の間で論争じみた展開がファンコミュニティで頻発していたことも広く知られている。

しかしここで私が問題にしたいのは、同作が虚構の内部に、ファンタジーの内部に完結することができず、自己啓発セミナーのプロセスを導入し事故的にメタフィクショナルな展開を迎え、そしてその破綻によって社会現象化に拍車をかけたという事件性の方だ。同作は「真の完結」を謳い、その後制作された劇場版でも、同様に過熱するファンコミュニティの現状を社会批評的に作中に取り込み、今度は事故的にではなく計画的にメタフィクション的な側面を備えるようになった。

これが意味することは何か。それはオカルトブームの鬼子であるところのオウム真理教が、世界を変えられないのなら自分の内面を変える、自己の内面に何かを注入して世界の見え方を変える、という虚構の時代の思想を信じきれなくなり、一斉に首都へのテロを実行し現実に侵入してしまったのと同じように、同じ1995年に戦後アニメーションもまた架空年代記と架空学園青春記を往復する生に自足できずに、現実に侵入していったのだ。

言い換えればそれは、「政治の季節」の終わりから長く続いていた「世界を変える」のではなく「自分(の内面)を変える」という思想の、戦後日本における敗北だった。

世界的な学生反乱とその退潮、その後の社会主義そのものの敗北によって、世界的にユースカルチャーのモードが「世界を変える」のではなく「自分(の内面)を変える」ことに傾いた。それが例えばアメリカ西海岸においては60年代後半からのヒッピーのムーブメントであり、そこに成立したドラッグ・カルチャー、東洋思想ブーム、自然回帰運動などはいずれもカルト性を帯び、多くの新興宗教を生んでいるが、これらの文化の共通点として挙げられるのは、徹底して自分の中に「何か」を注入することでその自意識を変え、世界の見方を変えることで革命の代替物とする、という思考方法だ。

西海岸におけるこの時期のヒッピーたちの文化はやがてグローバリゼーションと情報技術に結びつくことでカリフォルニアン・イデオロギーの源流となり、数十年後には意外な形で世界を変えてしまうのだが、日本における「政治の季節」の終わりがもたらしたユースカルチャーのモードの変化は、「虚構の時代」におけるサブカルチャー、特にファンタジー的な想像力の発展をもたらした。その成果物がオカルトとアニメという当時のサブカルチャーの二大ジャンルであり、オカルトブームの鬼子であったオウム真理教が破綻したのとおなじように、戦後アニメもまた一つの破綻を迎えたのだ。

しかし、地下鉄サリン事件以降決定的に退潮したサブカルチャーとしてのオカルトとは異なり、戦後アニメーションの95年における破綻はむしろその大衆化に寄与することになった。『エヴァンゲリオン』によってその事件性も含めて再燃したアニメブームは、一過性のものに留まることなく同時期に発生したメディアの地殻変動を背景に定着していく。

マイクロソフト社のOS「Windows 95」の発売された同年はいわゆる「インターネット元年」であり、それは戦後アニメのみならず、20世紀という「映像の世紀」の終わりの始まりだった。より正確にはアニメを含む映像が、誰もが送受信可能なインターネット上の諸情報の一つとして位置づけられ、その特権的な位置を失い始めることを意味したのだ。しかしそれは同時にあらゆる映像がインターネットに開放されることを意味した。その結果として戦後アニメーションは思想的には暗礁に乗り上げその批判力を失いながらも、いや、批判力を失ったからこそ、カウンターカルチャーからメジャーでカジュアルなジャンルに成長することで「ネットワークの世紀」に適応していく。具体的にはインターネットによって環境が整備されたファンによる二次創作の対象として、アニメーションはユースカルチャーの中心に躍り出ることになっていくのだ。

10 「虚構＝仮想現実の時代」から「拡張現実の時代」へ

地下鉄サリン事件、『エヴァンゲリオン』、そしてインターネットの大衆化、これらは全て「虚構の時代」の終わりを、正確には虚構の社会における機能の決定的な変化をもたらした。これらはいずれも、もはや虚構が現実から切断され、独立して存在できるものではなくなったことを示していた。このとき虚構は現実と地続きのものに、社会的にも情報環境的にも変化したのだ。

虚構＝架空年代記を信じ切れずに地下鉄にサリンを撒いたオウム真理教と、ロボット／学園アニメの共犯関係という戦後アニメーションの構造を否定せざるを得なくなった『エヴァンゲリオン』、そして虚構＝メディアの双方向化を前提としたインターネット――現実から独立した虚構の機能が停止したこの時代を、前述の大澤真幸は〈不可能性の時代〉と呼び、東浩紀は〈動物の時代〉と呼ぶ。大澤がそれを〈不可能性〉と呼び、東が〈動物〉と呼ぶのは「政治と文学」を接続していた従来の回路――思想とか理念とか物語とか――がもはや機能しないからだ。大澤は両者の断絶を〈不可能性〉と表現し、東は両者の断絶が不可避となった時代を生きる私たちを近代的な「人間」未満の存在＝〈動物〉と表現したと言える。[*14] 両者ともに、物語＝虚構の機能低下に注目した結果これらの呼称を選んだわけだが、私は見田による「反現実」の概念に立ち返り、前著『リトル・ピープルの時代』で、現代を〈拡張現実の時代〉と定義した。

見田／大澤の考える「虚構の時代」とは、徹底して現実から切断されたタイプの虚構（仮想現実的な虚構）が反現実（世界と個人、公と私、政治と文学を結ぶもの）として機能した時代だ。「世界を変える」ことを断念し「自分（の意識）を変える」ことで世界の見え方を変えることを選択した彼らは革命（現実の歴史）の代替物として仮想現実的な虚構、つまりアニメ／オカルトの架空年代記を必要としたのだ。しかしグローバル／情報化が進行した今日において機能している反現実は、現実の一部を虚構化することで拡張するいわば〈拡張現実〉的な虚構だ。

「仮想現実（VR＝Virtual Reality）から拡張現実（AR＝Augmented Reality）へ」とは世紀の変わり目に発生した情報技術のトレンドの変化を表現したキャッチフレーズだ。ネットワーク技術の進化を背景に、情報技術の応用トレンドは「もう一つの現実をつくりこむこと（仮想現実）」から「現実それ自体に情報を付加すること（拡張現実）」に切り替わった。そしてこのキャッチフレーズは技術そのものだけではなく、比喩として情報技術応用全体のトレンドの変化に当てはまる。今日において、情報技術が社会に与える夢は仮想現実的に「もう一つの現実をつくり込む」こと、インターネットにもう一つの社会をつくることよりも、現実それ自体を多重化し、拡張し、充実させることに他ならない。もはや情報化はモニターの内側だけではなく外側に及び、メディアではなくライフスタイルの、サイバースペースという仮想空間ではなく実空間の問題に他ならない。今や私たちは既に情報技術を「ここではない、どこか」へ逃避するためではなく「いま、ここ」を変えるために用いている。時代は再び「自分（の意識）を変える」のではなく「世界を変える」ことに傾き始めたのだ。

ここで重要なのは、「仮想現実から拡張現実へ」という技術的なトレンドの変化ではなく、この言葉が比喩的に体現する人間と情報技術の関係性の変化、ひいては人間と虚構との関係性の変化が虚構と現実との関係性を問いなおす契機になり得るということだ。

1995年、インターネットの普及により世界から現実と切断された虚構が姿を消し始めたときからしばらく、インターネットは決定的な二つの誤解に晒されていた。一つはインターネットがその現実と切断された仮想現実を強固に構築するものであるという誤解であり、もう一つは新聞／テレビといったマスメディアの進化形として、複雑に乖離した現実（三次元）を整理し、統合し、共有可能な虚構（二次元）に加工するものだという誤解である。

しかし、本来のインターネットとは定義上、その言葉（インターなネット）が示すように、モノとモノ、人と人、モノと人を媒介なく直接つなぐものでしかない。それはむしろ現実（三次元）を虚構（二次元）に整理することなく直接接続するものなのだ。だが普及期の（20世紀の）インターネットは技術的な制約からその真の姿を現すことはなかった。

かくして20世紀のインターネットはもう一つの新聞、もう一つのテレビとして普及していった。その結果、この時期のインターネットは「映像の20世紀」のもたらした最大の夢、仮想現実を実現するものとして期待される結果となった。

だが前述したようにそれは決定的な誤解の産物だった。

そして21世紀に入った頃、情況は一変する。ムーアの法則に導かれるように、圧倒的な速度で市場に普及した安価なコンピューターと同様の速度で整備されたネットワークのインフラは、インターネットの本来の姿――モノとモノ、人と人、モノと人を媒介なく直接つなぐという性質をもったもの――を明らかにさせつつある。

例えば米Google社について考えてみよう。独特のアルゴリズムを備えた同社の検索エンジンは、無秩序に拡散、拡大していたインターネット上のウェブサイトに、擬似的な秩序を与えた。これによって、私たちは一時的に、ボトムアップで生成される新しいマスメディアのようなものとして、インターネットを用いることが可能となったように見えた。私たちはGoogleの検索結果の上下をもって重要なページと、そうではないページとを区別し、そこには擬似的な中心と周縁が発生していた。しかし、10年もたつことなく、この秩序は意味を失った。Googleの検索結果を上位にコントロールするためのノウハウ（SEO）が広告ビジネスによって普及したこと、さらに、インターネット上の情報そのものが爆発的に増大したことにより、人々はGoogleの検索結果をWikipediaとグルメサイトのインデックスとしてしか使用しなくなった。今や「ネットサーフィン」は死語であり、インターネット検索そのものが、基礎知識と（準）公式情報の確認のニーズしか持ちえていない。「仮想現実から拡張現実へ」という言葉が示す通り、インターネットは虚構（の充実）ではなく現実（の拡張）を意味することになった。Googleは今やインターネット上のウェブサイトの文字列ではなく、実空間そのものを（地図から生活サービスまで）検索する装置に変化し、そして人間同士をつなぐIoH（Internet of Humans＝ヒトのインターネット）から事物同士をつなぐIoT（Internet of Things＝モノのインターネット）への移行が、急速に進行している。

こうして、インターネットはその本来の姿を徐々に取り戻し、虚構ではなく現実と結託していった。インターネットという双方向的なメディアの普及が意味するものは、むしろ虚構の敗北だった。正確には現実を情報化することで、部分的に虚構化することで、拡張現実的に現実と虚構との関係を書き換えていったのだ。

逆に考えれば、20世紀の特に後半は人々が生産量の増大と引き換えに手に入れた膨大な余暇を、虚構と戯れることでしか消費できなかった時代だった。電話を携帯することができず、ネットワークに接続されたコンピューターを個人が所有できなかった時代、人々は基本的に帰宅後はリビングで家族と語らうしかなかった。そしてその家族の息苦しさから解放されるためには部屋で孤独に過ごすしかなかった。そんなリビングの団欒を盛り上げてくれるのも、一人の部屋の時間を濃密にしてくれるのも、出版物やテレビといったオールドメディアの役目だった。だからこそ、当時の若者たちは基本的に虚構に接することでその内面を形成し、大人になっていった。20世紀はマスメディアが社会の大規模化を支えた時代であったことは先に述べたが、その爛熟期である後半の特に四半世紀は人々の内面形成にメディアとそれがもたらす諸虚構がこれまでのどの時代よりも強烈に人々の精神生活を支えていたのだ。

しかし、そんな時代はいま終わりつつある。

先進国のみならず、ネットワーク環境の整った世界中の人々の余暇は、友人や恋人など誰かと会話することに費やされつつある。20世紀最後の四半世紀の人間がだらだらと雑誌をめくり、テレビを観ていた時間の大半が、ソーシャルメディアやチャットソフト、そして接続無料が原則化しつつある電話によって消費されていることは明白だ。

これは私たちの生活世界における虚構と現実のパワーバランスの変化でもあるだろう。

11 「拡張現実の時代」の想像力

気がつけば私も、ここ数年めっきり虚構に心を動かされることが、減った。理由は単純だ。情報技術の発達により私たちは面白い現実にアクセスするコストが激減したからだ。YouTubeを数秒検索すれば私たちは瞬時に、かつ無料で世界中の驚くべき現実を捉えた映像を無数に鑑賞することができる。また、Google Mapsを検索すれば、その現実に出会うための経路と費用が瞬時に示される。もはや現実を捉える装置としての虚構（特に映像）は旧世紀の表現としてその役割を縮退させているのではないか、とすら思える。

このような情況下において映像、特に劇映画には現実には存在しない世界を描くための役割しかなく、気がつけばハリウッドのヒット作が軒並みアニメと特撮になっているのも偶然ではないだろう。

そのアニメーションすらも、現実の侵食を受け始めている。

21世紀に入ってから、戦後アニメーションから徐々に架空年代記や最終戦争といったモチーフは後退し、ティーンの日常を描く作品群が支持を広げていくことになる。この推移は端的に冷戦下の「虚構の時代」の想像力の後退だと位置づけることができるが、こうした私たちの想像力の変化はアニメにかぎらずサブカルチャーの世界において広範に表れている。

なぜならば虚構の時代の終わりとは、世界的には「映像の世紀」の終わりであり、そして国内映像産業史的には、「映画」という20世紀アメリカ文化の輸入とローカライズの結果発生した鬼子、奇形児としての戦後アニメーションが社会に占めていた特権的な位置それ自体の終わりであったからだ。それは戦後アニメーションがサブカルチャーの中心からゆっくりと退場しつつあることを意味する。そして、この変化はアニメーションと隣接する諸ジャンルの変化と連動している。

80年代半ばから戦後アニメーションと並走してきた国内のコンピューターゲーム市場、特にその初期を支えた『ドラゴンクエスト』や『ファイナルファンタジー』が代表するJRPG（日本製ロール・プレイング・ゲーム）は（少なくとも商業的には）90年代後半に極相を迎えた。これらの作品ではファンタジーの舞台として私たちが生きているこの世界ではない異世界が設定され、作品は設定的にも、ビジュアル的にも、物語的にもその仮想現実を綿密に構築することが求められていた。

しかし、ゼロ年代以降コンシューマーゲーム機の主戦場が据え置き型から携帯型に移行し、国内のネットワーク環境が整備されるにつれ、現実の人間関係（ソーシャルグラフ）をゲームの一部に取り込むもの、あるいは不特定多数のプレイヤーがうごめく社会そのものを乱数供給源として活用するゲームが市場を席巻していった。『モンスターハンター』の社会現象化、ＭＭＯＲＰＧ（マッシブリー・マルチプレイヤー・オンライン・ロール・プレイング・ゲーム＝大規模多人数同時参加型オンラインRPG）というジャンルの確立、『ドラゴンクエスト』『ファイナルファンタジー』のネットワーク化など、詳細に論じていけばきりがないがここでは概略を述べるに留める。

こうしたゲームをめぐるささやかな歴史から導き出されるのは、もはやあらゆる虚構は現実から独立することはできないという原理であり、またあらゆる虚構は現実との関係性によってのみ、人々に作用し得るという身も蓋もない結論だ。

そして現代ではあまりに多くのものがソーシャルネットワークに、現実に塗りつぶされている。物語への没入装置としても、ゲームの乱数供給源としても、「現実」こそがもっとも高いパフォーマンスを発揮するシステムなのだ。ある側面を切りとればソーシャルネットワークとは、こうした現実の社会そのものをエンターテインメントにするためのシステムだとも言えるだろう。[*15]

あるいはボーカロイドが代表するインタラクティブな情報サービスのサブカルチャー領域における拡大について考えてみよう。

クリプトン・フューチャー・メディア社が2007年に発売した『初音ミク』はボーカロイド文化の爆発的な浸透を促し、膨大なインディーズ・ミュージシャンたちの自由な創作の場として機能した。その結果、kz、40mPなどのジャンル越境的に活躍するクリエイターが出現したことは記憶に新しい。ゲームジャンルでは自身のゲームプレイを「実況中継」するインディーズ動画放送が、ここ数年で一大ジャンルを形成しつつある。

これらの文化の共通点は、送り手（プロ）と受け手（アマチュア）の境界線が曖昧なインディーズのコミュニティを厚く形成したことと、特に後者においてはSNSを通じた相互批評的なマッシュアップの文化が形成されたことによるクリエイションの洗練が発生したことだ。

『初音ミク』は誰かに「調教」されなければ歌うことができない。これらは要するにインターネットの双方向性が、ファンコミュニティから高いクリエイションを発生させる装置として機能したケースだと言えるし、同時に自己完結した虚構が崩壊し、現実（マッシュアップ）を経ることで進化していくものとして、このジャンルが成立していることを意味する。

そして今日において、アニメからアイドルへ国内サブカルチャーの中心地は移動している。ゼロ年代半ばから、ソーシャルメディアの浸透と並行してライブアイドルと呼ばれる形態のアイドルが支持を集めていった。従来のテレビアイドルとは異なり、ライブ活動とソーシャルメディアでの展開によって成立するこれらのアイドルは、２０１０年代初頭のＡＫＢ48グループの社会現象化に牽引されるかたちで、現代サブカルチャーの中心地に躍り出た。

ボーカロイドは、二次元のキャラクターに擬似的な双方向性を与える思考実験であるが、情報環境の変化がもたらした虚構と現実のパワーバランスの変化はいま、現実そのものをエンターテインメントにするものにポピュラリティを与えており、現代のライブアイドル・ブームはその代表例だと言えるだろう。初音ミクは死なないが、生身のアイドルたちはやがて卒業し、様々な人生を歩み、そしていつかは死ぬ。二次元のキャラクターを二次創作的に扱うようにアイドルに接すればまずコミュニケーションは失敗する。そしてそもそもアイドルとは商品化された母性（あるいは父性）だが、その商品が生身の人間であるために、特に今日のファンと直接触れ合うライブアイドルにおいてはしばしば彼女（彼）らは、消費者たちの「母（父）」として機能することを拒絶する。二次元のキャラクターと異なりいずれ卒業し、そして死ぬ三次元のアイドルたちは、究極的には消費者たちの母（父）にはなってくれないのだ。そしてそのことが逆に情報の、虚構の供給過剰が常態化した現代において強い批判力を生身のアイドルたちに与えている。メジャーシーンに耐えうる規模のマネタイズはテレビアイドル化する他にないという限界を抱えながらも、アイドルはまさに現実と切断されることなく結託した虚構として、その存在感を示している。こうしている今も、莫大な数のアイドルたちが活動し、その人生そのものをネットワーク上に発信し、観客たちは時にその人生の擬似的なパトロンとして参加することに夢中になっている。家族でもなければ、友人でもない他人を勝手に応援することが、現代においてはコピーできない自分だけの、固有の体験として強く支持されている。

２０１１年の東日本大震災のあと、ＡＫＢ48は被災地東北の慰問としてボランタリーな公演を続けているが、震災直後の公演の映像は私にとって衝撃的なものだった。自衛隊に見守られながらトラックの荷台の上で歌うアイドルたちに、避難者、特に子供たちが殺到する。巨大な破壊に抗うための軍隊とアイドル――この組み合わせはかつて冷戦期の「虚構の時代」に、退屈な消費社会に息の詰まっていた若者たちがアニメ（『超時空要塞マクロス』など）に求めていたまさに終末の姿そのものだからだ。かくして、戦後アニメーションの描いた「世界の終わり」はあらゆる意味において現実に上書きされてしまった。その意味においては、戦後アニメーションはその使命を終えつつあると言える。

前提として確認しておきたいのだが、社会の情報化は相対的に情報それ自体の価値を暴落させている。ネットワーク上には良質なものからそうでないものまで、文字、音声、映像などの情報が氾濫し、その多くはゼロ円か非常に安価である。遠からず人類社会からソフトパッケージ販売という形態は消滅し、１９７８年生まれの私は学生時代を古書店巡りに費やした恐らく最後の世代になるだろう。

もはや文字、音声、映像など「情報」の価値は暴落した。では代わりに値上がりしたものはなにか。それは「体験」であり特に人間同士の「コミュニケーション」そのものだ。音楽ソフトは売れないが、フェスの市場や握手券付きのパッケージの市場は拡大しているのはそのためだ。音声データは無限にコピーできるが、この日この時にこの人と行ったライブの体験はコピーできない、固有のものだ。あるいはアイドルを応援し、その人生にコミットしていた時間もまた固有のものだ。情報から体験へ、二次元から三次元へ、アニメからアイドルへ。虚構に対する現実の優位がここにも確認できる。「虚構＝仮想現実の時代」の極相に、コンピューターゲームが国内サブカルチャーの中心にあったことは前述した通りだが、そのとき若者たちがゲームに見た夢は世界の全体性の記述だった。映像があり、音楽があり、インタラクティブな物語を描くことができて、さらにはその世界を支配する法則をプログラミングできるコンピューターゲームは、複雑に肥大する世界を小説や映画といったかつての物語メディアよりも深いレベルで抽象化して記述できる――そんな期待が当時のコンピューターゲームを支えていたのは間違いない。それは言い換えれば「大きな物語」ではなく「大きなゲーム」で世界を記述し得るという確信でもあった。

そして、虚構と現実の関係が決定的に変化しつつある現在、私たちの世界の全体性を記述することへの欲望もまた、変化しつつあるように思える。

20世紀までの私たちは、肥大し複雑化するこの世界に対して虚構を通過することで一度抽象化し、整理して理解することしかできなかった。だからこそ前世紀は「映像の世紀」として記憶されるし、ある世代の人々はマスメディア上の情報を通じて社会観と内面を形成することになった。しかし、21世紀における社会の情報化は世界の全体性を、個人が把握することこそできないままではあるが、とりあえずはデータベースとして記述することには成功した。問題はむしろその圧倒的な情報量の前ではいまのところ個人はただ呆然とするしかない、ということだけであり、いま世界の全体性は世界中のたいていの場所からアクセス可能なデータベースとして私たちの目の前に鎮座している。ただし、この全体性は物語を経由して、虚構化を経ることで統合され、整理され、共有可能な状態に加工（二次元化）されたものではなく、未整理の（三次元の）まま、非物語的なデータベースとしてそこに存在している。

20世紀の、特に「虚構の時代」を生きた世代（私もそうだ）は、個人的な体験の断片から世界の全体性を想像できるようになることが社会化であり、成熟と考えていた。このとき個人の体験という断片から本来記述不可能な世界の全体性への蝶番になってくれる抽象化装置として虚構が機能していた。

しかし、社会の情報化はこの前提を破壊した。現代において世界の全体性というのは非物語的なデータベースとして存在していて、そこにいかにアクセスするかという個人の能動性だけが問われるようになった。そのことに世界中の人々が戸惑いながら試行錯誤し、新しい蝶番を生み出そうとしているのが現代という時代だ。

既に世界地図は描かれている。もはや世界地図を描くことに時間と労力を割く必要はない。しかしその地図はかつてのように二次元に整理されたものではない。私たちにいま求められているのは、新しい目と新しい足を見つけてこの新しい地図を歩くことだ。この世界に対しての関わり方、人間がどう歩くかということだけがいま問題になっている。

だからこそ私からの問題提起は、戦後アニメーションがこの国の戦後という長すぎた時間に果たした役割を再検討することで、私たちにとっての虚構の機能について考えなおすことだ。

「映像の世紀」に「政治と文学」「公と私」をつないでいたものはニュースであり、映画であり、映像上の虚構群だった。そして、あらゆるものが作家の意図なくして成立しないアニメーションは究極の映像であり、戦後アニメーションは「映像の20世紀」の生んだ鬼子である。この鬼子について考えることで、これからの虚構のゆくえを、私たちの「政治と文学」「公と私」のゆくえをも考えることができるはずだ。

言い換えればそれは、いま虚構の価値はどこにあるのか、という問いだ。少なくともそれはいままでと同じではない。世界の変化で優位に立った現実に対抗できる虚構はあるのか。もちろん、現実から独立した虚構が成立しないいま、この問いは不正確だ。あらゆる虚構が現実から独立し得なくなったいま、批判力のある虚構はどうあるべきか、が正確な問いだ。

そのために本書はここで、戦後アニメーションの巨匠たちの仕事を振り返ろうと思う。

宮崎駿、富野由悠季、押井守——彼らは戦後アニメーションのパイオニアであり、そして一代にしてその臨界点に直面することになった作家たちだ。その意味において、彼ら天才たちにとって恐るべきことにこの戦後という時間は逆に短すぎたのだ。

第3部　宮崎駿と「母性のユートピア」

1　ニヒリズムに負けていたのは誰か

　1997年、宮崎駿が『もののけ姫』を発表したとき、当時18歳だった私は軽い反発を覚えた。より具体的には駅や街頭に貼りめぐらされた同作の公開を告げるポスターと、そこに大きく印字された糸井重里によるコピーを目にしたとき、「ウザいな」と思ったのだ。〈生きろ。〉——国民的アニメ作家だか、時代と寝たコピーライターだか知らないが、はっきり言って余計なお世話だ、としか感じなかった。実際に、その夏私はこの映画を観るために劇場に足を運ぶことはしなかった。具体的な理由は思い出せないが、端的に今の自分にはあまり必要ないと考えたのだと思う。

　その数年前から、10代の私は次第に宮崎駿という作家への関心を失っていた。1994年にマンガ版『風の谷のナウシカ』のラストシーンでナウシカが「生きねば」と告げたとき、「いや、特に言われなくても」としか思わなかったし、そして翌年に『耳をすませば』でヒロインの相手役の少年が作品全体を支配する文化左翼的な消費社会批判には同調しつつも「コンクリートロードの方も好きだぜ」と配慮を口にしたときも、そもそも「コンクリートロード」に利点がないなど思ったこともなかったので同世代の登場人物がまるで教師を喜ばせるために用意したような文明批判を口にすることの不自然さだけが印象に残った。

　だがそれからしばらく経って、妹が借りてきたビデオソフトで『もののけ姫』を初めて観たとき、宮崎の近作に覚えていた違和感の正体が何であるのか、摑めたような気がした。それははっきり言えば、宮崎駿が自分の無力感を若い世代に投影していることが透けて見えてしまったことへの失望だったように思う。

言うまでもないが、無力感とニヒリズムに囚われていたのは若者たちではなく宮崎駿の方だ。熟年たちに説教などされなくても若者たち（当時の私たち）は当然のように生きていくつもりだったし、コンクリートロードが特に素晴らしいとも考えていなかったが、その反面、宮崎たちの世代が東京のクーラーの効いた部屋で農村のあぜ道を賛美する馬鹿馬鹿しさに気づかないほど鈍感でもなかった。

たしかに当時の街頭にはそれこそ流行のアニメのキャッチコピーを流用して、物憂げに〈だからみんな、死んでしまえばいいのに…〉といったことをわざわざ誰かに聞こえるようにつぶやく若者があふれていたが、それはサブカルチャーを用いてインスタントに自意識の問題を軟着陸させようとする小賢しくも愛すべき「終わりなき日常を生きる」知恵の域を出るものではなかったし、それは宮崎駿の世代でもそう、変わらなかったはずだ。要するに、当時の宮崎が仮想敵にしていたニヒリズムは90年代の若者（私たちの世代だ）のどこにも存在しておらず、不安なのは若者でもなければ子供たちでもなく、大人たちなのは明白だった。もちろん、宮崎にも自覚はあっただろう。例えば『耳をすませば』の制作時には、こうした自分たちの世代へのヒーリングを「若者向け」のアニメーションとして描くことへの長い「言い訳」のような小文を発表している。[*1]〈この作品は、自分の青春に痛恨の悔いを残すおじさん達の、若い人々への一種の挑発である。自分を、自分の舞台の主人公にすることを諦めがちな観客――それは、かつての自分達でもある――に、心の渇きをかきたて、憧れることの大切さを伝えようというのである〉。こうした「言い訳」を一読し、当時の私は「余計なお世話だ」としか思わなかった。

しかし『もののけ姫』をきっかけに、私の宮崎駿への興味はかたちを変えて再燃した。あの宮崎駿が、怯え始めている。それも、これまで自身の築き上げてきた世界を一変させるほどに。この偉大な作家は何に焦り、なぜ莫大な資金と労力をかけた独り相撲を始めたのだろうか。この大作家は、天才は、この時期一体何に怯えていたのだろうか。

2 『もののけ姫』とアシタカの倫理

『もののけ姫』において宮崎駿のニヒリズムを体現しているのは、誰よりも主人公のアシタカだ。公開当時から度々指摘されているが、本作におけるアシタカは情況に対して能動的にコミットすることがほぼなく、あくまで周囲のプレイヤーのアクションの結果発生した事件に事後的に対応するだけの主人公だ。物語の結末で、サンとエボシ、森とタタラ場、自然と人工、二つの立場をただ見守り、調整することを高らかに宣言するアシタカの姿に驚愕した観客も多かったはずだ。彼の目的は「曇りなき眼で世界を見ること」であると作中で明言され、これは恐らく本作のコンセプトそのものである。

誤解しないで欲しいが、私はだから『もののけ姫』が駄作であると主張したいわけでもなければ、宮崎という作家がこの時期から劣化し始めたのだと主張したいわけでもない。むしろ逆だ。『もののけ姫』は宮崎駿が恐らくはその根底に抱えていたであろうニヒリズムが初めて前面化し、そして前面化することで初めて本当の意味で自然(サン)と歴史(エボシ)と対峙することができた作品だ。

宮崎駿は自身のアニメーションを「漫画映画」と呼んでいた。そこには、アニメーションは現実と徹底して切断された虚構を、ファンタジーを描くべきだという思想が垣間見えていた。しかしこの『もののけ姫』は明らかに違った。それまで「漫画映画」であること――現実と切断された綺麗な嘘であることをむしろ社会的な機能とし、コンセプトとしてきた宮崎が、その「漫画映画」としての表現を堅持しつつ網野善彦の歴史学を援用し現実との接続を試みることによって、従来のそれとは全く異質なものに変貌を遂げた作品――それが『もののけ姫』なのだ。

『もののけ姫』の中核にあるのは自然と人工の対立という宮崎が反復してきた問題設定だが、この問いに対して宮崎は最初から「答え」を求めていない。なぜならば『もののけ姫』とは、まさに宮崎駿が「曇りなき眼で世界を見ること」を実践した作品だからだ。

そこには何ら実現したい理想もなければ、吐き出したい欲望もない。ただ、受動的かつ事後的に情況にコミットし、誤れば線を引き直す、といった倫理的で、強靭で、そして政治的に「妥当な」（そしてそれゆえにこれまで宮崎駿が描いて来た男性的なロマンティシズムにはなかなかつながらない）態度表明が行われる。

特に結論もなければ事態の打開に有効な仮説も、人々を強く動機づける夢も語り得ない（！）が、その無力さを受け止めてただただ粘り強く情況に対し続けるのだという姿勢は、事実上何も主張していないがゆえにナルシシズムの記述法としては難攻不落だと言っていいだろう。

たしかに、冬場は風邪が流行るので帰宅後には速やかに手洗いとうがいを徹底すべきだ。そこに何らかの反論を加えることは難しく、その必要もない。しかし、このメッセージを受け取ることで私たちと世界との関係は（「最適化」はされるかもしれないが）何も、変わらない。いったいなぜ、この期に及んでただ妥当なだけの凡庸なメッセージがアニメーションの、それもあの宮崎駿のアニメーションの中核に置かれなければならないのか。もちろんこの凡庸さを受け止め得る強靭さこそが、これまでとは異なる力でこの『もののけ姫』という作品を支えていることは疑いようがない。

その意味において、確実に同作は宮崎駿という作家を大きく進化させた作品だ。しかしそれと同時に、この作品を経ることで——正確にはマンガ版『風の谷のナウシカ』の完結から『耳をすませば』を経て、この『もののけ姫』にたどり着く数年間によって——宮崎駿から決定的に失われてしまったものがあるのではないだろうか。

そう、この『もののけ姫』という作品を特徴づけるのは、世界に対する肯定性の不在だ。

例えば本作には宮崎がその初期作品から拘泥してきた「飛ぶ」というイメージがほぼ登場しない。宮崎駿にとって世界の肯定性は(『もののけ姫』では放棄された)「飛ぶ」というイメージと深く結びついていた。さらに言えば、男性的ナルシシズムと深く結びついていた。熟年の飛行機乗りを主役に据えた『紅の豚』(1992)や、飛行機の開発者の生涯を描いた『風立ちぬ』(2013)……宮崎駿が主人公への自己投影を隠さないとき、そこには必ず飛行機の存在が伴われていた。

しかし、本作の登場人物たちは「飛ばない」。人間も、もののけたちもただ地を這うだけだ。そして血みどろの戦いを繰り広げ、多くのものを失っていく。人間ももののけたちも深く大きく傷ついて、そして主人公のアシタカはこの現実に対し、基本的にはただ「見守る」ことしかできない。できることがあるとするのなら、人間の側の行き過ぎた介入を緩和すること=シシ神の首を返してその怒りを早期に鎮めること、くらいだ。アシタカにできるのは、ゲームバランスが崩壊しないように微調整を続けることでしかない。ゲームシステムを改善することもなければ、ゲームそのものを放棄できる環境をつくることもしないし、できない。世界を肯定的なものに変えることが、ここでは前提として断念されているのだ。では、宮崎駿はいつから「夢」を、「飛ぶこと」を失っていったのだろうか。

3　ボーイ・ミーツ・ガール？

宮崎駿はそのパブリックイメージにおいては、ボーイ・ミーツ・ガールの物語を強く志向する作家だとされている。

例えば『崖の上のポニョ』公開時（２００８年）にインターネット上の映画情報サイトに記載された編集スタッフの対談では、宮崎駿＝ボーイ・ミーツ・ガールという前提が共有されている。

原点回帰だなあって言ってましたね、この作品を見た後。だって宗介とポニョのボーイ・ミーツ・ガールで、主人公が自発的で、すごく動きがあって。バリバリ動くっていうと、宮崎監督が初めて演出を務めた「未来少年コナン」がまさに原点。コナンは動きでおもしろさをつくったところがあるので、この作品みたいに動かして表現するっていうのは原点回帰じゃないかな。[*2]

しかし、宮崎駿がボーイ・ミーツ・ガールの冒険譚——つまり少年が少女に出会い、その愛を得ることで大人の階段を一歩登る——という回路を何の留保もなく採用できたのは事実上の初監督作品である『未来少年コナン』（１９７８）のみだ。

子供向けのサブカルチャーの中でなら戦争の、暴力の、「父」になることの、マチズモの快楽を安心して描くことができると開き直っていた戦後アニメーションの世界を、「12歳の少年」のまま男性的な自己実現（暴力とセックス）を手に入れようとする戦後アニメーションを、そしてそんな戦後アニメーションが象徴するネオテニー・ジャパンの消費社会を、他国の戦争で潤った血みどろの経済的繁栄を無自覚に謳歌する当時の日本社会を、宮崎駿は軽蔑していた。

その結果、宮崎駿が作り上げた『未来少年コナン』では、理想化されたボーイ・ミーツ・ガールの物語が描かれることになった。

偽りの身体に「変身」することもなければ、機械で仮構された身体を「操縦」することもなく、つまり大人の身体を演じることなくコナンはあくまで生身の少年として大地を駆けずり回り、飛び跳ねた。このとき宮崎駿は、現実においては成立し難い、近代的な男性の理想化された父性を擬似的に獲得できる場所としての戦後アニメーション、という呪縛を正面から引き受けている。そして引き受けた上で、その身体観のゆがみ（「アトムの命題」）をアニメーションの力で突破しようとしているのだ。その結果、異質な存在に「変身」することもなければ、巨大な鋼鉄の身体を「操縦」することもなく、コナンは超人的な身体能力を何の説明もなく発揮し、つまりただ絵が動くというアニメーションの快楽を視聴者に提示することで強引に納得させていった。それは当時の宮崎にとってのアニメーションとは何であったか、という問いへの回答でもあるだろう。

宮崎駿がアニメーションの力それ自体に依存したのは、マーチャンダイジングと結びついた「変身」ヒーローや日本的「ロボット」の奇形的身体が象徴する戦後消費社会のモードに背を向けたためでもあることは疑いようがない。

宮崎駿は飛行機やロボットを近代的なマチズモへの憧れを込めて極めて直接的に美しく描いているが、一貫してある一線を超えることはなかった。宮崎は、こうした飛行機や戦車はあくまで少年の、男たちのマチズモを支援する補助装置であり続け、少年がマチズモを仮構するためのもう一つの身体になることは許さなかったのだ。内向的で文弱な少年が、機械の身体を得ることで身の丈以上の自己実現を果たすことは許さず、あくまで少年自身が元気に駆け回ることを要求し続けたのだ。

アニメの、漫画映画の中の世界でなら、もっと言ってしまえば子供のための、子供を主人公にした物語の中でなら、強い少年が「生身のまま」少女を守って自己実現を果たすことでその男の証を手に入れることができる。強く、優しく、好ましい少年像を提示することができる。冒険の末に、世界を変えることもできる。少なくともその「はずだった」。にもかかわらず当時のマーチャンダイジングに支えられた商業アニメーションたちが少年の自己実現の条件として、異質な存在に「変身」すること、偽りの身体を「操縦」することを求めたのは、そこに「アトムの命題」によって戦後日本の根底に存在するゆがみが侵入してきた結果だ。

もちろん、宮崎駿のアニメーションもその例外ではない。しかし宮崎はアニメーションという虚構に否応なく侵入してくる現実をあくまでアニメーションの力そのもので切断しようとしたのだ。宮崎駿はアニメの中だからこそ、少年は生身のまま自己実現を果たすべきだと考えたのだ。その結果、宮崎駿は常にアニメーションの性能それ自体を駆使したリアリズムの操作、という演出に依存せざるを得なくなった。

しかし、宮崎のこうした態度は、後にある批判を生むことになる。


ここで僕は貴方のあの『コナン』の太陽塔脱出のシーンを想い起こします。

太陽塔によじ登り閉じ込められたラナを救出したものの包囲され行場を失ったコナン。戻ることもならず眼下には千尋の谷の如き絶壁がなだれ落ち――まさに絶体絶命の危機です。

この状況で貴方は二人を救出する為に何をしたか？

ラナを抱えつつ軽やかにとび降りるコナン（！）

このおよそ信じ難い方法を、それにひきつづくカットの巧みなつくりによって強引に納得させてしまった時、僕はまず呆然となり次に笑い転げ、最後に猛烈に悩みました。この解決方法で貴方は二人をまんまと救出し、しかもそのことの奇異さをむしろ親しみとしてコナンというキャラクターの上に定着させることに成功しています。まさに一石二鳥。

「地平線から三歩でダーッと目の前まで走ってくる漫画映画でしかできない」この方法は確かにアニメーションの属性であり「一種の表現である」ところまでインパクトをもち得ていると思います。しかし、そのアニメーションの秀れた属性（特殊な表現）が、〈アニメーション＝映画〉にあっては限界ともなるのではないでしょうか。

この太陽塔のシーンに即して考えてみましょう。

仮に同じ演出をあらゆる特撮技術を駆使してぎりぎりまでリアルなショットの連続として実写映画で行ったとしても、それは爆笑を呼ぶかシラけてしまうかは別として、観客の目には「マンガ」としてしか映らぬことでしょう。そしてそれに続くシーンでどれ程つきつめられたドラマの展開があったとしても、それは映画としての基本的な訴求力を喪ってしまうことになるに違いありません。[*3]

これは、『未来少年コナン』から数年後にあの押井守が展開した宮崎批判の一部だ。ここで問題にされているのは、アニメーションそのものの虚構性を用いた演出の有効性だ。つまり、宮崎はこのシーンでコナンを「変身」させることも、ロボットを操縦させることも、超能力に目覚めさせることもなく、何の説明もなく超人的な身体性能を発揮させて危機を脱出させている。視聴者はこのあり得ない展開に驚愕すると同時に、アニメーションならではの強烈な虚構性に強く惹かれることになる。

コナンが塔から飛び降りる寸前まで、視聴者は自然主義的なリアリズムを基準にこの場面を受け取っている。高い塔の内部で、敵によって壁際にヒーローとヒロインが追いつめられる絶体絶命の危機。この「危機」が「危機」として緊張感を持つのは、視聴者は自然主義的リアリズムに基づいて塔から飛び降りればコナンは死ぬ、と思っているからだ。

しかし、次の瞬間、この自然主義的リアリズムは放棄されコナンは塔から飛び降り、無事に着地する。そして作品世界は記号的なリアリズムによって一気に書き換えられる。この、自然主義的リアリズムと記号的リアリズムを説明なしに往復できるアニメーションの特性を十二分に活かしたのが、太陽塔脱出のシーンであり、それを可能にしているのは宮崎駿の優れた演出、具体的には絵が動くアニメーションそれ自体の快楽だ。

しかし、押井守はこの宮崎駿の豪腕は問題をより深いレベルで露呈させたと考える。

どの様にさし迫った状況を設定しても、それが主人公の超人的なパワーによってのり越えられてしまうのであれば、アニメートする技術のもつ説得力を発動してこれを突破してしまうならば〈劇《ドラマ》〉は〈劇《ドラマ》〉としてのよりどころを喪い、〈アニメーション＝映画〉は〈漫画映画〉という中立国、緩衝地帯へ後退するしかありません。アニメーションがただ技術のみが可能とする世界であるからこそ、この種の強引な方法はより魅力的であり、作り手としてはそれを行使したい誘惑に駆られますが、それは〈アニメーション＝映画〉が要請する方法とは相反することが多く、築きつつある世界を崩しかねない危険な諸刃の刃となるのだと思います。［中略］

〈漫画映画〉とは実はその方法的限界の故に〈映画〉に成熟できぬ過渡的な形態をさすのだと思います。そしてそれは個人の思い入れのみによって貫かれた世界であるが故に、共感やその場の感動を呼ぶことはあり得ても、最終的に何ごとかを語り得る（語りかける）ことへは到らぬものなのだと言わざるを得ません。*4

ここでの押井の批判は、宮崎によるアニメーションの表現の利点と制約を逆手に取った演出のメカニズムを鋭く解明している。さらにここで展開されているのは、アニメーションそれ自体の虚構性を武器にする手法が、果たして人間を本当に感動させることができるのか、という問いだ。

アニメーションという人の手で描かれたもの以外が存在できない表現手法を駆使して、場面ごとに塔から「飛び降りると死ぬ」身体と「飛び降りても死なない」身体を器用に入れ替えながら描かれる物語が発揮する人の心を動かす力には限界があるのではないか――押井はそう指摘しているのだ（この指摘は当然、前述した大塚英志による「アトムの命題」を抱えた戦後マンガ／アニメの限界に対する指摘でもある）。宮崎駿の「漫画映画」的なアプローチ（アニメーションの虚構性それ自体を武器にした、自然主義的リアリズムと記号的リアリズムの往復運動）は、最終的には物語の訴求力を殺す。それが押井の批判の骨子だ。

押井によるこの批判は後年（１９８４年）のものであるが、こうしたアニメーションの万能に近い表現力が逆説的に喪失させてしまう物語の力、という問題に宮崎は『未来少年コナン』の直後から間接的ではあるが対峙していったように思える。

一転して、続く１９７９年に公開された『ルパン三世　カリオストロの城』で宮崎がもう飛べない中年男性＝ルパンを描くことになった理由の一端は恐らくここにある。

同作では主人公のルパン三世が美少女クラリスを悪漢から救うべく大冒険を繰り広げる。しかし劇中で「おじさま」と呼ばれるルパンはもはや「ボーイ」ではない。このとき原作の設定年齢は20代とされるこのルパン三世を、宮崎駿はあえて「中年」として解釈したのだ。「中年」であるルパンは物語が大団円を迎えたあと、自分について行きたいと述べるクラリスのもとから去る。もはや「ボーイ＝少年」ではないルパンは、クラリスと共に歩めないのだ。

しかしルパンはなぜ中年として描かれる必要があったのだろうか。

それは宮崎駿が、アニメーションの動きそれ自体の快楽だけではなく、物語的にも男たちが飛べる根拠を求めようとしたためではないか。コナンが超人的な身体能力を発揮したその理由を「アニメだから」「漫画映画だから」で片付け、思考停止することを選ばなかったからではないか。

アニメという、漫画映画という現実から切断された虚構を構築することではじめて確保されるべきものの正体とは何か。宮崎駿はこのとき自身がアニメという、漫画映画という表現を用いて獲得したいものの本質を物語を通じて提示し、それを観客に共有させることを選んだように思える。

それは結果として、後に押井守が指摘する記号的リアリズム（死なない身体）と自然主義的リアリズム（死にゆく身体）の往復という、アニメの性能を用いた演出が喪失させてしまう物語的な批判力を補うことにも結びついていたはずだ。

「あーあ、何ということだ。その女の子は、悪い魔法使いの力を信じるのに、ドロボーの力を信じようとはしなかった。その子が信じてくれたなら、ドロボーは空を飛ぶことだって、湖の水を飲み干すことだって出来るのに……」

「ハーイ、元気ですよー。女の子が信じてくれたから、空だって飛べるさぁ。ドロボーさんがきっと盗み出してあげるから、待ってるんだよ」[*5]

これは作中のルパンのクラリスに対する台詞だが、ここに表れているのは宮崎駿が「飛ぶ」こと、つまり近代的、男性的なロマンティシズムの追求としての自己実現の成立条件として、少女からの承認を必要としているということだ。少女からの愛が向けられたときにだけ、中年ルパンは少年に戻ることができる。言い換えれば宮崎駿にとってアニメとはもはや大人の世界では成立しないもの——ここでは男性的ロマンティシズム——を子供の世界に巻き戻すことで擬似回復できる場所を構築するものだった、と言えるだろう。

『未来少年コナン』では当たり前のこととして処理されていたことが、ここではその理由が台詞で、丁寧に、なおかつ反復して語られている。大人の男はもう飛べない、しかし少女に愛されることで一時的に少年に戻って「飛ぶ」ことができる。クラリスというイノセントな美少女を設定し、彼女の母性的な愛＝無条件の承認が成立している間だけはルパンは飛べると考えたのだ。ここから逆算して考えると、コナンはラナを抱えることで初めて、塔から飛び降りることができたのだと、考えることができる。

ここには宮崎駿の考えるある種の男性性への断念と、それでも捨てきれない憧れとが共存している。宮崎駿にとって、少女を救うことによって完成される少年の男性的ナルシシズムは、憧れの結晶であり、そして既に失われたものなのだ。

4　ラピュタという墓所

こうした宮崎駿の男性的なものへの複雑な態度が最も端的に表れているのが、『天空の城ラピュタ』だろう。

1986年に公開された同作は、宮崎駿がスタジオジブリを設立してから初めて手がけた長編作品であり、その職業人としてのターニング・ポイントと言える。しかしそれ以上に、本作は宮崎駿という作家にとってのターニング・ポイントなのだ。繰り返しテレビなどで放映された国民的作品だが、論を進めるために内容を簡単に紹介しよう。

主人公の少年・パズーはさびれた鉱山町で働く孤児だ。死別した父親は飛行機のパイロットで、あるフライト中に空中に浮遊する人工島を発見したという。その人工島＝ラピュタは超古代に存在した優れた科学文明の産物だが、何らかの理由で滅び、今は打ち捨てられたまま、空中に放棄されている。その存在をパズーの父は帰還後に訴えるが、世間は彼を相手にせずパズーの父は「うそつきよばわりされて死んで」しまう（自殺？）。残されたパズーは一人たくましく生きている。そんなパズーの夢は、いつか自分も飛行機のパイロットになり、自分の力でラピュタを再発見して父の汚名をそそぐことだ。

これが物語冒頭に示される主人公の生い立ちだが、この時点で既にこの物語が男性的なものの決定的な敗北から始まっていることが分かる。本作においてラピュタとは男性的なロマンティシズムと自己実現の象徴だ。そしてパズーの空を飛ぶこと＝ラピュタへの憧れは、失われた父性と密接に結びついている。パズーはその後少女を救うべく空へ飛び立つのだが、その冒険は輝かしい父性への接続ではなく失われたそれの回復として位置づけられている。パズーの暮らす鉱山町にはたくましく、気持ちのいい男たちが働いているがその町がそう遠くない将来にさびれていくことが示唆されている。そう、この「男性的なもの」は既に失われ、天空の城から地上の鉱山町に堕ち、さらにその地上の町での理想化されたコミュニティ（パズーの親方が代表する鉱山の男たち）もまた、斜陽を迎えているのだ。

そして、そんなパズーの前にもう一度空を飛ぶ＝冒険の契機として、ある日少女がはるか上空から舞い降りてくる。飛行船から落下したというその少女＝シータは「飛行石」という特殊な能力を秘めたアイテムを持つ。シータを助けたことから、パズーは彼女を追う軍隊と空中海賊に追われることになる。ここでパズーは町の人々の助力を得て大立ち回りを演じる。まさに少女を救うべく巨大な敵を相手に大活躍――ボーイ・ミーツ・ガールの冒険譚としては理想的な展開だ。

しかし、パズーはこの時点ではまだ「飛べない」。空を飛ぶのではなく、坑道に深く潜ることで逃避を試みたパズーとシータは、結局軍隊に出口に先回りされ、囚われてしまう。軍隊に同道する政府のエージェントのムスカはパズーの命を交渉条件にシータの協力を取り付ける。パズーはムスカに数枚の金貨を握らされ、解放される。決定的な敗北が、一度パズーに訪れるのだ。

映画は、そして宮崎駿がかつて信じていた世界は、いったんここで終わって、敗北している。少年は少女を救えなかった。それどころか一度も空を飛ぶこともなく捕えられ、逆に少女に命を救われ、彼女を金貨数枚で売り渡してとぼとぼ帰宅したのだ。

だが、映画はここから息を吹き返す。落胆したパズーが帰宅すると、そこはシータを狙っていた空中海賊「ドーラ一家」が占拠している。彼らは熟年女性のドーラとその息子たちからなる家族経営の「海賊」だ。偉大な母性と、矮小な子供たち――ドーラ一家はその後宮崎駿作品に頻出する、「母」的なものの支配するコミュニティの原型だ。

ドーラはパズーを「情けない」と罵倒する。「えらそうな口をきくんじゃないよ。娘っ子ひとり守れない小僧っ子が」「いじけてノコノコ帰ってきたわけかい。それでもお前男かい」と、偉大な母が少年の敗北（父性の獲得の失敗）を宣言するのだ。そしてパズーはシータ奪還をもくろむドーラに「ぼくを仲間に入れてくれないか」と言う。シータを助けたいと主張するパズーに、ドーラはパズーの敗北を確認するようにさらに告げる。「あまったれんじゃないよ。そういうことは自分の力でやるもんだ」と。こうした敗北の確認を儀式のように経て、ドーラはパズーを受け入れる。男性性の軟着陸したこの鉱山町に別れを告げ、肥大した母性の傘下に入ることをドーラはパズーに要求し、パズーはそれを受け入れるのだ。

こうして映画は再出発する。決定的な父性の断念と母性の庇護下への参入を経て、パズーの「冒険」は自分の家から再出発するのだ。そして、パズーはこのとき初めて「空を飛ぶ」。空賊の使用する小型の飛行機械にドーラ＝母と同乗することでパズーは初めて「空を飛び」、シータの救出に向かうのだ。パズーとドーラ一家はシータの奪還に成功し、以降、物語は軍とドーラ一家のラピュタ発見競争、ラピュタ到着後の対決へと移行していく。

この物語後半において、パズーにはその後何回か飛行機械を操り飛行するシーンが描かれるが、そこにはいずれもシータが同乗している。ドーラはシータを評して言う。「あたしの若いころにそっくりだよ」と。実際、ドーラの私室には彼女の若いころの「写真」が貼ってあるがその姿はシータにそっくりだ。

映画の後半に再登場したシータは、守られるべき少女としての表面性を維持しつつも、「守られる」ことで少年の生に意味を与え、実のところ彼を守っている庇護者＝「母」としての本性を隠そうとしない。そんなシータが同乗することで、パズーは空を飛ぶことができる。もはや「母」なる存在の庇護なくしては、少年は空を飛べないのだ。

ラピュタ到着後は、飛行石を手にしたムスカと主人公たちの対決がクライマックスとして描かれる。このとき悪役であるムスカは映画前半で、いや映画開始以前の段階で敗北を迎えた男性的なロマンティシズムの体現者として振る舞う。曰く、「人類の夢」であるラピュタは滅びず、何度でも蘇るのだ、と。対してシータはこう主張する。

今はラピュタがなぜ亡びたのか私よくわかる［中略］
土に根をおろし風とともに生きよう
種とともに冬をこえ鳥とともに春を歌おう
どんなに恐ろしい武器を持っても
沢山のかわいそうなロボットを操っても
土から離れては生きられないのよ[*6]

ここで注目すべきは、映画前半でパズーを駆動していた男性的な自己実現＝空を飛ぶことを肯定し、実践しているのは悪役のムスカであり、ヒロインのシータはその不可能性を説いている点だ。ムスカはいわば宮崎駿が諦めたものの体現者だ。そして宮崎駿の諦念を映画前半での敗北で体現したパズーは、父親の夢でもあったはずのラピュタを否定する立場に与する。パズーはシータに加担してムスカと対決し、シータの家に代々伝わる「滅びの呪文」でラピュタを崩壊させる。かつて父親が夢見た存在を、男性的な自己実現の象徴を、それも既に一度は滅んだものを、二度と蘇らないように止めを刺すのだ。死んだ父親の夢を否定し、目の前にいる少女＝母の論理に加担して、パズーはラピュタを滅ぼしたのだ。

以上のように、一見ボーイ・ミーツ・ガールの冒険譚である『天空の城ラピュタ』は、実質的にはむしろその不可能性こそを描いていたと言えるだろう。ラピュタとは、男性性が完全に葬り去られた「墓所」なのだ。

5　飛べない豚たちの物語

実際、『天空の城ラピュタ』以降の宮崎駿は少年が少女を救う冒険譚も描けなければ、少年が空を飛ぶことも描けなくなってしまった。例えば前述したように『もののけ姫』のアシタカはサンとエボシ、野生と文明を象徴する二人のヒロインの間を往復しながら「見守る」だけで、主体的なコミットはできない。

そもそも以降の宮崎駿作品においては男性主人公がほとんど成立していない。『もののけ姫』以外に男性主人公が立てられたのは『紅の豚』『ハウルの動く城』（２００４）『風立ちぬ』の3作のみであり、これらはしかも「少年」ではなく大人の主人公が設定されている。

『紅の豚』の主人公であるポルコ・ロッソはまさに「飛行機乗り」として登場する。彼は戦没した仲間のパイロットたちを思いながら飛び続けている。そう、ポルコはまさに失われた男性性を思いながら飛んでいるのだ。その今も飛び続けている自身は、自らかけた呪いによって「豚」の姿になっている。同作もまた、男性的な自己実現と空を飛ぶことは強く結びついている。それゆえに今も飛び続けているポルコは、そして失われたはずのものを擬似的に回復しているポルコは自らの身体に呪いをかけざるを得ないのだ。これはその前作である『魔女の宅急便』（１９８９）のヒロイン・キキが少女じみた悩みの重力に負けそうになりながらも、そのままの姿で終始空を飛び続けていたのとは対照的だ。

続く男性主人公作品である『ハウルの動く城』では全能感の強い美青年ハウルが、物語冒頭でこそ少女と老婆（母）の間を往復する女性＝ソフィーをその傍らに配置されることで、優雅に空を飛ぶ。

しかし、迫りくる戦争を前に、ハウルもまたソフィーを守るために自ら異形の姿に変化して空を飛び、戦地に赴く。

そして彼らは、パズーがそうであったように「母」的なものの庇護下になければ、もはや宮崎駿の描く空を飛べない。パズーは「母」に守られていれば飛べた。ポルコは自らに呪いをかけ異形の者になれば飛べた。異形の者になるとは、現実とは切断された虚構を生きるということだ。そんな虚構の世界に生きる男たちのままごとのような飛行機遊びとそこにこめられたロマンティックな——政治的には無力であるが、閉鎖的な共同体の内部の文脈を共有することで文学的には成立する——自己実現をあたたかく見守ることで肯定してくれる存在、子供の「ごっこ遊び」を優しく見守る「母」的な存在がヒロインのジーナである。

豚に姿を変えたポルコにとっての「飛行」は死のイメージと強く結びついていた。ポルコの異形の姿とは事実上、男性的なものの不可能性の体現であり、同時にその死後の世界における実現であったと言える。「母」の庇護下に置かれたポルコの異形化が意味するのは、かつてパズーが手にしたような「母」の庇護下における「飛行」は、実は宮崎駿にとってむしろ死の世界と接続するものだということだ。そしてハウルもまた「母」の愛と異形のものへの変化が両方あって初めて戦争中（過酷な世界）を飛べるのだ。

私がそう考えるのは、『崖の上のポニョ』の存在があるからだ。

同作の主人公・宗介の一家もまた父親が海に出て陸に帰らない家庭として描かれる。『崖の上のポニョ』における「海」は物語世界を支配する母性の象徴だ。宗介はヒロインのポニョと出会い、彼女と一緒に小さな冒険をクリアすることでその夫としての資格を得る。

だがその冒険は全てポニョの母である海の精＝グランマンマーレの監督下で行われる安全なゲーム

にすぎない。ゲームをクリアした宗介とポニョの運命も、それぞれの母親同士の「話し合い」で決定される。

『崖の上のポニョ』において、男とは母なる海を漂流する寄る辺なき個にすぎない。宗介の父親が決して陸に帰還することがないのと同じように、ポニョの父親もまた矮小な存在として描かれる。彼はその「妻」であるグランマンマーレ（海の精）の各所に存在する複数の夫たちの一人にすぎず、ほとんど彼女に会うことすらかなわないのだ。

そして、そんな『崖の上のポニョ』の世界には「死の香り」が満ち溢れている。

物語の中盤、ポニョが宗介に会うために人間に変身して上陸する。このとき、大津波が宗介たちの住む町を襲い、映画の舞台はまるまる海に飲みこまれる。その後、宗介とポニョはグランマンマーレの監督下で安全な冒険を繰り広げるのだが、この「胎内」のような世界はほとんど死後の世界のように描かれる。劇中には宗介の母親が勤める女性専用の介護施設が登場するのだが、そこに暮らす老婆たちはこの津波に飲みこまれることによって四肢の不自由から回復し、自由に動き回るようになる。まるで、天に召されたかのように。

あるいは宗介とポニョは「冒険」の最中に、奇妙な若夫婦とその幼子と出会う。津波から避難中だというその若夫婦のどこが奇妙なのか。それは彼らの服装が大正時代のそれであることだ。

物語の進行に何も寄与することなく挿入されるこの若夫婦の登場は何を示すのか。同作の公開当初、これらの要素は「死」の比喩であると取り上げられることが多かった。例えば『読売新聞』２００８年7月23日掲載の、同作のプロデューサー、鈴木敏夫のインタビューは、同作の描く世界が「死後の世界」であることを半ば前提として行われている。

あっちの世界に行って帰ってくる話というのは、これまでも描かれてきた題材だし、宮さんも取り組んできました。「ポニョ」でそれを突き詰めたと言えるかもしれない。生命が誕生する間際には、死がすぐそばにあるんですよ。生きていくのも同じじゃないですか。

つまり、物語中盤の「津波」によって崖の上の町は完全に飲みこまれ、以降は登場人物たちが幽霊となって行動している、という解釈だ。だとすれば、介護施設の老婆たちの「回復」も、大正時代のいでたちをした若夫婦の存在も説明がつくだろう。

『崖の上のポニョ』において一見、甘いボーイ・ミーツ・ガールの物語を完遂し、成長を遂げたかに見える宗介だが、その「冒険」はそんな男の子のファンタジー（彼に救われるべき女の子が一方的に押しかけてきてロマンを与えてくれる、というファンタジー）をお膳立てしてくれる偉大なる母性の「胎内」で完結した「ごっこ」遊びに等しいものとして提示されているのだ。そして重要なのはこの「死」のイメージが同作において母胎のイメージと強く結びついていることだ。

『崖の上のポニョ』におけるポニョの母＝グランマンマーレの庇護下にある（胎内にある）世界は事実上「死後の世界」として描かれている。宗介とポニョの「冒険」は、産道のような暗いトンネルを抜けることで終わりを告げる。その後、まるで彼らを産み落とすか否かを決定するかのように、彼らの運命はその母親同士の話し合いで決定される。ここで表現されている強烈な母胎回帰を中心に据えた死と再生において、父性の（宗介の、あるいは彼らの父親の）介在する余地はない。ここにおいて父性とは単に母性から、それも「ごっこ遊び」として与えられるだけの存在にすぎないのだ。

しかし、これまで見てきたように宮崎駿が死後の世界を描き始めたのは、そのずっと前のことだ。『天空の城ラピュタ』における決定的な展開（断念）を経たときから、宮崎駿は少なくとも男性主体の目を通しては生者の世界を描けていないのだ。そして男性主人公が設定されたとき、世界は再生することなく単に死の世界に変貌するのだ。

6 『コクリコ坂から』考える

母なる海とその中（胎内）を漂う男たち――こうした「肥大した母性」と「矮小な父」の結託はなぜ必要とされたのだろうか。

東日本大震災の衝撃でこの国がまだ揺れ続けていた2011年の夏、スタジオジブリの『コクリコ坂から』が公開された。原作は高橋千鶴（作画）と佐山哲郎（原作）による同名の少女マンガだ。1980年に講談社の少女マンガ雑誌『なかよし』に連載されている。監督は宮崎駿の長男である宮崎吾朗が担当した。

宮崎吾朗は2006年にアニメ映画『ゲド戦記』でデビューした。当時65歳と高齢の宮崎駿の「引退」を視野に入れたスタジオジブリの後継者育成という「事情」が透けて見える点、原作にル・グィンの世界的に有名なファンタジー小説を用いた点が話題を呼び、同作は興行的には成功した。しかし作品としての評価は概ね低く、吾朗にとっては本作がある種の復讐戦として位置づけられるものだったことは疑いようがないだろう。

宮崎駿は丹羽圭子と共に脚本に参加し、出版された脚本の付記によると宮崎駿のアイデアを丹羽がまとめる形式が取られたことが窺える。[*7] 宮崎駿は2011年3月11日の東日本大震災と付随する福島の原子力発電所事故については繰り返し積極的な発言を行っている。そのため、宮崎駿の社会的なメッセージとしても、本作の物語は注目を浴びることになった。

そして公開された映画『コクリコ坂から』にはいかなる表現が展開されていたのか——。論を始める前に簡単にその物語を追いながら紹介しよう。

舞台は1963年の横浜、ヒロインである松崎海は、祖母が実家で経営する下宿「コクリコ荘」を手伝いながら、私立の進学校に通っている。船乗りだった海の父親は朝鮮戦争に巻き込まれるかたちで死亡しており、海は仕事で留守がちな母親に代わって祖母を支え、弟と妹の面倒を見ている。海は毎朝、亡き父を偲んで海に向かって信号旗を掲げている。その信号旗をきっかけに海を意識するようになっていくのが、彼女の「相手役」となる風間俊だ。

船乗りである義父の仕事を毎朝手伝って海に出ている俊は海の掲げる信号旗に気づいており、物語開始時に既に1学年下の海の存在を意識している。この二人は彼らが通う高校の旧校舎保存運動を通じて接近していく。

カルチェラタンと呼ばれるこの旧校舎は、俊が所属する新聞部など文化系の部室長屋として一部の生徒たちに愛されているが、老朽化を理由に学校側は取り壊し計画を進めている。海と俊、そしてその仲間たちは学園の経営者に直訴することで、建物の保存の言質を取る。だが、その運動の中で海と俊が実は異母きょうだいではないかという疑惑が発生する。もちろん、この疑惑は誤解であり、疑惑が解消されることで物語はハッピーエンドを迎える。海と俊はこの過程でそれぞれの父たちが同じように朝鮮戦争の犠牲になっていたことを改めて確認することになる。

以上が映画の概要だが、この物語は原作のそれと比べたときに幾つかの大きな変更点が存在する。そしてここに脚本を担当した宮崎駿の歴史観のようなものを読み取るところから、議論を始めようと思う。

『コクリコ坂から』の原作マンガを映画化するにあたっての最大の変更点はその舞台設定にある。原作マンガの舞台が恐らくは雑誌連載時と同じ1980年（あるいはその少し前の70年代）であると考えられるのに対し、映画版のそれは前述の通り1963年の横浜である。これは極めて大きな変更と言えるだろう。なぜならば原作マンガは、恐らくはいわゆる「全共闘崩れ」であろう（もしくは近いメンタリティをもっていたであろう）佐山哲郎によって、70年代の学園闘争の空気、あるいは70年代のアングラ・カルチャーの「臭い」が随所に漂う作品に仕上がっていたからだ。

原作における風間俊は政治的にではなく文化的に「逸脱」する、優等生であり不良でもある器用でクレバーな少年として描かれる。

彼は親友にして生徒会長の水沼とつるみ、芸者との賭けマージャンに手を出し散財した挙句、生徒会の予算に手を付けることになる。そのお金を埋め合わせるために学校新聞の売り上げを伸ばそうと考えた俊と水沼は、校内に制服自由化運動を起こすことを思いつく。俊が反対派、水沼が体制派を代表して「対決」ムードをあおり、運動を盛り上げることで新聞の売り上げを伸ばそうというマッチ・ポンプ運動を彼らは展開する。

こうしたどこかシニカルに構えた風間俊の「少女マンガ的な」メロドラマへの没入は刹那的で、世代的「シラケ」の表現として他愛もないものに耽溺してみせるのだという態度すらうかがえる。

対して映画版の風間俊は、賭け事で作った借金返済のために反体制を演じる「シラけた」生徒ではない。宮崎駿が描きなおした映画版の俊は学校の伝統の象徴であるカルチェラタンの存続を願う、純粋な少年として描かれるのだ。

原作の俊の描写が70年代的な「空気」に依存していたことを考えたとき、宮崎駿による舞台設定の変更と俊のキャラクター変更からは、明確な意図を受け取ることができるだろう。宮崎駿は徹底的に原作に漂う「70年代的なもの」を排除したのだ。そして宮崎駿は舞台を60年代前半に移し、高度成長のただ中に設定した。まるであの頃は誰もが「上を向いて歩こう」と思えていたといわんばかりに坂本九のヒットナンバーをイメージソングに指定し、シニカルな高校生たちの反体制運動「ごっこ」をまっすぐな高校生たちの気持ちのいい青春群像に改変した。彼らは健康に団結し、闘い、そして恋をする。生まれ変わった主人公たちに、ポスト全共闘的なシニカルさは微塵もない。

この「70年代から60年代へ」の舞台設定の変更にこそ、本作における宮崎駿のメッセージ性がもっとも表れているように思える。そしてそんな宮崎駿のメッセージを体現するものが、映画に登場する建築物カルチェラタンだ。前述の通り、学校側はこのカルチェラタンを取り壊して新しい部室棟を建てようとしているが、俊と水沼を中心とした一部の生徒たちはこの古い建物とともにある学園の伝統を守ろうと取り壊しに反対している。

運動を通して俊と親しくなった海は、このカルチェラタンを「お掃除」して、ペンキを塗り直し、リニューアルしようと提案する。そうすることで、カルチェラタンという建物自体の魅力を生徒たちにアピールし、反対運動への支持を拡大しようというのだ。

既に「用済み」と思われていた「古いもの」をリニューアルすることで「見直す」こと。それもヒロインの発揮する「母性」としての「お掃除」を経由して再生すること。それはまさしくこの映画における宮崎駿の創作態度そのものだと言っていい。60年代の誰もが「上を向いて歩けていた」時代を、アニメという虚構性の高い表現で作り直し、再提示する——宮崎駿もまた、この映画で60年代＝カルチェラタンを「再提示」したのだ。そして「運動する男たち」を支えるべく女たちが掃除をし、食事を作るのだ。まるで「母」親のように。

あたたかい「ご近所コミュニティ」が機能し、「戦争の傷跡」が残るがゆえに生き延びた人々が半ば義務のように「上を向いて」大切に生きていた時代——この宮崎駿の60年代観が「正確」かどうかはわからないが、映画に込められたメッセージは極めて明確だ。

この映画を考える上でのいい補助線になるのは、宮崎駿の震災後数ヶ月の「政治的」発言の数々だろう。

インターネットで当時の民主党菅直人政権支持を表明し、スタジオジブリの社屋の屋上に反原発のスローガンを綴った横断幕を掲げる——。慎重に「連帯」を避け、あくまで個人としてのメッセージに留まりながらも「3・11」以降の宮崎駿は明確に脱原発のメッセージを繰り返し発信している。

宮崎駿の「脱原発」の姿勢は一貫しているが、それだけに事態は複雑だ。なぜならばここで宮崎駿は片方では「戦後的なもの」を残せと訴え、片方では「戦後的なもの」を捨てろと主張しているのだ。そして奇しくも——あるいは皮肉にも——日本における原子力発電所という存在もまた、宮崎駿の考える二つの「戦後」——60年代以前と70年代以降によって大きくその社会的な文脈が変化した存在だと言える。

日本における原子力発電所は、戦後の、冷戦期の核戦略を含めた外交戦略の産物だったことは広く知られている。ある時期——田中角栄による「列島改造計画」が登場した70年代以降は、いわゆる「経世会」的な地方への利益誘導政治を支える装置の一つとしての側面が強くなったものだ。

宮崎駿が言う誰もが「上を向いて歩けた」時代を支えていた冷戦下のパワーバランスの産物の一つが原発であったのだ。そして、宮崎駿が「残したいもの」として提示する人情下町的「駅前商店街」は、角栄的な利益誘導政治によって保護されたものだと言えるのだ。そんな70年代以降の「地方」の保護の裏側には常に「原発」的なものがセットで存在していたはずだ。

もちろん、宮崎駿にとってはカルチェラタンや駅前商店街（が象徴するもの）は「いい戦後」で、原発は「悪い戦後」ということになるのかもしれない。しかし、意地の悪い比喩をあえて用いれば彼の考えるカルチェラタン／駅前商店街（が象徴するもの）を残すためにこそ、原発（的な利権）は地方に必要とされたのだ。それが「角栄的なもの」が作り上げた70年代以降の日本だったはずだ。

こうした「角栄的なもの」への無自覚な依存は、結果として言葉の最悪な意味での文化左翼性と結びついている。実際、宮崎駿のパブリックイメージに、前述したような、リベラルな自意識をもち、言葉の上では移民を受け入れるべきだと口にしながらその実自分たちは文化的に移民が排除された瀟洒な高級住宅街から一歩も出ないヨーロッパの中流階級のような淡白な偽善性という側面があることも間違いない。ただ、ここで私が問題にしたいのはそのありふれた文化左翼的な偽善性ではなく、その欺瞞を埋め合わせるために宮崎が何を導入しているか、ということだ。

劇中で海と俊、そして水沼の3人は学園の経営者にカルチェラタンの存続を「直訴」する。彼らの熱意に感銘を受けた経営者である会社社長は、カルチェラタンの存続を約束した上に、新しいクラブハウスの建設を申し出る。むろん映画版のオリジナル・キャラクターであるこの「寛容な」経営者は「徳丸理事長」と名付けられている。そのモデルは明白に亡き徳間康快だろう。徳間は80年代にスタジオジブリの設立母体となった徳間書店の経営者であり、豪腕とその厚い人望で知られた人物だった。「戦後的なもの」を残すために「家長」的な存在の寛容を期待する——。それはある意味宮崎駿がその個人史において依存してきた回路なのかもしれない。

宮崎駿は一方では角栄的なもの、70年代以降に変質した日本社会（その象徴が「原発」の70年代以降のあり方）を徹底して否定している。

しかし他方では明白に角栄的なものの必要性を訴えている。彼は既に用済みになったもの、カルチェラタン＝「戦後」的なものを、その意味を変えることで（お掃除することで）保持することを訴えているのだから。つまり、カルチェラタン／駅前商店街的なものの保守を、「家長」的なものへの依存とそれを「お掃除」で下支えする女性たちで実現しようと——まさに角栄的なもの、70年代的なものを用いて自らが実践しようと——しているように思えるのだ。

宮崎駿はこの映画の中で、自らが否定した70年代／角栄的なものを恐らくはある程度無自覚に反復している。

誤解しないで欲しいが、私は宮崎駿の戦後史理解の浅さを糾弾しているわけではない。宮崎駿は基本的にはその偏狭な思い込みに基づいた妄想的な社会観・歴史観がむしろファンタジー作家としては有効に働き、豊かなイメージの提出に成功している作家だとすら言えるだろう。この無自覚さ、ある種の思い込みの指摘を経由することで、これまでとは異なる角度からこの国民的作家を分析することが本書での目的だ。

そして、ここで注目したいのがこうした「思い込み」「無自覚さ」の中に表れている宮崎の性的なものへの感性だろう。宮崎駿が本作の脚色に際して、「相手役」の少年像を徹底的に変更したことは前述した通りである。同様に宮崎駿によって付け加えられたカルチェラタン保存運動＝60年代以前の「正しい戦後」の保持は、恐らくは自分史から参照された寛容な「家長」のイメージの導入によって実現されている。さらに、この映画版『コクリコ坂から』はヒロインとその相手役である少年少女たちが亡き父親を肯定することによって成り立っている。

恐らくここに、宮崎駿が考えているアニメという虚構性の高いメディアで今描くべきもの、描くべきファンタジーの姿が存在している。現実の世界では、戦後史では、宮崎駿が提出した「よい戦後」（60年代以前）と正しい男性性——イノセントな少年性と寛容な家長性との結託は実現しなかった。いや、より正確にはその結託は実現したのだが、結果的に生じたのは宮崎が憎む「悪い戦後」（70年代以降）だったのだ。この「裏切り」としての現実（の戦後史）を覆すファンタジー＝偽史として、この『コクリコ坂から』は機能しているのだ。その偽史を駆動するものは、イノセントな少年性と寛容な家長性との結託の中に宮崎が見出しつつあるファンタジックな男性性のイメージに他ならないのだ。

7　母性の海へ

ではここで、宮崎駿が映画『コクリコ坂から』で展開した性的な想像力について、原作からのキャラクターアレンジの検証からアプローチしてみよう。原作マンガにおけるヒロインの海は70年代の少女マンガのヒロインの一つの類型を踏襲していると言えるだろう。純粋だけどややまじめすぎ、ナイーブだけれど周囲の人間の心の機微にも敏感――そんな原作版の海を宮崎駿はどうアレンジしたのか。

宮崎はここで海に流れる女系社会の「血」に注目する。タイトルにある「コクリコ坂」とは、海の母方の祖母・花の経営する下宿（コクリコ荘）のある坂道のことだ。

原作のコクリコ荘はごく普通の下宿に過ぎないが、映画版のそれは明白に「女の園」として打ち出されている。研修医や画家といった下宿人たちは全て女性に変更され、中でも原作では物語開始時の海が思いを寄せている青年として登場する北斗（北見北斗）が、映画版では女性（北斗美樹）として描かれ海たちのよき相談役（姉貴分）となっている。

そして映画版における海の描写はこの「女の園」を切り盛りする「若頭」としての側面が冒頭から強調されている。出入りのお手伝いさんに先んじて早起きして厨房に入り、全員の朝食を作る。家計を細かく管理し、女主人である祖母に報告する――。映画版におけるコクリコ荘は花を女主人とする女性だけの共同体であり、海はそのナンバー2であり、次期後継者として若頭を務めているのだ。

この海というヒロインはその意味において確かに「強く」、その「強さ」は「母」的なものを想起させる。例えば3人きょうだいの長女としての海の面倒見の良い姿は「母」そのものだ。しかしこの「母性」は、これまでの宮崎駿作品に頻出してきた「母」のイメージとは似て非なるもののように思える。

例えば『未来少年コナン』のラナ、あるいは『天空の城ラピュタ』のシータといったヒロインたちもまたたしかに「母性」の体現者だった。しかしその「母性」は常にイノセントな少年主人公たちに向けられていた。少年たちに冒険に出る理由を与える「守られる性」であり、そのロマンティシズムを無条件で価値のあるものと保証してくれる「許す性」としての「母性」――彼女たちは少年のロマンティシズム（マチズモ）を保証するために時に弱く、時に強く機能する「（男性にとっての）理想の母親」だった。

もちろん、海もその系譜にある。だがそれだけではない。本作において海は同時に、「女の園」の守護者を継承すべく訓練を積んでいる――つまり「女性にとっての母親」になろうとしているのだ。海の「強さ」は男の子を見守り、時に助けられることで冒険の意味（彼女を救う）を与える男の子にとっての母（であり妻）のものとは異なっているのだ。海に与えられた「強さ」とは女たちだけの世界を、対等の関係で結ばれた同志たちを、中心になって導いていくための「強さ」なのだ。

この側面から考えたとき、映画版『コクリコ坂から』は少女じみた感性を残すヒロインの成長譚として解釈できる。前述の通り、海は毎朝目覚めるたびに、信号旗を沖へ向けて掲げる。これは海が父の死を心の底では受け入れていないことを意味する。そしてこの信号旗の掲揚が海に俊との出会いをもたらす。海は俊との関係を築くその過程で、それぞれの父親の死の意味を確認する。ここでは二人が異母きょうだいではないかという「赤い疑惑」が持ち上がり、後に解消するのだが、その過程で海は父親の死とその背景（戦後的発展および平和と引き換えにもたらされたコスト＝朝鮮戦争の犠牲）を知り、意味づけることになる。

　こうして海は俊という男性を手に入れる過程で、父の死を受け入れるという手続きを踏む。自分で選んだ男を迎え、コクリコ荘の家長としてその強さを完成させるためには、父の記憶を昇華する必要があったのだ。

　映画の中盤ではコクリコ荘を「卒業」する北斗の送別会に、俊と水沼が招待される。このシーンでコクリコ荘の女たちは俊と水沼、とくに前者を「値踏み」するかのように観察する。これは恐らく、未来の女主人（海）のパートナーを審査する「婿選び」の視線だ。

　劇中では海の父親が早世したことに加え、彼もまたこの家の「婿養子」だったことが語られる（ちなみに海の母は職業柄家を空けることが多い、という設定が明かされる）。また原作において、海の母方の祖父（花の夫）は海の両親の結婚に反対した結果、花に家を追われて別居している。映画版はこの設定を整理し、彼は既に他界していることになっている。

　つまりこの「コクリコ荘」は常に女性がその跡を継ぎ、男は常に外部から召喚され、そして生殖を終えて去っていく存在に過ぎないのだ。その意味において、宗介の家庭はひどくコクリコ荘に似ているし、『崖の上のポニョ』の物語世界と『コクリコ坂から』の世界は「海」というキーワードによって結ばれている。

　恐らく、海は間違いなくコクリコ荘の次期当主＝グランマンマーレになるだろう。そして、恐らく俊は父と同じように船乗りになるだろう。また、恐らくは海の父親と同じように、彼は陸に帰還することはないだろう。

8 「母」的なるもの／「少女」的なるもの

こうして考えたとき、宮崎駿の作品歴は男性性への態度と、連動して変化する女性性への態度によって明確な整理を試みることができる。

そもそも宮崎駿の基本的なモチーフは近代的かつ男性的な自己実現の不可能性だと言える。『未来少年コナン』では男性未満の少年コナンが、やはり守られるべき少女（ラナ）を所有することで冒険を繰り広げ、結果的には社会的な自己実現を果たす。『ルパン三世　カリオストロの城』では守るべき少女（クラリス）を所有することで自らを「おじさん」と自嘲するルパンが男性性を回復する。『天空の城ラピュタ』では、こうした自ら男性に「所有」されるべくその存在を与えてくれる「母」的な女性性への依存（女性性の所有）なくしてはもはや男性的な自己実現は成立しない世界が批評的に強調される。

男性が男性であるだけで男性的な自己実現の回路に接続できた（「飛ぶ」ことができた）世界はもはや（まさに劇中の「ラピュタ」がそうであるように）既に失われたものでしかなく、（女性性を所有して）擬似的な回復を試みたとしてもやがて、滅びゆくものでしかない。前述した『天空の城ラピュタ』の二重構造は、この宮崎駿のアイロニカルな世界観を端的に表現していると言える。

ラナ、クラリス、そしてシータというヒロインたちは、いずれも男性主人公の近代的かつ男性的な自己実現を保証するために存在するキャラクターであり、かつ、彼らを無条件で必要とする（肯定する）「母」的な存在でもある。より正確には（前述のドーラとシータの関係が示すように）宮崎駿は彼女たちを「母」的な存在に結びつけている。

しかしその一方で宮崎駿の描くヒロインにはもう一つの「系譜」が存在する。それは『風の谷のナウシカ』のナウシカや、『魔女の宅急便』のキキといった女性主人公たちだ。

宮崎駿は母性的なものへの依存で男性性を擬似的に回復する男性主人公を描くその一方で、80年代から90年代にかけて自らが断念したもの＝空を飛ぶことを美少女キャラクターに預けてきたと言えるだろう。

『風の谷のナウシカ』の宮崎自身によるマンガ連載は1982年から1994年まで継続し、既知のように84年にアニメ映画化されている。『魔女の宅急便』は1989年公開であり、まさに『天空の城ラピュタ』で男性的な自己実現を断念するその裏側で、宮崎は空を飛ぶ少女を描き続けてきたのだ。宮崎駿は『天空の城ラピュタ』以降、主体的なコミットのできない男性（少年）を反復して描き続けてきた。そしてその結果、現在では彼らは事実上死者の世界に引きずりこまれている、あるいは母胎の中に取り込まれている（『崖の上のポニョ』）。そんな男たちの代わりに、これらの「空を飛ぶ」ヒロインたちは主体的なコミットを引き受けてきたのだ。

つまりここでは、男性的なものとしては既に断念されている歴史への主体的なコミット、近代的な自己実現が女性的なものとしてはまだ可能とされている。これは既存の性差別構造に依存することで、男性はもう飛べないが女性ならまだ飛べるのだ——女性にはまだ大きな物語が作用しているのだ——というファンタジーを成立させていると言えるだろう。

この整理を続けるなら、1992年公開の『紅の豚』はラナーシータの系譜（「母」的ヒロイン）に連なる（正確にはその中年版である）ジーナと、ナウシカーキキの系譜（「少女」的ヒロイン）に連なるフィオとが共存しており、主人公のポルコはジーナの側（死の世界）に引き寄せられている。『紅の豚』における二人のヒロインのパワーバランスが示す通り、宮崎駿の作品世界からは徐々にナウシカーキキの系譜が退場し、ラナーシータの系譜の存在感が増していくことになる。例えば『魔女の宅急便』は「少女」的なヒロインであるキキが、少年（トンボ）と出会い、彼の自己実現（飛行クラブで「飛ぶ」こと）を支援するようになるまでの物語として読むことができる。

同作は初潮のメタファーに強く規定された作品でもある。物語の後半、キキが魔女としての力を一時的に失い、空も飛べず、猫の言葉も理解できなくなるのは彼女が男性＝トンボを意識したことによる。

キキは「少女」（自立して男性の代わりに空を飛ぶ存在）から、「母」（男性の飛行を支援する存在）へと「成長」してしまうのだ。同様に、マンガ版『風の谷のナウシカ』は空を飛ぶ「少女」的ヒロインからオーマやチククの保護者として機能する「母」的ヒロインに「着地」していく物語として読むことも可能だろう。

こうして、宮崎駿の世界からは徐々に「少女」的なものが消滅し「母」的なものが支配的になる。前述した肥大した母性と、その母性の中でのみ自己実現し得る（飛行し得る）矮小な男性性との結託はより強化されていくことになるのだ。

『もののけ姫』は「空を飛ばないナウシカ」（マンガ版後半のナウシカ）の再来として登場した。同作でアシタカが何もできないのは、飛べないのは、サンもエボシも「母」として機能しない存在であり、そのためアシタカを「飛ばす」ことができないからだ。対して『千と千尋の神隠し』（2001）の千尋はハクの「飛行」＝自己実現を保証する守られるべき女性性としての側面を持つ（これは前述の通り事実上の「母」として機能する）。

この関係性は『ハウルの動く城』のソフィーとハウルの関係性として反復される（ソフィーが魔法によってときに老女の姿となるのは、宮崎作品における「守られるべき女性」と「母」的な要素とを端的に示している)。

そしてこの肥大した母性とその胎内でのみ擬似的に回復される男性性との結託は『崖の上のポニョ』で「完成」されるのだ。

宮崎駿はなぜ「少女」的なヒロインを捨てたのか。彼女たちはたしかに当初は、宮崎駿が抱える男性的な自己実現への欲望を代行する存在として機能していた。美少女の皮をかぶることで、差別構造に暗に依存することで、自分では信じられないものを信じられるものとして描くことができた。

しかし、宮崎駿はこの回路を捨てた。それは恐らく『魔女の宅急便』が宮崎駿作品としては例外的に消費社会肯定のモチーフをもつことと関わっている。同作の冒頭、一人立ちの夜を迎え、街に向かって飛び立ったキキは先輩の魔女に遭遇する。魔女としてはお洒落にも気を使い、垢抜けた装いのその先輩魔女は「占い」の能力を用いて都市での生活を楽しんでいることが示唆される。この映画においては終始、少女が魔女の能力を駆使すること＝空を飛ぶことと、消費社会の快楽は密接に結びついているのだ。そして、この先輩魔女の都会的な姿を見送るキキの表情には、漠然とした憧れとその裏腹の不安とともに若干の違和感を確認できる。

ここに、宮崎駿の当時の消費社会に対する距離感が表れている。同作は宮崎駿が大手マスコミのバックアップで商業的に大成功を収め、国民的作家の階段を上り始めたきっかけの作品だ。その背景にはバブル景気に後押しされたテレビを中心としたマスメディアの肥大があった。宮崎駿はその力を駆使して飛躍しようとしている作家だった。しかし、宮崎の思想はこの力をただ肯定することは当然できなかったのではないかと思う。これは細かい描写の例に過ぎない。しかし同作で宮崎は全体としてはキキの消費社会におけるささやかな自己実現を肯定しつつも、少女が「母」になることなく少女のまま空を飛び続けることを、消費社会のイメージと重ねあわせてどこか嫌悪しているようにすら思えるのだ。

その後、宮崎駿は『もののけ姫』以降「母なる自然」的なモチーフを前面化していく。そしてその裏側には消費社会的なものと結びついた「空を飛ぶ少女」というモチーフの衰微が存在するのだ。

9　少女すらも飛べなくなった世界で

男たちが、母親の胎内で安全に飛行するその傍らで、肯定できない汚辱にまみれた世界を救うべく飛び回っていたのがナウシカだった。

『もののけ姫』とその原型である『風の谷のナウシカ』には多くの共通点がある。アシタカと同じようにナウシカは人間同士の争いに、あるいは人間と自然との対立に介入し、中立的な立場を崩さないまま調停していく。

しかし両者には決定的な違いがある。地を這うことしかできない男性主人公＝アシタカ（そして、ヒロインと呼ぶには主人公アシタカの陰に隠れがちなサン）とは違い、「戦闘美少女」ナウシカは空を自由にメーヴェで飛び回っているのだ。

そして過剰なほどの自己犠牲を繰り返し、最後は奇跡を起こす。そう、ナウシカはアシタカやサンとは異なり、飛ぶことができる。

なぜならば彼女は腐海の謎を解き明かしつつあり、世界を肯定的なものに変える手がかりをつかんでいるからだ。世界を肯定的なものに変えることを信じられているから、彼女は飛べるのだ。

男性は飛べない。コナンはラナの、ルパンはクラリスの胎内でしか飛べない。しかし女性は、ナウシカは世界を肯定的に変える可能性を握っているから飛べるのだ。

80年代の宮崎駿は、こうした男性中心主義の裏返しとしての少女幻想を持ち込むことで、世界に対する肯定性を回復しようと試みていたように思える。『天空の城ラピュタ』『となりのトトロ』(1988)『魔女の宅急便』といった、スタジオジブリ設立後の初期作品は、特に『となりのトトロ』と『魔女の宅急便』の2作は、その傾向が強い。

『となりのトトロ』のサツキとメイがトトロと一緒に飛ぶことができたのは、まず少女だからであり、そしてあの昭和30年代の美化された農村の共同体と、そのとなりに茂る豊かなトトロの森との関係に、日常と地続きの場所に異界が発生する日本的なファンタジーに希望を、世界に対する肯定性をも宮崎が見ることができたからだろう。

同じく『魔女の宅急便』のキキが飛べたのはバブル景気の気分を背景に、都市のフリーアルバイターでも手に入るささやかで小市民的な消費生活の幸福に、やはり肯定性を見いだすことができたからだろう(中盤、キキが飛べなくなるのは都市の生活に希望が見いだせなくなるからだ)。だからどちらも、母親から切りはなされているにもかかわらず、子供たち(ただし女の子たち)は飛ぶことができたのだ。

しかし、どちらもアニメ版『風の谷のナウシカ』の宮崎的なエコロジー思想同様に思想的には脆弱な短期のトレンドにすぎないものだったのは間違いなく、これらの肯定性はその後の作品で反復されることはなかった。つまり、80年代の宮崎駿はその試行錯誤の中で不朽の名作を次々と発表しながらも、作家としてはライフワークを前に進める思想に、具体的には世界の肯定性につながる回路を発見することができずに、追いつめられていったのではないかと思うのだ。

この宮崎駿の思想的な行き詰まりを体現しているのが、マンガ版『風の谷のナウシカ』だろう。宮崎駿のライフワークと呼ばれ、完結に10年以上の年月を費やした本作のたどり着いた結論が、『もののけ姫』のニヒリズムに直結している。

宮崎駿がこのときどんなニヒリズムに陥っていたか、その答えは明白だ。それはもはや世界は変えられないというニヒリズムだ。「赤から緑へ」の世界的な反体制モチーフのトレンドの変化（マルクス主義からエコロジー思想へ）は思想的には極めて脆弱なものであり、宮崎駿がこのトレンドの影響下にあった時期も短い。

冒険の果てに腐海の謎を解き明かしたナウシカがたどり着いた結論は、世界の在り方を受け入れ、強く生きていくことだった。世界の謎を解いて人類を救うのでもなければ新しい共生のかたちを発見するわけでもなく、たとえそれがゆるやかな滅びに向かうものだとしても腐海と並走して生きることを選択する。ここでナウシカが敵視しているのは、優生思想やファシズムに接続しかねない技術信仰的な思想だ。ナウシカは人類のテクノロジーが人類自身を進化させるというビジョンを、徹底的に拒絶する。

ここで考えてみたいのは、宮崎駿はなぜテクノロジーが人類を進化させる、世界を変えるというビジョンをナウシカに徹底的に拒絶させたのだろうか、ということだ。考えてみればパズーとシータはラピュタをムスカごと葬り去るのではなく、ラピュタを平和利用しようとしても良かったはずだ。しかし、ナウシカもパズーもシータもそうはしなかった。そしてアシタカも、サンとエボシの間を、森とタタラ場の間を往復し、「曇りなき眼で世界を見ること」しかできない。

もちろん、結論を急がずに、ニヒリズムに陥らずに、答えのない問題にいつまでもコミットし続けること、誤ればただちにその線を消して引き直すことが高潔さであり、ニヒリズムに陥らない地を這う生き方なのだ、ということは「正しい」。御説ごもっとも。特に反論はない。しかし、それはあまりに常識論過ぎてはいないだろうか。それは宮崎駿ほどの作家がその高い表現力をもって伝えなければいけないようなメッセージなのだろうか。

要するにここでは「謙虚に、粘り強く、そして柔軟な知性を持つこと」つまり「意識を高く」もつことが訴えられているのだが、こうした公立小中学校の朝礼で校長先生が述べる訓辞のような常識論を全力で訴えられても、少なくとも10代の私には正直言って「ウザい」としか思えなかった、というわけだ。

これは宮崎駿に限らず、当時の現実主義化した左翼思想そのものが陥った罠でもある。マイノリティのアイデンティティに代表される個人的なことに潜む政治的なものを暴露することで、「政治と文学」「公と私」の回路を再整備するという妥当な戦略と無謬の正義を展開した結果、ミクロかつ常識論的な情況改善の積み重ねに終始し、マクロなシステム更新については事実上目を瞑る、という態度が常態化していくことになる。

そしてこのときマクロな問題については、言葉の最悪な意味での「左翼的」な、非現実主義的なロマンティシズムを「あえて」語り理想主義者としての矜持をアピールすることで、現実変革の可能性と責任を問われない安全圏に自らを置く、という態度がセットで採用された。こうして、左翼はマクロなシステムへの批判力を事実上放棄することと引き換えに、ナルシシズムの防御力だけをどこまでも高めていったのだ。

もっと正確に言えば、マンガ版『風の谷のナウシカ』も『もののけ姫』も、その豊かで洗練されたビジュアルの表現に反して、物語は停滞し、常識論的なメッセージの確認をその着地点に選んでしまっている。その息苦しさによって、辛うじて物語的な緊張感が発生している、という奇妙な作品だ。一方では本作で宮崎駿は、日本的ファンタジーの想像力を大きく切り開いたとは言えるはずだ。

本作が網野善彦の研究をその世界に十二分に組み込み、『となりのトトロ』でかいま見せたような、まさに日常空間の「となり」の森に、地続きの場所に異界が発生する日本的ファンタジーの想像力をぐっと拡大し、豊かに表現しきったのは間違いない。しかし、ここまで豊かなファンタジーの想像力を介して、こうした、まあ、はっきり言ってしまえば常識論レベルの倫理的な態度表明しか語れないのは、「飛べない」のはなぜか。その答えはもはや明白だろう。

宮崎駿は嘘でもデタラメでもいい、世界を肯定する回路を発見すべきだったのではないか。それが都会のお坊ちゃんが夢見た妄想上の「昭和30年代の農村」でもいいし、そんなおじさんがバブル景気に浮かれてうっかり肯定してしまった都市のフリーター市場でもいい。アニメは、ファンタジーは嘘をついて人を元気にするのもその役目の一つのはずだ。そして宮崎駿に世界が期待していたのも、そんなアニメではなかったか。少なくとも宮崎はそこから始めるべきではなかったか。

たしかに、『となりのトトロ』で宮崎駿が描いた昭和30年代の農村はご都合主義的に美化されたものにすぎない。同作でサツキとメイがトトロに会うために走り抜ける森のなかの「緑のトンネル」は、実際には人間が森とともに住むのをやめた結果、放置され、末期症状を迎えた森の「死にかけた」状態で発生するものだという。[*8] そう、あの映画で描かれた「トトロの森」は昭和30年代にあった「豊かな森」でもなんでもない。むしろ高度成長以降の杜撰な森林管理の結果荒れ果てた「森」なのだ。

もちろん、宮崎はそんな嘘やデタラメに支えられた「漫画映画」に留まることに疲れてしまったのかもしれない。なら、嘘やデタラメに基づかない（そしてそんな嘘とデタラメを誤魔化してくれる母性に依存することなく）「飛ぶ」方法を考えればいい。

例えば、こんな話がある。

もし、あのトンネルを維持しようと思うのなら、絶対に人間は森に手を加えることをやめてはいけないのだという。

地球環境自体に人類が決定的な影響を与えるようになってから何千何万年と経った現代において、『もののけ姫』で描かれたような深く、多様性を備えた「森」が人間の介入による維持なくして成立しないものだというのは現代生態学的には前提だ。つまり「森」と「人間」という対立軸の設定自体が「間違っている」ことになる。森とタタラ場が対立するのではなく、タタラ場がないと森は成立しないのだ。だからアシタカは迷いを引き受けながら森とタタラ場を往復する必要など、本来はない。タタラ場をきちんと機能させることで、森が初めて維持されるのだから。そして私は宮崎駿に足りなかったものは、『となりのトトロ』の頃の豊かな想像力を、トトロの森を維持するために必要な力を、「飛ぶ」力を維持するために足りなかったものは、この発想ではなかったのではないかと思うのだ。

10　鳥は重力に抗って飛ぶのではない

最後に、2013年の夏に公開された長編アニメ映画『風立ちぬ』について考えてみよう。以下は、同年夏に雑誌『ダ・ヴィンチ』に掲載した連載エッセイに、時勢など若干の加筆訂正を加えたものになる（「鳥は重力に抗って飛ぶのではない」[*9]）。

東日本大震災以降、宮崎駿は「いまファンタジーを描くべきではない」とする旨の発言を繰り返しているが、その発言通り『風立ちぬ』は宮崎作品の中でもっともファンタジー要素の薄い作品となった。

ゼロ戦の設計者として知られる軍事技術者・堀越二郎の半生を、堀辰雄の同名小説に着想を得て脚色したという本作の舞台は戦前から戦中にかけての時代である。

主人公の二郎は比較的裕福な家庭に生まれ、優しい母親に慈しまれて育ち、弱いものいじめを見過ごさない高潔な精神をもった少年として登場する。二郎はこの少年期から飛行機の魅力にとりつかれている。しかし近眼の二郎は自分がパイロットにはなれないことを知り、その夢は飛行機をつくる技術者になることに傾いてゆく。とくに二郎はイタリアの技術者カプローニへの憧憬を募らせるようになり、いつかカプローニのような「美しい飛行機をつくる」ことが目標になってゆく。

そんな二郎が学生の折、関東大震災を経験する。このとき二郎と偶然出会うのがヒロインの菜穂子だ。その後、二郎は希望通り飛行機の設計者になり、戦闘機の開発に従事するようになる。そしてドイツ留学から帰国後に避暑地にて菜穂子と運命的な再会を果たし、恋に落ちる。菜穂子は重い結核にかかっていることを告白するが、二郎はそれを受け入れて二人は婚約する。その後、二郎は主力戦闘機（のちのゼロ戦）の設計者に抜擢され、仕事に没頭する。一方の菜穂子の病状は悪化し、先が長くないことを悟った彼女は無理を押して病院を抜け出して二郎のもとにかけつけ、二人は結婚する。

ちょうどゼロ戦の開発が佳境にさしかかったころ、二人の短い結婚生活が送られることになる。そしてゼロ戦の開発は成功し、菜穂子は間もなく亡くなったことが示唆される。「美しい飛行機をつくる」という夢を叶えた二郎だが、それが戦争の道具として使用され、巨大な殺戮と破壊の象徴になってしまった現実に直面するが、菜穂子の存在を支えに「生きねば」と決意する。

本作については、その完成度を評価する声が集まるその一方で、「美しい飛行機をつくる」ことを追求する二郎と、菜穂子との恋愛の二つの物語が乖離して、噛み合っていないという批判も多く寄せられている。しかし、私の考えは少し違う。私の考えでは、むしろこの二つの物語は根底で深くつながっているのだ。

この『風立ちぬ』という映画を一言で表現するのなら、それは宮崎駿が自らその創作のルーツを探り、本質を極めて高い精度でえぐり出した作品だ。そう、この映画を観ると従来の宮崎駿の作品を彩っていた「赤から緑へ」（マルクス主義からエコロジー思想へ）の反体制的モチーフも、日本的な村落共同体への（美化された）視線も、民俗学的モチーフも、全てが表現の手がかりと理論武装の手段に過ぎず、宮崎という作家の本質には一切無関係であることがよく分かる。

では宮崎駿という作家の中核にあるものは何か。それは軍事技術へのフェティッシュと、いびつなマチズモへの拘泥である。本作の主人公の二郎は、「美しい飛行機をつくる」ことだけを夢見て生きている。しかし二郎の「美しい飛行機をつくる」夢は、常に戦争の影に脅かされている。少年の日の二郎は夢の中で飛行機を操縦し自由に空を飛ぶが、その夢はすぐに飛行機が戦争の道具であるという現実に侵食されて醒めてしまう。そして大人になった二郎は軍事技術者以外の何者でもなく、その「美しい飛行機」＝ゼロ戦は日本の軍国主義の象徴になっていく。

しかし二郎の戦争への否定的な感情は劇中にほんのわずかしか描かれない。留学中に一度、帰国後にもう一度彼は軍国主義の影を目にするが、そこで二郎の目を通して観客が共有するのは、漠然とした負の感触でしかない。そのことが二郎の行動に影響を与えることもなく、彼は物語の結末で、ゼロ戦が軍国主義の象徴になった事実に直面しても菜穂子の亡霊に励まされ「生きねば」と決意するだけで、反省もしなければ新しい行動を始めるわけでもない。

この宮崎駿の戦争への、兵器への距離感をどう考えるべきか。結論から述べれば宮崎駿＝二郎は、本質的に戦争を嫌悪してもいなければ否定してもいない。むしろ彼の考える「美しい飛行機」は戦争のもつ破壊と殺戮の快楽と不可分だったはずだ。だから大型輸送機を開発し大家族的なコミュニティをまるごと旅行させることを夢見ていた（劇中の）カプローニとは対照的に、二郎のつくる飛行機はただひたすら軽く、速く、運動性の高いもの（ゼロ戦）でなければならなかったのだ。

カプローニの夢は宮崎駿がこれまで描いて来た大家族主義のイメージそのものであり、この作家の偉大なる建前だ。賑やかで豊かな大家族が、おいしい食事と楽しい時間を過ごす――カプローニの体現するイメージは従来の宮崎駿作品のイメージそのものだ。しかし二郎の体現するイメージは違う。二郎は作中で何度か食事を摂るが、彼の関心は美しい曲線を描くサバの骨にしかなく、もっとバラエティに富んだメニューを楽しみ、食事自体を楽しむようにアドバイスする仲間の声には耳を傾けない。

そう、宮崎駿の本音は、ずっとサバの骨＝ゼロ戦にあったのであり、大家族のパーティを丸ごと空輸するカプローニの大輸送機にはなかったのだ。宮崎駿が考える「美しい飛行機」とは大仰で猥雑なカプローニの大輸送機ではなく、スリムでストイックなゼロ戦であり、平和な時代の旅客機ではなく暗黒の時代の殺戮兵器だったのだ。

しかし、宮崎駿は自身＝二郎のフェティッシュを完全に肯定することができない。二郎の人物造形にも表れているその生真面目さは、自身の中に存在する破壊への欲望を直接認めることができない。もし仮に日本が戦勝国であったなら、宮崎の中のフェティッシュは政治的な正当性と（少なくともここまで正面からは）衝突することはなかっただろう。その場合彼のフェティッシュにはファシストとの戦いとして、植民地解放戦争として、「正義の戦い」として肯定され得る回路が（もちろん、それもまた欺瞞ではあるが一応は）存在するのだから。

しかし敗戦国の場合はそうはいかない。日本の、ドイツの、イタリアの、武力行使の、殺戮の戦争を肯定する回路は基本的には存在しない。だから、この国の戦後に少年期を過ごした男性の多くが、そのナルシシズムに「ねじれ」を埋め込まれることになったのだ。

そう、これは宮崎駿個人の問題ではない。暴力を行使し、敵を倒す男性的な自己実現の快楽を、政治的に正当化する回路が予め失われているとき、こうした快楽を手放せない男性のナルシシズムの記述には「ねじれ」が生じることになる。暴力の行使への憧れはあくまで私的なもの、物語の中での、虚構の中での個人的なものであり、公的には、政治的にはそれを否定するほかない、というアイロニカルな立場を選ばなくてはいけなくなるのだ（だからこそ、本作に登場する国家は全て枢軸国なのだ）。その結果、本作では本音に対する建前、表面的なエクスキューズとしての反戦的なメッセージが表現されている、と考えるべきだろう。

もちろん、この「ねじれ」は宮崎駿個人のものではなく、戦後の文化空間全体が共有していたものだ。敗戦の傷跡＝ねじれによって、戦後日本のある種の男性性はそのナルシシズムを記述するにあたって分裂を抱えてしまうことになる。それは公と私、政治と文学、世界像と個人の実存、と言い換えることもできる。私的には殺戮と破壊の快楽を、暴力の行使の快楽を求めながらも、敗戦の傷跡が正当化を阻み、公的にはそれを否定せざるを得なくなる（また、この「ねじれ」は仮に戦前の軍国主義日本を肯定する立場に立ったとしても回避することは不可能だ。かつての日本は正義の暴力を行使していたにもかかわらず、「アメリカの影」に支配された戦後日本ではその正当性を主張することができない、というかたちで「ねじれ」が生まれる）。

そして、この「ねじれ」を刻み込まれてしまった戦後日本の男性的ナルシシズムの記述法を支えているのが、女性性への差別的なアプローチだ。本作における二郎の妻・菜穂子のエピソードがこれにあたる。菜穂子は結核に冒されながらも、いや、冒されているからこそ、若く美しい自分の心身をもって献身的に二郎を支え、そして若死にする。菜穂子は自分の病状が悪化する前、「一番きれいなときに」だけ二郎のそばにいて、病状が進行すると彼のもとを去り、やがて亡くなったことが示唆される。そして物語の結末で二郎のもとに亡霊（？）となって現れ、この「ねじれ」の前に佇む二郎に「生きて」とエールを送る。つまり本音と建前の乖離した、私的なものと公的なものが乖離した二郎の生を無根拠に肯定する存在として菜穂子は機能しているのだ。

もし二郎が技術へのフェティッシュだけに駆動される「職人性」だけをその本質にもつ人間なら、菜穂子の存在を必要としなかっただろう。彼はその個人的なフェティッシュを公的に正当化することを欲望しており、それができないために代替物として菜穂子の献身と犠牲が必要とされたのだ。

これは「治者」を称揚しながらも、私的には妻を殴り、その殴った妻に依存していた江藤淳から、「デタッチメントからコミットメントへ」を標榜し、マルクス主義なき後の新しいシステムへの抵抗を企図しながらも、常にその作中では主人公の男性を無条件で承認する妻＝母的な女性がそのコミットメント（暴力の行使）とその責任を代替する村上春樹の小説まで、この国の文学的想像力が反復して描いてきた（囚われてきた）「母」的な異性（自分を無条件に肯定してくれる女性）への依存でしかナルシシズムを記述できない戦後日本の典型的な男性性のあり方に他ならない。

公と私、政治と文学の乖離を女性性の収奪と依存で埋め合わせる、戦後日本の文化的空間における基本的な男性性ナルシシズムの記述法——宮崎駿は、本作でそのルーツを関東大震災にまでさかのぼり、十五年戦争を通してえぐり出し、そして純度100パーセントの精度で表現しきってしまった。このナルシシズムの記述法が宮崎駿の本質だとするのなら、それは戦後社会（における男性文化）の本質とイコールだ（なにせ江藤淳から村上春樹までを包摂するのだから）。そして恐らく、戦後的メンタリティの跋扈する日本社会における宮崎駿のポピュラリティの源泉がここにある。

堀越二郎は近眼で、パイロットにはなれない。直接戦闘機を操縦して、その力を行使することはできない。そして（特に日本の）戦争は「悪」であり、その破壊を肯定することはできない。宮崎＝二郎は公的にはそのマチズモを表現できない。しかし私的にはその憧れを捨てることはできない。だから彼はアニメを、飛行機を作り続ける。しかしその成果は決して公的には正当化されない。宮崎駿が繰り返すカビの生えた左翼的政治発言が全て、実効性や客観性を最初から求められていない安全圏からのパフォーマンスに過ぎないように。

この欠落を埋めてくれるのが、本作における菜穂子のような女性性の存在だ。政治的には無力だったけれども、可哀想な女の子に生き甲斐を与えることはできた——。二郎のマチズモの軟着陸先として、菜穂子は機能しているのだ。

そう、『風立ちぬ』における飛行機開発の物語と、菜穂子との恋愛物語は乖離してはいない。むしろ逆だ。前者の物語の破綻と欠落を埋め合わせるために、後者が存在しているのだ。そしてこの構造こそが、本作が宮崎駿の自己批評的な総括であることを示している。

宮崎駿がこれまで常に描いてきたのは、男性的自己実現の不可能性と、その女性性への依存／女性差別的回路の導入による軟着陸に他ならない。

前述の通り、宮崎駿の作品で、空を飛ぶことができているのはいつも少女だった。『風の谷のナウシカ』のナウシカがそうであるように、『魔女の宅急便』のキキがそうであるように。宮崎駿の描く自画像としての男性主人公は、飛ぶことが許されていない。許されるのは、そのパフォーマンスを見守る「母」的な女性の胎内で過剰な自虐を経由した（豚のコスプレをする＝『紅の豚』）場合か、ナルシシズムに開き直る（キムタクのコスプレをする＝『ハウルの動く城』）場合のみだ。『天空の城ラピュタ』のパズー少年もそうだ。劇中でパズーが「空を飛ぶ」ことができたのは常に「母」的な女性と一緒にいるときだけだ。女空賊ドーラの、あるいはヒロイン・シータの庇護下にあるときのみ、パズーは飛ぶことが許されたのだ。

宮崎駿の描く世界の中で、男性は「母」的な女性の胎内のみを「飛ぶ」ことが許されている。「地に足をつけた生き方」の範疇でのみ、限定的に「飛ぶ」ことが許される。だからルパン三世はクラリスという少女と一緒にいるときだけ青年の輝きを取り戻すことができるのだし、ポルコ・ロッソもハウルもそれぞれの「母」的なヒロインに見守られることで初めて飛行することができる。

宮崎駿は、いったいいつから飛べなくなっていたのだろうか。いや、宮崎駿が飛べたことは果たしてあったのだろうか。いや、私の知る限り宮崎駿は一度たりとも自分の力で飛んだことはないのだ。そこには常に男性主人公を無条件で肯定してくれる女性（母＝妻＝娘）がいた。彼女たちは救われるべき存在として男たちの前に姿を現し、（政治的には無力な）彼らに安全な冒険を与えた。可哀想な女の子を守る、というロマンを与えてくれた。彼女たちの胎内に取り込まれることで初めて、彼女たちの胎内にいる間だけ、彼らは「飛ぶ」ことができたのだ。『崖の上のポニョ』の宗介とポニョの冒険は、実はポニョの母の庇護下で行われた、まるでままごとのような「安全な冒険」だった。そして、宮崎駿は同作の世界を半ば黄泉の国として描いた。女性依存（差別）的なモチーフを中核にしたこの世界が、甘美な死の香りと不可分であることを、宮崎は自覚していたに違いない。そこには何の未来もないことを、ただの自己憐憫だけがあることを、宮崎は十二分に自覚している。

その一方、『風立ちぬ』の結末で、菜穂子の亡霊は二郎に「二郎さん、生きて」と告げ、二郎は「生きねば」と決意する。私は、このとき宮崎駿は一つだけ観客に嘘をついたな、と感じた。宮崎駿の描いてきた世界に、生の可能性はない。幼児的ナルシシズム（矮小な父性）と、それを肯定する女性依存／差別的な想像力（肥大した母性／可哀想な女の子）との結託は、宮崎本人が露悪的に描いたように甘美な死の世界に直結することはあっても、決してニヒリズムに抗って「生きねば」と前を向く思想には結びつかないことを彼は知っているはずなのだから。

『風立ちぬ』は宮崎駿が、自らの本質を自己批評的にえぐり出した作品である。その本質は戦後日本の文化空間において支配的だったある男性的ナルシシズムの記述法の本質とイコールであり、宮崎駿が（未だ戦後的なものが幅を利かせる）現代日本社会にもつ高いポピュラリティの源泉でもある。したがって多くの男性がこのナルシシズムに共振するだろうし、多くの女性がこのナルシシズムに「萌え」るだろう。

もちろん、冒頭の二郎の夢のシーンや、関東大震災のシーンなど技術的に優れた箇所は挙げればキリがない。しかし、今私が問題にしているのはそんなことではない。ここで描かれたロマンティシズムを人生にもたらすために、可哀想な女の子に出会いたい、という淡白な男根主義への居直りのアナクロニズムと醜悪さを問題にしているわけでもない。自然や機械に向けて発揮される宮崎の豊かな想像力が、セクシャルなものについては紋切り型に固着してしまうことも残念に思うが、本当の問題はそこにはない。

こうした肥大した母性と矮小な父性の結託によるロマンティシズムの延命が問題の本質を隠蔽するだけで何も生まないことを知っていながら、「生きろ」だの「生きて」だのと観客に嘘をついてしまうようになった宮崎駿は、やはり自分の信念を裏切ってニヒリズムの海に沈んでしまったのではないかと思うのだ。

宮崎駿は本作の舞台を戦前から戦中にかけての時代に設定したその理由について、「今があの時代にそっくりだから」と語った。現在の排他的ナショナリズムの活発化など、表面的な流れを見ればそう考えるのもよく分かる。実際に、本作の冒頭では関東大震災が示唆的に描かれる。しかし、それは言い換えれば宮崎駿は「昭和」の枠組みで現在を、「戦後」の想像力（正確にはそのルーツとしての戦前・戦中の想像力）で「災後」を語ることが可能だと思っているということに他ならない。しかし戦争と震災は異なるし、大戦期と現代は違うし、原爆（社会の外側から落とされたもの）と原発（自分たちの世界の内側にあるものが暴走したもの）は全くその意味合いが違う。しかし、未だに保守派が「あの頃」の日本よもう一度、日本を取り戻す、リライジング・ジャパンと、ことあるごとに叫ぶこの国においてはリベラル派もまた、宮崎のように別の意味で「あの頃」の日本へ、と主張してしまう。戦後的な想像力にとらわれて現代を見誤っているという点において、両者は同根だ。

以前こんなたとえ話を聞いたことがある。鳥は重力に抗って飛ぶのではない、重力を利用して飛ぶのだ、と。[*10] だとすると私には宮崎駿は（また戦後日本は）「風」というモチーフを多用しているにもかかわらず、時代を支配する重力（例えば資本主義とか、情報社会とか）に抗って飛ぼうと考えて、そして挫折し、そして「ねじれ」を抱え、矮小な父性と肥大した母性の結託の中に沈んでしまっているように思える。

宮崎が描いた世界の先には、黄泉の国しか存在しない。もう70歳を過ぎた宮崎はそれで構わないのかもしれない。しかし過去よりも未来に多くのものをもつ私たちには、別の方法が、別の「飛ぶ」方法が、あるいは「飛ぶ」ことなくロマンティシズムを確保し個人と世界をつなぐ方法が必要なのだ。そしてそのための想像力は既にこの時代に溢れている。あとは、それを粛々と実行し、今は自己憐憫に涙するだけの人々を魅了して、私たちの方法に賭けてもらう作業をやっていくしかない。鳥は重力に抗って飛ぶのではなく、重力を利用して飛ぶのだから。

宮崎駿は戦後アニメーションの担い手としてきれいな嘘をつき続けた作家だった。

宮崎は間違いなく、自身が描き続けた世界が自由な空ではなく死の海であることに気づいていた。それが江藤淳から村上春樹まで戦後日本の想像力をつつみこむ、肥大した母胎であることに気づいていた。世界にとって無価値なものに、性的に閉じた関係性の中で承認を与えることでアイロニカルに救済すること。男性性として表現されるロマンティシズムを対幻想的な領域に押し込めること。公と私、政治と文学の関係を切断し、後者のレベルでの充足を前者のレベルでの実現に代替すること。現実主義と理想主義を不当に切断し、実現不可能な理想を追求することだけを真の理想として生きること。戦後民主主義が結果的に育んだこのいびつな重力に支配された文化空間を、宮崎駿は自由な空として描き続けた。それが矮小な父性をその胎内で飼いならす肥大した母胎に閉じた死の海であることを自覚しながらも、彼はそこが自由な空であるという嘘をつき続けたのだ。それが、宮崎駿にとってのアニメーションという虚構の使命だったに違いない。

宮崎が自ら「遺作」とする（現在は撤回）『風立ちぬ』の結末で、結核に冒された主人公の妻はその残り僅かな生命を夫への献身に捧げ、そして病状の進行と同時に姿を消す。死期を悟った彼女はきれいな身体のまま、姿を消したかったのだという。宮崎もまた、彼がアニメーションを届け続けた子供たちにきれいな嘘をついたまま死ぬつもりなのかもしれない。

それは、本当はサバの骨のように、不要なものが削ぎ落とされた戦闘機——堀越二郎のゼロ戦——の死の美学に惹かれながらも、大家族が休日にピクニックにもっていくランチバスケットのような旅客機——カプローニの大型輸送機——の生の意思にあふれたアニメーションを描き続けた宮崎の思想そのものだと言えるだろう。しかし、それは宮崎駿とその想像力が、この戦後日本を呪縛する重力から最後の最後まで自由ではなかったことも意味する。

それは『風立ちぬ』の文脈に沿えば、カプローニの飛行機のような「理想（平和利用のための大型輸送機）」であり、宮崎駿が本当につくりたかったのは「ゼロ戦（主人公にとっては正義よりも美が優先される存在）」だったのかもしれない。宮崎駿は、本当は大人から子供までが楽しく観ることができるアニメなんか、つくりたくなかったのかもしれない。しかし、その結果飛ぶことを、夢を、世界への肯定性を失ってしまっては意味がないのではないか。そう、私は思うのだ。宮崎駿の言葉を借りるのなら「飛べない豚はただの豚」なのだから。

では宮崎駿はどうすれば飛べたのだろうか。肥大した母胎の中を漂うことをさも飛行しているかのように錯覚するのではなく、本当に飛ぶことができるのだろうか。

さて、論を進める前にここで一つ告白しておこう。前述した『風立ちぬ』の堀越二郎とカプローニの対比についての解釈は私の考えたものではない。それは、同作が公開されていた2013年の夏に、ある仕事で同席した作家に教示されたものだ。

その日、私は宮崎駿的なものへの反発を口にしたのを覚えている。完璧な嘘をついて死ぬことは、このあと半世紀近く生きていく人間には選べない選択だ、と。

しかし、この人物はカプローニと堀越二郎、公と私、政治と文学のあいだを往復し続けた同年生まれの作家に理解を示していた。技術者とは、ものをつくることを選んだ人間とはそういうものなのだと。しかし、彼は決して自分もそうありたいとも、自分も同じだとも口にしなかった。そう、私の知る限りその作家こそがもっとも戦後アニメーションの世界で本当のことと向き合ってきた作家だった。あらゆる虚構は現実とどこかでつながっていることを直視してきた作家だった。そしてアニメーションという虚構を通してしか描くことのできない現実があるという確信を根底に、表現を続けてきた作家だった。

富野由悠季――『機動戦士ガンダム』を生み出した、戦後アニメーションのもう一人の巨人である。

第4部　富野由悠季と「母性のディストピア」

1　新世紀宣言と「ニュータイプ」の時代

「私たちは、アニメによって拓かれる私たちの時代とアニメ新世紀の幕開けをここに宣言する」[*1]

1981年2月22日、『機動戦士ガンダム』シリーズの生みの親・富野由悠季は若い聴衆たちを前に宣言した。場所は新宿駅東口のスタジオアルタ前だった。後に『笑っていいとも！』の生放送を30年以上続け、国内テレビバラエティ文化の聖地となるこの場所は、実は戦後アニメーションにとって記念碑的な場所でもあるのだ。

70年代後半から始まったアニメブームは、このとき一つの極相を迎えつつあった。それまで基本的には子供番組の枠内に閉じ込められていた戦後の商業アニメーションはこの時期にユースカルチャーの一つとして脱皮しつつあったのだ。『宇宙戦艦ヤマト』のヒットを起爆剤に全国で勃興しつつあった10代、20代を中心とした若いファンコミュニティが拡大し、彼らを対象としたアニメーション専門誌が創刊されていった。そして、この流れを決定的にしたのが1979年に放映が開始された『機動戦士ガンダム』だった。

本放送のテレビシリーズこそ玩具の売り上げ不振によって打ち切りになった同作だが、再放送の中で若いファンたちの間で盛り上がりを見せ始め、アニメブームの主役に躍り出ていった。そしてファンコミュニティの盛り上がりに応えるかたちで、『機動戦士ガンダム』劇場版3部作の公開が決定された。「アニメ新世紀宣言」はこの劇場版3部作の宣伝イベントでの富野によるアジテーションだった。

ここで注目したいのは当時の若者たち——消費社会下に生まれた新しいメディアとサブカルチャーを目一杯楽しむことができる新しい感性をもった新世代たち——と、『ガンダム』の作中に登場する「ニュータイプ」という概念が重ね合わされていることだ。

ニュータイプとは同作の中で、主人公の少年兵アムロが一般市民からたった数ヶ月でエースパイロットに成長していく根拠として用意された設定だ。それは宇宙に進出した人類がその環境に適応する中で発現した一つの「進化」で、一種の超能力として描かれる。

当時「超能力」と言えば70年代のオカルトブーム時に雑誌やテレビによって流布されたテレキネシスやテレポーテーションといった、物理的な力として発揮されるものが主流だった。しかし、『ガンダム』で富野が描いた「ニュータイプ」の超能力のイメージは、こうしたものとはだいぶ異なっていた。

富野が「ニュータイプ」たちに与えた超能力は極めて概念的なもので、その描写も抽象的なものだ。「ニュータイプ」に覚醒した人々は、距離や時間を超えて他の人間の存在やその意思を、それも言語を超えて無意識のレベルまで「感じる」ことができる。これは富野による、極めて個性的な超能力観だと言えるだろう。宇宙の環境に人類が適応し始めたとき、人類の認識力がこのようなかたちで拡大していく、と考えた作家は稀有なはずだ。

そしてこの「ニュータイプ」という概念は、結果として作品外のムーブメントと重ね合わされることになった。後にメディアを賑わせる「新人類」の語源の一つがこの「ニュータイプ」であるという説もあるが、恐らくは「新世紀宣言」が代表する当時のアニメブームが、前述のように世代論と深く結びついていたことがその説の背景にあると思われる。

当時の富野の発言にはたびたび、戦後アニメーションを子供向けの低俗な娯楽としてではなく独立した一つの文化ジャンルとして受け入れる若者たちの感性を、新世代の感性として肯定する内容が見られる。[*2] 当時物語の中で描かれた「ニュータイプ」とは人類の革新であり、社会的にそれは「アニメ新世紀宣言」が掲げたように、新しいメディアに対応した新世代の感性の比喩だったのだ。

当然のことだが、この時期の一連の富野の発言はアイロニカルなものを含んでいた。当時のテレビアニメーションの大半がマーチャンダイジングで制作費を回収する実質的な玩具のコマーシャル・フィルムであったことは広く知られている。富野の戦略は、その中でももっとも商業性の前面化した「俗悪な」ジャンル（ロボットアニメ）の制約を逆手に取ったゲリラ戦を通じて戦後アニメーションとそれらを取り巻く社会的な環境の進化を目論む、というものだった。

それは富野自身が半ば道化としてアジテーションを行っていたことを意味すると同時に、彼が自身の作り上げるアニメーションとそこで描かれた思想そのものには他の誰よりも本気であったことを意味した。この時期富野がアイロニカルに道化を演じ、アジテーションを反復できたのは、彼がニュータイプという自らの思想と、新しいメディアに対応した新世代の感性を信じていたからだ。

しかし、ある時期からの富野は自ら掲げたニュータイプという理想を放棄した。それどころか現代という時代について、ほとんど絶望しているようにすら思える。特に80年代後半から90年代にかけては、「新世紀宣言」の頃とは打って変わり、悲観的、絶望的な現状認識と未来予測を繰り返し語るようになっていった。

簡単に言っちゃうと、一般庶民とか愚民とか国民とかいわれている人間っていうのは、結局、順々に死んでいくしかないんだろうなっていうところに落ち着いてしまいそうだね。人類全体がまだ幼いまんまなんだから、もうしばらくひどい世の中が続くんじゃないかな。[*3]

環境問題の解決方法は、自分の身に降りかかる問題だから、解答することを引き伸ばしているという性格をもつので、厄介ではある。［中略］物を減らせばいい、エネルギーは使わない。と、原因を遮断すればいいだけの事なのだ。それに、人減らしである。にもかかわらず、シートベルトをしろという法律をつくるのが我々なのであるから、どうしようもない。[*4]

そして、こうした富野の数々の発言の背景にある思想はそのアニメーションに登場する悪役たち――「国民的」悪役「赤い彗星」シャア・アズナブルをはじめとする登場人物たち――の思想と限りなくイコールで結ばれていた。

結局…遅かれ早かれこんな悲しみだけが広がって――地球を押し潰すのだ。ならば人類は自分の手で自分を裁いて――自然に対し地球に対して贖罪しなければならん。(『機動戦士ガンダム　逆襲のシャア』[*5])

カロッゾはカロッゾなりに人に絶望して、死んだ。

生き残った者たちは、膨大な数の人類そのものの存在が地球圏にとって、過大な存在であるということを知りながらも、その解決策をもたないままに、また生きつづけるのである。(富野由悠季『機動戦士ガンダムＦ91（下）』[*6])

そう、富野にとってアニメーションという虚構は現実と切断されたものではなく、現実の一部であり個人と世界をつなぐ蝶番のようなものだった。だからこそ、アニメーションの中で語られるシャアをはじめとする悪役たちの思想は、富野の現実の世界に対する思想そのものだった。それゆえに、虚構にしか、アニメーションにしか描けない現実があるという確信が富野の作品を支えていた。それは同時に富野が主戦場とせざるを得なかったロボットアニメという商業的なジャンルが結果的に孕んでいった命題であり、また、戦後アニメーションの、サブカルチャーそのものの命題でもあった。そして、その命題を積極的に引き受けたことによって、富野はニュータイプという理想を失っていった。

では富野は、いかに絶望し、そしてその絶望に抗おうとしたのか、それがここでの問いだ。富野はかつてアニメの思春期に「ニュータイプ」という概念を提唱し、時代の寵児になった。しかしその後はむしろ「ニュータイプ」を生まざるを得なくなった時代と市場の困難な情況に直面し、決して恵まれた環境で創作活動を行うことはできなかった。だが、それは同時に、この国の同時代の作家たちの多くが目を背け、自分でも信じていない嘘を観客に提示することで誤魔化してきたものを富野がもっとも直視し、正面から引き受けてきたことを意味する。

富野の創作活動は、ロボットアニメという戦後アニメーションの命題をもっとも直接的に引き受けたジャンルのシステムへの介入と自己破壊という極めてラディカルな運動だった。戦後アニメーションの中核に富野という存在があったことが、その後のアニメーションの、ひいては国内サブカルチャーの性格そのものを決定づけたと言っても過言ではない。これはすなわち、富野の（あるいはシャアの）絶望こそが、戦後的想像力がその臨界点であり、乗り上げてしまった巨大な暗礁であることも意味するだろう。

この第4部では、富野の創作活動を時代とともに追うことになる。ある時期からの富野の創作活動は、自らが生み出してしまった重力の井戸の底からの脱出を試みる問いだった。その答えを、この老作家はまだ手にしていない。だがその営みを追うことで、私たちは自分たちを取り巻く高い壁と強い重力が何によってもたらされたかを知ることができるはずだ。

2　アトムの「汚し屋」と『海のトリトン』

富野由悠季のアニメーション作家としての仕事は、史上初の国産テレビアニメーションであるあの『鉄腕アトム』までさかのぼる。富野は大学卒業後に手塚治虫の虫プロダクションに就職し、『アトム』放映中に演出家としてデビューしている。そして、結果的に『鉄腕アトム』の演出をもっとも多く手がけた人間になった。もっとも、富野が多く演出を手がけたシリーズ後半の『アトム』は逼迫するスケジュールの中、とりあえずアトムが悪のロボットを退治する、というパターン化された物語性の薄い展開でお茶を濁す、という放送回が増えていった。当時の虫プロにおいて、後期『アトム』は一線級のスタッフが新番組に回されていった結果、残された二線級のスタッフだけで制作しなければならない状態だった、と富野は回顧する。そして、こうした後期『アトム』の演出を数多く手がけた自分はアトムの「汚し屋」だったと述懐するのだ。

こんな僕が以後も「アトム」の演出を手がけてゆき、結果的に一番長く「アトム」の演出者として在籍する。当然の結果として、僕の演出したフィルムが一番多くなり、手塚治虫リリシズムもなくなり、豊田［有恒・引用者註］氏のＳＦマインドもない、もっとも「アトム」らしくない

「アトム」が二年近くとびまわり、「アトム・シリーズ」を汚すこととなったわけである。
手塚先生が狂うわけなのだ。[*7]

もっとも本人の述懐とは裏腹に、富野の担当した『青騎士』などの回を、「二軍」の手で劣化させた『アトム』の中では良質な作品であると評価する声もなくはない。[*8] 半世紀以上に及ぶ富野のキャリアは商業アニメーションが市場から要求されるロボットアクションに応えることで、いやその要求を逆手に取りアニメーションの表現を拡張していくことで形成されていったと言えるが、その格闘は既にデビュー時に始まっていたと言えるだろう。

その後、富野は虫プロを退社、一度アニメを離れコマーシャル制作などを手がけるが、フリーランスの演出家として復帰し60年代、70年代を通して数々のアニメーションに参加している。このフリー演出家時代に富野が初の監督として手がけたのが、奇しくも手塚原作のテレビアニメ『海のトリトン』（1972）だった。

『海のトリトン』は、後に『宇宙戦艦ヤマト』の大ヒットでアニメブームの端緒を開いたプロデューサー・西崎義展が、手塚治虫から映像化権を取得した結果制作されたテレビアニメだ。この映像化は手塚の虫プロダクションの経営悪化を背景に半ば強引に行われたものであり、こうした制作事情によって、結果的にアニメ版『海のトリトン』の内容は富野の裁量下に置かれることになった。そして富野による『海のトリトン』は当時のテレビアニメのメインターゲットだった児童層に留まらずティーンの、特に女性層に支持を広げていく。半年間の放映後に全国的にファンクラブが、それも自然発生的に立ち上がるという前代未聞の現象を引き起こした。ササキバラ・ゴウが「アニメの思春期」と呼ぶこのムーブメントは後のアニメブームのさきがけでもあった。[*9]

『海のトリトン』は、従来のアニメと何が異なっていたのだろうか。

それは、富野が戦後アニメーションの二つの命題――記号的な身体を用いて成長と死を描くこと（「アトムの命題」）と、ファンタジーを用いてしか表現できない現実を描くこと（「ゴジラの命題」）――を、この時期のテレビアニメとしては珍しく極めて意識的に徹底していたことにある。

例えば海洋人トリトン族の末裔である主人公（トリトン）は幼少期に日本の漁師に拾われて人間として育てられるが、その現地の人々とは異なる髪の色のため村人から迫害されている、というところから物語は始まる。ここで富野は当時のアニメ――子供だましの「お約束」の跋扈する児童番組の世界――に甘えることなく、滅び去った古代海洋人の末裔が現代日本社会で育てられたらどうなるのか、というシミュレーションから物語を立ち上げているのだ。

これはアニメというファンタジーの器にあえてリアリズムを導入することで発生する違和感を用いた演出だ。異なる論理に支配された二つの世界を同じ画面に共存させることで富野はマンガ的＝記号的リアリズムの身体と、映画的＝自然主義的リアリズムの身体とを共存させる。いや、正確には、表面的には記号的身体として描かれたものを、実質的には自然主義的身体として演出する。これは手塚治虫が否応なく抱え込んだ「アトムの命題」の、富野なりの追求であったと言えるだろう。

その結果、視聴者は児童番組の「お約束」でつくられたアニメーションを安心して観ているところに、不釣り合いなリアリズムの介入を受けて面食らう。このとき、視聴者は虚構性の高いファンタジーの世界（アニメ）と現実が衝突する瞬間を目撃するのだ。そして虚構と現実が衝突することでこの世界の、それもたいていの場合は人間の不条理や悪、醜さといった目を背けがちな現実の側の世界の本質が露呈することになる。こうして富野のアニメーションはファンタジーを経由するからこそ描くことができる現実に視聴者を直面させる。これがこの時期の富野の演出コンセプトであり、アニメーションという表現に対する思想でもあった。

その後トリトンは一族の仇敵ポセイドン族の存在を知り、ポセイドン族に対抗し海の平和を守る使命に目覚め仲間たちと冒険の旅に出るのだが、富野はこうしたトリトンの冒険の果てに、手塚原作にはない決定的な価値転倒を用意した。

最終回でトリトンは仲間たちとポセイドン族の本拠地に総攻撃を加え、陥落させる。物語はこうして大団円を迎えるかのように思われるが、そこで意外な事実が明らかになる。ポセイドン族とはそもそもトリトン族によって迫害されていた民族であり、トリトン族から逃れるために海底深くに都市を築き、隠れて暮らしていたこと。これまでの戦いはトリトンの攻撃で海底都市は崩壊し、一般市民を含めたポセイドン族の自衛戦争だったこと。さらにトリトンの攻撃で海底都市は崩壊し、一般市民を含めたポセイドン族が全滅してしまったことが次々と明かされる。そして、トリトンの目の前には自分が意図せず全滅させてしまった海底都市に住むポセイドン族の市民たちの死体が無数にむごたらしく横たわる。トリトンは自分が結果的に大量虐殺に手を染めたことを知り、その現実に愕然とする。

この価値転倒が意味するものは何か。ここでトリトンが直面しているのは物語化できない現実だ。これまで物語を支えていたトリトン族とポセイドン族をめぐる善悪の構図は、最終回の後半10分程度で逆転してしまう。それはこの『海のトリトン』という物語そのものの前提条件の破壊であり、同時に子供向け番組という制約のもとに勧善懲悪のお伽話を前提としていた当時の戦後アニメーションという文化の破壊でもあった。

物語はトリトンの勝利というかたちで幕を下ろすが、自分が無辜の市民を大量に虐殺してしまったことをトリトンがどう受け止めたのか、詳細には描かれない。それはもはや記号的身体を用いたお伽話の世界、アニメーションという虚構の世界では描けない、物語化できない現実の領域に属するからだ。

ここで重要なのは富野が物語化しきれない現実との遭遇を、少年主人公の成長の契機として明確に位置づけていることだろう。トリトンは仲間たちを引き連れ、ただ無言で海に去っていく。このとき、物語の冒頭では無垢な少年として登場したトリトンは、その無垢さを決定的に喪失している。トリトンは、児童番組の制約下にあるお伽話としての虚構＝アニメーションから、物語化できない情報量と複雑性をもつ現実に投げ出されることで成熟しているのだ。

虚構（記号的身体／マンガ的リアリズム）に、現実（自然主義的身体／映画的リアリズム）を接続することで前者を破壊し、後者の本質を露呈させるのがこのときの富野の方法論であり、富野はこうして虚構＝アニメーションを経由することで現実を知ることを成熟の条件として描いたのだ。そしてこの富野の方法論は、70年代に大きく発展し、戦後アニメーションの性格を決定づけたジャンル、すなわちロボットアニメと出会うことによって深化を遂げていくことになる。

3　アニメロボットと戦後的「身体」

『海のトリトン』が放映された1972年の末、戦後アニメーション史と児童文化史に一大旋風を巻き起こすテレビアニメの放映が開始された。永井豪の原作による『マジンガーZ』は放映開始と同時に全国の男子児童から爆発的な支持を得、「超合金」と銘打たれた完成度の高い玩具とともに大ヒットを記録していた。

『鉄人28号』から「操縦する」ロボットという設定を引き継いだマジンガーZは、リモートコントロールではなく自動車やオートバイのような「乗り物」となることでより直接的に少年の成長願望に訴求する、巨大な、そして理想化された身体を仮構してくれるものになった。

こうして戦後社会を生きる男子児童たちの中で地位を固めていった機械の身体は、ロボットアニメというジャンルとして定着していった。『ゲッターロボ』『グレートマジンガー』（ともに1974〜75）『UFOロボ　グレンダイザー』（1975〜77）――アニメにとって70年代は男子児童向けのロボットアニメの時代でもあった。そしてこのロボットアニメという新興のジャンルは、かつて手塚治虫が嫌悪し、そしてその担い手となった富野が自虐的に述懐する「俗悪」なものとしてその形式を確立しつつあった。主人公の操る正義のロボットが、悪のロボットを破壊し子供たちはその全能感とカタルシスに酔うというワン・パターン――実際に放映されたこれらの作品にはもっと多様で複雑なエピソードも存在するが、少なくとも玩具メーカーをスポンサーとするこの時期のロボットアニメというジャンルが、大枠において事実上の毎週30分のコマーシャル・フィルムであるという現実は揺るがしようがなく、実際に当時の日本社会においては概ね子供番組として地位の低かったアニメーションの中でもロボットアニメは低俗番組の代名詞だった。

当時フリーランスの演出家として、「さすらいのコンテマン」「絵コンテ1000本切り」と半ば自虐的に自称していた富野もまた、このロボットアニメブームに関与していくことになる。例えば『勇者ライディーン』（1975〜76）では富野は監督を務めている。同作を手がけた創映社は旧虫プロ（1973年倒産）のスタッフが立ち上げたアニメスタジオであり、当時は大手プロダクションの下請けとして活動していた。その同社が担当した『勇者ライディーン』に同じく虫プロ出身の富野が監督として呼ばれたのだ。

しかし先行する『マジンガーZ』などのロボットアニメとの差異化のためオカルト色を前面に押し

出した（主人公は古代ムー帝国の王家の子孫で、超能力を駆使して古代ロボット兵器ライディーンを操縦する）同作は折からのオカルトブームに批判的な放送局の意向との対立を生み、富野は放映約半年で降板を余儀なくされている。

このとき富野の後任となったのが、『巨人の星』（1968～71）などを手がけた演出家の長浜忠夫だった。長浜はその後手がける『超電磁ロボ　コン・バトラーV《ブイ》』（1976～77）『超電磁マシーン　ボルテスV《ファイブ》』（1977～78）などの作品で、ロボットアニメの玩具宣伝的な要素の前面化したフォーマットの枠内で密度の高い物語を展開する脚本術と古典悲劇的な美形キャラクターの描写が、本来のターゲットとは異なるティーンの視聴者の人気を獲得し、後のアニメブームの基礎を築いた一人となっていった。『勇者ライディーン』の監督交代後、富野はいち演出家として同作に参加し事実上の降格人事を受け入れて長浜の指揮下に入り、その他の長浜作品にも数多く参加している。そして富野は著書などでこの降格に対する屈辱と、長浜のマンガ的なオーバーアクションを多用する演出に対する反発を口にする一方で、先輩演出家としての長浜から受けた影響の大きさを認めている。[*10]

これらの長浜による新機軸のロボットアニメを、下請けの制作会社として連続して手がけていた創映社は1976年に東北新社傘下から独立し日本サンライズ（現・サンライズ）を設立、翌1977年には同社初のオリジナル番組の制作を開始する。その作品――『無敵超人ザンボット3』――の監督に選ばれたのが、かつて『勇者ライディーン』を降板した富野だった。

4　ザンボット／ダイターン3

『無敵超人ザンボット3』――それは富野が『海のトリトン』で確立した方法論を戦後ロボットアニ

メというあらゆる意味で奇形的進化を遂げたジャンルに応用することで成立した異色作だった。

舞台となるのは当時（70年代）の日本だ。ある日謎の宇宙人ガイゾックが地球に襲来し、人類の虐殺を開始する。これに対抗するのがかつてガイゾックに故郷の星を滅ぼされ、地球に避難してきたビアル星人の末裔たちだ。主人公の少年・神勝平《じんかっぺい》とその家族（神ファミリー）は、先祖から引き継いだ巨大ロボット・ザンボット3でガイゾックと戦っていく――。

こうして概要を紹介すると、同作が当時の玩具市場からの商業的な要請に忠実なコマーシャル・フィルムとしての機能を忠実に備えた作品であるかのような印象を与えてしまうだろう。しかし、実態はその逆だ。ここで富野は当時「30分の玩具コマーシャル・フィルム」と揶揄されていたロボットアニメに対し執拗なリアリズムの導入を試みる。長浜がロボットアニメの形式性を利用して前時代的とも思える古典悲劇を展開したのに対し、富野は同作で、『海のトリトン』で用いた手法をロボットアニメに応用し、ロボットアニメのもつ形式性とファンタジー性を、現実と全力で衝突させたのだ。

例えば同作では、主人公たちの扱うロボットは地元の警官に道路交通法違反で取り締まられそうになる。このシーンは、単なる自然主義的なリアリズムを用いたロボットアニメのお約束へのあげつらい以上の意味を持つことになる。なぜならば、神ファミリーはかつてのトリトンのように、いや、それ以上に地元住民から迫害されているからだ。

神ファミリーはガイゾックから地球を守るために戦っているにもかかわらず、彼らがいるせいでガイゾックが地球を攻撃するのだという風説が広まり、地球人たちは神ファミリーを迫害する。同作の前半はこうした地球人からの迫害に耐えながらガイゾックと戦う神ファミリーの苦悩が反復して描かれる。

そのため「巨大ロボットが道路交通法違反で取り締まられる」というシーンに代表されるロボット

アニメの中にあえてリアリズムを部分的に導入するという富野の手法は、人間の悪や卑しさを描く上で絶大な効果を発揮することになるのだ。

そして、『ザンボット3』の結末もまた、これまで物語を形成していた勧善懲悪の構図が逆転する。家族のほとんどが戦死し、その犠牲と引き換えについにガイゾックを追い詰めた神勝平は、驚愕の事実を知る。ガイゾックとは、宇宙に悪質な精神を持つ知的生命体が発生した場合にそれを感知して滅ぼすために作られたプログラムとそれにしたがって動くロボット群のことであり、かつてのビアル星も、そして地球もプログラムによって悪質な生命体が存在すると判断され自動的に襲撃されたに過ぎない、というのだ。

ガイゾックをコントロールするコンピューターに神勝平は「地球に住む人たちはいい人たちだ」と反論するが、視聴者たちにその反論の声は虚しく響く。なぜならば、同作を最終回まで観続けてきた視聴者たちは、地球人たちが神ファミリーに何をしてきたか、いやというほど思い知っているからだ。身勝手で、凶暴で、異質な存在を徹底して迫害する地球人たちの姿を観てきているからだ。さらに、コンピューターは勝平に問いかける。このような悪質な存在を守るためになぜ家族を犠牲にしてまで戦ったのか、と。そして勝平はコンピューターの「なぜ戦う」というその問いに明確には答えられない。

物語は戦地に赴いた家族の中でただ一人生き延びた勝平が、故郷の駿河湾に帰還するシーンで幕を閉じる。トリトンがそうであったように、現実に直面した勝平がそれをどう受け入れたのか、具体的に自分を（都合よく）あたたかく出迎える地球人たちにどう接したかは描かれない。それは虚構＝アニメーションではなく「現実」の領域に他ならないからだ。こうして勝平もまた、トリトンと同じように現実の海に投げ出されることで少年の日に訣別を告げることになったのだ。

富野にとって『ザンボット3』は、かつてアトムの「汚し屋」としてロボットアニメの俗悪化へ舵を切り、そしてロボットアニメブームの中で無数に、こうした玩具コマーシャル的な作品に参加してきた自身の仕事に対する復讐戦でもあったはずだ。

少年の成長願望に訴求する、機械でできた偽りの巨大な身体——それが日本的アニメロボットであり、70年代後半のロボットアニメブームはそれがマーチャンダイジングの論理と結びついて社会現象化した時代だった。そこに介入した富野は、ロボットアニメという回路を逆手に取って、少年の成長物語を描くことに固執した。偽りの身体による自己実現の破綻をつきつけることによって、少年に成熟を促す——それがロボットアニメであることを逆手に取った富野のアプローチだったのだ。

『ザンボット3』は玩具の売り上げを含む商業的な成果も堅調で、富野は続けてサンライズが同じ放送枠を引き継いだロボットアニメ『無敵鋼人ダイターン3』（1978~79）にも登板することになる。そして同作『ダイターン3』は前作『ザンボット3』とは一転して、コメディタッチのアクション活劇となった。

舞台は未来、メガノイドと呼ばれる生体サイボーグの秘密結社による犯罪の数々を、主人公とその仲間たちが華麗に解決する——それは前作『ザンボット3』の壮絶な物語からは打って変わって痛快さを打ち出したものだった。

同作の破嵐万丈《はらんばんじょう》という冗談めかした名前を持つこの主人公は、第1話の時点で既に完成された大人の男として登場した。大金持ちで、明晰な頭脳と身体をもち、必要に応じて三枚目のコメディリリーフをもこなしてみせる完璧超人——それが破嵐万丈だ。したがって万丈は、往年のロボットアニメの少年主人公たちのように機械仕掛けの偽りの身体を得て成熟を仮構する必要はない。では、万丈は何のためにロボットを操り、そしてなんのために戦うのだろうか。

一見、明るく快活な万丈だが、実は亡父に対する復讐心が彼を駆動していることが物語の中で少しずつ描かれていく。

万丈が戦う生体サイボーグたちは、実はマッドサイエンティストだった万丈の父親によって生み出されていたこと、その父は生体サイボーグの開発実験のために万丈の母と兄を殺害していること、そして明示されこそしないが万丈自身も父親によってサイボーグに改造されていることなどが劇中で徐々に描かれていく。人類に反乱を企てるサイボーグたちを滅ぼし、彼らの野望を阻止することで父親への復讐とする――それが破嵐万丈という主人公に設定された動機だ。そして物語の結末で、サイボーグたちを滅ぼした万丈は「僕は、嫌だ」という謎めいた言葉を口にして姿を消す。

この結末の解釈については放映当時から様々な議論がなされている。だが、重要なのは物語上の整合性のある解釈を探すことでは恐らくない。

ここで本当に考えなければならないのは、一見、その成熟のために機械仕掛けの偽りの身体を必要としない「大人の男」として登場した万丈が、恐らくは自身が蔑むサイボーグまたはそれに類する何かであった可能性が高い、ということのもつ意味だ。

つまり、この『ダイターン3』は往年のロボットアニメのように、偽りの身体を得ることで成熟を仮構していく少年の物語ではなく、否応なく与えられた機械の身体を用いて成熟したふりを続けなければならなかった大人の物語だったのだ。

問題の最終回において、サイボーグの首領と対決する万丈はその最中に亡き父親の声を聞く。苦戦する万丈はその幻聴によって力を取り戻すのだが、しかしこの展開によって万丈は父と精神的な和解を「果たさない」。それどころか、「僕への謝罪のつもりか」と父親の声を拒絶する。そして「これは僕の力だ」と自らに言い聞かせ、独力で情況を逆転し勝利を手にする。

これは男子児童の成長願望の器としての日本的ロボットアニメに対する自己否定だ。

そもそも万丈という存在が、祖父や父親——大抵の場合は科学者や軍の幹部として描かれる——に与えられた機械の（偽りの）身体によって少年が自己実現を果たす、という日本的ロボットアニメのセオリーに対するアンチテーゼだったことは明白だ。また、父親と父親に与えられた身体（？）への嫌悪が彼の戦う動機を生んでいることが示唆される。

前述の「僕は、嫌だ」という万丈の最後の言葉が何を意味するのかは明示されないが、その否定的な感情が（恐らくは自分自身をも蝕んでいる）サイボーグやロボットといった機械の（偽りの）身体に向けられていることは間違いないだろう。

前作『ザンボット3』が日本的ロボットアニメの制約を逆手に取り、アニメーションだからこそ可能な逆説的なリアリズムの表現がそのコンセプトであったとするのなら、『ダイターン3』はロボットアニメのフォーマットの中で「大人の男」を描くことへの挑戦だったと言えるだろう。それが偽物であることの自覚を、偽物の身体を通してしか大人であることができないことをアイロニカルに表現することで富野は成熟の問題を、「アトムの命題」を描いたのだ。

ザンボット／ダイターンでの試行錯誤は言い換えれば、当時の児童向けロボットアニメの商業的制約を逆手に取ってアニメーションだからこそ可能なものの表現を試みる、というゲリラ戦だった。

このゲリラ戦は商業的評価（玩具の売り上げ）と、文化的評価（アニメブーム下におけるティーンや大人のファンの支持）の両立を実現した。これらの実績の上で、富野を中心とした制作陣によってさらに1979年4月、満を持して放映されたのが戦後アニメーション最大のエポックメイキング——『機動戦士ガンダム』だった。

5 『機動戦士ガンダム』とアニメの思春期

破嵐万丈が「僕は、嫌だ」と言い残して消息を絶ったその翌週、後番組『機動戦士ガンダム』の放映が開始された。本放送でこそ視聴率や玩具販売の不振によって当初の放送予定が短縮、打ち切りになった同作だが、再放送によって人気が拡大し80年代初頭にはアニメブームの中核を担う作品となり、白熱するファンコミュニティに応えるかたちでテレビ版の再編集をベースにした劇場版3部作の公開が決定、富野による「新世紀宣言」がこのブームの中で行われた。

それは前述したとおり70年代後半から過熱していったアニメブームの一つの極相であり、戦後アニメーションが児童番組から消費社会を代表するユースカルチャーの一つに脱皮する瞬間でもあった。ササキバラ・ゴウの述べる通りこのとき戦後アニメーションはその対象年齢の拡大によって文字通り幼年期を終え、思春期を迎えたと言えるだろう。そして『ガンダム』の社会現象化はその「アニメの思春期」の極相だった。

人類が増えすぎた人口を宇宙に移民させるようになってから半世紀あまり――地球からもっとも遠いスペースコロニー群「サイド3」は「ジオン公国」を名乗り、地球連邦政府に独立戦争を挑む。「サイド7」に暮らす少年アムロ・レイは空襲で焼け出されたことをきっかけに連邦軍に徴用され、その新兵器「ガンダム」を操縦することになる――。

『ガンダム』は従来のロボットアニメから対象年齢を一気に引き上げ、宇宙移民時代の植民地独立戦争を背景に、少年兵アムロの成長譚を中心とした青春群像として登場した。

自閉的でナイーブな少年として登場した主人公のアムロは、ティーンエイジャーに想定された当時の視聴者の分身そのものだ。自意識と社会との距離感に悩み、周囲の人間とのちょっとしたすれ違いに傷つく。アムロは従来のロボットアニメの主人公のような「正義の味方」でもなければ、かつての軍国少年／活動家のようにイデオロギッシュな動機も抱いていなかった。「いつの間にか戦争させられて」いるという意識をもったままガンダムのコクピットに座り続け、上官に叱責されれば「二度とガンダムになんか乗ってやるものか！」と拗ねる。そのくせ、才能を認められれば「僕が一番ガンダムをうまく使えるんだ」と自惚れる——。

あるいはアムロの宿敵であり、いまや戦後アニメーションを代表する「国民的」悪役であるシャア・アズナブルはどうか。「赤い彗星」の二つ名をもつジオン軍のエースパイロットにして天才用兵家、そしてその正体は亡父の復讐を目論む公国の建国者の遺児——あまりにもできすぎた設定をもつシャアだが、その内面はこうした過剰な設定に反してニヒリズムに蝕まれている。ガンダムとの戦闘から政治的謀略まで華麗にこなしてみせるシャアだが、彼は何も信じていない。シャアは戦争の大義はもちろん、自身の復讐の価値も最後の最後には信じられていない。シャアを本質的に駆動しているのは、戦場のもたらす生の実感への刹那的な欲望とそこで生まれたニュータイプという未知数の可能性への興味だけだ。そしてアムロの内向と同じように、シャアのニヒリズムもまた当時のアニメブームの当事者であった若者たちの——「政治の季節」の終わった時代を生きる若者たちの——気分と同調していた。

少年のビルドゥングスロマンとして描かれた『海のトリトン』や『ザンボット3』がお伽話から現実の歴史への移行を描くことで戦後アニメの表現を拡大し、ジャンルの幼年期の終わりを体現したとするのなら、思春期の少年兵の物語である『ガンダム』は歴史の虚構化を担うことで、つまり現実の革命なき時代を生きる少年の等身大の内面を描くことで、戦後アニメの思春期を担ったのだ。ではその「アニメの思春期」はいかにして可能になったのだろうか。

当時のアニメブームの文脈において『ガンダム』第一作は、まず物語的にも演出的にもアニメーションの描写水準を引き上げた作品として認識されていた。そしてその映像は、ファンたちによって「リアル」だと評価されていた。当時のアニメ専門誌の記述やその関係者の証言では、人物描写の詳細な演出、仮想の歴史（宇宙世紀）と仮想の科学設定による未来社会のシミュレーションの徹底、そしてロボットを戦車や戦闘機のような近代的な軍用兵器として扱ったこと（モビルスーツ）などが『ガンダム』の「リアル」な要素として挙げられている。

しかし、ここで重要なのはこれらの要素によって与えられる感覚を彼らがなぜ「リアル」だと感じられていたかということだ。

本来はアニメーションという虚構性の高い表現手法と「リアリティのある」ことは結びつきづらい。しかし、『ガンダム』はアニメーションだからこそこの時代に強く作用するリアリズムを獲得できたのだ。

ここでは、『ガンダム』の革新性を便宜的に以下の3点に集約したい。第一にアニメーションの特性を活かした（逆手に取ることで成立した）精密な演出に基づいた独特のリアリズム、第二に宇宙世紀という架空の歴史設定を背景にした仮想現実の構築、そして第三にブームの中で国内の模型市場に革命を起こすことになる「モビルスーツ」という新しいロボット像の発明――この三つの要素が複雑に関係しあうことで『ガンダム』は戦後アニメーションの描写水準とその社会的機能を大きく更新したと言える。

では、三つの要素について順に考えてみよう。

恐らく『ガンダム』第一作をいま再見したとき、多くの観客はその演出の、とくに登場人物の関係性の描写の緻密さに驚くことになるだろう（私自身も小学生のころにこの『ガンダム』第一作をビデオソフトで観たときの最初の感想は、主人公たちの言動の一つひとつが実写の映画やテレビドラマ以上に生々しい、というものだった）。

6　フィルムとしての『ガンダム』

例えば氷川竜介は『フィルムとしてのガンダム』で富野による人物描写とその演出を詳細に分析している。ここで氷川が取り上げるのは、例えば軍艦のエレベーターの中で交わされる登場人物同士の、ほんの数十秒にも満たない会話だ。氷川はこの一瞬の会話のやり取りと、ほぼ登場人物が直立して会話しているアニメーションの芝居だけで富野がクルー同士の複雑な人間関係を過剰なほど緻密に描写していることを指摘している。[*11]

そしてこうした演出の高い精度はアニメーション「だからこそ」可能になったものに他ならない。富野はここでアニメーションというもっともコントローラブルな映像表現を用いることで、実写映画以上の劇映画的リアリズムの精度を獲得している、と言える。一般論を述べれば物語とは人間間に共有されやすいように現実の複雑性と情報量を作家の意図によって整理、統合したものであり、物語におけるリアリティとは物語的な整理と統合を維持したまま現実に匹敵する複雑性と情報量を獲得することと同義だ。実写映画の場合、この複雑性と情報量はある程度はロケーション、セット、小道具などの環境設定、俳優の演技、そして監督による演出によって複合的に決定されるが、アニメーションにおいては監督の演出がこれらの全ての要素を決定し得る。アニメーションとは、もっとも効率よく映画的リアリズムを獲得し得る表現手法なのだ。富野はアニメーションのコントローラブルな性質を用いて、実写のそれよりも解像度の高い演出を施していると言える。

こうしたアニメーションならではの演出家の高い支配力を用い、より高い精度で映画的リアリズムを獲得する、という手法は70年代に高畑勲などが多用していたもので、富野の成果は、これをロボットアニメというもっとも自然主義的／映画的リアリズムから遠いと目されていたジャンルに応用し、まるで、もう一つの歴史の中を登場人物たちが生きているような仮想現実の構築に成功したことだった。

しかし同時に、富野の演出は確実にそこから一歩踏み込んでいた。

例えば富野は心情を、登場人物にそのまま新劇的な台詞として口にさせるという演出を多用する。「認めたくないものだな、自分自身の、若さ故の過ちというものを」「ごめんよ、まだ僕には帰れる所があるんだ。こんなに嬉しいことはない。わかってくれるよね？」といった台詞がその代表例だが、これらは内面の声としてではなく、登場人物の独り言として、物語のポイントとなるエモーショナルなシーンで頻出する。ここでは、観客に登場人物の内面を台詞として語りかける演劇的なリアリズムが、映画的、自然主義的なリアリズムの中に介入しているのだ。

この演劇的なリアリズムの介入によって、高すぎる解像度をもつがゆえに乖離しがちな富野のアニメーションは、メタレベルで統合されることになる。『ガンダム』では（現実同様に）作中で説明されない造語や固有名詞が登場人物の口から頻出するが、それでも観客が物語を追うことが可能なのはこうした介入によって登場人物の心情が直接的に語られるからだ。

富野はその後「アニメの表現ってものすごく高性能なんです」とインタビューで口にしている。[*12] この「アニメの性能」とは何か。それは作家の意図したものしか画面に存在できない／作家が意図したものは全て画面上に表現できる、というアニメーションの性質がもたらすものだ。そして富野はその

「性能」を駆使して、異なるリアリズムを（主に演劇的な台詞を用いたメタレベルからの操作によって）一つのカットの中に混在させることに成功している。このような「アニメの性能」を駆使した演出が、実写映画以上の「高い解像度」をもった描写を支えているのだ。宮崎駿が自然主義的リアリズムと記号的リアリズムとを往復することで、アニメーションの快楽を強調したのとは対照的に、同時期の富野はアニメーションの性能を用いて自然主義的リアリズムの描く現実以上の解像度を持つ空間を演出したのだ。

7　もう一つの歴史としての「宇宙世紀」

そしてこうしたアニメーションの性能を駆使したリアリズムを世界観のレベルで裏付けたのが、「宇宙世紀」という架空年代記の設定だ。『機動戦士ガンダム』シリーズの最大の特色は、架空年代記をその物語背景に設定し、もう一つの歴史、もう一つの社会を綿密に構築したことだ。

富野は同作でロボットの実在する世界をシミュレートするという『ザンボット3』の方法論をより徹底する。この、より徹底されたシミュレーションを可能にする場として設定されたのが人類の宇宙進出時代における架空の歴史＝宇宙世紀という架空年代記だった。

この仮想歴史の中で、登場人物たちはまさに「子を産み、育て、そして死んでいった」とされ、劇中で描かれるのはその歴史の一場面に過ぎない――それが物語としての『ガンダム』の語り口であり、現実以上に高い解像度をもった描写は、もう一つの現実、もう一つの歴史を仮定し、そこに生きる人々の行動を仮想現実内で徹底的にシミュレートすることによって成立していた。富野は主人公アムロ・レイや、その宿敵シャア・アズナブルといった人物たちが実在すると仮定し、膨大かつ綿密な設定を施し、彼らならばこう行動するだろう、というシミュレーションから物語を組み立てていったのだ。そしてこの仮想現実内にもう一つの歴史を想定し、そこに生きる人々の生をも想定すること――登場人物たちを歴史上の人物と同等に扱うこと――は『ガンダム』に架空年代記のもつある機能を強く主張させる結果に結びついた。

その機能とは、現実の歴史から失われつつあった個人の生を意味づける「大きな物語」としての機能だ。「政治の季節」の退潮と消費社会の進行――70年代という時代は先進国の社会で「大きな物語」の機能が低下していった時代であったが、その終わりに出現した『ガンダム』の架空年代記は現実の歴史が非物語化する情況下において、物語的な歴史＝大きな物語への欲望を虚構に求めつつあった時代の要請に結果的に応えるものだった。団塊世代の男性たちが自分も幕末に生まれていれば坂本龍馬のように生きたかったと冗談を口にするように、団塊ジュニアの男性たちは自分も宇宙世紀に生まれていればシャアのように生きたかった、と冗談を口にする。宇宙世紀という偽史の構築は、アニメーションという虚構性の高い表現で、ファンタジーで、現実の日本の消費社会下ではなかなか成立しない「大きな物語」のつくる熱い社会を仮構することを可能にしたのだ。こうして『ガンダム』は「ファンタジーだけが本当のことを描くことができる」という戦後アニメーションの命題（「ゴジラの命題」）を正面から引き受けた作品として結実した。

この「宇宙世紀」の導入によって、『ガンダム』は以前の富野の作品群とは虚構の機能の面で大きく変化したと言える。特に、戦後ロボットアニメが負わされてきた少年のビルドゥングスロマンとしての機能は、決定的に変化している。

トリトンや神勝平は、正しく物語の中を生きる主人公だった。彼らの生きる物語が現実に衝突し、内側から壊れていく過程に直面し、物語化できない現実を受け入れることで大人になっていった。

しかしアムロは違う。アムロは最初から、現実と同程度に混乱し、複雑化し、そして少なくとも勧善懲悪のお伽話のような物語化はできない歴史をもつ社会＝宇宙世紀の中に投げ出されていた。

その意味において、アムロは最初から現実を生きていた。正確には綿密に構築されたもう一つの仮想現実＝宇宙世紀を生きていた。だからアムロには、トリトンや神勝平のように物語＝アニメの外側に出ることで成長する、という回路は存在しなかった。その代わりアムロは宇宙世紀というもう一つの歴史と社会の内部で、とりあえずは成長することができた。空襲に巻き込まれ、成り行きからモビルスーツのパイロットになったアムロが、やがてエースパイロットに成長していく。そう、アムロは架空年代記の中で名も無き少年兵から歴史の当事者となることで成長していくのだ。勧善懲悪の物語がその不可能性＝現実に直面することで破綻する通過儀礼的な回路から、この時代に失われつつあった個人の生に意味を与える歴史の代替物へ、富野はロボットアニメの機能を進化させたのだ。

日本的ロボットアニメのフォーマットを利用したゲリラ戦の、戦後アニメーションの呪縛を逆手に取って、アニメだからこそ可能なアプローチで現実を描くゲリラ戦の方法論として、富野は完全に現実と切り離された架空年代記の中で戦後の消費社会下においてはなかなか成立できなくなった近代的なビルドゥングスロマンを成立させることに成功した。しかし、その試みは富野自身によって裏切られていくのだ。具体的にそれは『ガンダム』の物語終盤に導入された「ニュータイプ」という概念によって。

8　奇形児としてのモビルスーツ

「宇宙世紀」と並び『ガンダム』の世界を決定づけた装置として、重要な役割を果たしたのが、同シリーズにおけるロボット兵器＝モビルスーツという概念だ。

『ガンダム』においてロボットは、徹底して戦車や戦闘機と同じような軍事兵器として描かれる。これはアメリカのSF小説家ロバート・A・ハインラインの『宇宙の戦士』（１９５９）に登場する宇宙服型ロボット兵器（パワードスーツ）に着想を得たもので、直接的には同作の日本語訳版（１９７７年にハヤカワ文庫より発売）のスタジオぬえの挿画が原型となっている。現在においては極めてオーソドックスな描写であるが、これが当時は革新的だった。富野はこのとき日本的な「乗り物」としてのロボットを「モビルスーツ」と呼び換えることで、軍事兵器＝工業製品として定義しなおしたのだ。

日本的「ロボット」が男子児童の成長願望に訴えた巨大な身体を仮構する回路であることは第２部で指摘した通りだ。『機動戦士ガンダム』が放映された１９７９年は70年代のロボットアニメブームの延長線上にあり、このブーム下で富野は『勇者ライディーン』の監督（前半）をはじめ数作品の演出に参加しており、『ガンダム』放映の直前には『無敵超人ザンボット３』『無敵鋼人ダイターン３』の監督を務めスマッシュヒットを飛ばしていたことは既に述べた。富野のみならず、制作陣の多くが70年代のロボットアニメブームの担い手であり、その意味においては『ガンダム』は『マジンガーZ』から始まるロボットアニメブームの血を直接的に受け継いでいた。そして問題はこのロボットアニメブームの流れの中に生まれた作品が同時にこのジャンルの奇形児でもあったことだ。

『ガンダム』の主人公アムロは、従来のロボットアニメの主人公たち――『鉄人28号』の金田正太郎や『マジンガーZ』の兜甲児――と同じように「父」的な存在からその身体を拡張してくれる機械の依代を預かることになる。「父」とはときに少年の壁として存在し、少年はその抑圧に抵抗することで大人に成熟（父殺し）する。あるいは家庭外の論理をもたらし、少年に社会化を促す。機械＝虚構をもってして成熟を仮構すべく父親が開発したロボット兵器、それがアムロにとってのガンダムだった。しかし、正太郎の父や甲児の祖父が「科学のつくる明るい未来」を体現していたのとは対照的に、アムロの父はむしろそんな歴史観に支えられた父性の不可能性こそを体現する存在として登場する。

物語冒頭、敵軍の空襲を受け避難するアムロはその過程で軍事技術者である父親に遭遇する。そこでアムロは父が避難民より新兵器ガンダムを優先して敵軍から守るように指示する現場を目撃してしまう。アムロは父に食ってかかる。「父さん、人間よりモビルスーツの方が大切なんですか」と。この後、空襲が続きアムロと父親は離れ離れになる。このときの父への感情――軍人であるにもかかわらず、避難民を守ろうとしないことへの反発――がこの後アムロがガンダムを操縦する動機の一つになる。そしてアムロの父はガンダムの戦闘に巻き込まれて行方不明になり、物語後半まで登場しない。

アムロはその後、少年兵でありながらもエースパイロットとして成長する。一方、アムロの父親は第1話の事故で一種の宇宙病を患い、後半に再登場した際には精神に疾患を抱えており、最後は息子に看取られることもなく錯乱の果てに階段から転げ落ちて死亡する（また、そもそもアムロの家庭は崩壊しており、物語中盤に別居している母親が登場する）。

金田正太郎や兜甲児が「偉大な（祖）父」に与えられた世界でたった1機の「スーパーロボット」に乗り込んでその成長願望を満たしたのに対し、アムロは「矮小な父」が家庭を顧みずに没頭した「工業製品」を操り、しかもその過程で父を捨てることで思春期のナルシシズムを実現するキャラクターとなっていったのだ。

拡張された身体であるにもかかわらず、それは工業製品にすぎない――ガンダムは第一に機械の身体で成熟を仮構する日本的「ロボット」の直系でありながら、第二にそれが「矮小な父」に与えられた工業製品にすぎないという自虐を孕む存在だ。これはいわば、戦後日本人男性のゆがんだマチズモの軟着陸先として――「12歳の少年」の慰みものとして――発展した日本的アニメロボットに対する自己批評的な再定義だとすら言えるだろう。

このロボットという回路へのメタ的なアプローチについては、自身も70年代ロボットアニメブームの当事者である富野は、インタビューなどで繰り返し当時のロボットアニメが玩具の販売を目的にした事実上のコマーシャル・フィルムであったことを強調し、『ガンダム』がその制約の中で作品それ自体の独立を模索したものであることを述べている。『ガンダム』のこうしたメタ的なアプローチは、当時のテレビアニメーションが置かれた商業的制約に対する富野の批判意識がもたらしたものだ。

日本的「ロボット」とは近代的な男性性を仮構する回路であり、そしてモビルスーツとは同時に消費社会下におけるそんな男性性のゆらぎを体現する存在だ。よって、こうした背景に自覚的であるならばそれは男性のアイデンティティを保証するものであると同時に、揺るがすものでなければならない。モビルスーツは、「父」から「子」に与えられるたった一つの身体ではなく、大量生産される工業製品（＝玩具？）でなければならないのだ。だからこそ、モビルスーツという人型の兵器を操縦するのは基本的に男性パイロットでなければならず、女性パイロットは人型「ではない」兵器群が与えられたのだし、その後の続編たちではこの「法則」が露悪的に破壊されることになったのだ。[*13]

例えば、主人公アムロの操る「ガンダム」は試作機が1機しかないという、同作の水準を考えればリアリティを欠いた設定を用い、例外的に工業品でありながらアイデンティティを記述し得る特別な（世界でたった一つの）身体を確保している。言い換えれば、矮小な父に与えられた工業製品を用いながらもそのアイデンティティを記述し得る存在として主人公のアムロは設定されているのだ。

そしてこの設定を可能にしているのが、『ガンダム』の世界観を決定づけ、その後の膨大な続編群を、ひいては富野自身をも呪縛した「ニュータイプ」という概念だった。

9　革命なき世界と「ニュータイプ」の思想

「ニュータイプ」とはそもそも少年兵アムロが短い期間でエースパイロットに急成長する展開に説得力を与えるための設定だ。その表面的な描写は『スター・ウォーズ』（1978年日本公開）に登場する「フォース」の影響が強く、その物語上の解釈には国内的には当時のオカルトブームの、国外的には『スター・ウォーズ』同様に60年代、70年代のアメリカのヒッピーカルチャー、ニューエイジの影響が見られる。具体的には非言語的、精神感応コミュニケーションによって、誤解なく他者と直感的に分かり合えるという（仏教的な）「悟り」のイメージ、また、宇宙進出によって人類の潜在能力が開花するという擬似科学的なモチーフがこれに当たる。革命という物語が敗北した後に訪れた、「世の中ではなく自己の内面を変える」という世界的なユースカルチャーの潮流の変化の中で、ニュータイプという概念は成立したのだ。

ここで重要なのは、富野がその超能力を認識力の拡大と定義し、描いたことだ。『ガンダム』に登場するニュータイプとは空間を超越し、非言語的なコミュニケーションによって他者の存在を、それも無意識のレベルまで正確に認識することができる存在だ。これは宇宙の環境に人類が適応し始めたときに進化論的に発生する、人類の認識力の拡大と定義された。「ニュータイプ」の描写はその後制作される膨大な『ガンダム』の続編群の中で大きく変貌するが、その基本的な性質——空間を超えた非言語コミュニケーション——は変わっていない。広大な宇宙空間の、圧倒的な距離を超えて人間が他の人間の存在を察知し、その意思と意思が直接的に触れ合う——まるで情報ネットワークに覆われた現代社会を予見するかのようなイメージだと感じるのは、私だけではあるまい。

そして実際に「ニュータイプ」とは当時の新しい情報環境と消費社会の進行に適応した新しい感性をもつ世代の比喩としても受け取られ、富野もブームの中でその事実を自覚し、アニメブームの旗手としてその現象に積極的にコミットしていった。

そう、ニュータイプとは消費社会下において、ロボット＝虚構＝メディアを用いて成熟することなく社会にコミットする新世代＝ネオテニー的存在を意味する概念でもあった。その結果、主人公のアムロはニュータイプに「覚醒」し、大人になることなく少年のまま敵軍のベテランパイロットたち＝大人の男を撃破していくことになる。

戦後下の日本文化が育んだ日本的アニメロボットの孕むアイロニーを自己批評的に継承した『ガンダム』は、同時に工業製品（≒ニューメディア）を通じて（「成熟」することなく「覚醒」することで）進化する世代＝ニュータイプという新しい、そしてアイロニカルな回路を提示したのだ。

『ザンボット3』はロボットアニメというファンタジーを用いて逆説的に自然主義的リアリズムを表現するという、『ダイターン3』は日本的ロボットという身体観を自己否定することで成熟像を提示するというアイロニーの表現だった。これらは言い換えれば「〜ではない」という形式での表現であったのだが、『ガンダム』における「ニュータイプ」という概念の提示は初めて「〜である」というかたちで富野が示した「回答」でもあった。

トリトンや神勝平がファンタジーを経由することで逆説的に現実に直面し勧善懲悪のお伽話（ロボットアニメ）の世界からその外部（現実）に脱出＝成長したのに対し、宇宙世紀というリアルな架空年代記の中を生きるアムロは同じような回路を用いてその外部に出ることはできない。その代わりに導入されたのがニュータイプという超越的な存在への「覚醒」だった。

繰り返すがニュータイプとは、少年兵アムロがエースとして急成長する理由づけのために導入された設定にすぎない。しかし、だからこそニュータイプという概念は成長物語としての『ガンダム』の性質を決定づけるものになった。その結果、同作はアムロの社会化を描く前半と、ニュータイプとしての覚醒が描かれる後半とでは物語のトーンが大きく変貌している（この落差は、テレビ版の再編集をベースとした劇場版3部作の前半2部と最後の1部との違いに、より顕著に表れている）。

このニュータイプという概念は当時のアニメブーム下で、「新世紀宣言」的に時代の精神と重ね合わされる一方で、そのあり方に疑問を挟む声も少なくなかった。例えばオーソドックスな成長物語が展開する劇場版第二作（『哀・戦士編』1981年）を、観念的な展開が前面に出た劇場版第三作（『めぐりあい宇宙《そら》編』1982年）よりも評価するファンも少なくなかったという。

また、同作の作画のチーフを務めた安彦良和はニュータイプの概念とその描写について、マルクス主義のかたちを変えた反復であるとして苦言を呈している。全共闘運動への参加経験のある安彦はマルクス主義の代替物としてのニューエイジの匂いをニュータイプに嗅ぎとっていたのかもしれない。[*14]

『ガンダム』の前半で自ら証明してみせたように、綿密に構成された架空年代記の中で現実の社会と同じレベルのリアリズムで少年の成長物語を描くことも富野には可能であったはずだ。しかし富野はそうしなかった。アムロは近代的な大人の男に成長するのではなく、「ニュータイプ」という超越的な存在に覚醒した。

「ニュータイプ」という超越的な概念を設定することで、富野はアニメを現実の歴史の代替物ではなく、現実には存在していないものごとを描く装置に引き戻しているのだ。言い換えれば「ニュータイプ」とは、偽史を、架空年代記を、ファンタジーを、現実の歴史と社会の代替物として機能させることで少年の成長物語を描くという『ガンダム』初期のコンセプトを、内部から破壊する設定だった。

宇宙世紀とモビルスーツ、二つの発明によって可能になった安全な箱庭の囲いを決壊させ現実世界と接続させてしまう危険な因子、それが「ニュータイプ」だった。そして富野自身もまた、自ら生み出したこの「ニュータイプ」という概念のもつ力に呪縛されていくことになるのだ。

この呪縛を、ここではひとまず「ララァ・スンの呪縛」と呼んでおきたい。ララァ・スンとは『ガンダム』第一作の終盤に登場するニュータイプの少女だ。ララァはシャアにその才能を見出され、最強の敵としてアムロの前に現れる。戦場でアムロとララァの間にはニュータイプ同士の共振が発生し、ニュータイプとしては不完全なシャアはその共振を憎悪する。アムロとの共振とシャアへの愛との間に置かれたララァは、シャアを庇い戦死する——。このララァについてのエピソードと描写は作中でのニュータイプという概念の発展を方向づけたものだ。空間を超越して人間の意思と意思が直接、非言語的に接触する誤解なき完全なコミュニケーション——アムロにとってララァの存在はニュータイプの可能性そのものだった。そしてアムロはララァとの共振で見出したニュータイプの可能性を擬似家族的な共同体に着地させることになる。

『ガンダム』第一作の最終回——アムロはニュータイプの力で戦場の仲間たちの意識に直接語りかけ、彼らを一人一人救出していく。そしてアムロ自身もまた、仲間たちのもとに帰っていく。「ごめんよ、まだ僕には帰れる所があるんだ。こんなに嬉しいことはない」——このアムロの最後の台詞は『ガンダム』という物語の着地点を示している。

家族の、とくに「父」の喪失から始まった——「父」から与えられた身体が実は工業製品に過ぎないというアイロニーから始まった——この物語の着地点は、家族的なものを超越する擬似家族的な共同体への希望として示されたのだ。ニュータイプとは空間を超越した非言語的なコミュニケーションを可能にする存在だ。そして富野はニュータイプの新しいコミュニケーションのイメージを、家族的なものからの超越に象徴させた。血の呪縛を超え、自ら選びとることのできる擬似家族的な共同体を

「帰れる所」とできること——それがニュータイプの、一つのあるべき姿として提示されたのだ。ここで家族／擬似家族という対比が用いられたことには、戦後ロボットアニメが本質的に父性をめぐるイメージでつくられていたことを考えれば必然的なことだ。「父」に与えられた唯一無二の身体＝スーパーロボットから、「父」の喪失の結果としての工業製品＝モビルスーツへ（世界の構造の変化）。近代的な「人間」への成熟から、ニュータイプへの覚醒へ（変化への適応）。そして、家族から擬似家族——人間の世界を制約するさまざまな呪縛から解放された、遠くどこまでも届く共振の可能性（適応後に実現すべき理想）——へ。それが、富野がニュータイプという概念を用いて示した新時代の思想だった。

　しかし、富野という作家の本質は自身が提示したこの理想を、他の誰よりも自分自身が信じられなかったことにある。それは具体的にはもう一人の主人公＝シャア・アズナブルの絶望として（そして、その後つくられていく膨大な続編群において）表現されていく。

　そう、不完全なニュータイプであるシャアにとって、ララァの存在とその喪失はアムロとは全く別の意味をもっていた。亡父の復讐にも宇宙移民者の独立にも、究極的には意味を見出せず、ニヒリズムに蝕まれたシャアにとって、ニュータイプという人類の可能性は唯一の突破口だった。しかし、シャア自身はニュータイプとしては不完全な存在であり、その不完全さを補完するのがララァの存在（への依存）だった。シャアにとってララァの存在とニュータイプの可能性とはむしろ一対一の閉じた性愛関係を構築することでの救済であった。それはニュータイプを、アムロの手にした可能性とは逆に、家族的なものの回復に引き寄せるものだった。ララァの死は、シャアの救済の可能性を決定的に喪失させた。そして宇宙世紀の世界と富野由悠季という作家は、アムロの手にした希望ではなくシャアの陥った絶望＝ララァ・スンの呪縛によって支配されていくことになるのだ。

10 「ニュータイプ」から「イデ」へ

『ガンダム』の社会現象化は富野を時代の寵児に祭り上げた。当時のアニメブームの中核に富野と『ガンダム』は存在し、専門誌には毎号のようにその発言が掲載され、「アトムの汚し屋」「絵コンテ1000本切り」と自嘲していた男は一種のカリスマ的な存在と化しつつあった。

そして『ガンダム』の社会現象化に並行して富野が手がけていたもう一つの作品がある。それが『伝説巨神イデオン』（1980～81）だ。『ガンダム』テレビ放映打ち切りの直後から他局で放送が開始された同作もまた、視聴率と玩具販売の不振から打ち切りとなる。しかし、『ガンダム』の評価に引きずられるかたちでファンコミュニティでの評価が高まり、テレビ版の総集編（『接触篇』）と、新作の完結編（『発動篇』）の2部構成からなる劇場版が1982年に公開され、アニメブームを代表する作品の一つとなった。そしてこの『イデオン』は富野作品として、いや戦後アニメーションとしてもあまりに特異な、ほとんど空前絶後の存在でもあった。

物語は人類が外宇宙に植民を開始した遥かな未来、植民星の一つ（ソロ星）から始まる。そこで人類は太古に存在したと思われる宇宙人（第六文明人）の遺跡を発見する。宇宙船（ソロシップ）と巨大ロボット（イデオン）からなるその遺跡は未知の、そして無限のエネルギー「イデ」で駆動し、そして宇宙全体を滅ぼし得るほどの絶大な威力を発揮する最終兵器だ。

地球人たちはその遺跡の全貌を摑めない状態で、遺跡の調査に現れた宇宙人バッフ・クランと接触し戦争状態に突入してしまう。主人公の少年ユウキ・コスモたちソロ星の遺跡調査チームはなりゆきでソロシップとイデオンを起動し、そのシステムを解明しながらバッフ・クランの宇宙艦隊からの逃亡を繰り返す。そしてその逃亡劇の中で「イデ」が自ら意思と生存本能をもち、進化を志向する存在であること、さらには「イデ」を生み出した第六文明人がその制御に失敗して滅亡したことが明らかになっていく。

「イデ」とは人間の集合無意識をエネルギーに変換するシステムであり、その自己進化のためにより高次の精神をもった知的生命体を要求し続ける性質がある。恐らくは第六文明人は自らが生み出した「イデ」が要求する高次に進化できなかったために「イデ」によって滅ぼされていることが推測され、コスモたちは自分たちが第六文明人と同じ滅亡への道を歩みつつあることを自覚しながらも、運命に導かれるように逃亡と闘争を続けていくことになる。そして流れ着いた宇宙の果てでのバッフ・クランとの最終戦争の最中に「イデ」は発動し、地球人とバッフ・クラン、双方の人類は滅亡してしまう。

富野は「ニュータイプ」という人類の認識力的な進化を希望的に描いた『ガンダム』から一転して、この『イデオン』ではむしろニュータイプになれない人類が神の試練を克服することができずに滅亡する、という物語を描いたのだ。

「イデ」が人類に要求する高次の精神とは、恐らくはニュータイプ的なものだ。それは『イデオン』の劇中で、人類を破滅へと導く最終戦争が、人間の業——破壊と殺戮の快楽から、恋愛や生殖といった家族的なものと結びついた感情まで——を遠因としていることからも明らかだ。地球人とバッフ・クラン、二つの人類の最終戦争の発端になるのはカララという奔放な少女の恋愛感情であり、そして戦争の拡大の背景には異星人の子供を宿すことになったカララを赦すことのできない父と姉の感情が存在する。『ガンダム』において「ニュータイプ」が家族的なものから離脱して、擬似家族的な共同体と結びつけられていたように、『イデオン』では血縁や生殖といった家族的な想像力に人間の業を代表させ、「イデ」は人類にそれを超克することを要求したのだ。

「ニュータイプ」とは認識力の拡大によって、意思≠言語を超えた次元でのコミュニケーションと相互理解を可能とする存在、と定義されていた。それは繰り返し指摘するように、物語展開上の要請から導入された概念だった。これはすなわち、人類の進化というテーマはむしろ企画時から「イデ」という概念が設定された本作でこそ問われたことを意味する。劇中の描写を考えても、それは明らかだ。同作では「イデ」の意思は二つの人類――地球人とバッフ・クランを、直径何千、何万光年という広大な宇宙の規模を無視して「偶然」を装って繰り返し遭遇させている。「ニュータイプ」たちが非言語的なコミュニケーションによって空間を超越して他者の存在を認識するように、「イデ」もまた空間を超越して二つの人類を――それも因果の糸を絡ませ、戦火がより拡大するように「偶然」出会わせる。もちろん、これは二つの人類を接触させることで物語を展開するための方便にすぎない。しかし富野は「ニュータイプ」がそうであったように「イデ」のこうした物語の要請に応じた設定に意味を与えた。それは、言ってみれば「イデ」を人類の「ニュータイプ」への進化を促す「試す」神――システムとして描いた、ということだ。「イデ」とはニュータイプへの進化を人類に要求すべく破滅的な力とそれを行使する最終戦争をもたらすシステムであり、そして『イデオン』という作品はその神に与えられた試練の中でもがく人類を描いた作品に他ならない。

ここで注目すべき点が二つある。まず一つは同作が戦後ロボットアニメの文法から決定的に逸脱していることだ。「ニュータイプ」から「イデ」への変化は、富野が進化論的な問題設定の力点を人間の内面から世界のシステムへと移行したことを意味した。そしてその結果『イデオン』においては、ロボットは人間の身体の拡張としての意味を失った。戦後ロボットアニメが、人工知能を失い少年に操縦される存在となることで、そのマチズモを仮構する偽りの身体として機能してきたことは再三指摘した通りだ。しかし、玩具会社によるデザインが先行していたという、全高100メートル超のこのイデオンという巨大ロボットには、「イデ」と呼ばれる意思が宿っている。より正確には、それはかつて滅んだ人類の集合無意識の生むエネルギーによって駆動するロボットであり、そして物語はイデオンの力を制御できない人類たちが、最終戦争を経て滅亡していく過程を描いていくことになる。このとき富野はそれを集合無意識（の暴走）＝イデオンとして表現したのだ。集合無意識を集積する非人格的なシステム——それは当時においては肥大する消費社会、資本主義そのものであったはずだし、今日においては情報ネットワークを強く想起させる。

富野由悠季は恐らく史上初めて集合無意識による自律的なシステムとしてロボットを描いた存在だ。人類が自ら生み出しながらも制御することができず、自ら肥大していく巨大なシステム——こうした人造神としての巨大ロボットであるイデオンは登場したのだ。そして今日に至るまで、このイデオンというロボットの正統な後継者は存在しない。イデオンは戦後ロボットアニメの最盛期に登場しながらも、これまでのどのロボットとも隔絶された特異点であり、現在に至ってもそうあり続けている存在なのだ。

そしてもう一つは『イデオン』の結末で富野が母胎回帰的なモチーフを前面化したことだ。「イデ」は人間の意思ではなく無意識に、とくに子供の防衛本能に強く反応するものとして描かれていた。以降、富野は子供の純粋な無意識を人間の自意識とその愚かさの対極に配置して神聖視する傾向が強くなるが、同作の完結編である『発動篇』では、バッフ・クラン人カララと地球人ベスの間に生まれた子供（メシア＝救世主と名付けられる！）が、滅亡後の人類の魂を導き、新生した宇宙に転生するという輪廻転生的なイメージで締めくくられる。主人公のコスモ少年をはじめとする登場人物たちは死亡して幽体となることで、これまでのエゴイスティックで愚かな人物造形を忘れ去ったかのように解放され、和解を実現する。

ここで家族的なものからの離脱を志向していたはずの富野は、その超越性を「母」的なものに接続させてしまった。イデオンという戦後のゆがんだ男性性の呪縛から離脱したロボットを、人類は（ニュータイプに覚醒することで）制御することができず、母胎回帰することでしか救済されなかった、と考えることもできるだろう。このとき、富野は『ガンダム』第一作で提示した「ニュータイプ」的なものをアムロの着地した希望（擬似家族）ではなくシャアの陥った絶望（母胎回帰）に結びつけたのだ。そして、以降の富野作品では母性が、とくに妊娠や新生児といったものがかなり直接的に超越性と結びつけられていく。男たちは「母」の愛に飢え続け、女たちは「母」になることを望み、「母」になれない女たちは憎悪にとらわれることになる。妊娠中の女性は無条件で絶対的な存在として描かれ、最終的にはその存在自体の与えるプレッシャーで敵の強力なニュータイプをも無効化してしまうようになる。

「ニュータイプ」から「イデ」へ——それは富野が戦後ロボットアニメを拡張する作業の中で要請された超越性——近代的な（男性）主体への「成長」とは異なった成熟のビジョン——を追求する中で必然的に発生した変化だった。しかしその過程で富野は「母」性的なものとその超越性を結びつけることになった。そして自ら生み出しながらも制御不可能なシステムの自己進化と、そのシステムに対峙するための母胎回帰という構造は、その後の富野由悠季と戦後ロボットアニメを、決定的に呪縛することになるのだ。

11　リアルロボットアニメの時代

その後、富野は『ガンダム』と同じ放送枠の監督に復帰し、１９８２年から86年まで５年連続でロボットアニメの監督を務めることになる。その全てが、『ガンダム』の続編、及び、その影響のもとロボットを戦車や戦闘機といった人間が操縦する兵器として描写する（今日でいうところの）リアルロボットアニメだった。富野以外が手がけた作品では、『超時空要塞マクロス』（1982〜83）、『装甲騎兵ボトムズ』（1983〜84）など、前述したように、この時期は『ガンダム』の社会現象化の影響によって、この種のリアルロボットアニメが急増した時代でもあった。

そのうちの幾つかは、『マクロス』しかり『ボトムズ』しかり、ロボットから身体拡張的な意味性を剝奪し、より「リアルに」道具として描く方向に舵を切った。これらのアニメではロボットは徹底して量産される工業製品として描写され、『ガンダム』では中途半端に残っていた少年の理想化された身体としてのロボット、依代としてのロボットという側面を大きく後退させていった。例えば『マクロス』では少年の社会化と成長の物語は相対的に脇に追いやられ、主人公が現役アイドルと美人上司のどちらと付き合うかで悩む、といったラブコメディの要素が前面化し、『ボトムズ』では既に完成された大人の男を主人公にしたハードボイルド的な物語が展開した。つまり、80年代前半のリアルロボットアニメはロボットに付与された意味を減退させることでその物語表現の幅を拡大していった、と言えるだろう。

しかし当の富野自身は、その方向には舵を切らなかった。富野はあくまでロボットの「意味」を更新することで、リアルロボットアニメの表現領域の拡大を目論んだ。

具体的には『戦闘メカ　ザブングル』（1982〜83）、『聖戦士ダンバイン』（1983〜84）、『重戦機エルガイム』（1984〜85）がそれに当たる。これらはいずれも商業的不振によるスポンサーの介入、富野自身を含むスタッフワークの不調などから脚本的にも演出的にも錯綜してしまっている。しかし同時にこれらの作品は、リアルロボットアニメの手法で表現できるものを拡大しようとした意欲作でもあった。

例えば『ザブングル』は富野が一度捨てたはずの記号的／マンガ的リアリズムと前述の富野的なリアリズムの接合が、『エルガイム』は永野護のデザインワークスを中心に「宇宙世紀」的な架空年代記の設定遊びの拡大が、コンセプトの一つとして試みられたといえる。そしてこの時期の富野の仕事の中でもっとも重要なものが、『聖戦士ダンバイン』だ。

12 「オーラバトラー」と肥大する自己幻想

『聖戦士ダンバイン』は何よりも、当時日本ではまだ馴染みの薄かった「剣と魔法の世界」、中世ヨーロッパ風のヒロイック・ファンタジーの世界を、ロボットアニメに導入したことで知られている（というより、恐らく正確には『ダンバイン』こそが、国内におけるヒロイック・ファンタジー普及の端緒となった作品の一つだ）。

『ダンバイン』の内容を簡単に紹介しよう。舞台は「バイストン・ウェル」と呼ばれる剣と魔法の世界だ。そこは「海と大地の間にある」「人間の無意識と想像力が作り上げた世界」という観念的な設定が与えられているのだが、この異世界はあるときから現実社会（「地上」と呼ばれる）とつながりをもつようになり、物語開始時ではこの「地上」から召喚された人間たちによって現代工学と異世界の技術を融合してつくられた人間の精神力（オーラ）で駆動するロボット兵器＝「オーラバトラー」が発明されている。

そしてバイストン・ウェルの人々はオーラの強い地上人をオーラバトラーのパイロット（聖戦士）として多数召喚し、戦争を繰り広げており、物語はこうして召喚された「聖戦士」の一人である日本人青年（ショウ・ザマ）を主人公に展開する。

当時の日本でヒロイック・ファンタジーが受け入れられなかったこともあり、『ダンバイン』は商業的に苦戦することになった。その結果として発生したのが、スポンサーの玩具メーカーによる富野たち制作サイドに対する内容変更の要求だった。具体的にその要請とはヒロイック・ファンタジー要素の後退と、メカニカルな現代戦要素の強化であり、そのため同作は物語後半で全てのオーラバトラーが地上世界にワープして東西冷戦下の国際情勢を巻き込みながら80年代の世界で異世界の勢力が戦争を継続する、という突拍子もない展開を迎えることになる。

この時点で同作は作品としてほぼ破綻しているのだが、このとき富野の身体／ロボット観はこの破綻の結果、意外な形で表現されていく。

異世界バイストン・ウェルとは前述のとおり人間の集合無意識で形成された世界だ。そして人間の精神力で駆動するオーラバトラーの力はバイストン・ウェルの中では強く抑制されている。しかし、地上世界（この現実）においてはオーラバトラーの力は何の抑制も受けない。そのためオーラバトラーは地上世界では圧倒的な戦闘力をもつ超兵器として機能する。パイロットの精神力に応じて発生するバリアは核爆発をも防ぎ、挙句の果てには巨大化（ハイパー化）して暴走することになる（主人公ショウも、劇中でハイパー化した結果、パリをまるごと焼失させている！）。

『ザンボット3』は戦後ロボットアニメの世界観が現実と衝突することで崩壊する物語だった。それは子供たちがアニメを通して現実に向き合う装置だった。対して『ガンダム』は空想の世界の上に現実と同等の、いや現実以上に生の実感を伴わせる綿密で物語性に富んだ架空年代記を構成し、視聴者をアニメの中に閉じ込めたまま擬似的に成長／覚醒させる装置だった。しかし『ガンダム』の変奏として企画されたはずの『ダンバイン』は、結果的にそのどちらでもないものに変質してしまった。本来、『ガンダム』の宇宙世紀のように空想の世界（バイストン・ウェル）の中で完結すべきはずのものが、現実に侵入してきてしまったのだ。

人間が手にした想像力、ファンタジーの世界の具現化——バイストン・ウェルとは当時急速に進化を遂げていたアニメ表現のようなものだ。そして人間の精神力のみで駆動するオーラバトラーは、誰もが「ニュータイプ」的な力を発揮することができる究極のロボットだ。同時に「イデ」が人類をニュータイプへの覚醒に導くシステムだとするのなら、オーラバトラーは現時点のオールドタイプたる人類に擬似的にニュータイプ的な力を付与する拡張身体のようなものだと言える。そして富野は「イデ」に試された人類と同じように（現時点の）人類がオーラバトラーによってその過大な力を得ることもまた、破滅への道を歩むと考えた。ただ、このときその破滅のイメージは「イデ」という巨大な／不可視のシステムに取り込まれるのではなく、個人の力がテクノロジーで増大することでもたらされるものへと変化していた。

後半の路線変更に先駆けて『ダンバイン』では中盤に一度、主人公が乗機のオーラバトラーごと、地上世界（故郷の東京）に一時的に帰還する、というエピソードがある。そこで主人公ショウ・ザマは、地上世界におけるオーラバトラーの強すぎる力に戸惑う。そして人類社会から迫害されたショウはもとの生活に戻ることを断念し、バイストン・ウェルに帰還する。

この時点での富野はアニメ的なもの、ロボット的なものはあくまで現実と切断されるべきものとして描いていた。バイストン・ウェルという異世界を宇宙世紀と同様の「もう一つの現実」＝仮想現実として描いていた。『ダンバイン』は現実と、そこから隔絶されたもう一つの世界とを主人公が往復することで効果的に浮き彫りになる人間の業と性質を描くはずの作品だったのだ。しかし商業的要請は二つの世界を強引に接続させた。

その結果『ダンバイン』の後半は「もし、現実世界にオーラバトラーのようなアニメロボットが実現したら」という本来は前述の「東京編」として物語中盤にわずかにアクセントとして挿入されるに留まるはずだったシミュレーション的な要素が前面化することになった。

少なくともこれまでの富野にとって「ニュータイプ」的なものは、現実と切断された虚構の世界＝仮想現実の中で示される進化のイメージだった。「ニュータイプ」的なものがいまこの現実に侵入してきたことは、かつての『海のトリトン』『ザンボット3』で発揮した虚構と現実との衝突による軋轢を用いて独自のリアリズムを獲得するという手法が再浮上することを意味した。そして物語後半にこの現実世界を舞台にロボットアニメを描かなければならなくなった富野は、オーラバトラーとその操縦者の暴走による破滅を反復して描くことになった。地上世界に出現したオーラバトラーと、それを操る聖戦士たちはその拡張された身体に引きずられるように、ある者は全能感に酔いしれ、ある者は復讐心を抑えきれずに、ある者は過剰に使命感を自覚することで、その精神を暴走させていく。そして物語は全てのオーラバトラーと、異世界の住人たちが破滅（バイストン・ウェルへの「帰還」と表現される）し終幕を迎える。

『ダンバイン』は富野によって再定義された戦後アニメロボットの、一つの完成形ではあっただろう。まず同作に登場するロボット＝オーラバトラーからは男性性がほぼ脱臭されている。初代『ガンダム』のモビルスーツまでは辛うじて維持されていた男性性の表現としての人型の機械、という比喩はオーラバトラーではほぼ機能していない。前作『戦闘メカ　ザブングル』から、富野作品においては人型のロボットに女性パイロットが当たり前のように乗り始めるが、『ダンバイン』ではこの傾向がより徹底された。一方で、人間の精神力でのみ駆動する同作におけるロボット＝オーラバトラーは自我の拡張としてのロボット、依代としてのロボットという側面が肥大することになった。オーラバトラーとは、あらゆる側面で人間を自由にし、解放させる装置なのだ。

しかし現時点の、オールドタイプたる人類がその精神を自由に表現できる装置を手に入れたとき、そこに生まれるのは肥大した自我の暴走と、その自我たちの衝突である、というのが富野の結論だった。このように記述すると、今日においてまるでそれはソーシャルメディアにおける自我の肥大を予見したもののようにすら見えてくるが、ここで重要なのは富野がこの時期に得ていった身体観、拡張された自我と身体への畏れは、かつて自身が提唱した「ニュータイプ」という概念に大きな影を落としていったということだ。

『ダンバイン』の時点では虚構の、仮想現実の、メディア的な身体の、「ニュータイプ」的なものの現実への侵入は商業的な要請によって、あくまでアニメーションの内部の設定として展開されたものだった。しかしその結果としてたどり着いた拡張身体による肥大した自己幻想の暴走という現実認識は、富野由悠季という作家を大きく方向づけることになった。時代は――80年代における消費社会と情報技術の急速な発展は――「ニュータイプ」的なものの現実への侵入を実現しつつあった。そして、富野はこの現実を前に、「ニュータイプ」という概念を変質させていく。富野はこの後1985年から断続的に『ガンダム』の続編を制作し、宇宙世紀の架空年代記を更新し続けることになる。それは富野にとって、自身が更新したロボット＝拡張身体と自身が提唱した「ニュータイプ」という概念との苦闘の歴史の始まりだった。

13　カミーユ・ビダンはなぜ発狂しなければならなかったのか

「ニューガンダム？　ニュータイプ？　ニューシリーズ」

言いわけはやめる。

今回の企画が、かつてのガンダムファンから顰蹙をかっていることも承知している。〔中略〕

しかし、青年は大人になる。

いやでも大人になり、いやでも組織のなかで硬直化した思考を強要される。

ならば、ウソでもいい、冗談でもかまわない。ニュータイプをやってやろうじゃないか、といったどぎつい台詞を出そうじゃないか。

そのためには、くり返しでもかまうものか。またガンダムなのだ、と自分にもいいきかせるのが、このニューガンダムなのだ。ゼータガンダムなのだ、ということだ。

ゼータガンダムの世界は、前作の七年後、八年に近い七年後の時代に設定をした。

当然、かつてのレギュラーメンバーたちは、それだけ年をとっている。〔中略〕

おもしろいかどうかではない。

時代はこうなのだ、といった物語を手に入れたい。

そして、この苛酷な時代であるからこそ、それに対応できる己を見つけだしたいと願うのである。*15


これは1985年の『機動戦士Zガンダム』の放映開始時に、富野が雑誌に寄稿したものだ。80年代前半のアニメブームの中心となったリアルロボットアニメの氾濫の中にあって、その生みの親である富野もまた、商業的にも作品評価的にも『ガンダム』に匹敵する成功を得ることはできなかった。こうして主に制作側に発生したのが、『ガンダム』の続編を待望する声だった。

そして1985年に満を持して登場した『Zガンダム』を、富野は時代に対する要請に応えるものとして位置づけていた。『ガンダム』第一作は宇宙世紀という仮想現実を現実の歴史の代替物として提示するという態度が、時代への応答として機能した作品だった。しかしその6年後の富野はそうは考えていなかった。この「檄文」からも明らかなように富野は宇宙世紀をもはや、仮想現実とは考えておらず、現実のこの社会の比喩として考えていたことは明らかだ。そしてニュータイプというものを、現代の消費社会への応答として機能する思想と位置づけていた。『ガンダム』第一作では仮想現実の中で、戦後日本的ないびつな少年性の受け皿として機能していた宇宙世紀は、むしろこうしたサブカルチャーの存在が肥大する時代時評の道具となり、進化論として提示されたはずのニュータイプもまた、こうした時代の困難を超克するための思想という側面が拡大することになったのだ。

この変化は何によってもたらされたのか。

恐らくそれは「ニュータイプ」という概念が、本来現実から切断された虚構＝仮想現実として生まれた『ガンダム』の世界を現実と接続してしまったことに起因する。「ニュータイプ」という概念が富野の自覚以上に、その後に発展する社会の情報化のビジョンを先取的に描いていたことは繰り返し述べた通りだ。空間を超越して、人間の肥大した意識同士が衝突を繰り返す時代に、私たちはいままさに生きている。そしてこのニュータイプ化した世界で起こるのは『ガンダム』第一作で提示された誤解なき相互理解と調和の支配ではなく、『ダンバイン』で描かれた肥大したエゴの衝突がもたらす破壊の連鎖だった。『イデオン』から『ダンバイン』へと至る富野由悠季の想像力は、この現実の変化を他の誰よりも正確に察知していた。

そう、富野由悠季は、その想像力で消費／情報社会の展開と人間の変化をラディカルに予見していたのだ。しかしその予見の正確さゆえに、富野によるアニメーションは半ば現実に追いつかれ、仮想現実として、ファンタジーとして現実から独立する機能を失いつつあったと言える。そして現実から切断された虚構としての機能を失うことは、強い批判力を物語に与える一方で戦後（ロボット）アニメーションの文法の自己破壊をも意味した。虚構＝アニメーションだけが現実を描くことができるという戦後アニメーションのもう一つの命題（「ゴジラの命題」）はこのときに情報環境の変化によって機能しなくなり始めていたのだ。

その結果として、人類の革新を描き、アニメの新世紀の幕開けを告げた希望の物語――『ガンダム』第一作――から一転して、『Zガンダム』は宇宙世紀に生きる人々の体験する悲劇の歴史と、ニュータイプたちの絶望的な運命が描かれることになった。

物語の舞台は『ガンダム』第一作の7年後に設定された。アムロやシャアといった前作の登場人物たちもその分だけ年をとって登場する。当時『ガンダム』の社会現象化の当事者だった若者たちも大人になった1985年に、劇中でニュータイプに覚醒し人類の革新の可能性を提示した若者たちも同じように青年期を終えつつある大人として描かれたのだ。

そして前作の社会現象化の中で国民的キャラクターとなったアムロやシャアといった英雄たちに、富野は苦渋に満ちた青年期を与えた。

例えば前作の主人公アムロは『Zガンダム』の時代には先の大戦の英雄として祭り上げられる一方で、そのニュータイプとしての能力を政府に警戒され、閑職に回されている。そのため24歳になったアムロは人間的にほぼ壊死しており、劇中ではアムロが反政府運動への参加を通じて精神的なリハビリテーションを試みる姿が描かれることになる。

また一方、その宿敵であるシャアは28歳になっている。前作では圧倒的な力でアムロの前に立ちはだかり、戦争を生きのびたシャアはこのとき反政府運動の中核として活動している。しかし表面的には理想を追求しながらも、実のところはララァを失ったことで前作以上にニヒリズムに蝕まれている彼は組織の期待に応えることなく、指導者として前面に立つことをためらい続けている。それでもシャアは偽善的な建前論が前面化しがちな所属組織の体質と支援を受ける軍事産業からの法外な要求に苛立ちながら戦い続けるが、最終的には自分の能力を超える若いニュータイプたちに敗れて失踪する。

そして輝きを失ったアムロとシャアに代わり、新世代のニュータイプとして登場したのが『Zガンダム』の主人公カミーユ・ビダンだ。物語の冒頭ではあくまで等身大の少年として登場したアムロとは異なり、物語開始時点でニュータイプの素養を見せるカミーユは、精神的にも不安定なエキセントリックな少年として描かれた。

空襲で焼け出され、避難の過程で半ばやむを得ずモビルスーツのパイロットになっていったアムロとは異なり、カミーユは思春期の不安定さから衝動的にシャアたちの展開する反政府運動に加わることになる。そして戦争の中でカミーユの精神は次第に摩耗し、最終回ではついに発狂してしまう（当然だが、主人公が発狂するという結末は当時のテレビアニメでも極めて異例のことであり、放映時に小学生だった私も強い衝撃を受けた記憶がある）。

このカミーユの発狂へと至る過程で、前作では希望として提示されたニュータイプたちの感応による誤解なき相互理解のビジョンも、『Zガンダム』では完全に否定される。

例えば『ガンダム』第一作の終盤でアムロは敵のニュータイプ（ララァ・スン）とニュータイプ同士の感応を経験する。ここでアムロは、一瞬だけだが空間を超越した非言語的なコミュニケーションによる誤解なき相互理解を経験し、この体験が物語の中で、人類が進化すべき姿として希望的に提示される。そしてかつてのアムロと同じように、カミーユもまた敵のニュータイプ（ハマーン・カーン）との感応を経験することになる。だが前作とは異なり、彼らは感応を通じてむしろ互いにその存在を否定し合うようになる。ハマーンはカミーユとの感応を「他人の心に土足で踏み込む行為」として拒絶し、カミーユもまた彼女への憎悪を確認する。

ニュータイプ間の感応がもたらすもの、時空間を超越して人間の意識同士が非言語的に直接触れ合うことで発生するものは、誤解のない完全な相互理解ではなくむしろその逆——相容れない他者が存在するという認識と、その結果始まる負の連鎖——なのではないか。それが、『Zガンダム』の現実認識的な世界観に他ならない。人間は媒介なく直接つながりすぎると、負の連鎖しか生まない——これは貨幣と情報のネットワークが世界をつなげすぎてしまった時代に生きる私たちにとっては、圧倒的にリアリティのある世界観のはずだ。しかし富野はここで予見的な想像力を発揮するその一方で、自ら提唱したニュータイプという概念を自己破壊している。

『Zガンダム』の後半では、ニュータイプの超能力が初代『ガンダム』で提示された「認識力の拡大」から大きく逸脱し、それ以前のオカルトブームの影響下にある念動力や降霊術に近いものに後退している。具体的には精神力のバリアでビーム兵器を弾き返す、死者の意思を召喚して敵を金縛りにする、といった、初代『ガンダム』から『Zガンダム』前半にかけて維持されていたリアリズムからは大きく逸脱した描写が見られる。そして『Zガンダム』の最終回でカミーユはこうした「後退した」ニュータイプの能力を発揮して、敵のニュータイプ（パプテマス・シロッコ）と対決するのだが、このときのカミーユと彼が交信する死者の霊魂との会話を現在の視点から見ると愕然とさせられる。

ここでカミーユと死者たちは、「現実の世界での生き死ににこだわるから、一つのことにこだわるんだ」「あの中にいる人だって、すぐこうして解け合える」と目の前の敵の命を奪うことを、ある種の救済として肯定するのだ。

この思想は、ほとんどオウム真理教のポアの思想に近い。後にオウム真理教の広報が「オウムとはニュータイプのようなもの」と語ったことは先にも述べたが、富野は地下鉄サリン事件の10年前にそれを正当化する思想を自作の中で展開していたことになる。そしてポアを実行したカミーユはその代償に精神を崩壊させ廃人となり、物語は悲劇的に幕を閉じる。

このニュータイプという概念の、後のオウム真理教に通じるありふれたオカルト、ニューエイジ的な超能力観への「後退」は、富野が人間の認識力の拡大を肯定的に描くことができなくなった結果発生したものだ。オーラバトラーが現実世界に出現したとき、そこに肥大したエゴたちの衝突が連鎖するディストピアが出現したように、富野はニュータイプたちの生きる宇宙世紀をディストピアとして描くしかなかったのだ。認識力の拡大はむしろ人間間の決定的な断絶を生む。それが、『Zガンダム』の時点における富野の現実認識だったのだ。

14 変質する「ニュータイプ」

少年に機械の、偽りの身体を与え擬似的にその成長願望を満たす戦後ロボットアニメという表現の構造を逆手に取って、アニメだからこそのアプローチで効果的に人間とその世界の悪や不条理を描くこと、それがかつての——『ガンダム』以前の富野由悠季の戦略だった。

そして初代『ガンダム』では宇宙世紀という架空であるがゆえにコントローラブルなもう一つの現実を構築する方向に富野は舵を切った。それは具体的には現実の歴史が失いつつある機能——個人の生を意味づけること——を「アニメの性能」を用いて代替すること、いや、現実の歴史以上のリアリティをもち個人の内面に強く作用する架空年代記を構築することだった。

言い換えればそれは、富野の表現のコンセプトがアニメという虚構を通して逆説的に現実に接続することから、虚構の中に現実以上の現実を構築することに変化したということだった。

単純に考えるのならば富野はこの綿密に構成された架空年代記の中で（ときに現実の歴史と社会よりも強く機能するリアリティを用いて）成熟や老い、といったこれまでアニメーションが不得手としてきたもの（「アトムの命題」）を描くことになるはずだった。

しかし富野は、『ガンダム』でニュータイプという超越的な概念を導入し、（大人に）成熟するのではなく（ニュータイプに）覚醒する主人公を描いた。ニュータイプがもともと少年兵の急成長の理由としてでっち上げられた設定であったことを考えれば明らかなように、ニュータイプへの覚醒と大人への成熟は対立的な概念だ。富野はニュータイプという概念の導入によって、偽物の身体（モビルスーツ）と偽物の歴史（宇宙世紀）の中で人間が成熟する、という物語を回避したのだ。

これは、その後の富野以外の手による『ガンダム』シリーズや80年代のブーム時に量産された『ガンダム』の亜流作品の多くがより戦記色を強めながら、架空年代記上でのオーソドックスな成長物語を反復していることを考えれば、どれほど異常なことか分かるだろう。

本来戦後ロボットアニメとは男子児童の成長願望に訴求した表現だった。そこに架空年代記を持ち込むことで虚構の中に留まったまま少年が機械仕掛けの偽りの身体を得て、ポストモダン化する現実での体験よりもリアリティのある成長物語を享受することを可能にしたのが『ガンダム』だった。

しかし富野はその可能性に自ら背を向けた。当時の富野の発言を振り返ると、富野は『ガンダム』を現実では時代の中で失われたものを代替するための表現にするのではなく、むしろ時代に対応した表現を志向しようとしていたことが強く窺える。

では、当時の富野が現実以上のリアリティをもつ「宇宙世紀」と、「ニュータイプ」という概念で描こうとしたものは何か。ニュータイプは作中に登場する人類の進化形であると同時に新しい情報環境と消費社会に適応した感性をもつ当時の若者世代の比喩でもあった。

しかし『ダンバイン』の後半で現実世界に出現したファンタジーの世界の住人たちが暴走し、自滅していったことに象徴されるように、この時期の富野は人間の認識力の拡大を初代『ガンダム』が提示したような希望に満ちたものとしては描けなくなっていた。むしろテクノロジーによって拡張された人間の意識がより深い断絶を生むというのがこの時期の富野が反復して描いていた世界観であり、それが「アニメーションの性能」を駆使して現実以上のリアリティを構築する富野の想像力がたどり着いた時代認識だった。例えば『Ｚガンダム』以降の『ガンダム』シリーズでは「強化人間」という人工ニュータイプが度々登場する。これは薬物投与や催眠、生体改造によって人工的にニュータイプ能力を付与された存在たちだ。この時点で「ニュータイプ」という存在は、現実に引きずられるように変質した。それは人類の進化形ではなく、半ばテクノロジーへの対応を意味するようになった。そして富野は『Ｚガンダム』以降反復して、彼／彼女らがその能力を暴走させ破滅していく物語を描き続けていった。「オーラバトラー＝強化人間」的なもの、すなわちテクノロジーへの対応による「ニュータイプ」像の変質——富野はテクノロジーによって人間の認識力（能力）が拡張し、その精神性の進化を経ずにニュータイプ的な能力を得ていくことに対し、悲観的な態度を崩さなかった。

この時期に富野は作中のみならず、作品外でもアニメブームの中で徐々に自身が「新世紀宣言」で主張した時代の感性に否定的な発言を繰り返していく。そして、富野はその後の膨大な『ガンダム』の続編群の中で、大人になれないニュータイプたちの悲劇を執拗に反復して描くことになった。

アムロとシャアの苦渋に満ちた青年期、新主人公カミーユや、次々と登場する人工ニュータイプ（強化人間）たちの悲劇的な結末——宇宙世紀という箱庭を生きる人々は、虚構を通して逆説的に現実に遭遇することで大人になることはできない。かといって架空年代記の箱庭の中で大人になることもできない（この絶望は比較的コメディ色の強かった第三作『機動戦士ガンダムＺＺ《ダブルゼータ》』（１９８６〜

87）でも維持されている）。
　宇宙世紀という架空年代記は、富野にとってアニメーションの性能を最大限発揮するために導入されたものだったが、宇宙世紀上に『ガンダム』の続編をつくることは、ニュータイプという時代の精神を体現するがゆえに人間として成熟することも超越者として解脱することもできない存在の悲劇を反復することを意味したのだ。それは手塚治虫の抱え込んだ「アトムの命題」を現代的なものに更新することで、富野がより深く抱え込んでしまったことを意味していた。以降の富野は自身が築きあげた戦後ロボットアニメという回路を、自ら解体していくことになる。

15　『逆襲のシャア』と「母性のディストピア」

　1988年に公開された『ガンダム』シリーズ初の劇場版オリジナル作品『機動戦士ガンダム　逆襲のシャア』は単純に一本の映画として考えても特異な存在だ。初見の人間の多くが、その内容に愕然とすることになるだろう。約2時間の上映時間の大半を登場人物たちがモビルスーツで闘いながら議論を続け、最終的にはその登場人物のほとんどが死亡した上にどう考えても理不尽な奇跡が起きることで物語は半分観客を置き去りにして、終わる。そして恐らく富野は確信犯としてそれをやっている。なぜならば、この富野の姿勢は同作におけるシャアのそれとほぼ同じだからだ。

『Zガンダム』では表舞台に立つことをためらい続けていたシャアは同作ではついに自ら指導者となって宇宙移民者の権利を主張する反政府勢力を自らのもとに結集し、地球政府に対して大規模な反乱を起こす。そして人類の革新を促すという大義を掲げて地球に隕石を落とし核の冬をもたらす未曾有のテロを決行する。一方のアムロは政府軍のパイロットとしてシャアと対決する。そして偽悪的に自らが人類の業を背負い、急進的な革命を進めるシャアに対しアムロは穏当な内部改革を主張する偽善的な理想主義者として描かれることになる。

(その決起の動機として)「地球は人間のエゴ全部を呑み込めやしない」[*16]と主張するシャアに対しアムロは「人間の知恵はそんなもんだって乗り越えられる」と反論する。そして「貴様ほど急ぎすぎもしなければ人類に絶望もしちゃいない」と主張するアムロに対しシャアは「愚民どもにその才能を利用されている者が言うことか」と反論する。

アムロのそれは実効性が弱く、シャアのそれは急進的にすぎる。恐らく観客のほとんどがどちらの思想にも共感しきれないまま二人の議論を見守ることになるのだが、ここで重要なのはこの議論の中でシャアが「私は世直しなど考えていない」と断言していることだ。シャアはここまでの大規模な反乱と未曾有のテロを実行しておきながら、それで人類が救済されるとは考えていないのだ。

劇中でシャアは宇宙移民者たちから熱狂的な支持を得ているが、政治はあくまでシャアにとって手段であって目的ではない。「結局…遅かれ早かれこんな悲しみだけが広がって――地球を押し潰すのだ」と認識しているシャアの行動は終始極めて自己完結的で、実のところ、その行為が何かを変えることはないとシャア自身は考えている。シャアの目的は彼の世界観を突きつけること、抱いている絶望を全人類に突きつけることに他ならない。テロリズムを通じ、人間の業と愚かさが戦争の歴史を反復し、やがては地球すら潰すのだという現実を表現すること――それがシャアの目的だ。世界を愕然とさせるその行為そのものが、シャアの目的だったのだ。

そして、恐らくこのシャアの動機は富野の創作動機と限りなくイコールであったと思われる。かつて宮崎駿の「漫画映画」的リアリズムを批判した押井守は『逆襲のシャア』を評してこう述べている。

もしぼくが、同じことをやるとしたら、あそこまで（自分自身の）生な思想をドカンといれたりはしません。へたをすると、それまでていねいに作ってきた虚構とか、キャラクターの存在感がふっとびかねないから。

そういうタブーのない方なんだなって思います。とくに「逆襲のシャア」では富野さん自身と作品の距離ということでいえば、それは果てしなくゼロに近づいているのではないでしょうか。〔中略〕「ガンダム」っていうロボットもののアニメという認識が、なにをいってもすべて飲み込んでしまうから。だからなんでもいえる。

でもそういう状況だけでしかいえないっていうのは、むしろ悲壮です。そういうところでいってもだれにも届かないだろうということを知ってて、富野さんは「逆襲のシャア」をやっている。それも一回見ただけで圧倒されてしまうほどの内容で。[*17]

ここで押井はまず同作と富野自身の距離の「近さ」を指摘する。その上でそのメッセージが届かないことを自覚しているがゆえに、富野はただ自らの思想と世界観を表現するためだけに『逆襲のシャア』を世に送り出したのではないか、と指摘しているのだ。シャアがその絶望を表現するためだけに反乱を起こしたように、富野もその絶望を表現するために本作を送り出したのではないか、と。

70年代の富野はロボットアニメブームの担い手として、戦後ロボットアニメといういびつに進化した表現の特徴を活かして、アニメーションならではのリアリズムとビルドゥングスロマンの構造を獲得することに成功した。

それは巨大ロボット玩具市場と結びつくことによって、逆説的に（通常の番組よりも）内容の自由が保証される環境を利用したゲリラ戦だった。しかし、『ガンダム』の社会現象化とその亜流作品の氾濫、さらには富野自身が直面した『ガンダム』続編展開の商業的な要請といったロボットアニメを取り巻く環境の変化によって、そこはかつてのような意味では自由な場としては機能しなくなりつつあった。

そして同時に物語的にも宇宙世紀、モビルスーツ、ニュータイプといった自身が生み出した装置が富野の創作を束縛する結果をもたらしつつあったことは明らかだ。宇宙世紀という架空年代記は人々の現実の歴史への欲望を代替することでむしろアニメーションと現実とを決定的に切断し、モビルスーツという意匠は巨大ロボットという絵空事に軍事兵器としてのリアリティを加えることで、むしろその性的な意味性を消失していった。富野はニュータイプという概念を変質させ、時代に対する批評性を前面化させることでこれに抗おうとした。それは宇宙世紀という仮想現実を現実と接続することで内破する試みでもあった。しかし接続の結果、ニュータイプという人間の認識力の拡大をめぐる概念は、富野自身がその可能性を追求する中で人間の進化からエゴの肥大へと、肯定的なものから否定的なものへと変化してしまった。

こうして生まれた『ガンダム』の続編『Zガンダム』は過酷な現実認識の物語となり、そして『逆襲のシャア』は絶望的な自己否定の物語となった。この時点で富野にとってロボットアニメとは商業的制約を逆手に取った自由なゲリラ戦の場ではなく、自身が開拓した世界を保守することを要求されながら、それが革命的な発明であったがゆえに自身でも制御できなくなるほどに肥大した概念と格闘する、不自由な世界でしかなかったことは明らかだ。70年代後半／80年代前半の（第一次／二次）アニメブームは過去のものとなり、『ガンダム』の支持層はプラモデル市場に存在する男子児童（私はこの世代だ）と、かつてのアニメブームの残党的な青年層に縮退し、「新世紀宣言」当時の社会現象的なインパクトは完全に失われていた。ロボットアニメも『ガンダム』も、このとき既に、模型好きの小学生と10年前からの固定ファンの外側に訴求する力を失っていたのだ。

その結果としてシャア＝富野はそのメッセージが機能しないことを、何かを変えることはないことを自覚した上で、あくまで世界を愕然とさせるその行為を目的に決起することになったのではないか。

では、ここで描かれたシャアの、そして富野の絶望とは何か。それは「ニュータイプ」という概念が象徴する、自身がこれまで構築してきた理想そのものへの絶望だ。シャアの理想は、言ってみれば富野由悠季が80年代に描き続けた「ニュータイプ」という「思想」そのものであり、前述した通り人間の認識力を巡る極めて哲学的なものだ。「ニュータイプ」という言葉がアニメブームの中でニューメディアに適応した若い感性の比喩としての側面をもつようになったことは既に触れた。富野がこの時期描いていた物理空間を超越して人間の意識同士が直接ぶつかり合うという、ニュータイプ能力者同士の交信のイメージは現代のネットワーク下のコミュニケーションを強く想起させる。富野由悠季の思想と想像力はテクノロジーが人類の認識力を拡大する、という問題設定において極めて深く、本質的なイメージを提出していた。

しかしこの時点でのシャア＝富野は、人類の変革を信じていなかった。いや、むしろそれを嫌悪すらしていたように思える。20世紀後半の世界は富野がニュータイプという言葉で理想化した（精神性の）進化を伴うことなく、情報環境の進化によって人類に空間を超越したコミュニケーションを可能にしつつあった。それは富野にとって人類がニュータイプではなく、オーラバトラー／強化人間への道を歩みつつあることを意味した。富野は『イデオン』『ダンバイン』で反復したようにシステムによる人間の精神の肥大に対し絶望していたのだ。

その結果『逆襲のシャア』は思春期の少年少女たちの物語——青春群像とビルドゥングスロマンとしてのロボットアニメを全否定した物語になった。押井守は先に引用したエッセイでこうも述べている。〈それまでの「ガンダム」にあった、思春期の少年たちのドラマ、その甘い部分とかほろ苦い部分とか、全部とっぱらっちゃって、ものすごい「中年」になっちゃった。思春期のドラマを取り払ったときに「ガンダム」という作品の本質に残っているのは何か？　それが、全部わかってしまった作品だと思いました〉。

『逆襲のシャア』にはこれまでのロボットアニメと、そして『ガンダム』と同じように思春期の少年少女たちが登場し物語の中で大きな役割を果たす。新世代のニュータイプとして登場する少年ハサウェイと少女クェスがそれに当たる。高いニュータイプの資質をもつクェスはシャアに利用され、戦場に駆り出される。ハサウェイはクェスを救い出すためにモビルスーツを盗み戦場に赴く。シャアの部下の青年パイロット・ギュネイはクェスに好意を抱き、不器用なアプローチを続けながら保護者的に振る舞う。80年代のロボットアニメの文法に従えば同作の事実上の主人公はハサウェイになり、クェス、ギュネイとの三角関係が物語の中心に位置するはずだ。

しかし、富野は恐らくは意図的にこのような戦後ロボットアニメ的な思春期のドラマを配置しながらも、それを無残なかたちで破壊する。まずファザー・コンプレックスの強いクェスはハサウェイにもギュネイにも全く興味を示さず、アムロとシャアという二人の大人の男のことしか考えていない。しかしそのクェスに、アムロもシャアも興味を示さない。アムロはシャアを阻止することしか考えていないし、シャアはクェスとギュネイを舌先三寸で焚きつけて戦力にすることしか考えていない。

そして劇中でシャアのためにクェスは奮闘するが、「子供に付き合っていられるか」[*18]と吐き捨てるように述べるアムロの新型ガンダムを前に手も足も出ずにあしらわれてしまう。クェスを守ろうとしていたギュネイはあっさりとアムロに撃墜され、そのクェスも戦場に迷い込んだハサウェイを庇って戦死する。そして錯乱したハサウェイは味方であるはずのアムロの恋人チェーンを殺してしまう。露悪的であることを通り越して、ほとんど嫌がらせのような物語展開だが、これも確信犯だろう。このとき、戦後ロボットアニメはその最大の貢献者の手によって事実上破壊されたのだ。いや、少年のビルドゥングスロマンとしてのロボットアニメは既にカミーユ・ビダンが発狂した時点で崩壊していたのだが、『逆襲のシャア』では極めて露悪的に、思春期の少年少女たちの甘酸っぱい青春群像が配置され、それが最大限に無残なかたちで破壊されるのだ。

児童のナルシシズムを記述する器（『鉄人28号』／『マジンガーZ』）として発展し、そして幼年期の終わり（『ザンボット3』）と思春期のゆらぎ（『ガンダム』）を描くことでその表現を拡大してきたのがロボットアニメである以上、少年少女の物語であることを否定することは、自らを裁く行為に等しい。少年が機械の、偽りの身体を得ることで社会化し、少女を得、父を殺すために戦場に赴き、多くのものを失うことで成熟する――こうした（自身がその確立に大きく寄与した）戦後ロボットアニメの物語回路を、富野由悠季はこのとき自ら破壊したのだ。

では、残された大人の、中年たちの物語にはいかなる結末が与えられたのか。物語の終局で、シャアはアムロのガンダムに敗れて囚われる。アムロはシャアをとらえたまま、シャアの反乱軍によって地球に降下を始めた隕石を阻止すべくその最後の賭けに出る。そして、二人の死と引き換えに作中でほとんど説明されない「奇跡」が発生し地球は救われるのだが、このアムロとシャアが死を迎えようとする場面でのダイアローグには愕然とさせられるほかない。

シャア「フッ…そう言う男にしてはクェスに冷たかったな、ええっ！」
アムロ「俺はマシーンじゃない！　クェスの父親代わりなどできない！　だからか？　貴様はクェスをマシーンとして扱って…」

シャア「そうか！　クェスは父親を求めていたのか。それで…それを私は迷惑に感じてクェスをマシーンにしたんだな」
アムロ「貴様ほどの男がなんて器量の小さい！」
シャア「ララァ・スンは私の母になってくれるかもしれなかった女性だ。そのララァを殺したお前に言えたことか！」

前述した通りララァ・スンとは、『機動戦士ガンダム』第一作のヒロインの一人であり、シャアの部下として登場する少女兵である。アムロとシャアとララァは擬似的な三角関係にあり、宿敵同士のあいだに立つことになったララァはアムロに惹かれながらもシャアを庇って戦死するのだが、このララァという存在は実に厄介だ。物語終盤でアムロに匹敵するニュータイプとして登場するララァは、劇中でニュータイプの性質そのものを大きく揺るがしている。

『ガンダム』第一作でニュータイプは主に人間の認識力の拡大として描かれ、それはアムロの家族的なものから訣別し擬似家族的な共同体を獲得していく、という「父」にならない新しい成熟モデルと結びついていた。『ガンダム』第一作は、アムロがニュータイプの力を発揮して、仲間たちの戦場からの脱出を支援するシーンで終わる。「まだ僕には帰れる所があるんだ。こんなに嬉しいことはない」。アムロはララァの亡霊にこう語りかけて物語は幕を閉じる。父から息子へ与えられた、成熟を仮構する偽りの身体＝戦後アニメロボットはこのとき自分の力で獲得される社会的身体＝モビルスーツに進化したのだ。

しかし、その一方でララァとシャアとの関係が体現するニュータイプには異なる意味が与えられていた。ララァは劇中で不完全なニュータイプとして位置づけられるシャアを補完し、守護する存在として描かれた。「母」的な存在として登場するララァと、挫折した革命家としての（「父」になりそこねた存在としての）シャアとの依存関係はニュータイプをむしろ「家族」的なものに引き寄せている。

それ以降、富野が手掛ける『ガンダム』の膨大な続編群では、「ララァの子供たち」ともいうべき少女兵が繰り返し登場し主人公の少年に「父」となる可能性を提示する。国家に人間性を剝奪された不幸な少女兵が主人公の少年たちの前に救われるべき存在として繰り返し現れるのだ。偽史の中で、虚構の中で少年が擬似的な「父」となる可能性を「ララァの子供たち」は体現しているのだ。しかし、繰り返し指摘する通り富野が志向していたのは偽史の中で人間が成熟を仮構することではなく、こうした近代的な成熟を必要としない存在に進化することだった。シャアではなくアムロに、当時の富野はニュータイプのあるべき姿を、希望を見出していた。だからララァは死ななければいけなかったし、「ララァの子供たち」である強化人間の少女たちも同じように、悲劇的な死を迎えていったのだ。富野にとって理想化されたニュータイプであるアムロは希望を、そして不完全なニュータイプであるシャアは現実を体現する存在だったはずだ。しかし富野はこのとき既に希望を失い、現実に対し深く絶望するようになっていた。

こうして『ガンダム』は、「宇宙世紀」は、富野は、やがてアムロの希望ではなくシャアの絶望に引きずられていくことになった。ララァの呪縛を解くことができずに重力の井戸の底に引きずり込まれていった。富野の描くニュータイプは、『ガンダム』第一作における人間の認識力の拡大という性質と、それと結びついていた擬似家族的な共同体のイメージから『Zガンダム』の時点で大きく後退し、その性質は超能力と降霊術に矮小化され「ララァの子供たち」たる少女兵との依存関係が象徴的に結びつけられるようになった。その原因は端的に述べれば、富野が「ニュータイプ」という思想を追求する中で、その未来像を肯定的に考えることができなくなったから、「ニュータイプ」から「イデ」に至る過程で、フューチャリストとしての立場を捨ててしまったからだ。そしてたどり着いた希望なき世界観の下で、富野はカミーユ・ビダンを発狂させ、「ララァの子供たち」たる強化人間の少女兵たちを反復して無残に殺害し、少年主人公の「父」になることへの欲望の軟着陸を拒むことでかろうじて最後の倫理を提示していたように思える。

そして『逆襲のシャア』では、10年以上の歳月を経て今もなお繰り返しララァの亡霊に悩まされつづけるアムロとシャアが描かれることになった。彼らの周囲には、ララァの反復としての少女兵クェスが存在し、彼女は二人に象徴的な「父」であることを求める。だが二人とも、そんなクェスを拒否する。アムロとシャア、『ガンダム』シリーズを、戦後アニメの思春期を支えた二人の主人公はこうして中年になり、そして「父」になることを拒否して死んでいったのだ。

シャアはララァという「母」を失ったために自分は「父」になることができなかった、という。これが意味するところは何か。富野はビルドゥングスロマンとしての戦後（ロボット）アニメーションの世界を、仮想現実の中で少年が偽物の身体を得て（アムロのいう「マシーンになる」ことで）「父」になる世界を、むしろ「母」権的なものに支配された世界として提示したのだ。アムロとシャア、二人のニュータイプはララァという「母」を失ったために、宇宙世紀という仮想現実でモビルスーツという偽りの身体を得て成熟を仮構すること（「父」になること）ができなかったのだ。

これはニュータイプという概念が結果的に戦後（ロボット）アニメーション的な成熟像に対するオルタナティブとして機能していったことを考えれば、当然の帰結だ。宇宙世紀という偽史において少年少女たちは、大人への成熟を仮構する＝マシーンとなる代わりに「ニュータイプ」として覚醒する可能性が希望として提示されていた。しかし『Zガンダム』以降、現実の社会と情報環境に追いつかれ始めた「ニュータイプ」は必ずしも希望の概念ではなくなった。人間の認識力の拡大はむしろ負に作用するというのが富野のシミュレーションだった。

その結果、宇宙世紀は苦渋に満ちた時代として私たちの前に提示されることになった。そこにはまず母胎の中で無条件の承認を得る子供のように偽史の中でマチズモを充足する少年たちのための箱庭がある。これが富野にとっての宇宙世紀であり、そして戦後（ロボット）アニメーションだ。そして、この母胎を、偽史を、箱庭を超克する可能性として位置づけられていたのが「ニュータイプ」という概念だった。しかし富野の想像力は、ニュータイプのもたらすものにむしろ負の可能性を見出すようになっていった。富野が戦後（ロボット）アニメーションの実現した仮想現実の中での成熟の仮構――戦後的なマチズモの軟着陸――を憎悪していたことは明らかだ。しかし、その仮想現実を突破し現実へ接続する回路として導入されたニュータイプという概念の理想もまた、富野は時代の変化の中で信じることができなくなっていた。それは「母」を得ることなく――「マシーンとなって」肥大した母性の下で矮小な父性を獲得することなく――そしてニュータイプという理想も信じることができずに死を迎えたシャアの絶望でもある。

こうして『逆襲のシャア』ではニュータイプの可能性が、観客の説得を放棄された強引な奇跡による地球の救済と、アムロとシャア、二人の主人公が「母」への拘泥を口にしながら死んでいくというかたちで両義的に提示されて幕を下ろすのだ。

富野の「母」的なものへのアプローチは、宮崎駿と対照的だ。第3部で扱ったとおり宮崎駿は「飛ぶこと」を、男性的なロマンティシズムの追求による自己実現を保証してくれる存在として「母」的なものを必要としていた。たとえ世界にとっては無価値であってもその価値を無条件で承認してくれる「母」的な存在を仮定しないかぎり、宮崎駿の男性主人公たちは「飛ぶ」ことができなくなった。そして飛べない男たちの代わりに世界の新しい可能性を発見して、空を飛んでいたのが80年代の宮崎駿のヒロインたちだった。「赤から緑へ」の反体制モチーフの変化の中で信じられていた可能性を根拠にナウシカは飛び、都市の資本主義の中の肯定性を見出すことでキキは飛んでいた。しかし、宮崎駿は次第に世界に可能性を見出すことができなくなり、少女たちはその胎内でニヒリズムに陥って何もできなくなった男たちを擬似的に飛ばすための存在＝母として描かれるようになった。

そして、宮崎駿がアニメーションの描くべき「きれいな嘘」として、ユートピアとして提示したこの母権的なものに支配された世界を、富野は少年たちを呪縛し、殺していくディストピアとして描いたのだ。

矮小な父性と肥大した母性の結託するこの世界を、宮崎駿の描く男たちは〈カッコイイとは、こういうことさ。〉とうそぶきながら自由に飛び回る。しかし、実のところそこは自由な大空ではなく重力の井戸としての海の底に他ならない。対して、富野由悠季の描くニュータイプたちは、そこが母性の重力の井戸の底であることから目を背けることはなく、そしてその深さに絶望する。そしてこの絶望をもっとも深く引き受けたのがシャアだったのだ。

宮崎駿に代表される戦後サブカルチャーの想像力は、虚構の中で少女を所有することで「12歳の少年」のまま「父」になる回路として発展してきたものだった。しかし富野の描く世界では所有されるはずの少女＝「母」が逆に男たちを取り込むことで、「父」として成熟させることなく殺してしまう。このとき富野は肥大した母性のおぞましさとその魅力に作品世界を支配させていったのだ。

富野由悠季は偽りの歴史と偽りの身体による成熟の仮構を可能にする世界、戦後ロボットアニメの文法（が体現する戦後アニメーションの精神）に支配されたこの世界を、「母性のディストピア」として提示したのだ。

戦後ロボットアニメとは、戦後アニメーションの本質がもっとも強固に構造化されたものであり、戦後アニメーションとは（第2部で論じたように）戦後社会そのものの似姿だ。そして、『ガンダム』シリーズが新人類世代から団塊ジュニア世代まで、今日の現役世代の国民文学的地位を確立していることが象徴するように、偽りの歴史と偽りの身体を用いて成熟を仮構する世界＝宇宙世紀とは──「母性のディストピア」とは──まさに戦後という長すぎた時間そのものに他ならないのだ。

16 『ガンダムF91』と「母」との和解

少年たちを偽史の中に閉じ込めて、やがて呪い殺す「母性のディストピア」──それが富野にとって、自らがその構築に加担した「宇宙世紀」であり、ロボットアニメであり、戦後アニメーションであった。ニュータイプという希望を信じられなくなった富野はもはやこの母性の重力に抗うことはできない。その結果、富野は本来対立概念であったはずの「ニュータイプ」と家族的なものとの和解を試みる。

ええ。だから、ニュータイプというのを設定した後から、じつは、その概念づけが始まった。だけど、十年もやってると、どうしたらニュータイプになれるかを教えてくれという手紙が来るんです。ハウ・トウ・ニュータイプですね。そんなことは分からないという意思表示はしてきました。そうは言いながらも、しかし、ずっと気にはなっていたんです。そして、ニュータイプというのはよき家庭、つまりよき父とよき母がいる家を持っていることだ、というところに行き着いたわけです。[*19]

これはアムロとシャア、二人のニュータイプの物語が完結してから3年を経た後のシリーズ再始動として1991年に公開された映画『機動戦士ガンダムF91』についての、インタビューでの富野の発言だ。この発言にある通りこの時期の富野はニュータイプ像を修正し、家族的な想像力との接続を志向していた。そして、『ガンダムF91』では「家庭の問題」が前面化することになる。

例えば編集者の中島紳介は同作に登場するシーブックとセシリー、二人のニュータイプの「家庭」の対比に注目する。[*20] 中島の批評は小文で（恐らくは紙幅の関係で）限定的な言及に留まっているがこの指摘は重要だ。それは、同作をターニング・ポイントに富野は宇宙世紀に留まらず、拡張身体的な戦後アニメロボットそれ自体を「父」的なものから「母」的なものに変化させていっているからだ。『鉄人28号』『マジンガーZ』そして『ガンダム』まで――戦後アニメーションにおける「巨大ロボット」とは、いわば拡張された身体の比喩だった。基本的に少年にロボットを与えるのは多くの場合科学者／技術者として描かれる少年の父（的な存在）であり、主人公の少年は父から与えられた拡張された身体を得て大人の世界に仲間入りを果たし、社会的自己実現を果たす（敵を倒す）。しかし『ガンダムF91』において主人公の少年兵シーブックが搭乗するロボットは民間人の父親ではなく、軍事技術者の母親の手によって開発されたことが強調される。そう、アムロとシャアがララァの呪いに引きずられて死んだ後、宇宙世紀で行われる擬似的な自己実現＝マチズモの充足は「父」ではなく「母」がもたらすことが明示されるのだ。モビルスーツという偽物の身体、矮小な父性を覆い隠す鋼鉄の巨体を用いた自己実現が成立するためには、彼らの世界が現実から切断され宇宙世紀という偽史に覆われている必要があった。そしてその偽史空間とは、その胎内にある限り子に無条件の承認を与える「母」的な愛に支配された空間に他ならない。

この変化を裏付けるかの如く、シーブックの父は物語前半で死亡し、それと入れ替わるようにガンダムの開発者である母が登場する。

このシーブックの母（モニカ）の描写は重要だ。彼女は仕事を優先して家庭を捨てた人物、つまり「母」であることを拒否した人物として描かれるその一方で、同時に自分の子供を守るためにはともすれば他人を犠牲にしても構わない、と受け取られかねない発言を無自覚にしてしまう人物として、つまりある側面では過剰に「母」であろうとする人物として描かれる。要するにここで富野は一方では「母」の存在を希求しながらも、一方ではそれを嫌悪している。私的、文学的にはそれを希求しながらも同時に公的、政治的にはそれを嫌悪しているという表現も可能だろう。そして『ガンダムF91』は主人公シーブックと「母」との和解の物語として展開する。この「和解」は物語の結末で実現される。シーブックは母の力を借りて戦闘中に宇宙空間に放り出されたヒロイン（セシリー）を助けることに成功する。このときシーブックは母の導きでそのニュータイプとしての能力を――ここでのニュータイプの能力は初期の設定の通り、空間を超えて他者を認識する能力に回帰している――発揮する。よき母性と接続することによるニュータイプの回復、それが本作における富野の試みだった。

仕事に集中し、家庭を顧みない母親の反省による子との和解を希望の根拠に置く――ここには宮崎駿のそれと同じように保守的な富野の家族観が露呈していると言えるが、ここで重要なのは富野がここでシーブックの物語を、ほとんど自身の創作態度の変化に重ね合わせていること、そのために一見、本来の姿に回帰したかに見えるニュータイプという概念が決定的に変質していることだ。ここにおいて、ニュータイプは母の胎内でしか本来の力を発揮できなくなったのだ。

『ガンダムF91』は、企画的に『逆襲のシャア』で一応の完結を見たにもかかわらず、肥大するガンダム産業が要請した原作者・富野自身による続編であり、作品的には「母性のディストピア」への抵抗を半ば放棄し、融和を求めたものである。『Zガンダム』以降、富野は少年主人公たちと敵側のニュータイプ少女との悲恋と死別を反復して描いてきた。しかし、シーブックが「母のガンダム」に乗って活躍し、肥大しきったエゴイズムを見せる母を赦すことでヒロインを無事に救い出すのは、もはやこの時点のニュータイプが認識力の拡大を経て人類の進化を促す存在ではなく、「母」権的なものの庇護下で安全にその機械の身体で上げ底された小さな父性を充足させることができる存在に矮小化されたからだ。

前述したように富野はこの時期「ニュータイプとは、よき父と母をもつこと」であるという旨の発言を繰り返しているが、それは同時にニュータイプという思想がその家族論的展開によって、戦後（ロボット）アニメーションに対する自己批評的な要素を失ってしまったことを意味する。これは作家としての富野自身が無限に再強化を繰り返し肥大し続ける「宇宙世紀」という「母性のディストピア」との融和を同作で試みているからに他ならない。しかし、恐らく富野はこの「和解」のビジョンを自分で信じられていなかった。

その証拠に、かつてアムロとシャアを殺した絶望は、別の形で『ガンダムF91』という映画を蝕んでいる。同作には敵役として「鉄仮面」と呼ばれる反乱軍の司令官が登場する。鉄仮面は主人公シーブックの恋人セシリーの生き別れの父親であり、同作のプロットは「シーブックが母と和解し、鉄仮面からその娘であるヒロインを救い出す」物語だとまとめることができる。そして、恐らくこの鉄仮面こそ、アムロとシャアの成れの果てだ。

同作には富野自身の手によって書かれた原作的な位置づけを持つ小説版が存在するのだが、そこでは映画には描かれることのない鉄仮面とその周囲の人々の物語が語られている。鉄仮面は本名をカロッゾといい、有望な青年科学者だった。カロッゾは私設軍隊を組織する財閥系の名家（ロナ家）の長女に見初められ、「入り婿」になる。だが彼を見初めたはずのその妻は程なくカロッゾに愛想を尽かし、娘のセシリーを連れて出奔してしまう。そのことに負い目を感じたカロッゾは自らを強化人間（鉄仮面）と化し、ロナ家の跡継ぎとして私設軍隊の司令官となり、反乱を指揮することになる。彼は「私は妻を寝取られた情けない男だ」と自嘲しながら出奔した妻を捜し当て間男を殺し、娘を取り戻す。しかし最後はその娘に離反され、彼女の恋人であるシーブックに殺される。

鉄仮面（カロッゾ）は（肥大した）「母」的な存在を得ることに失敗したために（矮小な）「父」にすらなることができなかった存在だ。

シーブックの乗るガンダムと、カロッゾの鉄仮面のデザインが不気味なほど似ているのは偶然ではないだろう（エンドロールでシーブックとカロッゾが表裏一体の存在であることが象徴的なイメージとして提示される）。「寝取られた妻」＝「奪われた恋人」を取り戻そうとしている点において、シーブックとカロッゾはともに「父」になろうとする存在だ。しかし、「母」と和解しその承認のもとで小さな父権を獲得しようとするシーブックに対し、「入り婿」として（「母」的なものから切断されて）「父」を回復しようとし、それに失敗したのがカロッゾなのだ。そして「母」との和解なしに「父」になろうとしたカロッゾ＝鉄仮面は、アムロやシャアですらも生き残れなかったもう一つの「母性のディストピア」（宇宙世紀）において死ぬしかなかったのだ。

カロッゾは「母」的に機能してくれる家族としての女性――ここでは妻と娘――を失ったことで仮面を被り、自らをサイボーグと化した。カロッゾもまた、シャアにおけるララァ（「母」的なもののもたらす承認）を失ってしまったために、絶望するしかなかった存在なのだ。もし、彼が「母」的なものの承認を得ていたら、鉄仮面を被って大量虐殺に手を染めることなく、〈カッコイイとは、こういうことさ。〉とうそぶきながら、その照れを豚のコスプレでごまかしながら、母（妻／娘）が用意してくれた箱庭の中で元気よく飛び回っていたのかもしれない。

しかし、富野由悠季はこうしたきれいな嘘を描くことに興味を示さない作家だった。その結果、カロッゾは仮面を被り真実と対峙した。

こうしてシーブックは母との和解に成功して生き延び、カロッゾは失敗して、死んだ。『ガンダムF91』は『Zガンダム』『逆襲のシャア』とは異なり、ニュータイプの希望が提示された物語だ。しかし、ニュータイプの意味は人の革新から家族論に縮退し、「母」との和解を果たしたシーブックの物語と、「母」を得ることなく破滅していった鉄仮面の物語が併置されたのだ。

『ガンダムF91』は作画と構成上の失敗から評価の低い映画であるが、同時に物語論的に敗北を運命づけられていたと言ってもいいだろう。ここで用いられた母権に対する敗北への絶望を根拠に物語を組み立てるという手法は『逆襲のシャア』の反復であり、そのカロッゾ＝鉄仮面の物語が「母との和解」の物語である主人公・シーブックの物語に従属するという構造は、『逆襲のシャア』における敗北を決定的にしたものとすら言えるだろう。そして富野は、宇宙世紀を呪縛する「母」の力を破壊するものとして危うい少女性を導入していくことになる。

17　『Vガンダム』と少女性のゆくえ

肥大した母性と矮小な父性の結託——富野由悠季の開拓した「宇宙世紀」という偽史、架空年代記は『ガンダム』シリーズの拡大に伴ってやがて富野自身の手を離れ、多くの作家たちによって整備され、現在もファンコミュニティを巻き込んで、二次創作を含め拡大を続けている。こうして用意された架空歴史とそこで繰り広げられる架空戦記たちは戦後の国民文学、司馬遼太郎の諸作品にも似た機能を果たし、戦後日本の消費社会を生きる多くの男性たちの矮小なマチズモを軟着陸させていった。

「大きな物語」を仮構する偽史年表の上でまるでサプリメントを補給するように、消費者たちは矮小なマチズモを充足させていったのだ。

80年代後半の富野は自身の生み出した偽史を、ララァ・スンという「母」の亡霊によって呪縛された世界としてほとんど露悪的に描き続けた。しかし、肥大する『ガンダム』シリーズの前に富野自身の物語レベルの抵抗はやがて変化せざるを得なくなり、1991年の『ガンダムF91』において、それは「母」と手を携えて宇宙世紀の表舞台でマチズモを充足させる主人公の物語と、その敵役として置き場のない男性性を暴走させて死んでゆく中年男性の物語に乖離することを余儀なくされていた。

続く『機動戦士V《ヴィクトリー》ガンダム』（1993〜94）は現時点で富野が手がけた最後の「宇宙世紀」を舞台にした作品であり、一部の例外を除いて架空年表のもっとも未来に位置する作品でもある。同作は作画、脚本、演出の全てがほぼ破綻しており、ファンコミュニティにおける評価も一部の熱心なファン以外には概ね低く、玩具など関連商品の発売も極端に少ないシリーズ一、二を争う不人気作品だ。しかし本作こそが富野という作家を考える上で恐らくもっとも重要な作品である。

同作では国家による母系社会の建設を標榜するカルト的な勢力と、その抵抗組織（レジスタンス）の抗争が描かれることになる。なぜ母系社会なのか、という説明はもはや必要はないだろう。そして同作の最大の特徴はそのほとんど奇形的、と呼んでいいキャラクター配置である。まず同作には数えるほどしか「大人の男」が登場しないのだ。

物語は空襲で焼け出された主人公のウッソ少年が、レジスタンスに合流してその秘密兵器であるガンダムのパイロットになる、というパターン化された展開を見せるのだが、このレジスタンスには、ほとんど成人男性が所属していない。その結果、本編では老人と女性、そして子供ばかりが武器を取って戦う姿が繰り返し描かれる。例外は前半に登場する先輩パイロットと後半に登場するウッソの父親（レジスタンスのリーダー）の2名だが、前者は端的に言えば自己像に実力の伴わない人物として設定され中盤で無謀な特攻を行い無駄死にする。後者は陰謀家として登場し、ウッソと再会を果たしても彼を父として導くことはなく、最終回で敵前逃亡的に姿を消す。そのかわりにウッソの保護者的存在として登場するのは、レジスタンスの女性パイロットたちだ。特にシュラク隊と呼ばれる女性だけで構成されるパイロット集団は、ことごとくウッソに「母」的な感情を抱き、数話に一回、メンバーが一人ずつウッソを庇って戦死するエピソードが挿入されるという異様な展開を見せる。

同様の構造はウッソと戦う敵側にも指摘できる。ウッソの前には古参のベテランパイロットから野心みなぎる若手まで、さまざまな敵が新兵器とともに立ちはだかるのだが、かませ犬よろしく登場する男性軍人の多くがわずか13歳のウッソ少年の前に敗北し、その誇りを傷つけられて絶望して死ぬ、というパターンが（主に前半において）反復されていくことになる。一方、登場する敵軍の女性兵士たちも、レジスタンスの女性たちと同じくことごとくウッソに「母」的な感情を抱き、彼＝息子を手に入れようとし、その愛を拒絶されて敗死していく、というパターンが（主に後半において）反復される。同作は敵味方の女性兵士＝「母」がウッソ少年を奪い合っている作品とすら言えるだろう。

同作では徹底してマチズモの不可能性とエゴイスティックに肥大した母性が描かれている。男性的な自己実現はことごとく挫折し、その代わり肥大した母性同士が争う世界が描かれている（そもそも、同作における「敵」は母系社会の実現を標榜するカルト宗教国家である）。こうした――端的に述べればふざけているとしか思えない――展開は富野が恐らく極めて露悪的に設定したものである。例えば前述のシュラク隊の女性パイロットたちは、ペギー・リー、ケイト・ブッシュ、コニー・フランシスなど40年代から80年代に活躍した欧米の歌手や作曲家名をそのまま用いたものが多く、恐らくは「意図的に安易な」設定として与えられたものだろう。富野自身もインタビュー等で度々同作の展開については、肥大する「ガンダム」産業に原作者として対抗すべくこれらの露悪的な要素を導入したと主張している。

だが同作において特筆すべきは作家の自意識よりもさらに根深いレベルで、その物語構造が戦後的世界——「肥大した母と矮小な父の結託」の不可避と、その最適解に対する抵抗の手がかり——を描いてしまっている点にこそある。そしてその構造は同作に登場する二人のヒロインの対立によって表現されている。一人は主人公ウッソの幼馴染みの少女シャクティで、もう一人はウッソが片思いする年上の少女カテジナである。

シャクティは宮崎駿作品の「母」的ヒロインを思わせる家庭的で従順、しかし芯の強い少女として描かれる。また同時にシャクティはシリーズ第一作のララァ同様に有色人種として描かれ、第1話から最終話まで、物語の大半を戦災孤児の乳児とともに過ごし、当然のようにその母親役を果たすことで徹底して「宇宙世紀」における「母」的存在の象徴として演出されている。設定年齢11歳でありながら、ウッソに対して独占欲すら見せるシャクティは同作に登場する数多《あまた》の「母」的キャラクターの頂点に位置しているのだ。

シャクティは物語序盤からウッソがガンダムに乗って戦うこと＝社会的自己実現を嫌い、「戦争がウッソをもっていく」と自分の領域（胎内）からウッソが逸脱することを恐れる。特にウッソのカテジナへの憧憬には、彼女が「赤ちゃんが嫌い」であること（「母」であることを拒否していること）を理由に挙げ、明確に嫌悪を示す。

そう、このもう一人のヒロイン・カテジナはシャクティと対を成す存在——「肥大した母と矮小な父の結託」を拒絶する「少女」として登場する。カテジナは同作における特異点だ。シャクティを筆頭に登場する全ての女性キャラクターがウッソに対し「母」的な感情を抱き、その所有を望んでいるのに対し、そのウッソの憧れの対象であるカテジナだけが終始ウッソを拒絶する。カテジナは守られるべき少女を演じること、「母」であることを徹頭徹尾拒否するのだ。

この種のロボットアニメにおいて、ロボット（拡張された身体）を獲得し戦場で活躍することが社会的自己実現の比喩として機能してきたことは既に確認済みだが、それと同時に主人公の少年は少女を獲得し所有することでより直接的に父性を獲得してきた。このとき少女は「母」であり「娘」でもある存在として、少年の小さな父性を承認することになる。

だが本作において少女の所有はその欲望の対象であるカテジナによって徹底的に拒絶される。「男の子のロマンスに、なんで私が付き合わなければならないの？」とウッソを拒絶するカテジナはあろうことか敵軍に寝返り、その挫折が宿命付けられた同作における成人男性の一人をパートナーに選び、敵のモビルスーツに乗り込んでウッソと対決することになる。さらにはその恋人もまたウッソに敗れて死亡すると、残されたカテジナは最終回のラストシーンの直前まで執拗にウッソの命を狙う。そんなカテジナの悪意はウッソに「母」的な感情を抱く他の女性キャラクターたちにも及び、前述の「シュラク隊」のうち実に半数近い4人がカテジナによって殺されることになる。この間にウッソが獲得すべき異性は「母」的なものを拒否するカテジナから「母」そのものであるシャクティに変更される。

物語は当然、カテジナが敗北しウッソがシャクティを救出することで終結する。つまり、物語の帰着点はウッソの勝利と成長、社会的自己実現ではない。ウッソにとってもっとも大きな自己実現の対象だったカテジナは最後の最後までウッソを拒絶し続け、結末でシャクティを救出したウッソは物語冒頭で暮らしていた東欧の片田舎に帰還し、物語が始まる前と同じような生活をやり直すことになる。むしろこの結末はシャクティ（母）のカテジナ（母にならない女性＝少女）に対する勝利として捉えることができる。シャクティが劇中で願い続けたように、ウッソはカテジナに拒絶され、ロボットに乗ること（拡張した身体を得、成長して巣立っていくこと）からも解放され、物語が始まる前のように故郷、すなわちシャクティの元（胎内）に戻ってくる。ウッソの成しえたことはあくまでシャクティの救出のみであり、それは母胎の中で完結する矮小な父性の軟着陸に他ならない。肥大した母性と矮小な父性との結託――母子相姦的な環境が、父娘相姦的な物語を保証する世界――『機動戦士Vガンダム』には、結果的にこの戦後という時代を支配する回路が極めて批評的なかたちで表現されているのだ。

『ガンダムF91』は「母との和解」の可能性を希望として提示し、「母」的なものを喪失した存在を絶望として提示した。その結果、ニュータイプはよき母性の庇護下にあることを意味するようになった。『Vガンダム』ではシーブックの物語と鉄仮面の物語はウッソの物語として統合され、「母」的なものが両義的に――肥大する「母性のディストピア」を、救済とニヒリズムを同時にもたらすものとして――描かれることになった。

ここで留意すべきなのは同作がビルドゥングスロマンに背を向けていることではない。ビルドゥングスロマンの不可能性は『Zガンダム』の時点から明確に打ち出されていたことで、むしろこの時期における富野由悠季の基本姿勢と言っていい。重要なのはこうした「成長できない少年」というモチーフの裏側に「母性的な少女」の勝利と「母にならない少女」の敗北が強く打ち出されていることだ。カテジナはいわば戦後＝宇宙世紀を支配する肥大した母性に対するもっともラディカルな抵抗者だったのだ。

これは、宇宙世紀という「母性のディストピア」の中でマチズモの軟着陸が反復する世界――宮崎駿が代表する戦後的ニヒリズム――を超克する鍵が、カテジナ的な「母にならない少女」の存在にあることを意味する。肥大した母性と矮小な父性の結託――母子相姦的な環境と父娘相姦的なマチズモとの結託――を内破する存在が、恐らくここにある。

しかし、富野はこの「母にならない少女」という可能性を肯定的に描くことはなかった。『Vガンダム』の結末で、生き延びたカテジナはただ一人救われることなく盲目となって地球をさまよう。そしてカテジナはシャクティに敗北し、この構図は『ブレンパワード』(1998)でも反復されることになる。

18 『ブレンパワード』と時代への(後退した)回答

「母」と「少女」――この二つのヒロイン像とその対立はこの時期(80年代、90年代)の富野由悠季の作品世界を支配してきたものだ。この2種類の女性像の対立は当時ウエダハジメや本田透などによって繰り返し指摘されてきたことだが、前者はララァ・スンに、後者は同じく『ガンダム』第一作に登場するシャアの妹セイラを始祖とし、『Vガンダム』のシャクティとカテジナまで、「ニュータイプ」思想の行き詰まりと並行してエスカレートしてきた。

前者(主に有色人種として描かれる)は「母」的な存在として、男たちの仮想現実(宇宙世紀)と仮初めの身体(モビルスーツ)を用いたマチズモの獲得、という戦後ロボットアニメの想像力とその限界を体現する存在であるのに対し、後者(主に白人として描かれる)は高貴な精神性を持つ理想化された存在として設定されてきた。しかし、『Vガンダム』に至ったとき、両者のパワーバランスは圧倒的に前者に傾き、「母」を体現するシャクティは高貴さを内包し、そして「母」を憎悪するカテジナは卑しい存在として提示されることになった。その出自を、血族を、家族的なものを嫌悪し「母」になることを拒否してきた後者の系統のヒロイン――セイラの妹たち――は、このときに完全に敗北したのだ。

『Vガンダム』から数年間、富野は事実上の休眠期にあったと言っていいだろう。この時期『ガンダム』のテレビシリーズは新世代の監督たちが担当し、富野自身は小説とマンガ原作を手がけるほかは、短中編のビデオアニメーションを手がけるのみで、本業であるテレビアニメーションシリーズにかかわることはなかった（この時期の自身を富野は「鬱病だった」と表現している）[*21]。

その富野の「復帰作」となったのが、『ブレンパワード』だった。放映開始時に用いられた宣伝用のポスターには〈頼まれなくたって、生きてやる！〉というキャッチコピーが用いられており、ファンの間でこれは前年に公開され、そして社会現象化していた庵野秀明監督の『新世紀エヴァンゲリオン劇場版　Air／まごころを、君に』[*22]のポスターに用いられていたキャッチコピー〈だからみんな、死んでしまえばいいのに…〉への、そして同じく前年に公開された宮崎駿監督『もののけ姫』の糸井重里による〈生きろ。〉というコピーへのアンサーであると囁かれた。

富野自身も、同作が『エヴァンゲリオン』や1995年のオウム真理教による地下鉄サリン事件が象徴する時代の要請へのアンサーであることを否定しない。〈あの時は、『エヴァ』が順次公開され、『もののけ姫』が公開されという時期でしたから、ブレンパワードの様な作品を世に出したくてしょうがなかったんです[*23]〉。

こうして強い反時代的なメッセージを前面に出して制作された『ブレンパワード』だが、その内容はむしろオウム的なものとの親和性の高さを証明するものとなった。

同作では近未来を舞台に、突如地球上に出現した正体不明の遺跡と、連動して世界各地に出現した生体ロボット（これも日本的「乗り込む」ロボットである）群をめぐり、遺跡を信仰するカルト団体と国連軍との抗争が描かれる。物語はその抗争の渦中に置かれた若者たちの姿を中心に展開するのだが、問題はその具体的な描写にある。

　宇宙意思による人類への啓示、当時の富野が仮想敵としていたオウム真理教的擬似科学と寸分たがわない身体論、登場人物のほぼ全員が家庭に問題を抱え、その心理的解決が救済に直結するドラマツルギー——富野は同作では明確に時代に対する回答＝オウム的な現実に対する救済を提示しようとしている。しかしその結果、端的に述べれば家族論に縮小していたニュータイプ的な超越性はほぼ完全にニューエイジ的な擬似科学性に、もっと言ってしまえばオウム真理教のそれと寸分たがわぬものになってしまっている。「オウムとはニュータイプのようなもの」という前述の教団幹部の発言を、富野は自ら半ば立証したとすら言えるだろう。

　同作がガイア理論の影響下にあることはその世界設定の段階で明白で、これに加え物語の中では擬似科学的な身体論が堂々と登場人物の救済の鍵として語られることになる（主人公たちの必殺技は、「チャクラ・エクステンション」と名付けられる！）。かつての「ニュータイプ」的な超越性が、家族の絆に矮小化されている点において、『ブレンパワード』は同じ家族の和解を主題に掲げた『ガンダムF91』『Vガンダム』の精神的な続編だったと言える。しかし、同作はそれでも母系社会を掲げるカルト宗教国家を敵側に設定し、そのまどろみの魅力とおぞましさを両義的に描き出した『Vガンダム』とは異なり、完全に「母性のディストピア」の中に安住しようとしているように思える。『Vガンダム』の母性礼賛に存在したアイロニーが、同作ではほぼ消失しているからだ。その意味で『ブレンパワード』は富野が「母性のディストピア」をユートピアに読み替える作業を試みた作品だろう。実際に同作は『Vガンダム』から一転し、融和的で肯定的なメッセージが前面に押し出されている。その肯定性の背景には、女性性＝母性（として同作では扱われる）礼賛的な世界観が存在する。例えば『Vガンダム』のシャクティとカテジナは同作における宇都宮比瑪《ひめ》と伊佐未依衣子《いいこ》、二人のヒロインとして再登場する。

比瑪はシャクティ同様にその母性が強調されたヒロインだが、シャクティのように夫＝息子的な存在である主人公・勇の自己実現を嫌悪はしない理想的な「母」として登場する。比瑪から切り離された「母」権的な暴力性＝排除の論理を体現するのはアノーアという女性だ。当初は勇たちの味方である女性軍人として登場するアノーアは、勇のライバルとなる敵側の青年パイロットの母だ。実の息子が敵側に加担していることを知って寝返り、息子を守るために生体ロボットのパイロットとなり勇たちの最大の敵として立ちはだかる。そして、戦いの中で息子と「和解」し、救済されることになる。

もう一人、アノーアと並んで勇たちの最大の敵となるのがカテジナのキャラクターをほぼそのまま踏襲した勇の実姉（依衣子）である。しかしウッソにとってのカテジナとは異なり伊佐未依衣子は主人公・勇の姉として設定され、絶対的な他者としては機能しない。

物語は勇によって依衣子が説得され、敵味方に分かれていた姉弟が和解して家族が回復することで幕を閉じる。そして勇は作中で「母」を体現する比瑪の元に帰還する。そう、シャクティの中に渦巻いていたグロテスクな支配欲と排除の論理はアノーアと息子との和解として、そしてカテジナの「母」になることを拒否する意思（憎悪）は依衣子の近親姦的な感情への軟着陸として処理されてしまったのだ。

このとき家族から擬似家族へ、大人の男への成熟から性差にとらわれないニュータイプへの覚醒へと、かつての富野が示した思想は完全に敗北したと言える。そう、富野由悠季はこの時点で自らの生み出したもの、宇宙世紀という肥大した母胎の中をモビルスーツという偽物の身体によって増長された矮小なマチズモが漂う世界——「母性のディストピア」——に対する抵抗を放棄し、融和を試みているのだ。

恐らく、同作を観た人々の大半が、『ブレンパワード』のオープニング映像には愕然とさせられるだろう。主題歌にのって鳥居やピラミッドといった宗教的な建造物、あるいは海洋や火山といった荒々しい自然を背景に、裸の女性（作中に登場する人物）たちが乱舞する姿は、同作が富野にとって女性性との対峙が主題であったことを示している。それは、富野が「母性のディストピア」への抵抗を放棄する過程でもあったのだ。

宇宙世紀を支配する重力に引きずり込まれるようにアムロとシャアは、そして鉄仮面は絶望して死んだ。この「母性のディストピア」に最後の抵抗を試みたカテジナは、もっとも救われない存在として、永遠に偽史の中をさまよい続けることになった。

残された人々は、シーブックがそうしたように「母」との和解を試みるしかなかった。しかしそれは（ニュータイプからの）ニューエイジへの後退に他ならなかった。『ブレンパワード』で前面化する擬似科学的な身体論や環境学は、かつてニュータイプという概念の源流となったニューエイジ思想への先祖返りに他ならない。このとき富野が展開してきた「思想」は、モチーフのレベルでも内容のレベルでもオウム真理教と選ぶところがない。

当時の富野の発言などを参照する限り、『ブレンパワード』の制作意図にはオウム真理教と『エヴァンゲリオン』が体現する1995年的なものへの回答としての側面が強い。その意味において、『エヴァンゲリオン』のテレビ放映版最終回が自己開発セミナーというオウム真理教的なものの並走者を体現したように、『ブレンパワード』は教団広報による「オウムとはニュータイプのようなもの」という発言を実践してみせた作品だとすら言えるだろう。シャアや鉄仮面というテロリストを生んだニュータイプから、ニューエイジに正しく後退し「母」と和解することで「サリンを撒かないオウム真理教」を実践したのが『ブレンパワード』なのだ。『ブレンパワード』は富野の「母性のディストピア」への敗北宣言であり、そして行き詰まりを見せたニュータイプという思想の、自らによる幕引きだった。

そう、それは富野が『ガンダム』第一作から対峙してきた「ニュータイプ」という問題設定そのものの放棄でもあった。

しかし富野はアニメーションを通じて物語ることまでは放棄しなかった。『ブレンパワード』からほとんど間を置くことなく、翌１９９９年に富野は再びテレビアニメを、それも『ガンダム』シリーズの最新作を監督する。それが『∀《ターンエー》ガンダム』（２０００年まで）なのだが、そこで富野は恐るべき行動を取る。富野が次作で取った行動――それはこれまで築き上げてきた「宇宙世紀」をはじめとするあらゆる世界設定の全てを、より正確には『ガンダム』シリーズの全てを、メタフィクション的な設定を導入し、封印された歴史として埋葬すること、だった。

19　宇宙世紀から黒歴史へ

「母性のディストピア」と和解し、ニュータイプという思想を事実上放棄した富野由悠季は１９９９年――20世紀の終わりに自らが結果的に築き上げてきた『ガンダム』という回路を自らの手で埋葬することになった。

この時期『ガンダム』シリーズは富野の手を離れ、より若い作家たちによって制作された作品、それもアニメーションに限らず、小説、マンガ、プラモデル商品のリリースに合わせたバックグラウンドのストーリー設定などによって肥大しつつあった。その作品世界も宇宙世紀年表の隙間を埋めるものから、『ガンダム』というロボットのデザインコンセプトだけを踏襲した全く異なるパラレル・ワールドを設定したものにまで拡大していった。富野はこの時期にこうした商業的要請に従って拡大する「ガンダム産業」の現状に対し、度々批判的な発言を繰り返している。

そして『ブレンパワード』に続いて翌1999年に放映が開始されたのが、富野監督による『∀ガンダム』だ。

同作の舞台は遥かな未来――宇宙世紀をはじめとするこれまでの『ガンダム』シリーズで描かれた歴史に登場した文明は、全て滅び去っている。その破滅を生き延びた人類は文明を大きく後退させ、19世紀程度の科学技術を用いて社会を築いている。過去の機械文明の時代は「封印されるべき忌まわしい過去」という意味を込めて「黒歴史」と呼ばれ、人々から忌避されている。

しかし、機械文明を維持したまま生き延びた一部の人類たちはムーンレィスと名乗り月面に暮らしていた。彼らは女王ディアナを中心とした国家を営み、宇宙艦隊を組織して地球に「帰還」を開始する。この侵略に抵抗する地球人類たちは禁忌を破り「黒歴史」の遺産を発掘し――「宇宙世紀」時代などのモビルスーツを発掘し――ムーンレィスに対抗することになるのだ。

現在では「記憶から消してしまいたい恥ずかしい過去のできごと」という意味の言葉として一般名詞化しているこの「黒歴史」という言葉は、もともとは富野がこの『∀ガンダム』で用いた造語だ。富野は恐らく無自覚だが（それは富野という作家の天才性を裏付けるものだ）、この「黒歴史」という概念は現代における私たちと「歴史」との関係性を的確に、そして抽象化を経由することで本質的に表現している。

この問題については前著『リトル・ピープルの時代』の補論として取り上げているので、以下、要点のみを簡潔に記そう。

前述した通り『ガンダム』シリーズの商業的成功を支えた「宇宙世紀」という設定は、比較的ファンコミュニティとの距離の近かった当時のアニメ専門誌などを通じて、その二次創作的な「補完」が制作者側に取り入れられることで公式化したものだ。こうした架空年代記に対する「考察」ゲームは『ガンダム』シリーズが拡大する原動力となり、その続編制作や玩具展開の下地となった。80年代のブーム終焉後、一旦は下火となった『ガンダム』がインターネット環境の普及を背景に復活を遂げたことと、この架空年代記に対する二次創作的な消費の肥大は深く結びついている。Wikipediaで「ガンダム」関連の語句を引いてみればよい。この固有名詞群がいかにn次創作的に成立しており、かつ、インターネットとの親和性が高いかが分かるだろう。

こうして半ばボトムアップ的に造られた宇宙世紀という架空年代記は、現実の世界で歴史が個人の生を意味づける「大きな物語」として機能しづらくなっていく過程で、それを代替するものとして支持されていった。しかし、シリーズの拡大に伴う商業的な要請は、架空年代記を好む（団塊ジュニア世代の男性を中心とした）視聴者の外側への訴求力を新しい『ガンダム』に要求していった。

こうした商業的要請によって、宇宙世紀というもう一つの歴史を背景に持たない『ガンダム』が放映されていく。富野の弟子筋にあたる今川泰宏が監督した『機動武闘伝Gガンダム』（１９９４～95）では、各国がガンダム型のロボットで格闘スポーツ大会に参加するという、当時流行していた対戦格闘コンピューターゲーム（『ストリートファイターⅡ』シリーズなど）のような比較的低年齢向きの内容となった。続く『新機動戦記ガンダムW《ウイング》』（１９９５～96）『機動新世紀ガンダムX』（１９９6）は、それぞれ池田成、高松信司監督により、ロボットデザインと少年兵の活躍という点だけを踏襲した宇宙世紀とは異なるパラレル・ワールドの物語が展開した。これらの作品の展開は、スポンサーである玩具メーカー（バンダイ）の商業的要請の結果でもあり、そして、『ガンダム』シリーズのより広範な視聴者を得るための試行錯誤だった。これらの新しい『ガンダム』を、一線を引く形になっていた富野が好意的に受け止めていなかったことは想像に難くない。こうした背景のもと、実に6年ぶりに富野が手がけた『ガンダム』がこの『∀ガンダム』だった。

この「∀」は全称記号とよばれ、「全ての」「任意の」という意味だ。そしてこの全称記号を冠した本作では、前述の「黒歴史」というユニークな歴史設定が採用されていた。富野曰く「全てのガンダムを肯定し得る設定」として考案されたこの「黒歴史」とは何か。それは端的に述べれば歴史を物語として読むのではなく、データベースとして読み替える視線のことに他ならない。『∀ガンダム』では地球の人々がかつて人類が宇宙移民を行っていた頃の遺産を、つまり過去のシリーズのモビルスーツを「発掘」して活用していくが、このとき「発掘」対象になるのは、富野らが手がけた「宇宙世紀」を描いたかつての『ガンダム』シリーズにとどまらず、パラレル・ワールドで展開した他の『ガンダム』シリーズのものも含まれる。つまり富野は同作で『ガンダム』シリーズをメタ的にひとつのデータベースとして描き、そしてこの肥大したシリーズのデータベースから任意のキャラクターを引用する（二次創作する）行為を（批判的に）取り込んだと言える。

実際にその後の『ガンダム』シリーズは、富野が予見したように「黒歴史」の発掘を経て拡大していくことになる。

『機動戦士ガンダムＳＥＥＤ』（２００２〜03）、『機動戦士ガンダム００《ダブルオー》』（２００７〜09）など、非「宇宙世紀」の『ガンダム』シリーズはプラモデル市場を支える男子児童に加え、美少年キャラクターを支持する女性市場を拡大していった。

またかつてのアニメブームを知る団塊ジュニア世代を中心とした古株のファン層に向けた作品としては、『ガンダム』第一作の作画面のチーフを務めた安彦良和による同作のコミカライズ『機動戦士ガンダム THE ORIGIN』（２００１〜11）や、富野自身による『Ｚガンダム』のセルフリメイク劇場版『機動戦士ZガンダムA New Translation』（2005〜06）の3部作などが制作された。これらの「宇宙世紀」を舞台にした作品のリメイクは、宇宙世紀の「if」の歴史展開を描いたもので（たとえば劇場版『Zガンダム』の結末からは、テレビ版の続編である『ガンダムZZ』にはつながらない）、いわばオリジナルスタッフによる二次創作的なものだと言える。こうした二次創作性を許容する／欲望する視聴者たちは既に歴史を個人の生を意味づける「物語」から、任意のキャラクターを引用し自分の望む物語を二次創作するためのデータベースとして見做しているのだ。まるで、今日のソーシャルメディアで活動する陰謀論者たちが、自分たちの信じたいことを信じるために南京事件否定論や擬似科学的な福島の放射能汚染情況を唱える記事を「引用」するように。

宇宙世紀から黒歴史へ——富野は私たちにとっての歴史が物語からデータベースへと変貌しつつあることを、自らが作り上げた架空年代記の市場展開とファンの消費態度の変貌から極めて正確に捉えていたのだ。

そして、富野はこの「黒歴史」との対峙を同作の主題とした。『∀ガンダム』の主人公ロラン・セアックはムーンレィスが侵攻に先立って地球に送り込んだスパイの少年だ。そして地球の社会に同化していったロランは任務に背き、戦争勃発後は地球と月の和平の道を求めて、「黒歴史」の遺産を用いて戦争を拡大しようとする人々に——データベース化した歴史と二次創作的に戯れる人々に——対抗していくことになるのだ。

大きな「物語」としての歴史＝宇宙世紀から、大きな非物語としての歴史＝黒歴史へ富野は舵を切った。ここで宇宙世紀が革命を失い、非物語化する世界に対し物語性を仮構するものとして受容されたことを想起してもらいたい。宇宙世紀から黒歴史への変化は、もはや富野が仮想現実内における偽史的な物語の機能を、自らの武器として選ばなくなったことを意味するのだ。少年が、偽りの身体を得ることで社会化し、偽史の中で自己実現をする――自らが構築した戦後ロボットアニメの世界を、富野由悠季は20年かけて自己解体したと言える。そして、その解体作業の末尾に位置する『∀ガンダム』では少年の成長願望としての戦後的アニメロボット――依代としてのロボット――という回路すらも、放棄されているのだ。

同作の主人公のロランは中性的な少年として描かれるばかりか、物語の中では地球側のプロパガンダで女性兵士ローラとしてその存在を喧伝されることになるのだが、このユニセクシャルな主人公はロボットに乗って大人の社会に参画し自己実現する、ということへの意欲を全くもっていない。そして月と地球の間の和平を模索するロランは、「黒歴史」の発掘＝モビルスーツが象徴する戦争を通じた社会的自己実現という男性的な（と、同作では位置づけられる）ものへの、それもマイルドな抵抗者として描かれることになった。

こうして、『∀ガンダム』では『ブレンパワード』以上に調和と肯定性が直接的にメッセージとして展開されることになるのだが、ここで重要なのは「宇宙世紀」という偽史を封印したことで「母」的な呪縛を背負ったヒロインが一掃され、これまでの富野作品を支えてきた対立構造そのものが消滅していることだ。機械の、かりそめの身体（モビルスーツ）を通じた自己実現を求める男性性（少年性）が消滅するのと同時に、そのマチズモを偽史の中に軟着陸させる女性性（母性）も必要とされなくなったのだ。

ここにはアムロとシャア、そして鉄仮面を蝕んだ男たちの絶望は存在しないし、「母」になることを拒否した女性＝カテジナの絶望も存在しない。また、これらを支配するララァとその子供たちの呪縛も存在しない。したがってユニセクシャルな主人公を取り巻く女性たちも、ララァの呪いから解放されている。少年の自己実現の物語を放棄したとき、それを可能にする偽史＝母性の存在も不要になったのだ。

同作ではロランと共に、月の女王ディアナとその影武者キエルが副主人公的に大きな役割を果たすが、彼女らにララァからシャクティに引き継がれていた母性は存在しない。かといってセイラのアイロニカルな高貴さに始まりカテジナの卑しさに帰結する、血族を忌み「母」になることを憎悪する少女性も存在しない。そして仮想敵であったはずの「母」的なもの＝宇宙世紀の重力を失ってしまったこの世界において、姫君たちはロランにとっての「母」やそれを拒否するための存在ではなくあくまで彼女たち自身の物語を生きることになる。逆に言えばユニセクシャルな存在として描かれるロランは、マチズモの獲得装置としての女性を必要としない。それは戦後ロボットアニメが描いてきた少年のアイロニカルな成長譚とは明確に異なるものだ。地球と月——二つの立場の間で平和を模索するロランは、性的にも政治的にも中間的な存在として描かれるのだ。

そして、彼の操る∀ガンダムはシド・ミードによってカイゼル髭をモチーフにした極めて男性的な外観を与えられているが、その機体は物語中ではむしろ戦後アニメロボットから性的な意味を剝奪したものとして描かれる。同作は物語レベルで少年の成長物語として語られることなく、意匠レベルではロボットが少年の身体性と切断されている。∀ガンダムとはかつて宇宙世紀をはじめとする全ての『ガンダム』シリーズに登場する文明を滅ぼした最終兵器だ。その「黒歴史」を生み出した圧倒的な破壊力は人類の業——自ら生み出した制御不可能なシステム——として描かれる。まるであの、イデオンのように。

そう、『∀ガンダム』におけるロボット（モビルスーツ）は、そもそも戦後ロボットアニメ的な身体——依代としての身体——を拒否しているのだ。その代わりに浮上しているのが、人間の知性についての問いだ。人間は自ら生み出したものの、知性の、文明の、システムの主人であり得るのか——

ロボット＝巨大な身体という意匠は人間の生み出した、同時に人間の知性を超えたシステム＝人造神として設定されているのだ。

恐らく富野は無自覚であったはずだが、前述したように同作で描かれる「黒歴史」の遺産を発掘（引用）することで戦争を繰り広げる人々の姿――同作で描かれる歴史と人間の関係――は現代における情報データベースと人間の関係に酷似している。「黒歴史」的な偽史とは、現代の情報社会そのものであり、こうした予言的な想像力に富野由悠季の一種の天才性が存在することは間違いない。そして、『∀ガンダム』とはこうして黒歴史からの引用を反復し、宇宙戦争を反復し続ける人類の途方もない愚かさとの対峙の物語として描かれた。ここで最終的な「敵」として設定されるのは黒歴史の遺産――モビルスーツが代表する過去の科学技術――に魅入られ、機械の身体とそれを用いた戦争を通じて自己実現を図る男たちだ。そしてその愚かさを、かつて全ての文明と共に葬り去った∀ガンダムを、ロランたちは愚かさの清算ではなく、その調和のために用いていくことになる。

これは富野の天才的な先見性を証明すると同時に、富野が「ニュータイプ」という概念が担ってきた思想的な課題を放棄したことを意味する。『∀ガンダム』は『ガンダムF91』以降、憎悪の対象に清算ではなく和解を志向してきた富野由悠季の試行錯誤の一つの成果であり、90年代における富野のドラマツルギーの完成形でもあると言えるだろう。少年たちと「母」的なものとの和解を経て、ユニセクシャルな主体の新しい神話の獲得へ――90年代の富野由悠季の試行錯誤は正当な着陸に成功したかのように思える。∀ガンダムというロボットは少年の拡張身体ではなく、非人格的なシステムであるという点において、イデオンの発展形だ。しかし、人知を超えた「裁く神」としてそびえ立っていたイデオンとは異なり、ロランの操る∀ガンダムは、その男性的な外見とは裏腹にコミカルで玩具的な動きを見せる。時に脱走した牛を保護し、時に病院のシーツの洗濯に駆り出される∀ガンダムのユニセクシャルなイメージは、黒歴史＝データベースと戯れる態度に対抗し得る主体像の提示でもあっただろう。

『∀ガンダム』が戦後ロボットアニメの射程を大きく超える世界観と問題設定を獲得し、豊かなイメージを提出したことは間違いない。だが、それはいわば過去の『ガンダム』に対する、戦後ロボットアニメに対するラディカルな自己批判である一方で、決定的な自家撞着を起こしはじめていることも意味している。「敵」が戦後ロボットアニメの構築してきた矮小な男性性そのものになったとき、『ガンダム』は自身の歴史の中に半ば閉じたと考えることもできるだろう。

同作の中盤以降の物語的な停滞の原因の一つが、自家撞着的な「敵」の設定の矮小さにあることもまた、間違いない。肥大する人造神＝システムを制御できない人間の業と愚かさとその超克を主題として提示しながらも具体的な物語上の展開として描かれるのは、システムのバグのように発生する時代錯誤のマチズモの暴走とその修正だ。ここで富野はシステムに踊らされる人々の愚かさとの対決を描いているのだが、このときそのシステムそのものを人が乗り越える可能性（かつてニュータイプと呼ばれたもの）については描かれない。システムのバグを摘むだけで更新の可能性までたどり着けていない。ここで明らかに富野は描こうとしているものに対して「敵」の設定に、問題の設定に失敗しているのだ（比喩的に述べるなら、モビルスーツのトリビアにしか関心のないオタクや、歴史＝データベースから陰謀論を引用するヘイトスピーカー自体は、単に軽蔑するだけでよく、問題はこうした情況を生む私たち（人間）と世界（情報環境）との関係ではないだろうか？）。

宇宙世紀という偽史を支える構造＝「母性のディストピア」が埋葬された時代に、それでも矮小なマチズモを求めて黒歴史をさまよう男たちを、富野はもっとも救われない存在として、さらには排除すべき「敵」として描いた。第1部の戦後史整理にしたがえば、宇宙世紀とは戦後的な「母性のディストピア」であり、そして黒歴史とはそれが情報技術の支援によってより肥大したものに他ならない。そして、富野は同作以降、再び少年性の物語に回帰していくのだ。

20　少年性への回帰——『OVERMAN キングゲイナー』

『∀ガンダム』とその中で提示された「黒歴史」という概念は戦後アニメーションの想像力の中で、もっともラディカルに「母性のディストピア」を超克する可能性を示した、とは言えるだろう。だが「宇宙世紀」から「黒歴史」への移行は高い現代性／未来性を獲得すると同時に、ユニセクシャルな主体とシステムとしての「ロボット」を導入することで戦後ロボットアニメの問題設定自体をキャンセルする試みでもあった。

だがここで宇宙世紀を呪縛するシャアの、鉄仮面の、カテジナの絶望に何らかの救済が与えられたわけではない。彼らの絶望は単に放置されたのだ。比喩的に述べれば、シャアは、鉄仮面はいかにして「母」性の重力から（例えばユニセクシャルな主体を獲得することによって）解放されるのか、という問いがここに残されている。そして、21世紀の富野由悠季は再び少年の物語としてのロボットアニメに回帰することになる。しかし、この少年性への回帰によって「作家」としての富野由悠季はこの時期から大きく衰微し始めることになったと言わざるをえない。

例えば2002年に放映開始された『OVERMAN キングゲイナー』（03年まで）は「引きこもりのゲームオタク」である主人公の少年（ゲイナー）が、富野作品史上久しぶりに登場した（完成された）「大人の男」ゲインによって反体制運動に連れ出され、徐々に社会化されていく物語として展開した。しかし富野はかつてのように偽史と偽りの身体による少年の自己実現、といった構造を用いることはできない。そこで男性性のあり方それ自体を問いなおすものとして、恐らくは『ダイターン3』の破嵐万丈以降不在だった（完成された）「大人の男」を再登場させることになった。同作は――少なくとも当初は――ゲインという現代的な「大人の男」のイメージを提出することで、宇宙世紀とは異なるかたちで少年（ゲイナー）のビルドゥングスロマンを実現しようとした作品だと考えられる。同性の師弟関係はこれまでの（『ガンダム』第一作後半以降の）富野作品では比較的希薄なモチーフだが、これは「ニュータイプ」という概念が近代的なビルドゥングスロマンの超克を目的に設定されたためだ。そして「ニュータイプ」を放棄した富野はここで、自身がかつてそのドラマツルギーを構築するにあたって比較的初期に切り捨てたモチーフを再掲することを選択したのだ。

しかし同作はゲイナーとゲインの物語――少年とかつて少年だった男の物語――として始まりながらも、物語の中盤で半ばそのコンセプトは放棄される。ゲイナーのビルドゥングスロマンは次第にヒロインとの恋愛に軸足を移し、ゲインの存在は希薄化する。これはいささか奇妙な現象だ。兄貴分との師弟関係的なものと、ヒロインとの恋愛関係的なものは通常は対立するものではない。少年は、兄貴分との師弟関係を通じて成熟し、社会化し、そして女性を獲得し「父」となる、という回路はアナクロニズムとして、しかしそれだけに強固に現代においても機能している。しかし、同作ではなぜか後者が台頭すると前者が衰微してしまう。その理由は明白で、富野はゲインのような「大人の男」の美学を、自身で掲げながらもまるで信じられていない（ので具体的に描くことができない）からだ。もっと言ってしまえば富野は万丈的なアイロニー以外に完成された「大人の男」のビジョンを持たず、そのアップデート版であることが要求されるゲインの造形に失敗しているのだ。だからゲインはゲイナーのロールモデルになり得ない。そして、とってつけたようなボーイ・ミーツ・ガールの物語が少年の「正しい」成長の過程としてあてがわれる。ゲイナーの成長はあくまで恋愛の成就として描かれ、ゲインが体現していた父性には接続しない。それは失われた思春期の回復として描かれることはあっても、思春期を卒業する物語としては結実しなかったのだ。

〈愛と勇気は言葉　信じられれば力〉。これは、同作の主題歌『キングゲイナー・オーバー！』の一節である。富野自らが作詞したこの歌には、当時の富野のスタンスが端的に表現されている。

この歌詞にある通り、富野は「愛と勇気（のようなイデオロギー）」は（当然のように）「言葉（建前）」でしかないと考えている。しかし「建前」でしかないものを「あえて」信じることでそれは「力」になる――それがこの歌に込められた富野の決意表明なのだ。だからこそ、本作では富野は一度否定したはずの近代的なマチズモに回帰することができるし、本作は表面的には富野作品の中でもっとも屈託を孕まない「素直な」作品になっている。だが、その背後にはこの歌に込められたような「あえて」建前を信じるという最大限の屈託が存在する。ここで富野はアナクロな、カビの生えた男性性を（それこそこの時代とタイミングだからこそあえて）成熟像として提示しようとしているのだが、前述したようにその試みを富野は自ら放棄している。それは恐らく、富野が前提としている時代認識そのものが錯誤していることに起因する。

例えば本作の主人公であるゲイナーだが、この主人公の少年が「引きこもる」理由がとんでもなく的を外している。なんと、ゲイナーは「政治闘争に巻き込まれて両親が殺害されたこと」を理由に引きこもっているのだ。昨今の「引きこもり」について多少の見識がある人間なら、いや同時代の空気を少しでも嗅ぎ取っているのなら、これがどんなにリアリティのない設定かわかるだろう。「両親を殺された」という理由で引きこもるなんて、「引きこもり」でもなんでもない「普通の人」のメンタリティだ。現代における社会的「引きこもり」はポストモダン的なアイデンティティ不安や、ローカルな承認欲求が満たされないことから、特定の出来事や人間関係といった明白な原因がなく厭世的になって引きこもる、からこそ問題視されているのだ。かつて富野は『Zガンダム』においてカミーユ・ビダンという主人公を設定し、時代の感性を確実に先取りしていた。しかし2002年の時点の富野は逆に時代に追いこされつつあったと言えるだろう。

たしかに『キングゲイナー』は良作に違いない。「演出家」富野は生き生きとその天才を発揮し、スピード感溢れるメカアクションと群像劇が絡みあうテンポの良いフィルムの快楽は特筆に値するだろう。私もまた、敵味方のロボットとキャラクターが入り乱れてモンキーダンスを踊るあのオープニングアニメーションの1分半を、愛して止まないファンの一人である。このオープニングが代表する同作の「祝祭性」は『∀ガンダム』から引き継がれた、ロボットのユニセクシャルな玩具性の表現の発展形だ。同作には随所に、コミカルな演出とこうした祝祭性が顔を出し、作品を彩っているが、併走する物語が上滑りしているため十分に機能しない。

この玩具性と祝祭性がもし、ゲインとゲイナーの男たちの物語と接続されていれば、黒歴史＝現代の情報社会を漂いモビルスーツを弄び、データベースの海から小さな承認欲求を満たす矮小な男たちの出口となる別の可能性として提示されていれば時代に対する回答となり得ただろう。しかし、そもそもその男たちの物語が空転することによって、同作はその回答になり損ねたのだ。

21　劇場版『Zガンダム』と『リーンの翼』

その後、富野は2005年から翌年にかけて『Zガンダム』のリメイクを手掛けることになる。この時期『ガンダム』産業は、団塊ジュニア世代を対象にしたゲーム、模型などを中心とした旧作のリバイバルと、『機動戦士ガンダムSEED』によるティーン、特に女性ファンの再獲得に成功し、産業として大きく肥大していた。『Zガンダム』のリメイクはこうした情況下で企画されたものだったが、富野はリメイク劇場版3部作では、アイロニーに満ちたあの『Zガンダム』の物語を、健全な少年のビルドゥングスロマンに書き換えた。主人公カミーユの内面からその屈折は排除され、そして彼が発狂する結末の展開もハッピーエンドに改められた。これは富野自身が、かつて憎悪した偽史と偽りの身体によるマチズモの仮構を、極めてベタに実践したものだと言える。富野はこの改変について、かつてのカミーユの造形と彼を主人公にした物語は時代の要請であり、テレビ版の放送から20年を経た時点で過去のものを踏襲する意味は消失したという旨の発言を繰り返している。

しかし、この改変は宇宙世紀という偽史装置から母性への批評性というアイロニカルな問題設定を消失させたにすぎず、20年の時間を経たアップデートがなされているとは言いがたい。この時期の富野は自身が整備したデータベースの海から順列組みあわせ的にウェルメイドな物語をリメイクとして生み出し、架空歴史をメンテナンスし続ける極めて良心的な原作者として機能したと言っていいだろう。

一方で富野は同時期にオリジナルビデオアニメ『リーンの翼』(2005〜06)を発表している。これは『聖戦士ダンバイン』に連動し、富野が当時執筆した同名の小説の続編的な物語(この新作アニメの内容に即した、原作小説の大幅な加筆修正も行われている)だ。小説版は先の大戦時に異世界にワープした旧日本軍の特攻隊員(サコミズ)が、現地の騒乱に参加し「聖戦士」として活躍する過程を描いた物語だったのだが、アニメ版の物語はその数十年後、異世界で王となったサコミズが自らの軍隊を率いて次元の壁を超え、現代日本に侵略を開始するというものだ。そして、その侵略に日米ダブルの主人公の少年(エイサップ鈴木)が異世界の軍勢から奪取したロボット(オーラバトラー)を操りサコミズと対決することになるのだが、ここで物語を駆動しているのは登場人物たちの民族性だ。

サコミズは半世紀以上を経て帰還した現代日本に絶望して、東京への核攻撃を試み、そこに在日外国人の少年たちが加担することになる。主人公のエイサップは出自に起因するアイデンティティ不安を抱いていて、彼はサコミズとの対決を通じて自らのもつ民族性と身体を受け入れていく。

ここでの富野には、民族性と身体性が深く結びついた人間観が前提として存在し、その自覚を通じて主人公の少年エイサップ鈴木のビルドゥングスロマンを成立させようとしているのだが、その一方でもう一人の主人公といえるサコミズは、戦後日本の成れの果てに絶望して東京への核攻撃を試みる。このときエイサップの成長には家族の回復が不可欠な要素として提示され、サコミズの標的は具体的には消費社会と情報社会のインフラに向けられている。これは90年代以降の富野の思想的な遍歴が凝縮されている構図だ。

かつて富野は「ニュータイプ」という理想を掲げ、その認識力を拡大させた人類がテクノロジーを自在に操るという未来像を提示した。しかし、やがてこの概念は家族論に矮小化されることで摩耗し、そして放棄されるのだが、その背景にはむしろ人間がその意識を拡大させ、実空間を無化してコミュニケーションを取ることが破壊と暴力の連鎖を生むという認識があった。その処方箋として、富野が提示するものはどうしてもある種のアナクロニズムとしての民族性や、ニューエイジ的な身体／環境論を孕んでしまう。繰り返すがこれはニュータイプの概念の出自がニューエイジを含む70年代アメリカのカウンターカルチャーにあることを考えれば思想的な後退に他ならないのだ。

22 『Gのレコンギスタ』と物語の喪失

その後、富野は長い沈黙期に入る。より正確には、積極的にマスメディアや出版物に露出する一方で新作を準備していた、とされている。だがその新作が日の目を見たのは、なんと約8年後の2014年秋のことだった。年齢的に富野最後のテレビシリーズ監督作と言われる最新作が『ガンダム Gのレコンギスタ』(15年まで)だ。

同作の舞台は再び宇宙世紀からはるか未来に設定される。それが『∀ガンダム』より前の時代かあとの時代かは作中で明言されないが、相次ぐ宇宙戦争の結果、地球の文明は衰退し宇宙世紀時代のテクノロジーを限定的に使用することで、地球に残された人々は生き延びている。物語は、地球で暮らす少年少女たちが宇宙世紀時代の遺産をめぐる戦争に巻き込まれることで進行するのだが、この物語の内容を一見して把握することはほぼ不可能だろう。

私自身、初見では物語の内容をよく飲み込むことができずに第8話あたりで一度挫折して、しばらくして15、16話まで観てまた挫折して、その後に完結まで待ってから最終話まで一度に観ることでようやく内容を把握することができた記憶がある。

そう、不幸なことに『Gのレコンギスタ』は何よりもその難解さによって認知されることになった。登場人物同士の会話の何割かは噛み合わず、基本的な情況設定の多くはさり気ない会話から類推する他ない。録画したものをメモを取りながらくり返し視聴しやっと理解できるレベルの複雑さと情報量と、それらに対応する説明の少なさには「分からない」という批判が視聴者から数多く寄せられた。

しかしこの分かりにくさは半ば確信犯だ。

同作に対する内容が全く理解できない、説明不足で情報量を詰め込み過ぎだという批判は、恐らく正しい。ただ、富野由悠季の演出方法として、物語的に整理されていないところを意図的に残すことによってリアリティを獲得するという手法は80年代以前から多用されていたものである。しかし同作の問題は全編にわたって描写が根本的に乖離していることだ。

そもそも映像とは、パースペクティブという西洋近代の礎となった発想の完成形だった。特定の狭い共同体の中の文脈の理解を経なければ共有は不可能である実空間＝三次元の体験に対し一度それを二次元に焼き直すことで、つまり虚構化することで共有可能なものに整理する思想の究極形――もっとも人間を受動的にするもの――が映像という装置であり、映像メディアというものが生まれたことによって今までにない規模で社会というものを運営することができるようになっていったのが20世紀という「映像の世紀」だった。

その意味では、作家の意図したもの以外配置できないアニメは、究極に統合された、現実の乖離性を全く孕まない映像を生むことができる究極の映像装置なのだ。その結果、グローバル化の進行と並行して、世界的にメガヒットする映画がアニメ中心になっていったわけだが、その情況下において同作は、わざわざアニメで現実以上に乖離した状態を執拗に描いているのだ。

ここには恐らく富野の反時代的なメッセージが存在する。映像の20世紀からネットワークの21世紀へ。ネットワーク上に情報が、映像が氾濫し、分からないものはその場で検索して理解すれば済む現代において、20世紀までの人類が直面していたようなかたちでの乖離した現実は、もはやアニメのような虚構性の高い表現で意図的に再現しなければ成立しないものになりつつある。情報環境が目にしたいものだけを視界に入れ、耳にしたい言葉だけを選別してくれる現在において、もはや作家が完全にコントロールできる映像＝アニメを通すことでしか、バラバラに乖離した現実に人々が向き合うことはできない。そう、8年ぶりにアニメーションを演出した富野はほとんど嫌がらせのようにアニメーションでわざわざ、それも執拗に現実並みにこの乖離した世界をシミュレートしているのだ。

乖離した現実を想像力で統合し、整理されたものに置き換えて理解する知恵をいま、人間は手放しつつあるのではないか。こうした文明批判的なテーマは富野がこれまでの作品で反復して描いてきたものでもあるが、この『Gのレコンギスタ』ではそれが物語だけでなく、演出コンセプトそのものを決定しているのだ。

そうですね、アニメの表現って本来はものすごく高性能なんですよ。〔中略〕映像作品を映画的に見せるためにどうするかということについて、今回『G－レコ』の演出をしているときにファーストガンダム以上に意識したことがあります。それは、事象があちこち飛んでも、話としては一気に見られるものにしたかったということなんです。そこはものすごく意識して作っていました。そうするためにはどうしたらいいか。それはすごく簡単なことで、キャラクターの情だけは全部統一して流す。情感のリアクションだけは嘘をつかないということです。そうすると、話があちこち飛べる。今これに気づいてる映画人ってそんなに多くないよね。[*24]

これは同作の放映後に出版された書籍に収録された富野と私との対談中の発言だが、富野はここで「アニメの性能」という概念を用いて同作の演出コンセプトを説明している。しかし対談中に富野自身が認めるように、この「アニメの性能」をもってしても乖離した現実をメタレベルで統合し得る物語――主人公であるアイーダとベルリの姉弟の物語――はほぼ空転している。

『キングゲイナー』『劇場版Zガンダム』『リーンの翼』と、富野は少年性の表現としてのロボットアニメへの回帰を試みている。それは健全なボーイ・ミーツ・ガールの物語として提示される一方で、かつての富野作品に存在した戦後ロボットアニメに対する自己批評性（＝ニュータイプの思想）は失われている。その代わりに、アナクロニズムとしてのニューエイジや民族性がその欠落を埋めている。戦後ロボットアニメが偽史と偽りの身体による成熟の仮構であることを忘却したふりをするか、あるいは使い古された思想へ回帰することでその自覚とアイロニーを維持するかの二択が、近年の富野の選択だったように思える。

しかし『Gのレコンギスタ』はそのどちらも選択することはなかった。当初は少年ベルリと少女アイーダのボーイ・ミーツ・ガールの物語として始まった同作は、戦後ロボットアニメへの回帰を志向しているかのように視聴者をミスリードした。

だが、そもそも『∀ガンダム』を経た本作におけるモビルスーツはほぼ少年の理想の身体としての機能を失っている。従って同作は少年性の表現としてのロボットアニメであることを最初から拒否しており、そして物語の中盤でアイーダとベルリが姉弟であることが明かされ、ボーイ・ミーツ・ガールの物語が否定されることでこの態度は視聴者に明示される。だが問題は同作がその後に語られるべき新しい物語を獲得することなく、しかしそれでもその内実を失ったままベルリの、少年の物語であり続けたことだ。

戦後日本的なアイロニカルな男性性の表現としてのロボットアニメが既にその役割を終えていることを、富野は確実に理解していた。しかし、同作はこれに代わる新しい物語を獲得することができないまま少年とロボットをその中心に置き続けた。その結果、『Gのレコンギスタ』は群像劇的かつ叙事詩的に情況の展開を描くこともなければ、全く新しい少年とロボットの物語を獲得することもなく、迷走したと言っていいだろう。この物語的な迷走が同作の乖離した映像をより複雑にしている。同作の物語は中心点を持たないまま空中分解し、視聴者の感情操作のレベルで内容を飲み込みづらくしてしまっているのだ。これは富野の培ってきた演出手法が、本人が述懐するように物語レベルでの感情表現に大きく依存していたことを意味する。富野のアニメーションが実写映像以上の、ときに現実以上のリアリティを発揮するためには、拡張身体としてのロボット、あるいは偽史としての宇宙世紀という感情移入のための蝶番的な装置だけではなく、虚構の世界に現実を侵入させ部分的に破綻させることでの視聴者の感情の操作が必要だった。それは『海のトリトン』の頃から一貫した富野の作劇／演出コンセプトだったと言っていい。映像的なもの、二次元的なもの、パースペクティブ的なもののもたらす統合された世界を部分的に自己破壊することで、富野はアニメという究極の虚構だからこそ逆説的に獲得できるリアリティを最大限に発揮してきたのだ。しかし今の富野はこの操作を可能にするための「物語」を失っているのだ。

ここしばらくの富野が少年の、未成熟な男性性の表現としてのロボットアニメに回帰しようとしていることは明白だが、その試みが失敗していることも明らかだ。そしてその失敗は戦後ロボットアニメと男性性の関係の変化に起因している。

もはや富野にとって、いやロボットアニメにとって、性的な想像力を介した少年の社会化の問題という戦後日本の抱えてきたアイロニカルなマチズモの問題も主題にはなり得ないのだ。にもかかわらず、富野は自身が生涯をかけてコミットしてきた少年性の表現としてのロボットアニメをつくりつづけている。

『逆襲のシャア』は中年になったシャアとアムロの死を通して、戦後日本の想像力の、そして日本的ロボットアニメの描いてきたマチズモの軟着陸の不可能性を告白した物語であり、『∀ガンダム』は中性的な主人公を置いて、日本のロボットアニメが積み上げてきた、少年の成長物語としてのロボットアニメ、ロボットという巨大な鋼鉄の、仮初めの肉体を得ることで少年が成長を仮構する、というフォーマットの外側に出ようとした物語だった。そして同作では男と女の物語はもう映像の中心にならなくなった。しかし富野はこのとき新しい主題を見つけることができなかった。具体的には戦うべき「敵」を設定することも、「敵」のいない／見えない世界を描くこともできなかった。そしてその結果再び少年の物語に回帰していったが、新しい少年の物語を手に入れることもできなかった。これが、富野自身がまさに育ててきた、戦後日本の少年の思春期の自意識の受け皿としての、ロボットアニメへのケリのつけ方でもあり、結果的に乗り上げてしまった巨大な暗礁に他ならないのだ。

23 戦後ロボットアニメの「終わり」

そう、富野由悠季とロボットアニメは、そして戦後アニメーションはいま、巨大な暗礁に乗り上げている。ロボットアニメとは戦後アニメーションの思想を体現する存在であり、そして戦後アニメーションとは戦後社会の精神をもっとも根源的に引き受けてしまった戦後日本における「映像の世紀」を体現する存在だ。したがって語るべき物語を失い、空中分解してしまったその姿は戦後70年を過ぎたこの国の似姿でもあるだろう。

こうしている現在も、ロボットアニメは一定のペースで生まれているが、その多くが中高年を対象に70年代、80年代のロボットアニメの洗礼を受けた世代のノスタルジーに訴えるか、ロボットを表現の中心から遠ざけて物語の添え物にするか、の二択を迫られている。『ガンダム』シリーズもその例外ではない。

例えば前者を代表する戦記作家の福井晴敏ら『ガンダム』第一作世代のスタッフによるビデオアニメシリーズ『機動戦士ガンダムUC《ユニコーン》』（２０１０〜14）ではあの『逆襲のシャア』の後日譚が展開する。同作については、基本的には富野が手がけた『ガンダム』の表面的かつ安易なアプローチによる二次創作的な模倣以上のものではなく、ここで論評し得るレベルのものではない。ただ、この安易さを症例としてこの国の現役世代の文化の貧しさについて考えることはできるだろう。

同作で繰り広げられたのは、次世代のニュータイプとして登場する少年主人公の前に次々と現れる中高年の軍人が戦場で人生訓を繰り返す「説教リレー」とも言うべき展開だ。彼らの「説教」は基本的に、世界は複雑でアプローチは困難を極めるが自分はそれを受け入れて頑張ってきたのだ、といった類の実質的に無内容な一般論と自己憐憫でしかない。ここにおいて、ニュータイプとは事実上、視聴者（ガンダム世代）の分身である矮小な「父」たちの自己回復の手段としての「説教」を涙目で聞いてくれる若者のことでしかない。

しかし、それもやむを得ないことなのかもしれない。既に中年層から熟年層に移行しつつある『ガンダム』第一作をティーンエイジャーとして経験した世代が、既に少年の（いびつな）成長願望の表現としてのロボットアニメを必要としているはずもない。既に何割かは家庭を持ち、そして社会的な地位もあるであろうこの世代に、もはや仮初めの機械の身体と「父」になる夢を与えてくれる守られるべき少女（「母」）の存在は必要ない。彼らが求めているのは自分たちの説教を涙目で聞いてくれる若者でしかなく、さらに彼らが教育コストゼロで活躍してくれる即戦力新入社員（ニュータイプ）であればいうことはないだろう。

かくして、かつて人の革新と言われたニュータイプはここにおいてくたびれた中間管理職の渇望する即戦力新入社員の比喩にまで矮小化されたのだ。

ちなみに、こうした「説教リレー」を経て主人公たちがたどり着くのは恐るべきことに陰謀史観と優生思想だ。同作が描く新世代のニュータイプたちは、大衆に秘匿された世界史的な陰謀が存在し、その陰謀の存在を察知し、真実に目覚めることで社会が改良され歴史が正しい方向に舵を切る、という思想に基づいて行動する。こうした陰謀論は現代社会においては概ね、社会の複雑さに対してのアレルギー反応として発生するものだ。例えば日本においては社会の情報化が右派の歴史修正主義者や左派の福島の放射能汚染を擬似科学的に過大に喧伝する勢力などの陰謀論者を拡大させている。そして、彼らがそれを白日のもとに晒すことで世界を改良し得ると信じる「事実」とは、ニュータイプによる世界統治を肯定する優生思想的な地球連邦政府の隠された憲章である（ちなみに、主人公たちは政府が秘匿していた優生思想を暴き糾弾するのではなく、それを肯定するために暴こうとしている）。

こうして無自覚に陰謀史観と優生思想に陥った『ガンダムUC』は「血統」が全てを決定する世界でもある。主人公のバナージ、ヒロインのミネバ、そしてライバルのリディと、戦乱を生き延びて「可能性」を担う存在は全て宇宙世紀の名家の出身であり、その血の呪縛を引き受けることで可能性を担うことになる。対してフロンタル、マリーダ、アンジェロなどの強化人間（人工ニュータイプ）は概ね矮小な存在として描かれるか、人間として「間違った」存在として描かれることになる。特にマリーダについては、幼いころの性的虐待が原因で妊娠できない身体になっているという設定が存在するが、この「妊娠できない身体」について人間としての本来性を損なわれているがゆえに幸せになれない存在として描かれている。子供を産めない女性は、人間として本来的なものを奪われた存在である――この人間観を21世紀に生きる私たちが許容するのは正直、難しいものがあるだろう。

ここからは、家族と擬似家族の間で揺れ動いてきた富野由悠季という作家の血統への両義的な態度は雲散霧消し、前述の優生思想と結びつくことで極めて安易かつ一面的な人間観を露呈していると言える。富野由悠季が「ニュータイプ」という思想を事実上放棄した後に、家族主義に回帰したことは間違いない。しかし、そこで扱われる血統とは、むしろ精神的なものであり、決して生物的な優生学的なものではなかった。あの鉄仮面カロッゾが「入り婿」したロナ家は新興企業の創業一族がヨーロッパの名門の名前を「買った」ものにすぎず、そして富野はそんな「高貴さ」に惹かれながらもそれを信じることはできなかったために鉄仮面という悪役を設定したはずだ。

富野由悠季という作家の創造的な格闘の成果は、少なくとも宇宙世紀の語り手を継承した「正統な」後継者たちにはほぼ継承されなかったと言っていいだろう。端的に述べればいま宇宙世紀という箱庭――「母性のディストピア」――は現実世界では満たされないマチズモを充足させる装置として、矮小な父性を充足させる装置として、団塊ジュニア世代のヒーリング的に機能しているのだ。

その一方で後者――『新機動戦記ガンダムW』『機動戦士ガンダムSEED』『機動戦士ガンダム00』など「宇宙世紀」を継承しなかった新しい『ガンダム』たちが代表する諸作品――におけるロボットたちは、もはやアイドル的に消費される美少年キャラクターたちのアクセサリー以上の機能は備えていない。これらの作品においてロボットはもはや少年の憧れるマチズモのアイロニカルな理想化という側面は大きく減退し、主人公たちも（消費社会的な）ナイーブで内向的な少年から（情報社会的な）全能感に満ちた天才少年へと変貌を遂げている。逆に考えれば、こうして戦後アニメーションにおけるロボットは、その過剰な意味性から解放されて、映像を彩るガジェットの一つに回帰することができた、とすら言えるだろう。

工業社会が過去のものとなり、ノスタルジーの対象とすらなっている現代において理想の身体とそのマチズモを機械で仮構するという表現――戦後ロボットアニメ――自体がその機能を失いつつあることは明白だ。こうしてロボットアニメはアニメの思春期へのノスタルジーと美少年キャラクターのアクセサリーに分裂した。前者を世代論的に論じ、後者をさらなる戦後アニメーションの奇形的進化として論じることも可能だが、それはここでの趣旨ではない。ここで重要なのは、そのどちらも選択することができない富野由悠季がいま、語るべき物語を失いつつあるように思えることだ。その結果が『Gのレコンギスタ』の迷走に他ならない。

いま、富野が拘泥した戦後ロボットアニメはその役割を終え、全く別のものに変貌を遂げようとしている。では、富野がそのアニメーションの中で展開してきた想像力とその問題設定は、戦後ロボットアニメの「終わり」とともに無効化されてしまうのだろうか。半世紀ものあいだ展開してきた戦後ロボットアニメという名の「母性のディストピア」の中でのものがきから、いま私たちが持ち帰るべきものは本当にないのだろうか。

結論から述べれば、ある。

富野の生んできたアニメーションの中でこうした戦後ロボットアニメのセオリーから逸脱したものが存在する。それは80年代前半のアニメブームにおける『ガンダム』第一作と並ぶ富野の代表作であるにもかかわらず、そのあまりにも並外れた内容から富野自身も含めてその成果を受け継ぐことができなかった作品だ。

この第4部では一連の富野論の最後に、この30年以上の年月を経て未だに消化されきっていない戦後アニメーション最大の問題作について再度論じたい。それは富野由悠季が提示した想像力の、いやロボットアニメと戦後アニメーションに残された最大の遺産であり可能性に他ならないと私は考えているからだ。そして富野由悠季が再び物語を語るための鍵もまた、確実にここに存在すると私は考えている。富野由悠季はいまだからこそ、この場所に戻って再び物語るべきなのだ。『伝説巨神イデオン』という何者も制御できなかった人造神の物語に。

24　ニュータイプは黒歴史を超えられるか

『伝説巨神イデオン』は前述したとおり、『ガンダム』第一作の直後に1980年から翌年にかけて富野由悠季が手がけたテレビアニメーションだ。復習を兼ねて、同作の二つの批評点を紹介しよう。

第一に、同作は戦後ロボットアニメの最盛期に誕生しながらも、その身体の拡張としてのロボットという基本的なモチーフから大きく逸脱している。同作におけるロボットとは人間を裁く神であり、さらに言えば人類が自ら生み出した人造神だった。20世紀の作家たちが人工知能への夢を結晶化させたロボットでもなく、それをアイロニカルな身体の拡張として捉えた戦後アニメーションのロボットでもなく、あたかも自律した意思を、それも人間の理解を超えたものを持つかのように駆動するシステム＝人造神としてのロボット——それは富野自身のものも含めて、ほかのどの戦後ロボットアニメとも異なっている空前絶後の存在だ。

これは前作にあたる『ガンダム』第一作で「ニュータイプ」という人類の進化のビジョンを描いた富野が、反転して進化を要求する「神」を描いたことを意味する。「ニュータイプ」とは「イデ」の要求する高次な認識力を獲得した人類のことであり、そして『イデオン』とはニュータイプになれない人類が人造神「イデ」の試練に耐えられずに滅亡する物語だ。このとき、戦後ロボットアニメは一度、「アトムの命題」から——戦後的なマチズモの表現から——切断されているのだ。にもかかわらず、富野がその後「母性のディストピア」の重力に縛られ、戦後ロボットアニメの想像力から離陸できなかったのは、同作の結末で人類を高次に導くものとして「母」性の神秘化に舵を切ったからに他ならない。これが第二のポイントだ。『イデオン』は富野が「母」的なモチーフと超越性を最初に結びつけはじめた作品でもあった。ニュータイプという夢を縮退させ、少年たちを井戸の底に縛り付ける「母性のディストピア」の重力の発生源は恐らくここにある。

前述したように、『ガンダム』第一作においてアムロの「ニュータイプ」への覚醒は、むしろ血縁を超えた擬似家族的な共同体のイメージと結びついていた。アムロの「帰れる所」となったのは、国家でも家族でもなかったし、ラララァとの依存的な関係性でもなかった。そこで富野が提示したのは非家族的、非生殖的な擬似家族的共同体だった。それが空間を超えた非言語的コミュニケーションという ニュータイプのイメージと結びついた共同体のイメージだったのだ。

「イデ」とはいわばニュータイプ的なコミュニケーションを可能にするシステムだが、富野はそのシステムが実装され、空間を超えて人間の感情同士が否応なく直接触れ合ってしまう世界を想定したとき、そこに生まれるのは誤解なき相互理解ではなくむしろ逆だと考えた。それは、アニメーションという虚構に現実の論理を衝突させるという富野の創作のコンセプトの徹底だったに違いない。その結果、ニュータイプならぬ人類は「イデ」を制御できずに滅亡するしかなかったのだ。そして、輪廻転生の反復の中での進化という可能性を希望として提示することになった富野は、このとき一度捨て去ったはずの「母」胎回帰的なイメージを前面化させた。人造神「イデ」の試練に耐えられない人類の、自らの生み出したシステムを乗り越えられない人類の、ニュータイプに覚醒できない人類の救済の可能性を、富野は輪廻転生という宗教的なモチーフに収斂させ（この宗教的なモチーフへの接近は後のオウム真理教のサブカルチャー性に通じている）、母胎回帰的なイメージを与えていた。このとき富野は戦後（ロボット）アニメの呪縛――「母性のディストピア」を超克する可能性を手放したのだ。「イデ」と母胎回帰が結びついたとき、ララァはアムロに選ばれなかった存在ではなく宇宙世紀の支配者となった。ニュータイプとは、認識力の拡大による他者の受容を可能にする存在（擬似家族的な共同体のイメージと結びついている）ではなく、「母」胎回帰的、家族的想像力に縛られ、そのマチズモをめぐる倒錯を念動力や降霊術として表現する超能力者＝ララァの子供たちとなっていったのだ。これが意味するところは何か。

それは富野はいまこそ「イデ」の試練に耐え得る存在＝「ニュータイプ」を再設定すべきだ、ということだ。母胎回帰することなく人造神＝「イデ」的なシステムに対峙し得る存在を描くことに、もう一度挑戦するべきだ、ということだ。「ニュータイプ」が急速に発展する情報環境下における新世代の感性の、そして「イデ」が肥大する科学技術と高度資本主義の比喩的な側面をもっていたことは前述した通りだが、だとすると、回答は後者「イデ」に対峙し得る前者「ニュータイプ」のビジョンをアップデートすることによってしか得られないことになる。

そう、富野由悠季は「ニュータイプ」を諦めるべきではなかったのだ。そしてそのためには、「母」胎に回帰することなく、輪廻転生に帰着することなく、ニューエイジに縮退することなく、「イデ」に対峙することが求められている。それはすなわち、もう一度『イデオン』を、人造神＝システムとしてのロボットを描くことに他ならない。

富野由悠季はもう一度「イデ」と対峙すべきなのだ。そしてもう一度「ニュータイプ」の理想を追求すべきなのだ。では、その手がかりはどこにあるのか。

富野が『イデオン』で描いた人造神＝システムとしてのロボットを、ほとんど唯一——間接的に受け継いだ存在が一つだけある。かつて宇宙世紀という時代を、いや宇宙世紀と並行して存在する数々の並行世界を——すなわちありとあらゆる『ガンダム』の世界を全て葬り去り、地の底深くに引用可能なデータベース（黒歴史）として埋葬した存在——『∀ガンダム』がそれだ。そして同作に登場するガンダム——∀ガンダム——もまた、他のアニメロボットとは異なり、男性性とも身体性とも切断されていた。∀ガンダムはイデオンと同じように、人類を裁く「人造神」的なシステムとして登場し、操縦者の主人公ロランはユニセクシャル的な存在として描かれた。『∀ガンダム』もまた、戦後ロボットアニメのセオリーから逸脱した存在なのだ。そして物語はロランたち主人公の、∀ガンダムという人造神との対峙を描いたが、その帰着は人類の進化ではなくその否定であった。

『∀ガンダム』においてロランたちの「敵」として描かれるのは、その業として戦争を欲する人間の本性そのものであり、その結果彼らの戦いは根本的に愚かな人類から武器を、モビルスーツを、科学技術を取り上げ、その代表である∀ガンダムそれ自体を封印する戦いとして位置づけられていった。しかし同時にそれはロボットアニメの自己否定であるだけではなく、富野が進化論者としての、あるいはフューチャリストとしての立場をほぼ捨ててしまったことを意味する。

『∀ガンダム』が物語の中盤以降、まるでシステムのバグのように展開し、ダイナミズムを失ってしまったことは前述した通りだが、この物語の停滞は同時に富野自身が、『イデオン』から引き継いできた人造神との対峙という主題に対し、人造神＝システムに耐え得る知性の獲得ではなく、システムの封印を選ぶという、表面的な救済のイメージとは裏腹のニヒリズムに起因していることは間違いない。

〈刻《とき》が未来にすすむと　誰がきめたんだ〉——これは富野が作詞した（井荻麟名義）『∀ガンダム』の主題歌の冒頭の歌詞だ。[*25] これは同作において富野がフューチャリストとしての立場を捨てたことを端的に証明している。

本作後の富野が、答えを持たないままに再び少年の拡張身体としてのロボットに回帰していくのは、このニヒリズムに対して自覚的であったからではないか。

だとすると、富野が獲得すべきは『イデオン』を、『∀ガンダム』を超克し得る人類の進化のビジョンではないか。やはり、富野由悠季は「ニュータイプ」の可能性を諦めるべきではなかったのだ。たしかに、ニュータイプたちのつくる未来が破壊と暴力の連鎖するディストピアだという富野の予見の不幸な正確さは、現代のグローバル化の世界情況と情報環境下の社会がほぼ証明してしまっている。しかし、だからこそ富野由悠季はニュータイプを家族論に縮退させ、ニューエイジに後退させ、「母性のディストピア」に屈服することなく、フューチャリストでありつづけるべきであったと思うのだ。

ニューエイジ的な身体性やエコロジー思想といった使い古された回路に回帰することが決定的な回答にならないことは、『Gのレコンギスタ』に至る近作でこれらのものが物語を支えられなかったことから考えても明らかだ。もし、富野が『∀ガンダム』『キングゲイナー』で提示したユニセクシャルな主体（特に前者）と玩具的ロボットの祝祭性（特に後者）を、「ニュータイプ」的なフューチャリズムに匹敵するビジョンに結実できていれば、富野はこの「黒歴史」的な（情報技術によってより進化した）「母性のディストピア」を突破し得るものを描けるはずだ。

富野はだからこそ、もう一度フューチャリストに回帰すべきなのではないか。かつてシャアの絶望に対し、アムロは言った。「貴様ほど急ぎすぎもしなければ人類に絶望もしちゃいない」と。今こそ富野は自身が生み出したアムロのこの言葉を、新しい創作を通して実現すべきなのではないか。家族的なもの、生殖的なものを超克し、他者への想像力を発揮し得る「ニュータイプ」の可能性を、かつての富野がそうしたように全く新しいイメージとして提出すべきなのではないか。そしてシャアの絶望に抗うべきなのではないか。それはもしかしたら、あまりにも本質的、かつ正確な未来予測であるがゆえに再び時代に追いつかれ、批判力を失うかもしれない。しかし、それで一向に構わない。

宮崎駿は綺麗な嘘をついて死ぬことを選んだ。そこがディストピアであることを彼は知っていながらも、ユートピアであると嘘をつくことがアニメーションという虚構の役割なのだと告白して、筆を折ろうとしていた。しかしアニメーションだからこそ描くことのできる現実を追求し続けた富野は嘘をつくことを選ばないだろう。そして、綺麗な嘘をついて死ぬことを選ばないのであれば、富野由悠季はそれでも「ニュータイプ」を描き続けるしかないのだ。

第5部　押井守と「映像の世紀」

1　戦争は、もう始まっている

本書を執筆中の2015年11月13日――フランスの首都パリで、ＩＳＩＬ（イスラム国／ＩＳ）のジハーディストたちによるテロが敢行された。銃撃と爆破による死者は130名超――先進国の中心部で発生したテロとしては戦後最悪規模のものになった。

本書を担当している編集者は当時家族とともにパリ在住だった。私は報道を一通り確認すると、電子メールで彼にパリの情況はどうか、と尋ねた。しかしこのとき私の関心は、これからジャーナリズムで論点とされるであろう多文化主義の限界の問題だとか、グローバル／情報化の進行とそのアレルギー反応の連鎖といった問題だとか、そういったことには一切なかった。これらの問題が取るに足らないことだと考えていたわけではない。むしろその逆だ。そして、だからこそ、私の関心はこのときある一点に集中していた。それは、パリの生活者たちがこのテロという現実を、非日常を、どう日常の生活の中で受け止めていったのか、ということだった。

返信には、予想されたよりもヒステリックな言動が人々の間――とくに報道上の動きとしては見られないこと、学校や公共機関は休みになったものの、街の機能それ自体は不気味なほど正常に動いていることなどが記されていた。そして、最後に短く、こう付け加えられていた。

「パリはまだ非常事態宣言が解かれていませんが、人々は既にこの事態に慣れはじめています」

彼の返信を一読して、私はかつて観た映画のある台詞を思い出していた。

「戦線から遠のくと、楽観主義が現実にとって代わる。そして最高意思決定の段階では現実なるものはしばしば存在しない。戦争に負けているときは特にそうだ」

これは『機動警察パトレイバー2 the Movie』（1993）で押井守が市田良彦を引用するかたちで展開した「戦争論」だ。[*1]『パトレイバー2』は時代に先行して「テロの時代の戦争」を描いた映画だった。そして同時に20世紀という「映像の世紀」についての映画でもあった。押井守は、この映画で展開した戦争／平和の対比は前線／後方の対比に過ぎないことを、首都圏における大規模テロという形で表現した。

「かつての総力戦とその敗北、米軍の占領政策、ついこの間まで続いていた核抑止による冷戦とその代理戦争。そして今も世界の大半で繰り返されている内戦、民族衝突、武力紛争。そういった無数の戦争によって構成され支えられてきた、血まみれの経済的繁栄。それが俺達の平和の中身だ。戦争への恐怖に基づくなりふり構わぬ平和。正当な代価を余所の国の戦争で支払い、その事から目を逸らし続ける不正義の平和」

「その成果だけはしっかり受け取っていながらモニターの向こうに戦争を押し込め、ここが戦線の単なる後方に過ぎないことを忘れる。いや、忘れた振りをし続ける。そんな欺瞞を続けていれば、いずれは大きな罰が下されると」

これは『パトレイバー2』劇中でのダイアローグの引用だ。

ここは単なる戦線の後方に過ぎない――それが冷戦下で問われていた戦争とモラルの問題だった。しかし、あれから20年以上が経過した現在、世界情勢の変化と情報技術の進化は本作で描かれた現実／虚構、戦争／平和の境界線を決定的に破壊している。したがって本作の描きだした世界の姿は既に存在しない。

例えば9・11――アメリカ同時多発テロ――以降、「ここは戦線の後方に過ぎない」のではなく、戦線における前線と後方という概念そのものが消滅している。

グローバル／情報化は世界中のあらゆる場所とものごとを接続し、その結果あらゆる場所とものごとがテロの対象となることで「戦場」の概念は消滅した。20世紀という総力戦／冷戦の世紀において、前線／後方を線引きしていたのは映像という装置だった。映像とはもっとも受動的なユーザーを想定したメディアであり、そして20世紀の前半には映画という制度と、後半には放送技術と接続することで、かつてない大規模な社会の運営――国民国家的な動員――を可能にした装置であった。これは同時に、平和が前線の映像を後方で鑑賞し得る状態と定義されることを意味した。戦争＝前線＝非日常と平和＝後方＝日常とを接続する装置――それが、20世紀における「映像」だったのだ。

しかし、21世紀＝テロの世紀の現在において私たちはもはやモニター＝映像の向こうに戦争を押し込めることはできない。情報ネットワーク環境の拡大と通信技術の発達が、世界中のあらゆる場所から（映像を含む）情報を発信することを可能にしたように、総力戦の時代からテロの時代への移行は世界中のあらゆる場所を潜在的な戦場へと変化させた。

前線と後方、戦争と平和の境界線をめぐる物語であった『パトレイバー2』とその戦争論は、同時に映像という制度――とくに劇映画という制度――をめぐる自問自答でもあった。押井守の中で、戦争と平和という主題は虚構と現実という主題と等号で結ばれていた。しかし、『パトレイバー2』が射程に収めていた総力戦／冷戦の20世紀が終わりを告げ、テロの世紀が幕を開けた現在、映像の20世紀もまた終わりを告げ、新しい情報環境が私たちの周囲を取り巻いている。

だからこそ押井守とその映画について考えなおすことで、私たちはメディアや映像の生み出す虚構がそれ自体で完結し得た（かのように見えた／と信じている人がいた）時代の本質に接することができるだろう。

〈スタンドアローンで制御不能な兵器など、ナンセンスだからな〉――『パトレイバー2』で荒川は言った。では映画は、映像は、情報はスタンドアローンで完結し得るのか。

答えそのものは明白だが、同作について考えることの意味は、そしてこの映画が当時問うていたのは、明確な答えが出ているにもかかわらず、何もすることができない人間たちについて、だったはずなのだ。

2　高橋留美子から考える

ここでは押井守という作家について考えることを、高橋留美子という別の作家について考えることから始めたい。恐らく読者の多くが、押井守が実質的に高橋留美子の批判者としてその作家活動を開始していることをその理由として想定するだろう。しかし、私がここで高橋留美子について取り上げるのはそのためだけではない。もう少し、異なった理由が加わることになる。

押井守にとって、戦争と平和について問うことは現実と虚構、実体験と映像体験について問うことに他ならない。そして高橋留美子という補助線を引くことによって、押井守がその創作の中で展開してきた現実と虚構をめぐる問い、あるいは劇映画という制度についての自己言及、そして戦争と平和をめぐる問いという一見、異なる次元で展開された問いを一本の線で結ぶことができる。それが私が高橋留美子を経由して押井守を論じる理由だ。

1970年代の末、当時20代前半だった「駆け出しの新人マンガ家」高橋留美子は『少年サンデー』誌に連載した『うる星やつら』によって、当時のティーンエイジャーから爆発的な支持を得ていた。主人公の高校生（諸星あたる）の元に宇宙人の美少女・ラムが押しかけ女房的に現れて同居生活を行う、という現代にも引き継がれ続けるラブコメディの定型を整備した同作は、どれだけ正月やクリスマスを迎えてもキャラクターたちが年を取らない無限ループを繰り返しながら、永遠の楽園を描いていた。それは、「虚構の時代」を支えた想像力の両輪の一つだった。『宇宙戦艦ヤマト』『機動戦士ガンダム』『風の谷のナウシカ』――といった当時のアニメブームの中核を担った作品群が、ファンタジー的な想像力を用いて失われた（個人の生を意味づける）歴史の代替物を崇高な非日常の体験を架空年代記として提供していったのに対し、高橋が整備したのは歴史による意味づけを失ったあとも続く〈終わりなき日常〉（宮台真司）を肯定し、癒やしを与えた、と言えるだろう。

高橋留美子は現代のマンガ、アニメを中心とする美少女キャラクター――いわゆる「萌え」的なキャラクターデザイン――の原型を提出した作家としても知られている。チャイルディッシュな顔とアンバランスな豊満な身体をもつ彼女たちはまさしくネオテニーとしての戦後日本の姿そのものであり、そして高橋留美子の描く美少女たちはその過剰に性的な身体を用いて、戦後の消費社会を生きる少年たちの「母」として、それも過剰なまでに機能していった。

読者たちの分身たる少年（あたる）は、押しかけ女房的に現れた美少女（ラム）に愛されることによって、無条件の承認を獲得する。この無条件の承認は母の子に対する愛に等しい。しかしラムの過剰に性的な身体はその母性を隠蔽し、表面上は少年たちに子であることではなく、男であることを要求する。そして少年は妻を得たかのように錯覚しながら母の膝の上で甘えることになる。ラムという「押しかけ女房」によって、少年はその主体性を発揮することなく――少女を得、マチズモを充足させる＝「父」になる。男性作家の宮崎駿が無自覚に描いていた男たちの零落したマチズモを擬似的に回復させてくれる母性的なフィールド（胎内）を、女性作家である高橋は半ば自覚的に、より洗練されたかたちで形成したと言える。

当然ここには、子を得ることによって男を得ることの代替とするという倒錯も指摘できるだろう。だが、ここではひとまず少年の視線から――ラムの視点ではなくあたるの視点から――『うる星やつら』について考える。

『うる星やつら』の舞台となる友引町には、ラム以外の美少女が膨大に登場し「女好き」という設定のあたるは彼女たちに次々と鼻の下を伸ばしていくことになる。だが、あたるにとってラムが「本命」であるという前提は決して崩されない。そしてコメディである同作はあたるが性懲りもなく「浮気（ごっこ）」を繰り返しそれにラムが嫉妬する（ことであたるとラムの絶対的な関係が確認される）、というストーリーの反復で成り立っている。

まるでスーパーマーケットの棚から商品を選ぶように、あたる＝読者は無数に登場する美少女から好みの少女を選ぶことができる。しかしそれはラム＝母＝（本）妻への愛を否定しないかぎり、彼女（ラム）の胎内から逸脱しない限り許された擬似的な自由に過ぎない。

それはあくまで母性のゆりかごの中でのみ限定的に回復されるマチズモであり、決して完成されることのないマチズモだった。批評家の更科修一郎が「零落したマチズモ」と呼ぶ矮小な父性を刻印された少年たちは一見、その世界の主人公として無数の娘たちの中から好きな相手を選ぶことができる全能感を手にしているかのように見える。しかし実のところ彼らが引きこもる高橋留美子の世界は、ラムという「母」との関係＝母子相姦的なゆりかごの中の「自由」に過ぎず、少年の相手は最初から「母」に決定されている。

嫉妬深さ、という言葉では捉えきれない「子」への独占の意思と情念を示す一方で、その対象が自らの胎内から出ない範囲においては常に、他の娘を愛することを許容する高橋留美子は、いびつな「母」的な愛の世界をその後も執拗に反復し続けた作家だった。彼女の世界は決して誰が選ばれてもおかしくない「マルチエンディング」ではなく、あたるはラムと必ず結ばれることが明示された上での「公認の浮気」として提示されていた。

自らの胎内において、「子」が自分以外の女と交わることを許容する――これが意味するところは何か。それは「母」にとっては、自らの「夫」と「娘」が交わることに他ならない。

〈15歳のとき、私は娼婦だった。売春宿のおかみは私の実母で、ただ一人の客は私の育ての父だった……〉――これは、内田春菊の自伝的小説『ファザーファッカー』の広告に用いられた一文だが、[*2]高橋留美子が孕んでいたものとは、恐らく母子相姦的な環境下において父娘相姦的マチズモが保証される、この複雑でグロテスクな回路の存在に集約されているように思える。

高橋留美子の読者だった当時の、戦後の消費社会下の少年たちは、この母性のゆりかごの中で擬似的なマチズモの回復を――具体的には「母」がもたらした無数の「娘」＝過剰に性的な身体をもつ美少女キャラクターたちとの遊戯によって回復を得ることができた。そう、少年たちはこの時代に一方では宇宙世紀というもう一つの歴史の中でモビルスーツという偽りの身体を獲得することでマチズモを回復し、そして一方では高橋留美子的な母性のゆりかごの中で擬似的なマチズモを与えられ、その実「子」として母の胎内にうずくまりながらも、その閉ざされた世界の中でのみあたかも「父」として振る舞い、マチズモを充足させていったのだ。

大塚英志は80年代の『少年サンデー』を代表する作家としてあだち充と高橋留美子を挙げ、共にラブコメという様式で消費社会におけるモラトリアムを描いた二人の作家を比較した。そして、あだち充『タッチ』(1981〜86)がモラトリアムの象徴としての子供部屋からの「卒業」を描くその一方で、高橋留美子『めぞん一刻』(1980〜87)が表面上は浪人生として登場した五代青年が、大学を卒業し就職する成長物語として描かれながら、その目的は終始、モラトリアムの象徴であるアパート「一刻館」の管理人である音無響子を妻として得ることに限定されていること、そしてその帰結として物語の結末に、響子と結婚した五代青年が「卒業」すべき「一刻館」に「帰ってくる」ことに注目した。[*3]

この「めぞん一刻」の終わり方を見ると一刻館というのは響子さんという母性原理に支配された母胎の様な空間だったように思えてくる。[中略] ただ社会というものが、「大人にならないこと」に対してひどく寛容になりつつあることとそれを庇護する母性的な仕掛けが皮膜のように社会をおおっていること、「めぞん一刻」のラストはこれらとそれなりの相関関係があるのだろうとは思う。[中略] 主人公が〈移行〉期のコミュニタス的な空間で配偶者を獲得した後、もとの社会に戻り結婚するというのは民話を始めとする民俗学的テキストに共通の構造である。「タッチ」がこの構造に忠実であったのに対して「めぞん一刻」はその最後の段階を留保したまま物語を終える。つまり主人公は永遠に大人でもなく子供でもない境界上の存在として生き続けるわけである。

ここで大塚を戸惑わせているのは、『めぞん一刻』が大塚の予測を裏切って通過儀礼の物語形式を採用しなかったことである。大塚はここにあだち充という男性作家の名前を挙げているが、戦後的消費社会下における「成熟」をともに描きながら、高橋のそれにやや異質なものが紛れ込んでいることに、敏感に反応している。あだちになくて高橋に存在するもの――それは「母」であること、そして「母」としての近代における、自由という呪縛に対峙する視点に他ならない。

冒頭で主人公の少年の家庭に完全な「他者」として出現したラムは当初は家庭の破壊者として振舞いながらも、程なく彼の「妻」的存在として母性を獲得し、その作品世界において「母」として機能していく。

『めぞん一刻』の音無響子もまた「騎兵にも大学教授にもなれる」世界に背を向けて、亡き夫を偲び、その欠落を埋めるべく新しい面影に胸を弾ませることがあっても、決して「母」であること以外の可能性を追求しない。『らんま1／2』（1987～96）の天道あかねは当初こそ家の「外」の男に焦がれる少女として設定されるが、やがて彼女はその欲望を断念し、過剰な情念を表現する長い髪を切り落としてより内側へ、実家の道場を「母」的存在として継承することを目的に生きるキャラクターに再設定される。

なぜ「母」は、「子」であり「夫」である存在に、「娘」を差し出すのか。それは近代という自由の呪縛に背を向け、一度崩壊したはずの前近代的な「母」に回帰した彼女たちが、その欲望を完遂するために必要な手続きであるからに他ならない。その胎内に「子」＝「夫」を封印するためには、外部へ向かう彼らの意思を挫かなくてはならない。まだ見ぬ他者（少女）と出会うため、モビルスーツに乗って「どこまでも行けるはず」だと思っていてもらっては困るのだ。そのため、「母」はその胎内で「子」＝「夫」に少女の仮面を被った自らの分身としての「娘」たちを提供するのだ。

それは永遠にその胎内に「子」を閉じ込めて所有しようとする肥大する母性＝母子相姦的な権力と、零落したマチズモのもたらす父娘相姦的な欲望との共犯関係の産物だ。高橋留美子によって完成された母性のユートピア／ディストピア、それは肥大する母性と矮小な父性との結託、大きな母子相姦的な構造と小さな父娘相姦的な構造との結託だ。宮崎駿はこの閉ざされた世界の与える甘美さにニヒリスティックに依存し、富野由悠季はその重力に途方もなく惹かれると同時に憎悪し続けた。そして宮崎のようにニヒリズムに敗北することで自分を守ることも、富野のように憎悪と憧憬との間で引き裂かれることも選ばなかった第三の作家、それが第5部で取り上げる押井守である。高橋留美子の事実上の批判者として登場した押井は、高橋の体現する母性のユートピア／ディストピアに対してもっとも自覚的な作家であり、もっとも正面から対峙した作家でもあった。しかし、最終的には宮崎や富野がそうであったように、押井もまた敗北していったのだ。

3　ビューティフル・ドリーマーたちの後先

押井守が『うる星やつら』のアニメーションシリーズの監督としてその頭角を現したことは、広く知られている。特にテレビシリーズの人気を受けて押井が監督したその劇場版第二作『うる星やつら2　ビューティフル・ドリーマー』（１９８４）は、原作のファンたちの支持を超えて一般的なアニメファン、映画ファンの間で高い評価を受け、押井のいわば「出世作」となった。だが、ここで重要なのはこの『うる星やつら』のファンたちから概ね好意的に受け取られていた『ビューティフル・ドリーマー』が事実上押井による高橋留美子的なものへの批評的な介入として位置づけられることだ。

『ビューティフル・ドリーマー』の舞台はラムやあたるたちが通う高校の学園祭の前日だ。夢邪鬼《むじゃき》という妖怪の力で、登場人物たちの意識はいつの間にか、一晩寝るたびにリセットされて永遠に「学園祭の前日」を繰り返している。無論、この「永遠に繰り返す学園祭の前日」とは当時（80年代）の消費社会下における若者の生——「政治の季節」は遠い過去のものとなり、歴史が個人の生を意味づけることがなくなった世界、「モノはあっても物語がない」終わりなき日常——の比喩であり、そして『うる星やつら』という作品それ自体の比喩でもあった。

『うる星やつら』原作マンガ版における高橋留美子のドラマツルギーとは、最初から約束されている結末を先延ばしにすることだった。結論は既に出ているのにそれに気づかないふりをすること、あるいはあたるがラムに決定的な告白をすることによる二人の関係の進行を先延ばしにし、高校2年生というモラトリアムを無限に反復し延長することだった。『ビューティフル・ドリーマー』で押井守は、こうした高橋留美子の世界を永遠に反復される学園祭の前日という比喩で描いたのだ。

同作において、夢邪鬼はラムの「いつまでもこの仲間たちと楽しい学園生活を送りたい」という「夢」をかなえるために、彼女とその周辺の人間たちを、無限のループ構造の中に閉じ込める。登場人物たちは次第に自分たちを取り巻く世界の異変に気づき、現実に帰還するべく行動を開始する。高橋留美子的な「母性のディストピア」を破壊し、その虚構世界から現実へ帰還すること——永遠に続くモラトリアム、「終わりなき日常」を卒業し、成熟への手がかりをつかむこと——『ビューティフル・ドリーマー』は、『うる星やつら』の世界を破壊すべく展開していく。しかし、その押井による脱出＝破壊は不完全なかたちで終局を迎える。

『ビューティフル・ドリーマー』の物語の結末近く——あたるは虚構世界で現実への帰還方法を知る。それはラムに対して愛を告白し、「責任を取る」ことだ。百花繚乱の美少女たちに囲まれた、しかし誰とも一定以上の距離を詰めないモラトリアムの日々を放棄し、一人の娘に愛を告げることこそが、現実へ至る唯一の回路として提示される。「責任を取る」とは生殖と家族形成への可能性を開き、それを引き受けることだ。娘を妻とし、生殖を行い、自ら父となって、その子と母になった娘に対し「責任を取る」ことだ。

あたるは夢の中でラムに告白することで、現実に帰還する。そして本当の学園祭の朝に校舎で目覚めたあたるは、教室で雑魚寝していたラムにキスを迫られる。幸福な夢を見ていた、というラムにあたるは「それは夢だ」とささやき、唇を重ねようとする。しかしすんでのところで、いつの間にか目覚めていた他のクラスメートたちに妨害され、また原作マンガやテレビシリーズでおなじみのラブコメディが——母胎の中で反復される「終わりなき日常」が——反復されはじめるところで幕が下りる。このとき、3階建てのはずの高校の校舎が2階建てに描かれておりあたるたちが現実に帰還したか否かは実のところ怪しい、という読解が有名だが、そのような細部に注視せずともこの物語展開だけで十二分に押井が高橋留美子の世界を最後まで破壊できなかった／しなかったことは明らかだ。あたるが帰還した「現実」は、たしかに夢邪鬼の作り上げた虚構ではないものの、いつも通りの『うる星やつら』の世界——高橋留美子の重力に閉じ込められた「母性のディストピア」であり、映画の冒頭と結末において登場人物たちの関係性に変化は訪れない。『ビューティフル・ドリーマー』は『うる星やつら』の高橋留美子の世界の構造を批評的に暴き出すことには成功したが、この終わりなき物語を終わらせることには失敗したのだ。

なぜあたるはラムに告白し、「責任を取る」ことで、「父」となることで、夢の世界＝ラムの母胎から脱出し現実に帰還できなかったのだろうか。

それは、あたるが現実への帰還のために愛を告げ、「責任を取る」対象がその世界の「母」であるラムに限定されているからだ。『めぞん一刻』の結末が成熟と喪失の物語ではなく、擬似的な成熟の結果として完成される一刻館＝響子の母胎の中でのモラトリアムの永続であったように、その名を叫び、「責任を取る」ことはこの高橋留美子的な母性の世界を完成させることはあっても決して破壊することはない。高橋留美子の世界では少年が「父」となることは、むしろ母胎＝家庭の中に閉じ込められること——モラトリアムが永続すること——を意味するのだ。

もし仮にあたるがラム以外の娘を選んでいたら、あるいはラムが心変わりしてあたる以外の男性を選んでいれば＝ラムがあたるに対する無条件の（「母」的な）承認を捨ててしまうことがあれば、高橋留美子の世界は完全に破壊されていただろう。しかし物語の外部に脱出し、現実に帰還することを「父」になることと同義としていた時点で、その挫折は宿命付けられていた。『めぞん一刻』の五代青年の成熟が、最終的に一刻館のモラトリアムの永続の中で歩みを止めてしまったように。

ここで富野由悠季についての議論を思い出してもらいたい。『逆襲のシャア』の結末でシャアはララァという「母」を、あたるにとってのラムを失ってしまったがゆえに自分は「父」になることができなかったのだと告白して、死んでいった。ではシャアはララァを失うことなく、母＝妻＝娘を得て「父」になることができれば救済されたのだろうか。答えは恐らく、否だ。同じ『逆襲のシャア』の結末でアムロは言った。「俺はマシーンじゃない！　クェスの父親代わりなどできない！」と。そう、富野にとって母＝妻＝娘を得て「父」となることは、女性性との共依存関係による承認を社会的自己実現の代替物とすることは、「マシーンとなること」に等しかった（そして「マシーンとなること」を回避するための思想＝ニュータイプを富野は発展させることができなかった）。「母」的な承認の下に宇宙世紀という偽史とモビルスーツという仮初めの身体を与えられ「父」となることは、まさにアニメーション＝夢の中に閉じこもることに他ならない。これは男性性のアイロニカルな表現として——すなわち拡張身体的な意匠として——発展して来た戦後アニメロボットに対する自己批評なのだが、ここに押井がこのとき陥ったパラドックスを解き明かす手がかりがある。

『ビューティフル・ドリーマー』において、押井守の意図は母胎からの脱出にこそあったはずだ。宮崎駿がアニメーションがつくべき「嘘」として、ユートピアとして描き出したこの国の戦後社会の似姿を、富野由悠季はアニメーションだけが描くことのできる現実＝ディストピアとして描き出した。そして押井守は富野よりも明確に、しかも早い段階から消費社会化以降の戦後世界を「母性のディストピア」として描き、そこからの脱出を志向していた。しかしそれは同時に、押井自身の母胎回帰的な欲望を逆説的に刻印することになった。押井はあたるに告白させることで、むしろその胎内からの脱出の可能性も内破の可能性も閉ざしてしまったのだ。このとき既に押井による高橋留美子の世界の破壊は頓挫していたと言っていい。『ビューティフル・ドリーマー』の甘い結末は押井による現実への帰還＝成熟への困難の表現であると同時に、商業的な要請に配慮したファンサービス的な展開でもあるだろう。押井がどこまで自覚的だったかは（恐らく当人にも）分からないはずだが、一つはっきりと言えることはこの結末によってむしろ「父」になることによる現実への帰還不可能性こそが結果的に証明されてしまったことだ。少なくともマチズモの獲得という方法では、このユートピア／ディストピアから脱出することは不可能なのだ。

4　モラルについて

「父」になることは「母」性のディストピアから脱出することにはならない。むしろ、人間は（宮崎駿がそうであったように）「父」になろうとすることで母胎から脱出する糸口を見失い、そこに安住することになる。『ビューティフル・ドリーマー』の物語展開から考えて、押井はある程度は「父」であろうとすることが「母」的なものからの解放を意味しないことを——少なくともそれが困難であることを——自覚していたはずだ。しかし、半ば敗北を悟りながらも、押井は高橋留美子的な世界からの脱出を志向した。それはなぜだろうか。あたるが夢の世界から脱出し、現実を目指す理由はもう一つ存在する——それは排除の論理に抗う「モラル」だ。

『ビューティフル・ドリーマー』においてラムたちの生きる学園生活は、ラムを愛する妖怪・夢邪鬼によって作られた完全な虚構＝夢であり、そのモラトリアムの虚構性を暴こうとする登場人物、あるいはラムの「恋敵」としてあたるの気を引く少女たちは、ラムの無意識を汲んだ妖怪によって次々とその世界から排除されていく。姿を消した彼らは巨大な石像に姿を変えられ、この夢の世界を支えるための文字通りの「人柱」にされてしまうのだ。

『うる星やつら』が描く永遠のモラトリアム——母胎のゆりかごの中で父娘相姦的マチズモを貪るユートピアを、押井はその中心たる「母」的存在＝ラムの欲望、つまり彼女の愛の対象である「子」＝「夫」をその胎内に閉じ込めるため、不都合な存在を冷徹に排除していくディストピアとして描きなおしたのだ。それは一見、どこまでも優しい高橋留美子の世界＝母性のユートピアが、実のところ徹底的な排除の論理によってのみ成立しているという押井からの告発に他ならない。そう、『ビューティフル・ドリーマー』とは、この肥大した母性とそこに自閉し、依存する矮小な父性の結託として表れる高橋留美子の世界が、実のところ強力な「排除の論理」に支えられた「母性のディストピア」であることを告発した映画でもあるのだ。

恐らく、（その失敗を予感しながらも）あたるが現実に帰還しようとする説得力のある理由はここにしかない。たとえ「父」になることを引き受けたとしても、少年は「母性のディストピア」から脱出することはできない。その世界を支配する「母」への愛を告白し、「父」になることは、より決定的に「母性のディストピア」の中に閉じこめられることを意味する。しかし、それでもあたるは、それが不可能であるにもかかわらず、現実へ帰還「しようと」しなければならなかった。恐らくは、「モラル」のために。

「政治の季節」が完全に過去のものとなった80年代の消費社会の風景——それは既にマルクス主義が敗北し世界から革命の可能性が消えた世界の風景だった。高度資本主義の外部に世界は存在せず、モノはあっても物語のない消費社会の「終わりなき日常」がこの国の若者たちの生活を支配していた。しかし、押井は「モラル」のためにその終わりなき日常の外部の存在を示すことを選択した。押井にとって、消費社会下におけるモラルの問題は、「政治の季節」の過ぎたあとの思春期のモラトリアムの問題であると同時に戦後社会そのものの欺瞞を問うことに他ならなかったからだ。押井がここで脱出の対象とした母性とは、豊かな消費社会の終わりなき日常に諦念を持ち、祝福するものであると同時に、副作用としてその平和と豊かさを下支えする外部の人柱の存在を忘却させるものだったからだ。

この第5部冒頭で示した『パトレイバー2』で交わされる戦争論、同作において平和＝虚構／戦争＝現実という比喩が反復されていたことを思い出してもらいたい。『ビューティフル・ドリーマー』における「母性のディストピア」およびモラルの問題と、『パトレイバー2』における戦争とモラルの問題は確実につながっているのだ。

「欺瞞に満ちた平和と真実としての戦争。……だがあんたの言う通りこの街の平和が偽物だとするなら、奴が作り出した戦争もまた偽物に過ぎない。この街はね、リアルな戦争には狭すぎる」

「戦争はいつだって非現実的なもんさ。戦争が現実的であったことなど、ただの一度もありゃしないよ」[*4]

世界の外部を認識することも、「母性のディストピア」から脱出することも、人間にはできない。人間は現実そのものを認識することはできない。しかしそれでも、人間は現実を認識しようとしなければならない。世界を変えることがたとえ不可能であったとしても、変えようとすることを諦めることは許されなかった。なぜならば、こうして父に、現実に、外部に向かおうとする意思だけが、排除の論理に抗うモラルにつながるからだ。モニターのむこうに戦争を押し込め、その成果としての平和を享受する人々にモラルを喚起することが可能だからだ。それが不可能であることを自覚しながらも、外部への脱出を意図し続けなければならない――それが押井守にとってのモラルのあり方だった。

しかし、このモラルのあり方は――世界の「外部」へと脱出することは――これまで見てきたようにあくまで「父」になることと等号で結ばれていた。このマチズモへの拘泥は、押井の描く世界を決定的に呪縛することになっていく。

5　少女たちの見た夢

『ビューティフル・ドリーマー』は少女（ラム）の見た夢の世界からの脱出（を志向するモラル）と、その不可能性（現実＝外部の認識不可能性）が描かれた作品だった。それは冷戦下の「偽りの平和」と、当時の消費社会化の進行がもたらしたユートピアにおけるモラルの可能性／不可能性をめぐる物語でもあり、アニメーションという究極の虚構を用いた現実＝外部の認識可能性／不可能性をめぐる物語でもあった。同作で注目を集めた押井は『うる星やつら』テレビシリーズの監督を降板し、１９８５年当時黎明期にあったオリジナルビデオアニメという形式で『天使のたまご』を発表する。

同作の舞台は水没した都市の廃墟、そこにただ一人少女が暮らしている。少女は大きなたまごを抱きながら、廃墟の中を歩きまわり水をいれるガラス瓶を集めている。少女が何者なのかも、たまごの中身も、ガラス瓶を集める理由も一切説明されることはない。そしてある日、巨大な銃をかかえた少年が少女の元に現れる。「あなたは、だあれ」という少女の問いに、少年は答えない。少女は少年を自分の住処へと導く。そこには巨大な鳥の化石が鎮座していて、少女はどうやらたまごを温め続けていればその鳥のひながかえると考えていることが示される。しかしその夜に少女が眠りにつくと、少年は彼女のたまごを割ってしまう。

翌朝に少女は目覚め、たまごが割られていることに気付き悲嘆して水中に身を投げる。水中でもがき苦しみながら少女は大人の身体に成長し、吐き出したその呼気の泡が無数のたまごになって水面に浮かんでいく。少年はやがて街を去る。そのとき彼は街を見守る石像群のなかに少女のそれを発見する――。

歴史の終わりを迎えた風景としての廃墟があり、終わりなき日常を少女が反復している。少女の見た夢としての虚構じみた世界が存在し、そこに他者としての少年が現れて、その破壊を試みる。少年がたまごを破壊すること（破瓜のイメージ）で、少女は少女性を喪失して大人の女性に成熟する。そして成熟することで（虚構の）世界から排除される。残された少年は、廃墟をさまよい続ける――。

聖書的なモチーフの多用、アンドレイ・タルコフスキーの映画作品『惑星ソラリス』『ストーカー』などからのイメージの引用が注目されがちな『天使のたまご』だが、同作は『ビューティフル・ドリーマー』の構造を純化して提示したものだ。

ラムの見た夢が学園生活の終わらないモラトリアムであるのに対し、この少女が見ている夢は黙示録的な終末の訪れた後の世界だ。しかし、この一見異なる外見をもつ二つの世界はほとんど同じものだと考えていい。この二つの世界、歴史がその機能を止めた廃墟としての、終末としての終わりなき日常は少女たちの見た夢のようなものであり、他者が存在し得ない世界だ。そこで少女は成熟することも、老いることもなく永遠に同じことを反復して生きている。押井にとって（個人の生を意味づけるものとしての）歴史が終わり、そして歴史を失うことで他者が機能しなくなった世界＝廃墟は、「モノがあっても物語がない」消費社会であっても、黙示録的な終末の「後」の風景であっても等価なのだ。

この夢の世界を破壊し、虚構から現実への帰還の契機として登場するのが「少年」だ。彼らは同じように父になること――ラムに愛を告げる／少女のたまごを破壊する――でモラトリアム＝夢の世界を破壊し、虚構から現実へ帰還しようとする。

『ビューティフル・ドリーマー』において、「母性のディストピア」からのラム＝母への愛を口にすることによる（「父」になることによる）あたるの現実への帰還の結果は宙吊りにされる。「現実に帰還した」彼らを待っていたのは、やはり「学園祭の前日」であり、高橋留美子原作が反復するモラトリアムの日々であり、ラムとあたるの関係性が変化することもない。それどころか、あたるは将来的なハッピーエンドを約束すること――ラム＝母への愛を口にすること――でより強固に「母性のディストピア」に取り込まれたとすら言える。

では、『天使のたまご』はどうか。『天使のたまご』において他者との遭遇によってその姿を変えたのは少年ではなく少女のほうだ。たまごを失った少女は水中に身を投げることで「母」の姿に成熟し、そして結末では都市を見守る石像たちの一つになる。

一方の少年はどうか。少年は他者として世界の外部から来訪し、少女のたまごを割り、いずこかへ去る。彼は物語の冒頭と結末で、何も変化していない。そう、彼は明確に夢の世界からの帰還に失敗しているのだ。

少女にとって少年は絶対的な他者だった。だからこそ少年は少女のたまごを割ることができた。それまで廃墟の終わりなき日常の中で、いつか訪れるかもしれない他者に怯え／待ち望み続けていた少女は、少年＝他者と出会うことで「母」として成熟を遂げた。しかし、少年にとって少女は違った。恐らくは今も少年は「母」＝少女の石像に見守られながらあの廃墟を孤独にさまよい続けているはずだ。彼は「父」になろうとしたことでむしろ「子」として「母」的なものに取り込まれたのだ。

『ビューティフル・ドリーマー』で描かれた成熟の問題とモラルの問題のうち、前者だけを純化して取り出したのがこの『天使のたまご』だ。『ビューティフル・ドリーマー』にもまた、夢の世界を支える人柱としての石像たちが登場する。ラムの夢から排除された登場人物たちは人柱としての石像になった。このときの石像とは、「母性のディストピア」がその成立のために必要とする排除の論理と、そこで隠蔽される犠牲の象徴だ。対して、『天使のたまご』での世界を支える石像とは、夢の世界から切断された現実の、歴史の側に立つ他者たちのことだ。少年が少女のたまごを割る＝「父」になることによって、「母」＝石像となった少女は少年の世界を見守る存在となる。『ビューティフル・ドリーマー』の石像たちがラムの欲望を陰から支える人柱であったのに対し、『天使のたまご』の少女の石像は自覚的に夢の中を生きる少年を見守る存在だ。まるで庭で遊ぶ「子」を見守る「母」のように。『ビューティフル・ドリーマー』の結末で描かれたあたるのラムへの告白——いつか「父」になることの誓約——が何をもたらすのかを『天使のたまご』はより純化したかたちで示しているのだ。

劇中で少年と邂逅した少女は彼に「あなたは、だあれ」と尋ねる。少年は答えない。答えてしまえば彼の他者性は消失するからだ。そしてたまごを割り、「父」となったはずの少年はむしろ夢からの脱出の契機を失い、廃墟をさまよい続けることになった。押井はここで少女が他者と遭遇し、それによって発生する不可逆の成熟と喪失を描く一方で、少年の「父」になることでの成熟＝現実への帰還の挫折を描いてしまっている。

『天使のたまご』は少女の見る夢が、他者＝少年によって破壊される物語だった。そして夢から醒め、母となった少女に見守られながら、少年が夢のなかをさまよい続ける存在となることで幕を下ろす。誰かにとっての他者であること、「父」であろうとすることは、他の誰かに成熟と喪失をもたらし現実への帰還をうながすことができても、自身が他者と出会う契機を永遠に失うのだ。少年は少女の他者であること、「父」になろうとすることで逆に「あなたは、だあれ」という自身をめぐる問いに答えることが永遠にできなくなってしまったのだ。押井が陥ったこの迷宮は、その後の数年間の作品で執拗に反復されていく。

6　さまよえる犬たちの物語

そして石像と化した少女は、いや「母」は次第に世界の支配者として機能するようになる。押井守の初期実写作品――具体的には『紅い眼鏡』（1987）とその続編『ケルベロス　地獄の番犬』（1991）でこのモチーフは前面化することになる。

押井守が初めて実写映画の監督を務めた『紅い眼鏡』はアニメーション同様に絵コンテを用い、そこに記された演技を俳優が実行する、という工程で制作された。ここに押井の映像観が――「すべての映画はアニメになる」[*5]という後の言葉に結実する映像観が端的に表れている。押井にとって映像とは、現実をありのまま映しとるものではなく、むしろ現実を共有可能な平面に加工し、整理し、再設計して提示する行為の連続だった。設定された物以外存在しないアニメーションこそ、純化された映像に他ならない――。しかし、ここではひとまず押井の映画論、映像論には立ち入らない。

問題はむしろこれらの映画作品において、押井守が「母」と化した少女が支配する世界を、「父」になろうとする／しかしなれない少年が永遠に迷宮の中をさまよい続ける物語を反復していたことだ。

佐藤健志はこの時期の押井のマンガ原作『とどのつまり…』(1985)、そして実写映画作品『紅い眼鏡』『ケルベロス　地獄の番犬』の分析を通じて、押井が夢＝虚構の内部をさまよいながら同じ行動を繰り返す無限のループに陥る主人公の物語を反復していたこと、そしてその無限のループ的構造を見守る存在＝支配者として「少女」のイメージが反復されていること、さらにその「少女」が実質的に「母」として機能していることを指摘している。[*6]

例えば『紅い眼鏡』はかつて反乱に参加し、国外逃亡した元警官が3年後に帰国してかつての仲間との再会を試みるという物語だ。そして物語は不条理なメタフィクション的に展開して、結末で明らかになるのは主人公(都々目《とどめ》紅一)が帰国しては殺害される、という過程をもう何十回も――恐らくは半永久的に――反復し続けていることだ。

今から20年前程の事になる。当時高校生だった彼は、自分が犬であるなどとは夢にも思っていなかった。だが実は犬だったのだ。[中略]街中に犬が溢れつつあった。

映画館にも喫茶店にも駅のホームにも立喰いそば屋にも犬はどこにでも居た。こいつらが一斉に蜂起すれば(と彼は考えた)必ず戦争になる。そうなればこっちのもんだ。最初の突撃で即死するだろうと思っていたので勝ち負けは全く気にならなかった。［中略］かつて街中に犬が溢れところかまわず徘徊していたことなど今では殆ど忘れ去られている。いつの間にか三歩あるけばなんでも忘れる〈猫〉の時代になっていた。[*7]

これは押井が同作のサウンドトラックに寄せたライナーノーツ上の手記の一節だ。反乱の季節と、その不発による挫折――『紅い眼鏡』のモチーフは高校生活動家だった、つまり遅れてきた全共闘世代である押井の闘争の記憶から持ち帰られたものだ。宮崎駿は押井の学生運動体験と同作を結びつけて評し〈紅い眼鏡を観ている内に、70年のバリケードの中にいる高校生の彼が、俺にとって現実と呼ぶに価するのはこの瞬間だけだといまも叫んでいる気がした〉と述べている。[*8] そして佐藤もまた当時の学生運動史を参照しつつ、押井の無限のループ構造への拘泥を新左翼的なメンタリティと結びつけて論じている。新左翼以降の反権力が陥った運動の自己目的化とは、『うる星やつら』的な終わりなき日常への諦念に自足できない人々（押井の言う「犬」）の病のようなものであり、この時期の押井の描く母子的な共依存関係（のイメージ）は、この「犬」的なメンタリティの慰撫のために導入されている、というのがその批評の骨子だ。政治の季節が終わり、左翼が敗北したあともその生に意味を与える物語としての歴史を、その物語を正当化し得る思想を要求してしまう「犬」たち。佐藤の主眼はこの「犬」的なメンタリティの批判にあるのだが、ここではむしろ押井の認識論と性的なモチーフのかかわりに注目して論を進めたい。

『紅い眼鏡』の劇中には、いたるところにある少女の姿を確認することができる。紅一が帰国に使用した空港で、彼とすれ違う旅行客（？）として登場した彼女は、その後も紅一がさまよう街のいたるところに出現する。あるときは街中に貼りめぐらされたポスターのモデルとして、あるときは紅一が入った劇場で上映されている映画の登場人物として（というより、そもそもこの作中映画はこの少女の顔だけをただひたすら映し続ける映像だ）。要するに紅一のさまよう街は少女の視線にあふれている。いわば少女はこの街の支配者だ。この少女が『ビューティフル・ドリーマー』のラム、『天使のたまご』の（石像と化した）少女の発展形であることはもはや明白だ。『天使のたまご』では無数の石像のうちの一つに過ぎなかった少女の像とは異なり、『紅い眼鏡』の少女はこの街を支配する唯一の視線の持ち主だ。街とそこで起こる出来事は、この少女の見た夢のようなものだろう。ラムが見た夢のように、紅一のさまよう街はこの少女の見た夢であり、そして『天使のたまご』の少年のように紅一は少女に見守られてその胎内を永遠にさまよい続ける。

押井はこの少女を紅一のアニマであると自ら説明し、佐藤は自身のアニマであり、その世界の支配者である女性とは要するに「母」であると指摘している。

この少女が「母」の擬体であることは、同作の続編（物語的には前日譚にあたる）『ケルベロス地獄の番犬』でより明確に提示されることになる。同作では台湾潜伏中の紅一をかつての部下（乾《いぬい》）が捜し求めるのだが、そこで乾が出会うのは唐密《タンミー》という少女に「拾われた」紅一の小市民的な姿だ。同棲生活を続ける紅一と唐密だが、肉体関係はないのだと紅一は乾に告白する。そう、まさに紅一と唐密の関係は子と母のそれなのだ。『ビューティフル・ドリーマー』のラムとあたるのように。

同作の結末で、乾の死をきっかけに紅一は帰国する。それは紅一が唐密との母子関係を切断することでの、大人の男としての自己回復の過程として提示される。終わりなき日常を切断するためにその外部へと脱出することと、母に甘える少年から少女（娘）を支配し得る「父」になることは、押井の中で強く結びついている。同作もまた台湾での小市民的日常の反復からの脱出と唐密との訣別が重ね合わされている。しかし、既知のように押井は同時に「父」になろうとすることがより深いレベルで少女＝母に依存することを描いてしまう作家でもあった。かくして紅一は帰国し、『紅い眼鏡』で描かれた無限のループに——別の少女の夢の中により深く——陥っていくのだ。

押井の述べる「犬」とは自分以外の何者かにその生の意味を保証してもらえないと生きられない人間たち、具体的にはイデオロギー闘争のような歴史が個人の生を意味づける回路を手放せない20世紀的な人間たちのことだ。そして「猫」とは消費社会に適応し、耽溺し、諦念を受け入れることでその終わりなき日常に意味を求めることを断念した、小市民的なメンタリティをもつ人々のことだ。「犬」を体現する『紅い眼鏡』の紅一が何十回、何百回と失敗しながらも闘争を繰り返すのは、彼が終わりなき日常に諦念を抱き、受け入れて消費社会に適応した「猫」になることができないからだ。

政治の季節から消費社会へ——「犬」の時代から「猫」の時代へ——の移行を背景に、「猫」たちの成熟とモラルの（不）可能性を描いたのが『ビューティフル・ドリーマー』だった。『ビューティフル・ドリーマー』におけるあたるとは、一見「猫」としての生を満喫しているようでいながらも、実はそれを（恐らくは「モラルのために」）拒否している存在だ。しかし世界に既に「犬」たちの居場所はない。では、どうすればいいのか——。あたるの選択は「父」となり、「責任を取る」ことによる成熟だった。それは居場所を失い、さまよえる「犬」たちが唯一見出した生の意味でもあったと言える。しかしこれまで宮崎駿、富野由悠季を論じる中で確認してきたように、そして押井自身が描いてきたように、社会的自己実現の代替物としての家族的自己実現は——歴史に保証される意味の代替物として、「父」であることに意味を見出す行為は——無条件にその価値を保証する「母」的な承認を前提として必要とする。「母」はその「子」の価値を無条件に承認する。世界とは無関係に「母」の胎内では「子」の生の意味は保証される。高橋留美子が「犬」たちをその「猫」的な世界に包摂するために導入しているのが、この母子相姦的な回路だ。家族内で無条件に保証された生の意味に支えられることで――あたるがラムに、乱馬があかねに対し最終的には「責任を取る」ことが約束されることで――「子」たちは安心して「猫」として思春期のモラトリアム＝終わりなき日常を謳歌することができる。

あたるが、そして『天使のたまご』の少年が陥ったのはこの罠だ。

彼ら野良犬たちは時代に適応して「猫」になることもできない。そして人間として成熟し「父」となることは、実のところ新しい主人として「母」を選ぶ「犬」として（事実上の「猫」として）飼われることにすぎない。

その結果、押井守はさまよえる犬たちの絶望を反復して描くことになった。主人を失った野良犬たちは、猫たちの住む新しい世界の支配者＝母に見守られながら、その出口のない迷宮を永遠にさまよい続けるしかない。

この時期（１９８７年）に押井が手がけたオリジナルビデオアニメに『迷宮物件　ＦＩＬＥ５３８』（『トワイライトＱ』所収）という作品がある。ある探偵が、身元不明の父娘（中年男と幼女）の生活を監視している。どうやら血のつながらない偽親子らしい二人の生活は、謎に包まれている。父娘は基本的に部屋でゴロゴロしているだけで、何もしていない。外出もしない。やっていることと言えば娘がときおり空を見上げて上空の飛行機に歓声をあげること、くらいだ。父親が働いている形跡も全くないにもかかわらず、なぜか生活自体は成り立っており、電気、ガス、水道などは供給され続けている。そして探偵はそもそも二人の住むアパートが公的には（開発計画の頓挫の結果）まだ埋め立てられていない海、つまり幻の住所であること、娘が見上げて歓声をあげた飛行機がことごとく失踪していることに気づき、妄想的な推理を展開する。情況から考えられる結論は一つ。この幼女はいわば「神」的な能力を持つ存在であり、大好きな飛行機を観察し、それを弄ぶ生活を維持するためにこの住所と保護者を（無意識に力を発動し）用意したのではないか、と。さらに自分自身もこの真相に気づいたということは、役割を演じることに耐えられなくなった「父」役の中年男に後任者として指定された存在なのではないか、と——。

ここで提示されているのは、「犬」的な存在と「母」的な存在の関係だ。押井にとって少女性と母性が等号で結ばれていることは前述したとおりだ。かつて、「母」的な権力からの脱出として押井は「父」になることを提示した。しかし、この時点の押井は既に「犬」たちが「父」になろうとすることが逆説的にむしろ「母」の権力への隷属につながることに自覚的であり、『迷宮物件』はこの世界観を純化して提示した作品だと位置づけられる。押井は、さまよえる犬たちの物語を反復することで、段階的に母権的なループ構造のメカニズムをより深いレベルで表現していったと言えるだろう。『ビューティフル・ドリーマー』のラムから『天使のたまご』の少女へ、そして『紅い眼鏡』の少女から『ケルベロス』の唐密へ、さらに『迷宮物件』の神としての「少女」へ——押井の描く夢を見る少女は、次第にその正体——世界の支配者としての少女＝母——を明らかにしていった。彼女たちを「母」にしているのは、皮肉にも少年たちの外部への脱出の意思——それが「父」になることと押井は位置づける——に他ならない。彼らはそのモラルのために「父」になろうとする。それゆえに母子的な共依存関係を必要としてしまう。そしてより強固に「母性のディストピア」の中で無限のループに陥ってしまうのだ。

7　もしラムが詐欺師だったとしたら

押井が1989年から90年に手がけたオリジナルビデオアニメ『御先祖様万々歳！』——小松左京

の『御先祖様万歳』をもじった題名と、映画評論家の四方田犬彦の名前をもじった主人公を与えられた同作――は「もしラムが詐欺師だったとしたら」という仮定のもと、あの高橋留美子『うる星やつら』に対する押井からの悪意あるアンサーとして企画された。その演出と台詞回しは舞台劇のそれをパロディとして踏襲し、語られるもの、描かれるもの全てがメタファーであることが作中で露悪的に宣言されることになった。それは舞台劇という抽象性の高い表現形式のパロディを用いた、自己批評の宣言でもあった。時期的には『紅い眼鏡』と『ケルベロス　地獄の番犬』との間にあたる同作はこの時期の押井の作品の中で高橋留美子の「呪い」ともいうべき問題の構造――「犬」としてしか生きられない少年たちの陥った無限のループ構造＝「母性のディストピア」的構造――について、もっとも肉薄している作品だ。押井は同作の企画意図をこう語っている。

> これは『うる星やつら』だと思っていたんだよね。変な女が現われて、居座って、家族になって、ぐちゃぐちゃになる。
> 実は、三年ぐらい前に企画書を書いた時は、たしかにその気があった。『うる星』の裏版だと。ラムが詐欺師だったらどうだったろう。空を飛べるのは全部トリック。角はポコッてとれる。宇宙人でも何でもない、ただの詐欺師っていう話だったらどうかなっていうことは思っていた。[*9]

物語の舞台となるのは郊外のマンションに居を構える平凡な戦後的中流家庭（四方田家）だ。会社員の父（甲子国《きねくに》）と専業主婦の母（多美子）、そしてその一人息子（犬丸）からなる核家族の前に、磨子と名乗る謎の少女が現れる。磨子は「ご先祖様に会うために」タイムマシンを用いて未来からやって来た犬丸の孫娘だという。

おおよそ現実味のない磨子の話に対し、多美子は露骨な警戒心を示す。しかし、平凡で退屈な「終わりなき日常」に鬱屈していた犬丸は唐突に来訪した美少女が同居を申し出る、という少年マンガ的な（『うる星やつら』的な）展開に胸をときめかせ、思春期じみた下心を背景に磨子の身の上話を全く信じていないにもかかわらず彼女を積極的に受け入れようとする。対して父・甲子国は孝行を尽くす磨子に理想の娘（ひ孫）の姿を発見し、純粋に彼女を愛するようになる。かくして、四方田家の男たちはそれぞれの思惑のもとに磨子を受け入れる。そしてただ一人磨子を詐欺師、もしくは精神異常者と考える多美子は孤立し、捲土重来を誓い四方田家を離れることになる。

この磨子の出現と多美子の出奔をきっかけに四方田家は崩壊の一途をたどる。まず磨子の強い要望のもと、甲子国は郊外に一軒家を購入、既に購入済みのマンションとの二重ローンに苦しむことになる。さらにそこにタイムパトロールを名乗る室戸文明という謎の男が出現し、違法に時間渡航を行った磨子を捕えようとする。磨子に下心を抱く犬丸はこれを好機と考えて磨子を連れて出奔、駆け落ち同然の逃避行を始めるが、文明に捕縛されてしまう。磨子を失い、借金苦にあえぐ甲子国はついに強盗に手を染め、追われる身となる。一方の多美子は、私立探偵の多々良伴内を愛人とし、彼の助力を得て磨子と文明が家庭崩壊を目的とする詐欺グループだという証拠を得て、夫と息子を取り戻すべく帰還する。

そして全ての登場人物が集結し、磨子と文明の口から「真相」が語られる。文明は自分の正体は現代で犬丸と磨子が祖父と孫娘の近親姦を犯した結果生まれた息子だという。そしてその文明の娘、つまり犬丸の孫娘こそが磨子なのだ、と。タイムパトロールの一員となった文明の目的は磨子が犬丸と近親姦を犯し、自らが生まれることを阻止すること——呪われた血の連鎖を断ち切ること——にあったのだ。そして既に磨子の胎内に犬丸との子、つまり自分が宿っていることを悟った文明は自決する。

この文明の自決は自らに銃口を向けたのか、それとも自身をその胎内に宿した母＝磨子に向けられたのかは明示されない。しかしどちらでも同じことだ。「母」を撃つことでの自己の存在否定（自殺）でしか、この無限のループ構造からの、終わりなき日常からの脱出は果たされない――それが『御先祖様万々歳！』で押井が露悪的に描いた回答だったのだ。

「真相」の告白と文明の自決によって、磨子と文明は姿を消し、四方田家もまた完全に離散する。物語の結末では、一家離散の際に姿を消した磨子を捜し続ける犬丸の成れの果てが描かれる。押井は磨子と文明の口からその「真相」が語られるシーンの直前に犬丸を予め気絶させる。したがって自らの「父」になることへの欲望こそが、近親姦的な無限のループ構造を生み出したことも、唯一の脱出の方法が母殺しによる自己の存在否定であることも彼は知らない。そして自決を選ぶことなく、少女を得て、「父」になることが終わりなき日常を終わらせることだとまだ信じる犬丸もまた、これまでの少年主人公と同じように終わりなき迷宮の中をさまよい続けることになる。

ここで押井は、これまでとは逆に他者性を少年ではなく少女＝母に配置している。この『御先祖様万々歳！』では少女＝母が少年主人公にとっての他者として配置されているのだ。そしてこの他者（磨子）は明確に悪意を抱いている。これまで少年の、「犬」たちの欲望の対象となり、それゆえに世界の構造を体現しその支配者となり得ていた少女＝母が、自らその世界に悪意を抱き破壊を試みる――このアクロバティックな展開は『ビューティフル・ドリーマー』から一貫して押井が試みてきた高橋留美子的な世界の解体における決定的な一手だった。

「母」的な排除の論理に支配された終わりなき日常に諦念すること／それを祝福すること（＝「猫」になること）を拒否して、「犬」としてそこからの脱出を夢見る少年（犬丸）に残された可能性は、少女を得て「父」になることだ。しかしこれまで確認してきたように、「父」になることはむしろ

「母」への永続的な隷属を約束してしまう。それは同作においては「母」多美子を中心とする家族から、新しい「母」麿子を中心とした次世代の家族への移行、四方田家の永続として描かれた。この時点での押井は既に、少年性が世界の外部に立ち、共同体の内部に自閉する人々の他者として振る舞うことで「父」として成熟するという物語が、逆説的に「母性のディストピア」への隷属をもたらすことを完全に自覚していたに違いない。

ここで押井は、次世代の「母」を担う麿子に「犬」たちへの、「子」＝「父」たちへの悪意をもたせることによって、「少女」＝「母」に悪意ある他者を演じさせることによって、露悪的にこの真実を──父娘相姦的マチズモと母子相姦的な排除の論理との共犯関係を──告発したのだ。

本来はその支配者であるはずの少女＝母である麿子こそが、共同体の他者として振る舞うこと。悪意を抱いた確信犯が共同体の内部から、それも「母」という支配者を装ってその破壊を試みること。あたるの外部への逃走ではなく、ラムの内部への欲望に共同体への悪意を与えること。ラム自身に近親姦的な閉鎖性への悪意をもたせ、それを告発させること──それが同作で押井が取った戦略だった。

しかし文明の母殺しが自決として描かれたことが示すように、そして残された犬丸の末路が示すように、その告発の先に何らかの展望が存在することはない。その迷宮に出口がないことが示されるだけだ。それはまるで、真実を露呈させるための確信犯としてのテロ──政治的要求も、権力の掌握も目的としない表現としてのテロリズム──のようなものだった。そしてテロリズムとしての創作という押井の新しい創作態度は、『御先祖様万々歳！』に前後して押井が参加していた別企画によって戦後アニメーションに巨大なインパクトを残すことになるのだ。

8　特車二課の日常から

レイバーと呼ばれる人型作業用重機が普及した近未来――制作当時にとっての近未来なので1990年代末――多発するレイバー犯罪に対抗すべく警視庁はパトレイバー中隊を新設する。しかしパトレイバー中隊の、とくに急設された第2小隊の実態は問題警官と新人による独立愚連隊以外の何物でもなかった。隊長の後藤以下、第2小隊の若き警官たちはその強すぎる個性を発揮して首都を襲うさまざまな事件に立ち向かっていく――。

『機動警察パトレイバー』は押井の代表作として認識されているが、押井の同作への関与の過程は複雑だ。同シリーズは押井守、マンガ家のゆうきまさみなどによるユニット「ヘッドギア」の企画、原作によるオリジナルビデオアニメ（1988）を皮切りにその劇場版、マンガ、テレビアニメシリーズなどがほぼ同時に展開したものだった。最初のオリジナルビデオアニメと押井の監督した二つの劇場版、ゆうきまさみによるマンガ版、テレビアニメとその後日談を描いた第二期オリジナルビデオアニメの三つの世界がそれぞれ同一の設定をもつパラレル・ワールドとして展開し、ここに無数のノベライズやコンピューターゲーム、後に制作された番外編的な劇場版や実写ドラマ版などが加わるのだが、ここでは押井の手がけた主要作品、具体的には初期（第一期）オリジナルビデオアニメと二つの劇場版、そして後に（2014～15年に）制作された実写ドラマ版とその劇場版を取り上げたいと思う。

押井の作品歴の中で『機動警察パトレイバー』の関与は『紅い眼鏡』の後から始まる。ヘッドギアのメンバーの中で最後に加わったのが押井であり、それは数年前から企画されていた『パトレイバー』が具体化していくにつれ、演出家の参加が要請されたものだったという。これは『パトレイバー』の企画の骨子の部分に押井の関与が低いことを意味する。押井自身もまた、『パトレイバー』の企画参加時のことをこう回想している。

僕は、もともと、メカものとしては、やる気がなかったから。はっきり言って、埋立地の若い警官たちの、どうしようもない連中の落ちこぼれのドタバタをやればいいんだと。『うる星』と同じである。だから、教員室のかわりに隊長室がある。教室のかわりにオフィスがあって、要するに、こいつらは生徒である。半人前である。一人前の警官になる前の、猶予された時間のドタバタの物語だ。だから、そういうふうなごっこ遊びの世界だから、警官だけど警官らしくない。警官ごっこみたいなもんだと。[*10]

押井にとって『パトレイバー』のコンセプトは当初、「猫」的な当時の若者たちの日常的風景を用いたスラップスティックを演出することにあり、ゆうきまさみのマンガ版でのちに展開するような若い警官たちの青春群像と警察の所有するロボットのヒーロー的な活躍、といったコンセプトには懐疑的だったことが窺える。

実際に、押井が監督したオリジナルビデオアニメ版（第一期）は押井の意図したとおりほぼ公務員の日常的風景を用いたスラップスティックとして展開する。その内容もパロディと遊び心にあふれ、バラエティ豊かなものになった。いつまでたっても主役のロボットが納品されない、という展開で笑いを誘う第1話、スパイ映画パロディの第2話、怪獣映画パロディの第3話、そしてロボットを脇役に配置しミステリー映画風のコメディが展開する第4話――こうした「なんでもあり」の展開を逆手に取って押井が手がけたのが第5話／6話の「二課の一番長い日」――自衛隊のクーデターを描いた前後編だった。

「二課の一番長い日」は正味60分の短い時間の中で、近未来日本（設定は90年代末）を舞台に自衛隊が決起するというスリリングな内容を凝縮して展開することに押井の演出手腕は集中しており、後の『パトレイバー2』で作品の背景をなした「戦争論」も、これまで展開されてきたアニメーションという装置を用いた虚実の皮膜をめぐる認識論と性的な想像力との重ね合わせも存在しない。

しかし、この第一期オリジナルビデオアニメの商業的成功と、『パトレイバー』の設定の持つ奥行き――具体的には近未来日本を舞台にしたSF設定を用いたポリティカル・フィクションの可能性――そして、それを可能にするヘッドギアのメンバーであり『うる星やつら』テレビアニメシリーズの頃から度々タッグを組む脚本家の伊藤和典の脚本術は、押井にとって大きな武器になった。そしてその翌年の1989年に公開された劇場版が、『ビューティフル・ドリーマー』に続く押井の代表作『機動警察パトレイバー the Movie』だった。

9　押井守の情報論的展開

こんどの映画でやりたいことを一言で言えば、時代性。今の時代に自分が何を考えているのかを、多少なりとも込めたい。［中略］僕は東京で生まれて東京で育った人間なんだけど、子供の頃から見てきたイメージからすると、この街はもう引き返し不可能点に来ている。膨れ上がるだけ膨れ上がって、パンクするしかない。実際に都市で生活している若い人にはそういうことがよく判っているはずなんだ。

実際、人間というのは、どんどん変わっていく風景には馴染まない。今の東京は形態がどんどん変わるのがウリなんです。都市の変化のスピードに自分の感覚が遅れてしまうことの恐怖。それが彼らの中に蔓延しているんです。

でも、東京をこんな街に作り上げてしまったのは僕達の世代なんです。そういう意味で原罪を背負っている。それにどうオトシマエをつけるかということ。それは単純に「壊れてしまえ」というヒステリックな表現じゃなく、もう少し他の抵抗の仕方。今の都市環境とかコンピュータ・システムと、どう対応して生きていくかっていうこと。[*11]

これは、押井が『機動警察パトレイバー the Movie』公開時に、雑誌のインタビューに答えたものだ。永遠に再開発を続けながら肥大する東京の姿は当時の消費社会の象徴であり、そしてこうした高度資本主義の風景は、『ビューティフル・ドリーマー』において、あるいは『御先祖様万々歳!』において、12歳の少年のまま永遠にモラトリアムを謳歌する戦後社会下での成熟の困難と重ね合わされていた。

そして『御先祖様万々歳!』と同時期に企画、制作された『機動警察パトレイバー the Movie』——押井はここで、これまで熟成させて来た世界観を現実の日本に、具体的にはバブル期の東京に重ね合わせた。それは『御先祖様万々歳!』で戦後的中流家庭に向けられていた磨子の悪意が、バブル期の東京という街に対して向けられることを意味した。

二つの人工島を経て木更津–川崎間をむすぶ総延長15キロメートルの大突堤建設が本格的に始まることになります。完成の暁には首都圏を一周する大環状線が開通するだけでなく、十数箇所に設置された水門で潮差を利用した排水を開始。海面沈下と埋立で10年後には東京湾に45000ヘクタールの用地を確保。21世紀を通しての首都圏の用地問題が一挙に解決されます。永遠の都バビロン、コスモポリス東京をめざす文字通り今世紀最大の洋上工事計画バビロンプロジェクトというわけですよ。*12

これは、同作の冒頭に挿入された『パトレイバー』シリーズの舞台となる近未来の東京で展開する首都改造計画「バビロンプロジェクト」の概要だ。東京湾を埋め立て、途方もなく肥大するメガシティの用地問題を決定的に解決すべく実行された戦後最大の公共事業——押井はこの設定を、バブル期の東京の乱開発と重ね合わせた。

『パトレイバー』の世界で普及した人型作業用重機（レイバー）の基本動作を司るOS開発の中核を担っていた天才プログラマー（帆場暎一）は、この未曾有の発展を遂げるメガロポリスに悪意を抱き、グローバルスタンダードになりつつある新型OSの中にウイルスを仕掛け、ある条件下で操縦者の手を離れ暴走するプログラムを東京中のレイバーにインストールする。自らのテロの成功に確信をもつ帆場は事態の推移を見守ることなく自殺——特車二課第2小隊は、帆場の遺した痕跡を追いながらレイバー暴走プログラムの条件を探り、レイバーの一斉暴走がもたらす首都圏壊滅を回避すべく奮闘する。劇中で第2小隊の後藤隊長は帆場の意図を推理して、述べる。

「全てが聖書との暗号にもとづく計画だとすれば、ターゲットからバビロンプロジェクトを洩らすはずがない。災いなるかなバビロン、そのもろもろの神の像は砕けて地に伏したり。［中略］自分のプログラムに絶大な自信をもっていたのさ。そうでなけりゃ結果も見定めずに死んだりしやしない。恐らくあいつは俺たち、いやこの街に住む全ての人間を嘲笑しながら飛び降りたに違いないよ」

『パトレイバー the Movie』についてはまず1989年公開の映画で重機のOSに仕掛けられたウイルスプログラムを用いたサイバーテロが描かれていたことに、驚愕せざるを得ない。ここに当時の押井の圧倒的な先見性を発見することは容易い。

しかしここでより重要なのは押井がこれまで構築してきた「夢」の世界から、それまで押井の世界を呪縛していた少女＝母的な登場人物が消失していることだ。そして夢の世界は母胎の比喩ではなく再開発と増殖を機械的に反復する都市――東京――に置き換わった。この置き換え――ある種の情報論的展開――によって押井は世界に対して新しいアプローチを見出すことになった。

同時期に制作された『御先祖様万々歳！』で磨子が家族に対して向けたものと同じように、帆場もまた東京に対して純粋な悪意を向ける。磨子が近親姦的なディストピア構造を、自らがその中心たる「母」となることで露呈させたように、帆場もまたこの東京という都市を支える構造（コンピューターとそのネットワーク）を内部から掌握（ハック）し、その本質を露呈させる。そして磨子がそうしたように、帆場もまたこの世界を支配する構造とその構造に依存する人々の罪をある種のテロリズムとして告発し、そして自らの存在を抹消する。

『御先祖様万々歳！』と『パトレイバー the Movie』が同時期に制作されていることは前述した通りだ。磨子＝悪意ある「母」とは、世界の外部から来訪する他者ではなく、内部からその構造を露呈させるテロリストだった。このテロリストとしてのアプローチは、世界を自己増殖する都市とコンピューターのネットワークとして捉える視線（押井の言う「時代の要請する視線」）に対応していた。

外部への脱出から、内部からのハッキング／テロリズムへ。少女／母性から都市／コンピューターへ――このときの押井守の見せたある種の情報論的展開は、それまでアプローチ不可能なものとして描かれていた世界の構造をアプローチ可能なものにしたのだ（もしかしたら、逆かもしれない。本作における情報論的展開によって培われたものが『御先祖様万々歳！』に応用され、麿子というテロリストとしての「母」というイメージを生んだ可能性も高い）。

いずれにせよこれは押井が手に入れた新しい世界との対峙の方法だった。出撃命令を待ち続けて敗北を迎え、主人（マルクス主義）を失ったまま出口のない迷宮（消費社会）をさまよう「犬」たちを、そんな消費社会に諦念することしかできない「猫」たちを嘲笑しながら、帆場は死んでいったのだ。高橋留美子的な「母」性とは「犬」（その不可能性を自覚しながらも、外部への脱出を志向すること）から「猫」（「終わりなき日常」に諦念し、外部への脱出を断念すること）への撤退戦の中で要請されていったものだ。しかし、このとき押井は恐らくは初めて外部に脱出することなく夢の世界を内破する方法を手にしたのだ。こうして少女＝母はその姿を消した。

引用したインタビューにあるように、押井は当時の都市環境とコンピューターのシステム（の発達の予感）への対応を、かつて高校生活動家として自らが憧れた新左翼的なメンタリティ――「壊れてしまえ」というヒステリックな表現――とは「異なる対応」を時代への回答として描いたのだ。

それは、これまで少女／母性に象徴化されてきた消費社会／ポストモダンの生――個人と世界とのつながり――に具体像が与えられたことを意味した。このとき押井は――宮崎駿の言葉を借りれば70年のバリケードの中に閉じこもっていた押井は――初めて「いま、ここ」の社会的な現実に対しアプローチしたのだ。先の引用部はこう続く。

ぼくは、今回の映画を自分をふくめて見ている人が、東京ってどんな街なのかとらえなおす契機にしたいと思っている。それから、何を根拠に主人公たちが戦うのか。〔中略〕いまの若者は何を考えているのか、どういう理由があれば戦えるのか。それを考えて作っているつもりです。[*13]

特車二課第2小隊の青年警官たちは消費社会の「終わりなき日常」に順応した「猫」たちであり、そして彼らを率いる後藤隊長は一世代上の「犬」の生き残りだ。そしてかつて「犬」であった後藤＝押井が「猫」の世代の若者たちと向き合ったのが『パトレイバー』だった。それは同時に押井にとって全共闘的、新左翼的な「『壊れてしまえ』というヒステリックな表現」とは異なる「もう少し他の抵抗の仕方」の提示でもあった。

帆場のテロがその世界を支配する構造にアプローチし、それを内部から利用したもの（ハッキング）であったことは既に触れた。後藤もまた帆場と同じようにこの世界の構造――都市とコンピューターのネットワークと、そして巨大な官僚機構――に内部からアプローチすることで対抗する。残された手がかりから帆場の意図を推理し、そのメッセージを正確に受け取ることで、つまり確信犯としての帆場の目的を完遂することで、その手段のもたらす被害を最小限に留めること。後藤は帆場の思想をもっとも正確に読解し、共感しながらも、警察官としてその企てに対抗していく。確信犯としてのテロリストと、その意図を推理し言語化する探偵という構図がここに完成する。テロリストのメッセージはその意図を推理する探偵によって読み解かれ、言語化されることで初めて正確に伝達される。その読解によって初めて探偵はテロの生む情況そのものを解除することが可能になる。探偵はテロリストのメッセージの翻訳と読解を担う対価として、その情況を終息させる権利を与えられるのだ。この構図は以降の押井作品でも度々反復されることになる。それはこれまでただ失われた主人公を求めてさまようしかなかった「犬」たちが、「猫」の時代に対応することで得た新しい世界へのアプローチ方法だった。

1984年当時『ビューティフル・ドリーマー』で注目を集めていた押井は、同年公開の『風の谷のナウシカ』と宮崎駿をめぐるインタビューで以下のように述べている。

だから、アニメーションの作り方にしろ、考え方にしろ、宮崎さんたちの世代とはノウハウにちがいがあるんです。つまり、あの人たちが信じているものが、ぼくらには信じられないんです。たとえば「ナウシカ」では、理想的な共同体が「風の谷」という形で、描かれています。［中略］ところが、ぼくらは共同体や仲間という存在がストレートには信じられないところに立って、作品を作っているんだと思います。だから、人間が守らなければならないものを描くにしても、あんなふうになんの疑いもなしにはそれを描けない。こういったちがいが、ぼくと宮崎さんの思春期の体験のちがいなのか、資質のちがいなのか、さっきいった世代のちがいなのか、はっきりはいえませんが、でも、とにかくぼくにはああいうふうな臆面のなさはないと思うわけです。[*14]

このインタビューの4年後に始まった『パトレイバー』シリーズは押井が共同性を肯定的に描いた唯一の作品だったと言える。特車二課第2小隊の「猫」のような若い隊員たちとそれを率いる転向した「犬」としての後藤隊長――それは外部からの革命ではなく内部からのハッキングとして、テロリストと探偵の奇妙な共犯／対立関係によって世界に対して新しいアプローチ方法を得た押井が、そして宮崎駿のような「臆面のなさ」をもたないと自嘲する押井が、ようやく見出した共同性（へのアイロニカルな肯定）だったようにも思える。

『パトレイバー the Movie』における情報論的展開は、押井に初めて夢から現実への脱出口を与えたと言っても過言ではない。
そして同作からの数年間——押井にとって映像、とりわけ劇映画という制度への自問と、その制度を上書きすることになるであろうコンピューターのネットワークというモチーフが作品の中で台頭してくるのだ。その端緒となるのが1992年に公開された実写映画『Talking Head』だった。

10 「演出家」への道

押井との仕事も多い演出家の野田真外は評論集『前略、押井守様。』で押井の初期作品——『ビューティフル・ドリーマー』から『GHOST IN THE SHELL 攻殻機動隊』(1995)までの作品の中に共通するモチーフに注目し、その構造分析を詳細に行っている。これは『攻殻機動隊』までの押井守論としてはほとんど決定的なものだと言える。
例えば本書でも取り上げた押井作品に反復して登場する「少女」モチーフについて野田は注目する。野田によれば彼女たちこそが押井作品における他者の象徴であり、さらにその世界を支配する神であるとする。あるいは『ビューティフル・ドリーマー』や『紅い眼鏡』のループ構造、『パトレイバー the Movie』のサイバーテロなど、情況を演出するまさに「演出家」的な役割を果たす存在が押井作品には度々設定され、これらの作品の物語は彼/彼女の動機をめぐって進行する、と指摘している。[*15]
野田の分析は詳細であるがゆえに、やや抽象化が不十分なきらいがあり、構造分析に基づく分類としては例外が多い。例えば『ビューティフル・ドリーマー』で押井が展開した他者論は、本書で紹介したものよりも物語展開上は複雑な構造をもっているのだが、野田はこうした全体に対し影響の薄い細部までを逐一指摘しながら論を進めている。その一方で、「少女」モチーフが他者性の象徴として一貫して用いられているとするには例外が多く、そのため本書ではむしろ「少女」モチーフの変遷に注目した。しかし、こうした些末な点を度外視すれば、野田の分析自体は十二分に議論のベースになり得るものだ。

「少女」については本書で既に検討を加えているが、簡単に復習しよう。この時期までの押井作品にとって世界とは「少女」たちの見た夢のようなものだった。それは終わりのないモラトリアムとして表れている一方で、確実に存在する（しかし不可視の）外部によって維持／支配されている。そして押井の描く主人公たちはモラルのために――『ビューティフル・ドリーマー』のあたるの言葉を借りれば〈好きな女《ひと》を好きでいるためにその女から自由でいたい〉[*16]と考えるため「少女」の他者として振る舞い、不可視の外部へ脱出しようとする。こうした主人公たちの動機は、必然的にモラトリアムを終わらせる成熟として――少女性に対するマチズモの実現として――描かれることになる。しかし少女にとっての他者であろうとすることこそが、モラトリアムから卒業し「父」として機能しようとするその欲望こそが「少女」のその世界に対する支配力を保証し、彼女たちの夢からの脱出を不可能にしてしまうことを押井は自覚し、露悪的に提示するようになっていく。

『御先祖様万々歳！』の「少女」＝麿子がその世界の支配者＝母として機能するのは、犬丸が麿子を所有することで「父」として機能しようとするからに他ならない。犬丸が麿子を所有しようとしないかぎり、麿子はその欲望を利用して四方田家の支配者として機能することはないのだ。同様のことが『ビューティフル・ドリーマー』のラムにも言えるだろう。ラムがあの「夢」の世界の中心にいられるのは、あたる、夢邪鬼、その他の脇役たちも含めそこにいる男たちが彼女を所有し「父」になりたいという欲望を抱いているからだ。

『天使のたまご』から『紅い眼鏡』へ、そして『御先祖様万々歳！』へ――押井の描く物語は、「少女」たちの見た夢とその崩壊を描くものから、「父」になろうとすることで夢の世界をさまよい続ける犬たちの物語に変化した。少年＝犬たちは、少女たちの他者として振る舞おうとする＝彼女たちの夢の外部に立とうとする＝彼女たちを所有し「父」になろうとすることで、逆説的にその胎内に取り込まれ、終わらない夢＝モラトリアムをさまよい続けることになる。やがて押井の意図はこのループ構造を――矮小な父娘相姦的物語が肥大した母子相姦的システムと結託するこの構造を――露悪的に、一種のテロリズムとして告発することに傾いていった。その一つの完成形が少女＝母自身に夢の世界への悪意をもたせ、破壊させた『御先祖様万々歳！』だった。

ラムと磨子に違いがあるとすれば、それは磨子が「少女」だけではなく、野田のいう「演出家」を兼ねていることだ。野田のいう「演出家」とは押井守の作品において、物語外から物語内の情況をメタレベルからのアプローチで支配する存在＝押井自身の分身に他ならない。

『ビューティフル・ドリーマー』において、世界の（無意識の）支配者＝「少女」＝ラムとその（意図的な）維持者＝「演出家」＝夢邪鬼は別人だった。しかし、『天使のたまご』から『紅い眼鏡』へと進行する中で少女は次第に「演出家」としての側面を強めていく（例えば『紅い眼鏡』の少女はその世界を見守るだけではなく、紅一の帰還を促す役割を担っている）。この少女＝演出家の等式の成立過程は、前述のシステムとその構造を露呈させていく過程でもあるだろう。「少女」と「演出家」が接近した理由は明白だ。それは「演出家」＝押井の意図が、夢の世界をさまよう犬たちの物語を描くことから、夢の世界の構造を露呈させることに傾いていったからだ。夢の世界のシステムの支配者である少女＝母が「演出家」を兼ねることによって、「少女」に悪意をもたせることによって、より直接的に、そして深いところから夢の世界の構造を露呈させることを選択したのだ。

矮小な父娘相姦的マチズモが肥大した母子相姦的システムと結託すること——前者が後者の内部だけで擬似的に実現されること、そのことによってシステムの外部への想像力を失うこと——押井は『御先祖様万々歳！』で磨子という「少女」と「演出家」を兼ねる存在を設定することで、このループ構造＝「母性のディストピア」の本質を、ある種のテロリズムとして表現したのだ。

そして『御先祖様万々歳！』『パトレイバー the Movie』を経て制作された『Talking Head』はアニメスタジオを舞台とした不条理劇というかたちで押井守の映画論、とりわけアニメーション論が展開する、言ってみれば「映画論映画」だ。物語は失踪したアニメーション監督の後任として制作中の作品を引き継いだ演出家の「私」が、あるアニメスタジオに現れたところから始まる。「私」は前任者の意図を探るべく脚本家、作画監督、音響監督などスタッフと打ち合わせを行う。スタッフたちは饒舌に独自の映画論を語り、「私」と議論するがいずれもその直後に何者かによって殺害されていく——のだが、同作の中心は明らかにそこで語られる映画論それ自体であり、ほとんどこうした物語展開自体には意味がない。

劇中で展開される議論の端緒となる台詞の多くは四方田犬彦『映画はもうすぐ百歳になる』（筑摩書房、1986年）からの引用だが、その文脈は押井独自のものであり、同作はある種の押井による自己批評的な作品でもある。その中でももっとも押井の独自色が強いものが、以下に引用するアニメーションにおけるキャラクターをめぐる考察だ。[*17]

「キャラクターについて語ることには、常にある種の困難が伴います。というのも、キャラクターについて語るとき、人はより多く無防備で、無意識につき動かされ、それと気づかぬところで、イデオロギッシュな立場に立たされるからに他なりません。御存知のように、通常観客は「ペルソナ」と呼ばれる映画的身体、即ち『俳優によって演じられる具体的な役』という審級を通し、主人公・かたき役等の物語における役割や、弁別可能で内面的人格をもつ個人としての審級を了解する訳ですが、アニメにあっては、この「ペルソナ」の実体を為す実在としての俳優が存在せず、このことが問題をさらに複雑怪奇にしているのです」

「動きと、時に応じ声優によって付加される音声さえあれば、アニメに不可能なキャラクターは存在しません…。〔中略〕しかし、現実にはこの無制限な可能性ゆえにアニメのキャラクターは、これに関わる人々のイデオロギッシュな要求、すなわち好みや思い入れを担いきれずに苦悶する事になるのです」

「結局のところ、キャラクターとは映像を触媒として観客の内面に増殖する実体をもたぬ存在であり、無数のエピソードやシチュエーションによって補強されたイメージに過ぎないのか、と…監督の迷いはこの一点にあったようです」

これまでの押井の手がけた作品はいずれも虚構からの脱出＝破壊条件を問うものだった。しかし自己批評として展開するこの『Talking Head』では逆に映画を撮ること――すなわち虚構の成立条件が問われている。より正確にはここで問われているのは、虚構をコントロールすること＝演出することの成立条件だ。

押井はここでアニメーションのキャラクターに根拠を与えているのは作家と観客の欲望そのものであることを指摘している。キャラクターとはいわば作り手の欲望によって成立する夢の器のようなものであり、観客はアニメーションを観るという行為によってその他人の夢に自分の夢を重ねあわせる。こうして不特定多数の人間の夢の集合体としてキャラクターという存在は自己肥大を繰り返していく（二次創作的な像が連鎖する）。アニメーションのキャラクターにおいて、図像が重要な役割を果たすのは映画に代表される20世紀に発達した視覚メディアにおいて図像がもっとも不特定多数の観客の欲望の結節点として効率的であり、そして作家たちによって設定されなければ存在できないアニメーションにおいて、もっともコントローラブルな映像であるアニメーションにおいて、その効率性が最大化されるからに他ならない。

「映画の中で繰り返し語られ、たえず話題の中心となりながら一度としてその姿をスクリーンに現わさぬ、不在のキャラクター……。不在であるが故に、ペルソナや、その堆積として発散される特定のキャラクターの神話的雰囲気という具体的審級を必要とせず、内面的人格として認識されつつも不特定多数の観客の恣意の視線に晒されることのないキャラクターそれ自身。ただ演出するものの意思のみによって根拠づけられた、純粋にして究極のキャラクター！」

「たえず登場していながら、その実不在であるキャラクター…そんなキャラクターもまた…あり得るのではないか……と……」

ここで語られている「不在のキャラクター」として真っ先に思い浮かぶのは『パトレイバー the Movie』の帆場瑛一だ。そう、ここで押井が語っている「不在のキャラクター」とは「演出家」のことに他ならない。

『御先祖様万々歳！』と同時期に制作されていた『パトレイバー the Movie』には帆場という「演出家」は存在するが「少女」は存在しない。それは前述したとおり、同作において押井がこれまで性的なモチーフを用いて展開してきた虚構と現実、夢と現実をめぐる物語が都市論と情報論に変換されているからだ。「少女」の見た夢は、バブル期の東京の見た夢に変換され、性的なモチーフはコンピュータネットワークというモチーフに置き換わり、「演出家」は「少女」から「不在の他者」に置き換わったのだ。一種の情報論的展開によって、『御先祖様万々歳！』の麿子の失踪と同時に「少女」モチーフは消滅し、『パトレイバー the Movie』では彼女のもう一つの側面――「演出家」だけが、自己増殖を繰り返す都市とコンピューターネットワークに対するテロリスト（帆場瑛一）として、それも正しく「演出家」＝不在の他者として登場したのだ。

『Talking Head』の舞台となるスタジオには「少女」の幽霊がたびたび現れ、主人公たちの演じる不条理劇を見守っている。そう、同作もまた「少女」の見た夢なのだ。そして劇中でこの「少女」は（むしろ「演出家」とは真逆の存在と言える）「お客さん」と呼ばれている。これが意味するところはなにか。

『Talking Head』では同様に「少女」たちの見た夢とその外部、虚構と現実をめぐる問いが、映画の自意識をめぐる問いに、劇映画という制度をめぐる問いに、映画という虚構と映画を作ることという現実をめぐる問いに変換されているのだ。

『ビューティフル・ドリーマー』で、『天使のたまご』で、『紅い眼鏡』で「少女」が見続けてきた夢とは、一方ではマルクス主義の敗北と消費社会の台頭が生み出した都市の風景とそこで展開する「終わりなき日常」であり、一方では劇映画という制度そのものに他ならなかったことが、ここで告白されている。

他者を排除することで成立する「少女」たちの夢とは、あるいは「父」になることを渇望する少年たちの見た夢とは、実はこうした夢を反復して描いてきた＝映画という物語に取り憑かれた作家の見続けている夢でもあったことを、押井はここで告白しているのだ。そして、ここでも性的なモチーフが情報論的（メディア論的）なモチーフに変換されていることを忘れてはならないだろう。

引用した『Talking Head』のモノローグが示しているのは、端的に押井が「不在のキャラクター」というかたちで究極の他者＝演出家の存在をその作品世界に導入することに拘泥してきた、という事実だ。そしてここで問われるべきは、押井はなぜ「演出家」という本来は映画の外部からその世界を決定する存在を、不在のキャラクターというかたちで映画の内部に導入する必要があったのか、という問いだ。その答えは明白だ。母胎の、夢の、システムの外部の存在（と、その到達不可能性）を示唆するためには「演出家」という物語外の存在が（不在の）キャラクターとして物語内に侵入し、内部からその虚構性を告発する必要があるのだ。演出家という不在のキャラクターの意図を物語内で追求することによってのみ、夢は、映画はその虚構性を自覚し外部への意識を喚起されるのだ。

『Talking Head』の結末で、「私」とは精神疾患によって前任者の監督が生み出したもう一つの人格であることが明かされる。映画を撮ることそれ自体を映画にすること——『Talking Head』という演出家を主人公とした映画は必然的に彼に人格分裂をもたらした。映画を撮ることそれ自体を映画にすることは、主人公とその他者を同一人物が兼ねることを意味する。かくして「私」は自らを演出家とキャラクター（登場人物）に分離する。

そして、「母」としての役割からも、「演出家」としての役割からも解放された少女は、まるで観客のようにその世界をただ見つめるだけの存在に変化した。しかし、磨子の血を引く彼女はもはやただその世界を夢見る存在ではない。『Talking Head』のラストカットで、少女＝「お客さん」は不気味に微笑む。彼女は明確に悪意を抱いている。『Talking Head』以降、こうした悪意をもった少女の不気味な微笑みは度々押井作品のラストカットを飾ることになる。それは常に、映画＝夢のその先にある新しい世界の存在を示唆しているのだが、この問題については『攻殻機動隊』以降の作品を取り上げる際に再度論じよう。

『パトレイバー the Movie』から『Talking Head』へ――この時期の押井守の情報論的展開はその作品世界を決定的に拡大させることになった。「間に合わなかった全共闘世代」の自意識の表現としてのさまよえる犬たちの物語と、彼らが迷い込んだ少女の夢のような「終わりなき日常」――この世界の中で「犬」たちはシステムの支配下で永遠に出口のないモラトリアムを反復するしかなかった。押井の作品の根底に、その諦めと哀しみが横たわっていることは間違いない。しかし押井はこの時期にこれまでの性的なモチーフを情報論的なモチーフに、間に合わなかった全共闘世代の自意識を映画の、映像の自意識に変換することで強力な武器を手に入れた。それが「映像の世紀」から来るべきコンピューターネットワークの世紀までを貫く、情報論的な視座だった。東京という自己増殖を繰り返す都市と、都市の肥大が象徴する戦後日本の「終わりなき日常」を破壊するテロリズムとしての映画と、その武器としての情報論的なアプローチ――象徴としての都市に、情報論的なアプローチを武器に挑戦すること。これによって押井は初めてその世界観を構成してきた戦後という長すぎた時代に対して、思想的なテロリズムとしての告発を行うことが可能になり、それが押井守という演出家＝テロリストの動機として浮上したのだ。

そして、新しい武器を手に入れた演出家＝テロリストが次の創作＝犯行の主題として選んだもの――それは、「戦争」だった。

11 「映像の世紀」、その臨界点――『機動警察パトレイバー2 the Movie』

『機動警察パトレイバー2 the Movie』はこれまでの押井守の創作活動の集大成として現れた。そしてそれは戦争と平和をめぐる映画であると同時に、現実と虚構、実体験と映像をめぐる映画だった。

東南アジア某国――PKOによって現地に派遣されていた自衛隊のレイバー部隊が、現地ゲリラ勢力と交戦状態に陥る。部隊の指揮官である柘植行人《つげゆきひと》は自身と部下を守るために発砲許可を求めるが、無線機の向こう側から届く声はこれを拒否する。〈交戦は許可できない。全力で回避せよ〉――そして、平和憲法の原則によって反撃を禁じられた柘植の部隊はゲリラ勢力によって一方的に攻撃され、一人また一人と部下たちが命を落としていく。そして、最後の一人になった柘植は、ついに国家の命に反して、銃口を開く。しかし時既に遅く、柘植のレイバーもまたゲリラの攻撃によって破壊される。部隊は全滅、ただ一人生き残った柘植はコクピットから脱出し、異国の空を見上げる――。これが『パトレイバー2』で描かれるプロローグだ。

このとき柘植の座るコクピットは現実から遮断され、彼はモニターを通して装甲一枚隔てた目の前にある現実＝戦争をコンピューターによって整理され、再構成された「情報」として受け取っている。そのためこのとき柘植にとっては目前に存在する攻撃の脅威も、無線を通じて発砲を禁じる命令を伝える後方からの声も等価なものとして表れている。だからこそ、一人生き残った柘植がコクピットから脱出し、ヘッドマウントディスプレイを脱ぎ去るシーンがショッキングに機能する。傷つき、ただ一人佇む柘植を、現地の遺跡らしい仏像が無機的な表情を浮かべて見下ろしている――。彼は自分がほとんど彼岸のように立ち現れる遠い場所に立っていることを、恐らくこの瞬間に――肉眼で世界を直視することで——初めて認識したのだ。

そう、同作において、押井がこれまで展開してきた虚構と現実をめぐる問いは、映像と実体験をめぐる問いに変換され、さらにそれは平和と戦争をめぐる問いに変換されている。宮崎駿が憧れ、富野由悠季が憧れながらも憎悪し、そして高橋留美子が祈りとして表現してきた「母性のディストピア」は、押井守の情報論的展開を経由することで（性的なモチーフを情報論的なものに変換することで）かたちを変え、この国の戦後という虚構そのものとして表れたのだ。

この柘植こそが同作で描かれるテロの首謀者であり、同作における「演出家」だ。磨子や帆場がそうであったように、押井守の分身はもはや犬として母胎じみた虚構の中をさまよい続けることはしない。彼らはまるで映画監督のように物語の他者として情況＝映像＝虚構を演出する存在だ。そして『Talking Head』で語られたように、登場人物たちが探偵として、そんなテロリスト＝演出家の意図を探ることで物語は展開する。

そして、柘植の敗北から3年後——横浜ベイブリッジが爆破される。

テロとの見方が大勢を占める中、匿名の人物によってテレビ局にリークされた映像から自衛隊機の関与の可能性が浮上したことで、ベイブリッジ「爆撃」事件は全く異なった様相を呈することになる。

かつて数々の超法規的活躍で首都の危機に対抗してきた特車二課第2小隊も代替わりし、一抹の寂しさを覚える後藤隊長に、荒川と名乗る自衛隊の情報将校が接触を図る。後藤に「最悪の事態」の回避のために協力を要請する荒川は、爆撃を実行したグループの中心人物として柘植の名前を挙げる。後藤の同僚として数々の危機に対し共闘してきた第1小隊隊長・南雲しのぶは、その名前に息を呑む。柘植としのぶは、柘植がＰＫＯとして派遣される以前愛人関係にあった。荒川は柘植を中心としたグループによるクーデターの可能性について言及し、後藤に協力を要請する。後藤はしのぶと彼女を監視しているであろう荒川との複雑な緊張関係を保ちながら連携し、柘植の意図を追うことになる。

「これはクーデターを偽装したテロにすぎない。それもある種の思想を実現するための確信犯の犯行だ。戦争情況を作り出すこと。いや、首都を舞台に戦争という時間を演出すること。犯人の狙いはこの一点にある。犯人を捜し出して逮捕する以外に、この情況を終わらせる方法はない」[*18]

この台詞は映画の後半に後藤が柘植の犯行動機を解説したものであると同時に、ほぼ押井の演出意図を述べたものだ。『パトレイバー2』は基本的に柘植の演出する戦争「情況」の推移と、後藤と荒川のその情況をめぐるダイアローグで展開する映画だ。前者は主にテレビ上でのニュースと緊急放送のシミュレーションとして描写され、後者はその「解説」として配置されている。

これは『Talking Head』で押井が提示した(「物語のための映画」ではない)「映画という物語」の実践に他ならない。映画が手品として、魔法としての力をその誕生から間もなくして失ってから100年近く――押井は映画を手品に、魔法に回帰させることなく物語の器から解放しようとした。その巨大な問いの回答が、東京における大規模テロのシミュレーションであり、そのシミュレーションをマスメディア上のできごととその解説として表現すること、だった。

多くの観客は同作を初めて観たとき、その上映時間の大半がテロの発生からそのメディア上での共有を通じた情況の推移、そしてその情況の後藤と荒川による解説で占められていることに愕然とするだろう。第一に劇中で展開する事件の報道とその解説で物語が進行することそれ自体に、第二にその圧倒的なリアリティに。

現代日本に生きる私たちの多くはこの映画を再見したとき、首都が事実上の戒厳令下に置かれる場面で間違いなく2011年の3月11日を思い出すはずだ。あのとき、被災地から遠く離れた場所に住む人々はラジオやテレビの緊急放送を通じて事態を把握し、つまりモニターの中の整理された情報として遠くの現実を受け取り、識者たちによる「解説」がそれに輪郭を与えていったはずだ。1993年の押井守はそれに20年近く先駆けて戦争という個人の想像力を超えた巨大な力の生む情況を、あくまでモニターの中の現実として、いや、正確にはモニターの中の整理された情報としてしか触れることのできないものとして描き出したのだ。

「だがあんたは知ってるはずだ。正義の戦争と不正義の平和の差はそう明瞭なものじゃない。平和という言葉が嘘吐き達の正義になってから、俺達は俺達の平和を信じることができずにいるんだ。戦争が平和を生むように、平和もまた戦争を生む。単に戦争でないというだけの消極的で空疎な平和は、いずれ実体としての戦争によって埋め合わされる……そう思ったことはないか。その成果だけはしっかり受け取っていながらモニターの向こうに戦争を押し込め、ここが戦線の単なる後方に過ぎないことを忘れる。いや、忘れた振りをし続ける。そんな欺瞞を続けていれば、いずれは大きな罰が下されると」

これは劇中で交わされる後藤と荒川のダイアローグによる「戦争論」の一部だ。「ここ（戦後民主主義＝アメリカの核の傘の下の日本）は戦線の後方に過ぎない」という議論は、前述したように朝鮮戦争、ベトナム戦争と戦後史の中で反復されてきたが、ここで重要なのは、後藤と荒川の戦争論が情報論に接続されていることだ。

「映像の世紀」を生きる私たちにとって、遠くの、そして人間の生活の実感を超えた巨大な情況の展開は映像内のできごととしてまず存在することでしか共有されない。いや、正確には逆だ。反復するが、「映像の世紀」と呼ばれた前世紀は、映像という装置によって極めて効率的に大規模な国民国家の統合と維持が可能になった時代だった。映像という装置を経由することで、初めて遠くのものごとが、巨大な情況の展開が、かつてない規模で人類にとって共有可能になったのだ。

したがって戦場での柘植がそうであったように、作中の人々も、この映画を観ている私たちもまた、東京で進行する戦争という情況をモニターの中のできごととして認識するほかはない。そして柘植のテロは常にメディア上の情報操作によって補強されたものだった。前作の帆場のサイバーテロがそうであったように、押井の東京へのテロは常に情報論的な展開として表現される。東京という虚構を破壊し得るものは、劇映画という制度を破壊し得るものは、「映像の世紀」が作り上げた戦後の偽りの平和を破壊し真実を露呈させ得るものは、情報論的な介入しかあり得ないのだ。

その結果、横浜ベイブリッジへの爆撃は捏造されたビデオテープがテレビ局にリークされることによって自衛隊の関与が演出され、第二撃は航空自衛隊の防空システムへのハッキングによって首都への空爆を演出するサイバーテロとして表れた。まさに映像を、虚構を演出すること――それ自体が押井＝柘植の手段であり、目的に他ならないのだ。

戦争という現実が目の前で進行しているにもかかわらず、人々はモニターの中のできごと＝虚構としてしかそれを受け取ることができない――それは柘植がかつて任地で直面した体験そのものだった。荒川は柘植＝押井の意図をこう解説する。〈柘植は3年前、自分の部下を死なせたのと同じルールで、今度は俺達がどんな戦争をするのか、それを見たがっているのかもしれんな〉。

柘植は決起と同時に、東京という都市を支えるあらゆるコミュニケーションの手段（メディア）を破壊する。戦闘ヘリコプターの攻撃で都内の橋という橋――まさにコミュニケーションの象徴――を破壊する。そして電波塔と共同溝を爆破し通信回線を遮断した上で、回遊する飛行船を用いて都内を強力なＥＣＭ（Electronic Counter-measures の略で、軍事的な電子対抗手段、要するに電波妨害）下に置く。柘植たちはこのあらゆる通信手段が破壊された情況を単に「情況」と呼び、この「情況」の演出それ自体が彼らの目的に他ならない。

後藤は解説する。

「これだけの行動を起こしておきながら中枢の占拠も政治的要求もなし。そんなクーデターがあるもんですか。政治的要求が出ないのは、そんなものが元々存在しないからだ。情報を中断し混乱させる。それが手段ではなく、目的だったんですよ。これはクーデターを偽装したテロにすぎない。それもある種の思想を実現するための確信犯の犯行だ」

柘植＝押井は媒介を、メディアを、「映像の世紀」を構成するコミュニケーションの手段を破壊することで――モニターの中の「映像」を破壊することで、虚構＝平和を破壊することで、海の向こうの遠く距離を隔てた場所にあったはずの現実＝戦争を東京に出現させたのだ。

「戦争情況を作り出すこと。いや、首都を舞台に戦争という時間を演出すること。犯人の狙いはこの一点にある。犯人を捜し出して逮捕する以外に、この情況を終わらせる方法はない」

磨子が、帆場が、その正体が不明であることによって、物語の外部に立つことによって「演出家」

として機能し得たように、柘植もまた物語の中に姿を現さないことによって「演出家」として機能し、映画＝情況を支配し得ている。後藤が柘植の逮捕以外に情況の終結はないと考えるのはそのためだ。

そして、後藤は旧第２小隊を私的に招集し、柘植のアジトへの奇襲を実行する。その過程では第２小隊のパトレイバーと、決起部隊の軍用ロボットの戦闘が描かれることになるのだが、このときしのぶは（柘植と同じように）ＥＣＭを用いて情況を打開しようとする。〈各員へ。最大広域帯でジャミングをかける。開始後は全てのセンサーを切り、有視界で対処せよ〉。全てのセンサーを切り、有視界で対処すること――それだけが柘植の演出したこの戦争という虚構を終わらせることができるのだ。そして妨害を突破し、しのぶは柘植のもとにたどり着く。

このとき湾岸の埋立地から、柘植は双眼鏡で東京の街を見ている。そしてしのぶに語りかける。〈ここからだと、あの街が蜃気楼のように見える。そう思わないか〉と。しのぶは答える。

「たとえ幻であろうと、あの街ではそれを現実として生きる人々がいる。それともあなたにはその人達も幻に見えるの？」

柘植は言う。

「３年前、この街に戻ってから俺もその幻の中で生きてきた。そしてそれが幻であることを知らせようとしたが、結局最初の砲声が轟くまで誰も気付きはしなかった。いや、もしかしたら今も」

柘植は自分が演出した「戦争」を、自分が露呈させた「現実」を信じていない。ここで提示されるのは押井がこれまで展開してきた認識論の、一つの到達だ。柘植の意図はモニターの中に戦争という現実を押し込めることで成立しているこの国の戦後という虚構に対し、前線と後方との距離を破壊しゼロにすること、虚構を、媒介を破壊し現実との距離をゼロにすることで現実を突きつけることにあった。だが、虚構の中をさまよい続けた犬たちがそうであったように、私たちは決して夢の世界から、虚構から解放されることはなく、現実そのものに触れることもできない。姿を現さない演出家＝柘植の代弁者として機能していた後藤と荒川もまた、結末でこう語る。

「荒川さん。あんたの話、面白かったよ。欺瞞に満ちた平和と真実としての戦争。……だがあんたの言う通りこの街の平和が偽物だとするなら、奴が作り出した戦争もまた偽物に過ぎない。この街はね、リアルな戦争には狭すぎる」

「戦争はいつだって非現実的なもんさ。戦争が現実的であったことなど、ただの一度もありゃしないよ」

柘植に、押井に可能なのは、戦争の、現実の、外部の存在をテロリズムによって示唆すること、それだけなのだ。にもかかわらず柘植が、押井が手を下すのはなぜか。

それは恐らく「モラル」のためだ。前述の場面で柘植はしのぶに問いかける。

「気付いたときにはいつも遅すぎるのさ。だがその罪は罰せられるべきだ。違うか」

モラルのために——柘植＝押井は外部への意識を忘却すべきではない、と主張する。たとえそれが不可能であったとしても、私たちは虚構の内部で思考停止すべきではなく、その外部の現実への脱出を志向し続けなければならない——それが『パトレイバー2』で押井が戦争論と重ねあわせることで展開した認識論とモラルをめぐる問いへの回答だ。前述のように〈戦争はいつだって非現実的なもんさ。戦争が現実的であったことなど、ただの一度もありゃしない〉——人間は現実＝戦争そのものを認識することはできない。認識し得るのは、（映像が代表する）情報として整理された虚構だけだ。

そもそも、「映像の世紀」と呼ばれた前世紀とは人々が虚構（映像）を共有することでかつてない規模の社会（国家）の運営が可能になった時代であり、映像とは共有不可能な現実——肉眼が捉えたピントすら合っていない映像を脳がその記憶と推測で補完することによって成立する視覚体験——をパースペクティブによって整理し、統合することで共有可能なもの＝虚構に変換する装置だったと言える。だからこそ押井はそれがたとえ認識不可能であったとしても、現実への意思を忘却してはならないとメッセージを発する。「映像の世紀」におけるモラルとは、その虚構性を自覚し外部の現実の存在を意識することでしか成立しないからだ。押井はこの認識論と映像論を、『パトレイバー2』では戦後社会論として展開したのだ。

ここに母性＝内部＝虚構＝映像＝平和と、父性（演出家）＝外部＝現実＝実体験＝戦争の比喩が成立する。かつて押井の作品は少女＝母の見る夢＝虚構を、他者である少年＝父が破壊することでその世界の存在が露呈する、という構造をもっていた（『ビューティフル・ドリーマー』『天使のたまご』）。だが押井はやがて（新左翼的な挫折感を背景とした）「父」＝他者たり得ることの不可能性を前面化するようになる。それが『紅い眼鏡』『ケルベロス　地獄の番犬』『とどのつまり…』といったさまよえる「犬」たちの物語だ。これらの作品では「父」たらんとする意思＝少年性こそが守られるべき少女＝母を必要とし、そのために虚構からの脱出の契機を、そして脱出先である外部を決定的に見失うというジレンマが前面化することになった。この矮小な父性と肥大した母性の結託した構造（「母性のディストピア」）を、むしろ少女＝母が少年＝父にとっての他者の役割を兼ねることで告発したアクロバティックな作品が『御先祖様万々歳！』であった。そして、情報論的なアプローチによって他者として機能することを父性の獲得から不在のキャラクター＝演出家として振る舞うこと――本来は物語外の存在である演出家が物語内に侵入し、その意図を問われながらも決して姿を現すことのない不在のキャラクターであること――に置き換えることで、このジレンマ（「母性のディストピア」）を超克しようとしたのが『パトレイバー the Movie』であり『Talking Head』であった、と言える。押井守の世界は外部の存在を示唆する他者のかたちを、「父」的な存在（になろうとする少年）から不在の他者＝演出家に変化させることで（つまり情報論的展開によって）深化してきたのだ。

このとき「演出家」による外部の存在の示唆にはテロリズムの比喩が当てられる。押井守はあの『逆襲のシャア』を評してこう語っている。

> 柘植とシャアというのは同じようなことを考えていたわけで、要するに制裁を加えたかったのね。制裁を加えないまでも、そこに問題を突き付けて、一瞬のあいだだけでもいいから、真実をあからさまにしたかったっていう、一種の確信犯であり、テロリストの物語だから。[*19]

「少女＝母」への愛に駆動される「少年＝父」はむしろ他者であろうとするがゆえに虚構内をさまよい歩くことしかできない。そして不在の他者である「演出家」は、テロリズムとして外部の存在を露呈させることはできても、虚構そのものを破壊することはできない。私たちは、（映像の代表する）虚構から逃れることはできないのだ。

柘植の部隊が都内をジャミングするのに用いた飛行船には「Ultima Ratio」の文字が記されている。これは「最後の議論（手段）」という意味を持つ言葉だ。ここでいう「最後の議論（手段）」とはなにか。それは不可視の現実＝物語の外部へ意識を働かせる理性、だ。たとえ目で見、手で触れることができなくても確実に存在するものについて意識すること——それが「Ultima Ratio」なのだ。『パトレイバー2』で押井が提示した世界観は、人間は「父性＝外部＝現実＝実体験＝戦争」を認識することはできない、しかしモラルの問題として常に「母性＝内部＝虚構＝映像＝平和」の中に留まりながらもそれを意識しなければならない、というものだ。このアイロニカルな戦後論を、第1部で展開した「政治と文学」の現代的問題に即して論じるのなら、押井はこの国の長すぎた「戦後」の本質——「政治と文学」の切断による「文学」の自閉およびそれを可能にするマチズモの仮構装置＝「母性のディストピア」——と、戦後民主主義下における「平和」、「映像の世紀」下の虚構としての「平和」とを重ねあわせている、と言えるだろう。

だが、『パトレイバー2』が今日においても重要な作品であり続けているのは、押井が同作を「映像の世紀」の臨界点の向こう側にあるものへの予感に到達させているからだ。

『パトレイバー the Movie』で消滅していた少女＝母は『パトレイバー2』においては、南雲しのぶという、ラムのような無邪気さとも、磨子のような悪意とも異なる、むしろ近代的な自我を強く持つ内省的な主体として登場している。物語は事実上彼女を主人公に展開し、南雲しのぶが他者としての演出家＝柘植と再会することで終わる。劇中で柘植はほとんどその姿を現さない（がゆえにその間は擬似的に物語外に立ち、情況を決定し得る）「演出家」としての役割を与えられているが、結末でのしのぶとの再会によって柘植はその存在を観客の前に提示し、強く「父」的な存在感を示す。そう、『パトレイバー2』にはむしろしのぶが柘植との再会を経て、喪失されていた少女性を回復するという構造が存在するのだ。

『パトレイバー2』の結末で、しのぶは同作における「犬」的な存在である後藤ではなく、柘植に寄り添うことを選択する。そしてしのぶに選ばれなかった＝「父」になれなかった後藤は〈結局俺には、連中だけか〉とつぶやく。「連中」とは自分を慕う第2小隊の若者たちだ。そもそも押井にとっての『パトレイバー』とは、かつて野良犬だった世代（押井＝後藤）が猫の時代に対応する（政治の季節から消費社会への移行に対応する）物語だったが、シリーズ完結編である同作において、後藤は「父」になることを夢見てさまよう野良犬であることを（肯定的に）断念することになった。

かつて『御先祖様万々歳！』で麿子の失踪とともに「少女＝母」は消滅し、彼女を求めさまよう犬たち（「父」になろうとする「少年」たち）の物語も解体された。その後出現したのは『パトレイバー the Movie』『Talking Head』で反復された「映像の世紀」の世界構造に自覚的であるがゆえに、その虚構性（かつて他者性の喪失と少女性＝母性への隷属として描かれたもの）を告発せざるを得ない「演出家」の確信犯的テロリズムの物語であり、『パトレイバー2』もその延長線上にある。

しかし『パトレイバー2』の結末で描かれたものは、不在の他者＝「演出家」であった柘植がその姿を現すことによる父性への回帰であり、それによるしのぶの少女性の回復だった。しかし少女性を回復してもしのぶは決してその虚構世界を無意識的に支配する「母」としては描かれない。しのぶは柘植と再会を果たしても、決して彼の「母」になることはないのだ。

しのぶは『紅い眼鏡』の少女のように世界を無意識的に支配することもなければ、麿子のように悪意ある演出家として情況を決定する力もない。かつての少女＝母の所有していた力は「演出家」としての柘植が保持する一方で、しのぶはむしろ、かつての「犬」たちのように虚構＝情況の中をその脱出口を求めてさまよう存在だ。そしてかつての犬たちがそのマチズモに囚われることで、虚構＝「母性のディストピア」からの脱出に失敗していたこととは逆に、しのぶは不在の他者であるはずの演出家＝柘植と再会することで彼を演出家の座から引きずり下ろす役割を担っている。

まるで彼岸のように描かれる埋立地の柘植のアジトで、しのぶは告げる。〈いま、こうしてあなたの前に立っている私は幻ではないわ〉と。物語内から、物語外の演出家を探しだし、物語内のいち登場人物に（一匹の「犬」に）引きずり下ろすこと――『パトレイバー2』において性的な回路は、正確には恋愛は、演出家の立つ「外部」の存在の不可能性を主張するためのものとして機能している。センサーを切り、有視界で対処することで柘植のもとにたどり着いたしのぶは、彼に手錠をかける。そして短い逡巡のあと、その手錠を自分の手にもかける。ここに、柘植の演出した虚構は彼我の距離がゼロになることで終わりを告げる。ここで、不在の他者＝演出家として存在していたはずの柘植は、「父」として回帰してしまった。しかし、このとき「父」とはもはや、不在の他者としての能力を持ち得ない後藤や、そしてしのぶ自身と同じような「犬」たちの一人にすぎない。

それは言わば新しい犬たちの、女たちの物語の獲得でもあった。情況を演出する不在の他者＝演出家を探しだし、物語内の存在に引き戻すこと――この物語展開は以降の押井作品で反復されるパターンとなるのだが、ここで問われているのは「演出家」という存在の成立の不可能性であり、その結果描かれているのは彼らが支配する「映像の世紀」の終わりだ。そのため、これら新しい犬たちの＝女たちの物語は常に情報論的な主題と共に語られることになっていく。それは新しい時代に対応した全く新しい他者のイメージに対する希求に他ならない。

『パトレイバー2』では不在の他者であるはずの「演出家」が姿を現した。そして「演出家」の座を降りた柘植は、一匹の犬として結末で語る。[20]〈もう少し見ていたのかも知れんな〉と。何を見ていたいのかという問いに、柘植はこう付け加える。〈この街の、未来を〉と。

柘植＝押井が「見ていたかった」「この街の未来」とは何か。『パトレイバー2』で柘植が破壊した東京とは、「映像の世紀」の象徴だった。だとするのならば、柘植＝押井が「見ていたかった」「この街の未来」がなんであるかはおのずと浮上してくる。

それは、すなわち映画の、映像の未来の、映像のその先にあるものに他ならない。そして、「映像の世紀」のその先に待っていた未来を、私たちは既に生きている。インターネットワークが人と人、人とモノ、モノとモノとを直接つなぎつつある、現代の情報化されすぎた社会を――。

議論は第5部の冒頭に回帰する。〈戦線から遠のくと、楽観主義が現実にとって代わる。そして最高意思決定の段階では現実なるものはしばしば存在しない。戦争に負けているときは特にそうだ〉。『パトレイバー2』とは戦後という偽りの時代における戦争と平和をめぐる映画であり、そして20世紀という「映像の世紀」における現実と虚構の関係を問う映画でもあった。

柘植＝押井は首都圏における大規模テロを通じて、ここが単なる戦線の後方に過ぎないことを告げようとした。

私たちは海の向こうの戦争を現実として認識することはできない。モニターの中の虚構としてしか、海の向こうの戦争を認識することができない。戦争＝前線＝現実と平和＝後方＝虚構とを接続する装置――それが、20世紀における「映像」だった。映像という制度に依存し、遠く離れた場所の事物を虚構化することで共有すること、そしてかつてない規模の社会の運営を可能にすること――それが、「映像の世紀」と呼ばれた前世紀に私たちがなし得たことだった。私たちはこうして得られた偽りの平和を手放すことはできない。しかし手の届かない遠い場所に戦争という現実が存在することを忘却すべきではない、目で見、手で触れることはできないが確実に存在する現実を忘却すべきではない——。

柘植＝押井はこうして、戦後という偽りの時代の、「映像の世紀」の臨界点を提示した。

だが今日において、押井が同作で描いた世界の姿は既に存在しない。

グローバル／情報化は同作が描いた前線と後方の、戦争と平和の、現実と虚構との境界線を決定的に破壊した。

2001年9月11日のアメリカ同時多発テロは「ここは戦線の後方に過ぎない」のではなく、あらゆる場所が潜在的に戦場であり得ることを象徴的に証明した。もはや「戦線から遠の」いて「楽観主義が現実にとって代わる」ことはない。なぜならば戦線なるものが既に存在しないからだ。

そう、21世紀＝テロの世紀を生きる私たちはもはやモニターの中に戦争を押し込めることはできない。総力戦／冷戦の世紀から、テロの世紀へ。映像の世紀から、ネットワークの世紀へ。情報ネットワーク環境の拡大と通信技術の発達が、世界中のあらゆる場所から（映像を含む）情報を発信することを可能にしたように、総力戦の時代からテロの時代への移行は世界中のあらゆる場所を潜在的な戦場へと変化させたのだ。

前線と後方、戦争と平和の境界線をめぐる物語であった『パトレイバー2』とその戦争論は、同時に映像という制度——とくに劇映画という制度をめぐる自問自答でもあった。しかし、『パトレイバー2』が射程に収めていた総力戦／冷戦の20世紀が終わりを告げ、テロの世紀が幕を開けた現在、映像の20世紀もまた終わりを告げあたらしい情報環境が私たちの周囲を取り巻いている。

そして押井が「映像の世紀」の未来として出現しつつあるこの情報社会の予感と対峙したのが、1995年公開の映画『GHOST IN THE SHELL 攻殻機動隊』だった。

『パトレイバー2』は戦争と平和をめぐる映画であると同時に、映像という制度をめぐる映画でもあった。そしてその2年後に公開された『GHOST IN THE SHELL 攻殻機動隊』は「映像の世紀」の終わりを、映像の次に人類の社会を決定する装置をめぐる映画として私たちの前に現れた。

12 接続された未来——『GHOST IN THE SHELL 攻殻機動隊』

士郎正宗のマンガを原作とする同作の冒頭にはその舞台が〈企業のネットが星を被い、電子や光が駆け巡っても／国家や民族が消えてなくなる程／情報化されていない近未来〉だと記されている。[*21]この世界では多くの市民は自ら自分の脳の一部にコンピューターを組み込み（電脳化）、脳が直接ネットワークに接続できる状態で生活を営んでいるのだが、こうした基礎設定や物語の骨子は押井による映画版においても士郎による原作を踏襲しておりここで特筆すべきことはない。重要なのはこうした借り物の世界を舞台に押井守が、「映像の世紀」の臨界点を超えた先に何を見出したか、だ。

ヒロインの草薙素子《くさなぎもとこ》は政府の公安組織（公安9課、通称「攻殻機動隊」）所属のスパイとして、暗殺などの政治的な策謀に関与するサイボーグだが、この素子は原作の陽気で快楽主義的な性格設定から一変し内省的な人物として描かれる。素子は電脳化したサイボーグである自分の存在に対し、疑問を抱いている。それは脳の一部を含む身体を人工化している自分はどこまでが自己と言えるのか、という哲学的な問いだ。この問い自体もまた、原作から押井が借用したものだ。しかし押井の描く素子は、原作のそれに比してより切実にこの問いへの回答を求めている。本作と原作との最大の相違はヒロインの草薙素子の造形だ。押井は素子に、この問いへの回答を求め積極的に行動を取らせていく。

ここで重要な役割を果たすのが原作にも登場する「人形使い」と呼ばれる自我を持ったプログラムだ。「彼」は政府の公安組織が電脳のハッキングを目的に極秘開発したプログラムであるが、自我の芽生えと同時に政府の管理下からネットワーク上に「亡命」し、草薙素子の前に現れる。原作とは異なり、素子はこの「人形使い」に強い関心を抱き「彼」との対話を求め、組織の意向に反して行動を起こす。

このように同作の主題は(原作とは異なり)明らかに素子の自己探求に置かれている。これが意味するところは何か。『攻殻機動隊』の素子と「人形使い」の物語は、『パトレイバー2』のしのぶと柘植の物語がその構造をそのままに変奏されたものだ。それは女性主人公が作中で進行する情況の鍵を握る人物を捜す物語であり、そして物語は彼女と彼が再会することで幕を閉じる。物語は彼女たちが彼の動機を観客と共に推理することで進行し、結末では彼の口から真相が語られることで答え合わせが行われる。『Talking Head』以降、押井はその「彼」を(擬似的に)物語の外部に立つことでその物語をコントロールし得る存在=「演出家」として描いてきた。しかし、柘植と違って「人形使い」は「演出家」ではない。たしかに「彼」は作中で展開する事件の原因であるが、帆場や柘植といった「演出家」のようにその姿を現さないことで擬似的に物語の外部に立ち、情況をコントロールする不在の他者としては機能していない。「人形使い」は原作通り、公安組織のプログラムに抗えず物語の半ばで素子と観客たちの前にその姿を現す。「彼」は物語の外部に立ってもいなければ、情況をコントロールしてもいないのだ。ではなぜ素子は「人形使い」を捜すのか。それは彼女が彼と再会することで自身を変化させるためだ。この素子の「動機」が、物語構造のレベルでの押井が行った原作からの最大の改変だろう。

そして、素子と対面した「人形使い」は言う。[*22]〈私は、自分を生命体だといったが、現状ではそれはまだ不完全なものに過ぎない。何故なら私のシステムには、子孫を残して種を得るという生命としての基本プロセスが存在しないからだ〉〈コピーは所詮コピーに過ぎない。たった一種のウィルスによって全滅する可能性は否定できないし、なによりコピーでは個性や多様性が生じないのだ。より存在するために複雑多様化しつつ、時にはそれを捨てる。細胞が代謝を繰り返して生まれ変わりつつ老化し、そして死ぬ時に大量の経験情報を消しさって遺伝子と模倣子だけを残すのも破局に対する防御機能だ〉。

「人形使い」はより「生命」に近づくために——多様性や揺らぎをもつために素子との「融合」を希望する。〈完全な統一だ。君も私も総体は多少変化するだろうが、失うものは何もない。融合後に互いを認識することは不可能なはずだ〉。

素子は「人形使い」との融合を受け入れ、全く別の存在に変化する。素子と「人形使い」の融合は原作に存在するエピソードだが、押井は素子にその自己探求として積極的に「人形使い」を追い求めさせた。野田真外はそれを集大成的な作品であった『パトレイバー2』以降の、押井の作家としての自己変容への欲望の表れだと指摘しているが、同時にそれは『ビューティフル・ドリーマー』から反復してきた虚構と現実をめぐる認識論を、映像（劇映画）という制度をめぐる情報論に重ねあわせて展開してきた押井守が必然的に直面した自己変容でもあるだろう。なぜならば、インターネットは——とくに『攻殻機動隊』の原作で士郎正宗が描いたそれは——押井がこれまで展開してきた情報（映像）論の前提を根底から覆す存在だからだ。

かつて宮崎駿は押井守の作品を評してこう述べた。

でも、ぼくはふみこまないのは好きじゃない。アタルはラムとの距離を保ちつづけ、とどのつまりの青年は、アリスらしき鼻たれの少女と結局どんなかかわりも持たない。天使のたまごの青年と少女も、彼がどんなに語ろうと同じようにしか感じられない。〔中略〕押井さんの登場人物が他者に手をさしのべ、ウソッパチでもその時だけの真情でも、気まぐれでもいいから、他人と泥くさいかかわりをジタバタする作品こそ、ぼくは観たい。*23

〈好きな女《ひと》を好きでいるためにその女から自由でいたい〉――そう、あたるに語らせた押井守は他者との距離を、ある種のモラルとして保ち続けた作家だった。だからこそ、『パトレイバー2』でしのぶと柘植が再会し、その手を握るまでには圧倒的な距離を超える必要があった。東京という肥大した都市に住む人々がモニター（虚構）の中の戦争を現実のものとして認識するためには、あらゆるコミュニケーションの手段を破壊するテロリズムが必要だった。そしてしのぶが柘植のもとにたどり着くためにはセンサーを切り、有視界で対処する必要があった。それが押井守の描いた「映像の世紀」の臨界点だった。しかし『攻殻機動隊』で描かれた「映像の世紀」を超えた世界では、既に人々が媒介なく直接ネットワークでつながっていたのだ。

『攻殻機動隊』には電子頭脳へのハッキング（ゴーストハック）が未来世界の犯罪として登場する。電脳化とそのネットワーク接続は、人間が他人の頭脳に接続し「潜る」ことを可能にしているのだ。作中でゴーストハックを受けたある人物は偽の家族の記憶を植えつけられ、その実在しない家族を取り戻すために犯罪に手を染める。彼の脳は植えつけられた記憶と現実との区別をつけることができない。したがって彼は逮捕後に真相を知ったあとも、最初から存在しなかった家族の喪失感に苦しみ続けることになる。現実を虚構に加工することによって、三次元の体験を二次元の映像に加工することによってその共有可能性を生み出していた「映像の世紀」とは異なり、ここでは虚実の境界自体が無効化している。ここでは、全ての事象は脳が認識した情報として等価な現実なのだ。

もはや柘植はモラルのためにあらゆる媒介を破壊する必要はない。なぜならば彼我は既に否応なく接続されてしまっているからだ。虚実の境界線も無効化し、前線と後方を隔てる距離も消滅した。冷戦とその代理戦争からテロへと戦争のかたちもまた、変化した。

「映像の世紀」が終わりネットワークの世紀が訪れたいま、私たちは媒介なく誰かと、それも自動的に接続されてしまっている。このとき問題になるのはいかに媒介を超えて他者に手を伸ばすのか、ではない。例えばそれはむしろ自動的に接続されてしまったことによって発生する破壊と暴力にいかに対峙するか、という問いとして表れるだろう。[*24]

柘植と異なり、「人形使い」が「演出家」とは別の他者のイメージを背負っている理由は明白だ。そこは既に「映像の世紀」ではないからだ。「人形使い」が演出すべき虚構＝映像はもはや存在しないからだ。柘植が「演出家」という「映像の世紀」を体現する存在なら、「人形使い」はその先にある「ネットワークの世紀」を体現する存在だ。素子は「人形使い」と融合することで、「映像の世紀」の臨界点を超えた世界に足を踏み入れる。もはや虚構の外部に脱出し、他者としての現実に手を伸ばすこと、「映像の世紀」の臨界点を見極めることは主題になり得ない。そこは既に、誰もが全ての事象と否応なく接続された世界だ。そこでは他者と手をつなぐことはおろか、その内面に侵入し、書き換え、融合することすら可能なのだ。そして押井は「人形使い」という肉体をもたない――「自己」と「他者」という境界線をそもそももたない――存在と融合し、「彼」と同じレベルに到達した素子に少女の肉体を与えた。

物語の結末で、これまでの義体（サイボーグ化された身体）を破壊された素子は、相棒バトーが緊急入手した少女の義体にその意識を移動する。正確には、この少女の中身は素子ではなく、素子と

「人形使い」が融合した何者かだ。

〈さてどこへ行こうかしらね。ネットは広大だわ〉――『攻殻機動隊』は新しい存在に進化した「少女」が、新しい世界への不気味な、しかし確実な期待を予感させて幕を閉じる。しかしその「少女」は『ビューティフル・ドリーマー』のラムとも、『天使のたまご』や『紅い眼鏡』の少女とも明らかに異なっている。その不敵な笑みは、強いて述べるなら『Talking Head』の「お客さん」のそれに近い。『Talking Head』のラストカットは不気味に微笑む「少女」＝「お客さん」のアップだ。「お客さん」という呼称から明らかなように、同作の「少女」はその世界をただ見つめるだけの存在だ。そして『攻殻機動隊』の結末の「少女」は、同じように（情報論的に解釈された）世界を前に不気味に微笑む。しかしその不気味な微笑は、映画（映像）という制度への悪意から、新しい情報環境への不敵な期待に変化している。少なくとも押井はこの時点では、「映像の世紀」の臨界点を超え、自分（の想像力）はどこへでも行けるのだと心のどこかで思っていた――のかもしれない。しかし、結論から述べれば、押井はその後「広大なネット（ワーク）」を描くこともなければ、どこにも行けなかった。いや行かなかった、のだ。

13　すべての映画はアニメになる

『攻殻機動隊』はその海外展開の成功（アメリカの『ビルボード』誌の1996年8月24日付けビデオ週間売り上げ1位となったことが話題を集めた）によって、押井守の名前を世界的なものにした。当時既に日本のアニメーションの独自進化とその多様性、質の高さは国外のマニアに文化圏を問わず広く認知されはじめており、その結果『攻殻機動隊』は国産アニメーションの海外展開の旗印として位置づけられた。国内の一部のジャーナリズムが「ジャパニメーション」という造語を用いてブームを牽引しようとしたことを覚えている読者も多いだろう。当時国内もまたテレビアニメ『新世紀エヴァンゲリオン』の社会現象化によって再燃した（第三次）アニメブームの渦中にあり、『攻殻機動隊』を中核とした「ジャパニメーション」という広報戦略もこうした熱狂の中で生まれたものでもあった。そして押井守もまたその熱狂の渦の中に巻き込まれていく。

ビデオメーカーのバンダイビジュアル株式会社が設置したデジタルエンジン研究所——これはハリウッドに対抗し得るデジタルアニメーションの拠点として構想されたもので、ここでは複数の大作アニメーション映画の企画が進行していた。その中で本命の企画と目されていたと思われるのが押井守の『G.R.M.』（通称『ガルム戦記』）と呼ばれる実写映画だった（この頃押井は『パトレイバー2』『攻殻機動隊』、特に後者において伝統的なセル・アニメーションの枠内にありながら、そこに当時としては最先端のデジタル処理を用いた演出を効果的に加えたことが評価され、「デジタル（アニメーション）の寵児」ともてはやされていた）。

そして『G.R.M.』は押井の映像哲学ともいうべきものをその手法によって表現する大作として企画された。押井はその哲学を「すべての映画はアニメになる」という言葉で表現した。情報技術の急速な発展は膨大な情報量をもつ実写映像すらも容易に操作可能にする。これによって全ての映像は事実上のアニメーション——演出家の意図によって全てが操作可能な／演出家の意図なくしては何ものも存在できない映像——になる。それが『攻殻機動隊』を経た押井の映像哲学だった。そして押井はその思想を実現すべく実写の映像を当時の最先端のコンピューターグラフィックスの技術で加工する——実写映像を徹底的にデジタルアニメーションの「素材」として使用する——というコンセプトを掲げ、『G.R.M.』で未知の映像を生み出そうとした。

しかし同作は数年の準備期間と膨大な人員を投入した挙句、難航する制作とそれにともなう予算の肥大化によって凍結されてしまう。『攻殻機動隊』で時代の寵児となった押井の、その期待の次回作が数年の時間を経て頓挫したのだ。押井にとってその社会的な損失は巨大だったはずだが、その結果『G.R.M.』のささやかな穴埋めとして一つの低予算映画が制作されることになった。こうして生まれたのが結果的に押井守の『攻殻機動隊』の次回作となった『アヴァロン』(2001)だった。

頓挫したデジタルエンジンと『G.R.M.』から残されたノウハウを用いて制作された『アヴァロン』は、その全編がポーランドで撮影された実写映画だ(当時のポーランドは比較的低予算で映画を撮ることが可能だった)。『アヴァロン』のキャストの全てとスタッフの大半はポーランド人であり、国軍の全面協力のもとワルシャワ周辺で大規模なロケが行われた。こうして撮影された実写映像を素材に、押井は国内のデジタルアニメーションのチームに加工させることで映画を組み立てていった。それは世界観と物語はまるで別物でありながらも、手法としては言わば規模的に縮小され、当時の技術で可能なレベルの表現に限定された『G.R.M.』に他ならなかった。それは『アヴァロン』が、デジタルエンジン時代に押井が得た手法と映像哲学が注ぎ込まれた映画であることを意味した。そしてこれまで論じてきたとおり、押井の映像哲学はその認識論と世界観に結びついていた。

喪われた近未来――
現実への失望を埋め合わせるべく
若者たちは仮想戦闘ゲームに熱中していた
架空の世界で繰り返される死
その見返りとしての興奮と報酬は多くの若者を熱狂させ

パーティーと称する非合法集団の群れと
無数のゲームフリークスを出現させた

時に脳を破壊され
未帰還者と呼ばれる廃人を生み出す危険なゲーム
人々はこの呪われたゲームを英雄の魂の眠る場所――〝アヴァロン〟と呼んだ[*25]

これは、同作の冒頭に表示されるテロップだが、『アヴァロン』が制作されていた直前の90年代末はゲームセンターを中心に対戦格闘ゲームが隆盛を極めていた。『ストリートファイター』『バーチャファイター』『ザ・キング・オブ・ファイターズ』――それぞれのゲームごとに地元のゲームセンターの常連たちから尊敬を集める達人が生まれ、彼らを中心に半ば自然発生的にコミュニティが発生していった。彼らの多くは通り名を用い、ゲームセンター間の交流とゲームメーカー主催の全国大会の類によってその擬似社会は拡大し、複雑化していった。

押井がこれらのゲームに耽溺していた、というわけではないらしい。押井自身は『ウルティマ』『ウィザードリィ』『ドラゴンクエスト』といった内外のロール・プレイング・ゲーム――むしろ部屋で孤独にコンピューターと向き合うタイプのゲーム――の愛好者であり、ゲームについてのエッセイ集まで出版している。そして押井は雑誌等で度々、ゲームの中で獲得した金銭をなぜ現実に用いることができないのか、という妄想を語っている。本題に戻ると、『アヴァロン』の世界は当時のゲームセンターのコミュニティに存在した擬似社会に、押井の妄想――ゲーム内で獲得された金銭が実際の貨幣に換金可能である――を加えたものだと言えるだろう。

『アヴァロン』とは作中に登場するゲームの名前でもあるのだが、これは言ってみればバーチャルリアリティの中でサバイバルゲーム（エアガンを用いた擬似銃撃戦ゲーム）を行うものだ。しかし、サバイバルゲームとは異なりアヴァロンのバーチャルリアリティの中で用いられるのは現実同様の機能を持つ実在の銃器であり、そして被弾したプレイヤーは実際の銃撃を受けた場合と同様の苦痛を得ることに――場合によっては死ぬことに――なる。もちろん、ゲーム内の死は現実世界での死を意味するわけではない。その場合は単にゲームオーバーとなり、前回のセーブまでの獲得経験値と資金を失うだけだ。現実同様の死の擬似体験と現実に換金可能な報酬をもつこの非合法ゲームは依存性が高く、世界的に中毒患者的なゲーマーを発生させている。

主人公のアッシュもまた、アヴァロンの擬似社会に生きるプレイヤーの一人だ。かつて伝説的なパーティ「ウィザード」の凄腕スナイパーであった彼女は、その解散後にソロのプレイヤーとして活動をしている。ゲームプレイによって高額の報酬を得ている彼女だが、自身の生活には全く関心を示さない。その報酬は古書の購入と飼い犬の餌代に投じられており、特に愛犬に対しては異常なほど強い愛情を傾けている。作中ほぼ感情を見せない彼女が愛犬の前では子供のように無防備になり、自身は水と煙草とサプリメント以外のものを口にすることがないその一方で、愛犬には上質の肉と野菜と米を、時間をかけて料理して与える。犬とアヴァロンだけが、アッシュにとって生の実感を得られるものなのだ。

しかしアッシュの停滞と安定の日々は不意に破られる。ゲーム内でアッシュを挑発する謎の男――どうやらアヴァロンの管理側の人間らしい人物――と、彼の出現と同時に浮上する旧「ウィザード」のリーダー・マーフィーの消息についての情報がその心をかき乱していく。マーフィーもまたパーティの解散後にソロプレイヤーとしてアヴァロンをプレイしていたこと、そしてそのマーフィーがゲーム内にログインしたまま意識が戻らない「未帰還者」となったことをアッシュは知る。意識をゲーム内の仮想現実内に置き去りにし、その肉体は生ける屍となって病院のベッドに横たわるマーフィーと再会したアッシュは、彼の「意識」の消息を求めアヴァロンのシステムに隠された謎を、そしてその謎を解く鍵をもつであろう男を追うことになる。

そこで明らかになるのは高レベルのプレイヤーだけが条件を満たすことで到達できる隠しステージ「Class SA」の存在だ。アヴァロンにおける「未帰還者」とは実のところこの「Class SA」に到達し、その仮想現実からログアウトしないプレイヤーのことである。アッシュはマーフィーと「再会」するために「Class SA」への到達条件を探り、そして過酷な条件をクリアしてたどり着く。

「Class SA」への到達条件――それは、「ゴースト」と呼ばれるNPC、すなわちノンプレイヤーキャラクターを撃つことだ。少女の姿を持つ「ゴースト」は『攻殻機動隊』の結末で少女と化した素子の再来であり、そして、それゆえに新しい世界へアヴァロンのプレイヤーたちを誘う「隠れキャラ」として登場する。そしてアッシュはこの「ゴースト」を撃ち、「Class SA」に到達する。そこでしのぶが柘植と再会したように、素子が「人形使い」と再会したように、アッシュもマーフィーと再会する。南雲しのぶ、草薙素子、そしてアッシュ――成熟した内面と身体をもつ彼女たちは押井がこれまで描いてきた少女＝母的な女性とは明確に異なっている。彼女たちはラムのような無邪気さを孕んでもいなければ、躔子のような悪意も抱いていない。彼女たちはいわば押井が描く新しい「犬」たちだ。高度な自己抑制と、内省的な内面をもち、男たちと同じように――いや、それ以上の戦闘力をもって――戦う「女兵」ともいうべき彼女たちの目的は、この世界のどこかに隠れている恋人を捜しだすことだ。彼女たちは彼を捜しだすことで、この新しい世界の真実を知る。そしてしのぶは柘植と再会し、柘植はしのぶと再会することで世界を外部からコントロールする「演出家＝不在の他者」の座から降り、「映像の世紀」の終わりと新しい世界の到来を告げる。素子は「人形使い」と融合し、その新しい世界＝広大なネットワークの入り口に立つ。ではアッシュとマーフィーの再会は何を意味するのか。

リセット不能の幻のフィールド、危険だが獲得できる経験値も法外なフィールドと作中で語られる「Class SA」の正体――それは「現実」だ。

「Class Real」とも呼ばれるそこは正確には現実の（ロケ当時の）ワルシャワだ。それまではゲーム内外を問わず細部に至るまで加工され、セピア調の色彩で統一されていた画面は、この「Class SA＝Class Real」では自然色となり、私たちが肉眼で日々捉えている実空間そのものになる。この「Class Real」はリセットが不可能であり、プレイヤーのステータスは初期値に戻る。「Class Real」では、不利な情況をリセットしてセーブポイントからやり直すことも許されなければ、ゲームの中でレベルアップによって強化された身体能力も反映されないのだ。そこには無数のＮＰＣ――自由意志を持つノンプレイヤーキャラクター――つまり一般市民が闊歩し彼らを殺傷した場合は即時ゲームオーバーとなる。そう、「Class SA＝Class Real」とはもう一つの「現実」なのだ。

プレイヤーに与えられるのは、現地（ワルシャワ）に見合った服と拳銃一丁のみで、クリアの条件はそこに留まり続ける「未帰還者」――この場合はもちろんマーフィーをさす――を捜しだして帰還させる＝殺すことだ。

アッシュは戸惑いながらもワルシャワの街を歩き、指定されたコンサートホールでついにマーフィーを発見する。アッシュの来訪を予見していたらしいマーフィーは語る。〈世界とは思い込みにすぎない〉〈ここが現実だとしてどんな不都合がある？〉と――。

アヴァロンというゲームを極めることだけを求めてきた男――マーフィーは、アッシュにその果てにたどり着いた認識論を語る。あなたは病院のベッドに横たわる廃人にすぎないというアッシュの声も、マーフィーには届かない。逆にマーフィーは問いかける。この世界ではアッシュのトレードマークであった髪のメッシュが消失しているのはなぜか、と。このマーフィーの問いかけは一つの、そして決定的な疑問を提示する。果たしてこれまで描かれてきた物語は、どこまでがアヴァロンのゲーム内の出来事で、どこまでが現実に起こったことなのか、と。アッシュの犬が突然失踪したこと、アッシュの読んでいる本が実は白紙だったこと——これまでゲーム外（とされていた）場面で発生した幾つかの不可解な出来事は、そこが実はアヴァロンのゲーム内であった可能性を示唆している。マーフィーはこの「Class Real」のワルシャワこそが現実であり、それ以外の全ての場面はゲームの中の出来事だったのではないか、と問いかけるのだ。少なくともリアリティという点においてはこの「Class Real」（ワルシャワ）こそがもっとも観客の生活世界としての現実には「近い」。

虚実の皮膜の融解したアヴァロンの世界——そこはいわば柘植がもう少し見ていたかったと語る未来、「人形使い」と融合した素子が「さてどこへ行こうかしらね」と不敵に微笑んだ「広大なネットワーク」そのものだ。そしてその広大なネットワークによる新しい世界とは、素子＝「人形使い」が予感したような未知の可能性——多様性とゆらぎのもたらす進化——にあふれたものではなかった。押井はそれを、現実への失望を埋め合わせるべく、若者たちが仮想戦闘ゲームに熱中する「喪われた近未来」として提示した。広大なネットワークに覆われたこの現実はもはやゲームと等価である。そしてそこで繰り返される架空の世界での死と再生——まるで『ビューティフル・ドリーマー』の登場人物たちのように、彼らは終わりなき日常を反復している。アヴァロンへのログインとログアウトを反復するだけの彼女たちが現実に過ごしている終わりなき日常こそが、既に生の実感を欠いた世界——半虚構化した世界——に他ならない。そして『ビューティフル・ドリーマー』ではあくまで消費社会下のモラトリアムの比喩として用いられていた仮想空間の中での無限ループは、アヴァロンの世界においては未来社会で現実に実装された機能として描かれているのだ。この停滞と安定と反復に支配されたディストピア／ユートピアを、押井はより詳細にこう述べている。

前世紀において私有の否定と計画経済を掲げて人類の理想を説いたイデオロギーが自滅し、これに勝利した陣営が掲げた市場競争の原理は激しい地域格差とその結果としての内戦を世界中で惹き起こしてこれを恒常化した。二つの陣営が覇を競い合っていた時代に鳴りを潜めていた勢力、つまり頑迷な民族主義や不寛容な宗教が亡霊のように復活してこれに拍車をかけ、これらを制御しようとしたあらゆる試みが失敗に終わったとき、人々は再び自らを檻に閉じ込めることを望んだのだ。

競争もないが発展もまた存在しない社会。

停滞が結果としてもたらす安定。

かつての神やイデオロギーに替わってそれを可能にしたのが科学技術《テクノロジー》であり、限りある資源の集積と公平な分配という永遠の課題は政治や経済活動の大幅な後退によってのみ果たされたのだ。科学技術そのものを掌握しようとする旧時代の為政者たちは急速に没落し、国家もまた集配機構の管理単位として地理学的な区分にまでその位置を後退させた。それはかつて説かれた単純再生産社会《ユートピア》の皮肉な実現であり、社会的生産活動の総和を固定された新たな中世の再来でもあった。[*26]

これは押井自らが『アヴァロン』公開時に執筆した、映画の後日談的な小説からの引用だ。押井は素子＝「人形使い」が予感した広大なネットワークに支配された世界とは、停滞と安定に支配された世界に他ならないと考えたのだ。そしてこの失われた未来においては、生の実感もまた喪失される。終盤までゲーム外の世界とされるアッシュの生活世界が実感を伴わず、ゲーム内と同様に色彩がセピア調に退色しているのは、そこがたとえ現実であったとしてもゲーム内と同程度の生の実感しか得られない世界だからだ。いや、この表現は不正確だろう。アヴァロンとはそもそも、現実世界で失われた生の実感を仮想現実で回復することを目的に開発されたゲームに他ならないからだ。

前述の小説の登場人物――アヴァロンのプレイヤーの一人――はこう述べている。〈ミサイルを撃ち合うような戦場のどこに現実感がある。個人の戦技や能力を最大限に発揮できるぎりぎりの設定がこれなんだ。携行火器を基本とする歩兵戦闘……これ以上の設定はシミュレーターに逆戻りすることになるし、そもそも戦士の復活という〈アヴァロン〉の基本的な世界観を覆すことにしかならない〉。

広大なネットワークに覆われた世界において、もはや現実は生の実感を与えることはない。なぜならばそこには「モニターの向こう側の絶対的な現実」もなければ「物語の外部」も「モラトリアムの終わり」も原理的に存在し得ないからだ。そしてその欠落を埋めるため、逆説的に（かつて）現実（と呼ばれたもの）の仮想空間での構築を目論んだのがアヴァロンというゲーム――特に「Class Real」――に他ならない。世界の全てがネットワークに覆われ半虚構化したとき、もはやかつて屹立していた絶対的な現実＝物語外部＝彼岸は、皮肉にも仮想現実の中で再構築されるしかない――それが押井の提示した新しい世界観だった。

そしてマーフィーは提案する。これからお互いを撃ち合い、そして倒れた方の死体がポリゴンになって消失するかどうか確認しようではないか、と。もし消失すればここは現実ではない。しかし、消失しなければ――。

アッシュとマーフィーは撃ち合い、そしてマーフィーが倒れる。マーフィーはそもそも自分の拳銃に弾丸をこめていないことを明かす。彼はこの「Class Real」が虚構か現実かを確認するために、意図的にアッシュに撃たれたのだ。

〈アッシュ、事象に惑わされるな。ここが…お前の現実《フィールド》だ〉[27]。そう言い残してマーフィーの身体はポリゴンになって消失する。この「Class Real」でさえも「現実」ではない――では、この映画の中で現実と呼ぶに値するものはどこにあったのか――。最後のミッションをクリアしたアッシュの前に（再びあの）少女＝ゴーストが現れ、不気味な笑みを浮かべ、スクリーンにはゲームの「開始」を告げる字幕が現れる。「Welcome to Avalon」――まるでこの後映画館を出た観客にそこがゲーム内であると錯覚させるように、映画は幕を下ろす。映画館の外側に広がるこの現実こそが――広大なネットワークに覆われたこの現実こそが、まさにアヴァロンの世界である――そう観客に告げるように。

映画＝虚構が幕を下ろし、ゲーム（＝ネットワーク）化された現実が幕を開けるのだ。

「人形使い」と融合した素子に、押井は原作マンガとは異なり少女の義体を与えた。そして『アヴァロン』にも、新しい世界への期待と悪意の入り混じった笑みを浮かべる少女が登場する。「ゴースト」と呼ばれるその少女はプレイヤーを「Class Real」に誘うNPCであり、アヴァロンの世界を自在に行き来する存在だ。前述したようにいわばゴーストとは、「人形使い」と融合した素子に他ならない。少女の笑みとして描かれるこの新しい世界への期待と悪意の入り混じったものを、押井は再び物語の結末に配置したのだ。

ただ、この二つの映画で異なっているのは、素子が「人形使い」と融合することで広大なネットワーク＝新しい世界を自在に移動できる存在に進化し、その期待と悪意を込めて世界を眺める主体となったことに対して、アッシュはマーフィーと再会することで何者にも進化することはなかったということだ。「人形使い」と融合して進化し、世界（ネットワーク）を自在に移動する存在となった素子とは異なり、アッシュはマーフィーと再会することでゴーストと同じ視線を獲得することはない。ここがお前の現実だというマーフィーの言葉を受けたアッシュは、不敵に笑むゴーストに銃を向ける。ここでこれまで素子の反復として描かれてきたアッシュは、（「人形使い」と融合した）素子＝ゴーストと決定的に分離する。

アッシュは「人形使い」と融合した素子とは異なり、この広大なネットワーク＝新しい世界に期待と悪意を向けることはない。ただマーフィーの遺した言葉が示すように、その場所を自分の現実として端的に受け止めるだけだ。押井は『攻殻機動隊』についてのインタビューで、個人的には素子は「人形使い」と融合することで、彼女が期待していたほど高いレベルにはいけなかったのではないかと考えている、という旨の発言をしているが、[*28] この懐疑への回答が『アヴァロン』という映画だと言えるだろう。

「期待していた」「高いレベル」とは、ネットワークを下支えするシステムの領域に自在にアクセスし、それを改変し得る（「映像の世紀」における「演出家」のような）存在に到達することだ。しかし、アッシュはネットワークの世紀の世界の構造を知ることはできても、それを支配することはできない。なぜならばそもそもネットワーク（分散型）の世紀においては「映像（集中型）の世紀」における「演出家」のような超越者が存在し得ないからだ。「映像の世紀」とは異なりネットワークの世紀においては、メタレベル＝システム領域にアクセスすることが、世界の全体を把握することを意味しない。いや、そもそも世界に全体性が想定できない。その意味において、アッシュは、「期待していたほど高いレベルにはいけなかった」素子なのだ。

そしてアッシュの生きる現実＝広大なネットワークに覆われた新しい世界からは、彼岸が、外部が、絶対的な現実が失われている。だからアッシュはマーフィーと再会することで高次の存在に進化することはなく、マーフィーは栢植のように物語の外部＝絶対的な現実の存在を提示することはできない。彼が立っている場所もまた、幻にすぎないのだから。ネットワークに覆われた世界とは、あらゆる人間が発信者にも受信者にもなる世界であり、また、あらゆる場所がモニターのこちら側であり、向こう側でもある。物語の外部＝絶対的な現実は情報環境的に消滅したのだ。素子＝「人形使い」が期待した広大なネットワークとは、停滞と安定が支配するユートピア／ディストピアに他ならなかった。

そしてこの新しい世界には他者も外部も存在できない。

「すべての映画はアニメになる」——それが押井が『アヴァロン』で実践した映像哲学だった。それは情報技術の進化によってあらゆる視覚情報が等価になること——実写映像もコンピューターグラフィックスも、素材としては等価であり、まるでアニメーションのように全ての映画は作家のコントロール下に置かれることになること——を予見したものだった。そしてその映像哲学の実践として制作された『アヴァロン』では、同時に広大なネットワークに覆われ、あらゆる場所が、人が、ものごとが結ばれた世界においては絶対的な外部＝現実が消失する——ネットワークに接続されたあらゆるものごと（場所、人、モノ）が情報として等価である——という世界観を表現することになったのだ。まるで「ここがお前の現実だ」と自身に言い聞かせるように。

14　他者なき世界、そのイノセンス

「すべての映画はアニメになる」——情報技術の発展を背景に押井がたどり着いた映像哲学は同時に「広大なネットワーク」に覆われたこの世界への理解、すなわち情報社会観として提示された。その

結果、押井がこれまで構築してきた世界は大きく変貌を遂げた。モニターの向こう側に押井が想定していた物語の外部――絶対的な現実――は情報環境的に消滅し、あらゆる場所が半虚構化した。それはいわば『ビューティフル・ドリーマー』的なモラトリアムの現実社会における前面化に他ならず、この未来観をある種のディストピアSFとして提示したのが『アヴァロン』だった。

『アヴァロン』はいわば新しい世界観の提示が行われた作品だった。ここがお前の現実だと宣言して終わるこの映画にはその新しい世界をどう生きるのかという問いが残されていた。押井がその残された問いに結果的に答えたのが『攻殻機動隊』の続編『イノセンス』(２００４)だった。

士郎正宗の原作の１エピソードに着想を得ながらも、事実上押井によるオリジナルストーリーが展開された同作の主人公は、前作における素子の相棒バトーだ。素子に想いを寄せるがゆえに彼女の人形使いとの再会と逃亡を助け、そして結果的に彼女を失ったバトーは彼女の失踪から数年を経た今もその想いを胸に公安９課(攻殻機動隊)に留まり続けている。

そんな孤独なバトーに唯一生の実感を与えるのは飼い犬のバセットハウンドの存在だ。電脳化し、全身をサイボーグ化したバトーはアッシュたちアヴァロンのプレイヤーと同じように、現実感を欠いた日常を反復する存在で、素子という超越者への想いと飼い犬という人間外の存在だけが辛うじて彼の内面を支えている。

そして、バトーの新しい相棒となるトグサは、この世界ではめずらしい生身の身体を維持している人間であり、原作から一貫してネットワーク化以前の世界を象徴する登場人物として描かれている。『イノセンス』でもこの(古い世界を生きる)トグサの温かい家庭生活と(新しい世界を生きる)バトーの愛犬との生活が対比されることになる。そしてアッシュがそうしたように、バトーも失われた恋人を求めて世界の謎を探索する――ことはしない。〈俺には守護天使がついてる〉[*29]――バトーは人形使いと融合しネットワークを自在に往来する存在となった素子が自分を今も見守っていることを確信している。したがってバトーは素子を捜し求めることはなく、目の前の事件に淡々と対処していく。南雲しのぶ、かつての草薙素子、そしてアッシュ——押井がこの10年余り反復して描いてきた女兵たちとは異なり、バトーという（久しぶりに登場した）男性主人公はその欠落を能動的に埋めようとしない。彼の欠落は愛犬との交流と、自身の存在は素子に見守られ、庇護されているというある種の信仰によって擬似的に埋められているのだ。

同作でバトーが捜査するのはセクサロイド（性的愛玩用のアンドロイド）にまつわる事件だ。特定メーカーの、特定の商品が暴走し使用者を殺害する事件が立て続けに発生する。暴走したセクサロイドはいずれも少女を誘拐し、その意識（ゴースト、と呼ばれる）をセクサロイドに「ダビング」した個体であることが判明する。事件はバトーの活躍で解決するのだが、そのバトーは救出した少女になぜか怒りを露わにする。〈魂を吹き込まれた人形がどうなるかは考えなかったのか〉と。

なぜバトーは少女ではなく人形に同情を寄せたのか。

『イノセンス』で提示されているのは非人間的な世界だ。トグサの踏みとどまっている人間の世界との対比で、バトーが生きる非人間（サイボーグ）の倒錯した世界の魅力が、押井自身のフェティッシュを通じて描かれる。チャイニーズ・ゴシックに彩られた世界観の上に銃器、軍艦にヘリコプター——20世紀の少年らしい工業製品への、それも軍用のそれへのフェティッシュを押井は欲望の赴くままに画面いっぱいに配置してみせる。そして、そのフェティッシュの王国の中心にあるのはバトー＝押井の愛する犬と人形だ。

前者（犬）は生命をもち、双方向のコミュニケーションが可能であるが人間の姿かたちとそれに付随する自意識をもたない存在だ。そして後者（人形）は人間の姿かたちをもつ存在でありながら生命をもたず、双方向のコミュニケーションは不可能だ。

押井はここで「人間」とのコミュニケーションを断念し、「人間」の世界そのものに背を向けている。犬といい人形といい、バトー＝押井がもっとも愛するのは、人間に近いが非なるものであり、人間と限りなく近いが決定的な欠落を抱えるがゆえに自意識をもたない存在だ。自意識をもたない存在を愛し、その愛する存在に囲まれた世界に生きること――それはいわば自己完結的なユートピアの形成だ。

かつて押井は高橋留美子の世界――『ビューティフル・ドリーマー』の他者の排除された世界――を批判的に描いた。自分の愛の対象＝夫＝子をその胎内に閉じ込めるために、ノイズとなる他者＝人間を排除するか隷属させていく高橋留美子的なものに対し、『イノセンス』で描かれた自己完結的な生は他者をそもそも必要としない。他者を排除するのでも隷属させるのでもなく、そもそも必要としないこと。人間外の存在を愛の対象に選ぶことによる自己完結を押井は『イノセンス』で提示したのだ。

これまでの押井は他者の存在を、絶対的な外部の存在を――たとえそれが究極的には認識できないものだとしてもその存在を忘却することなく対峙することを――現代におけるモラルとして提示してきた作家だった。そのことだけが、高橋留美子的な母性のユートピア／ディストピアにおけるモラルの可能性だったからだ。そしてそのモラルは押井の映画を物語的に支える構造そのものだった。目で見、手で触れることはできない、しかし確実に存在する「物語の外部」「絶対的な現実」が超越性として機能し押井の映画を物語的に支配していた。

しかし、『イノセンス』の時点で、このモラルの問題は消滅している。なぜならば素子のいう広大なネットワークに覆われた世界とは、繰り返し述べるようにあらゆる人間が発信者にも受信者にもなる世界であり、そしてあらゆる場所がモニターのこちら側であり、向こう側でもあり、物語の内部であり外部となる世界だからだ。この新しい世界において、高橋留美子的な母性のユートピア／ディストピア＝物語の内部＝虚構から、物語の外部＝現実に脱出することは不可能だ。なぜならば、そもそもそこには情報環境的に「物語の外部」も「絶対的な現実」も存在していない、できないからだ。世界はネットワークに接続された無数の物語たち——ラムの胎内／アヴァロンのフィールド／かつて映像と呼ばれたもの——の集合体に変化したのだ。仮にある胎内から脱出できたとしても、そこは「絶対的な現実」ではなく別の物語の胎内にすぎない。

そしてこの新しい世界で、現実への脱出も、その到達できない脱出口へ祈ることも不可能になった私たちが手にできる唯一のモラルとは、他者を支配することなく自閉することだけだ。人間外のものを愛の対象に選び、自閉することだけなのだ。映画の結末でバトーが露わにした怒り。それはこの新しいモラルの発露と考えていいだろう。本来なら正しく自閉し得る存在＝人形に意思を与え、双方向のコミュニケーションを可能にしてしまうこと。ネットワークの世紀における虚構と現実の差異がそうであるように、もはや量的な差異しかないはずの人間と人形の間に質的な線を引き、人間の優位を信じて「人形になりたくなかった」と述べること。それは新しい世界の新しいモラルを生き、素子という人間外の存在への信仰で自らの生を支えるバトーにとってはもっとも許しがたい行為なのだ。

前述したように、かつて『ビューティフル・ドリーマー』の作中であたるは自分は好きな人を好きでいるためにその人から自由でいたいのだと語ったが、ここでは正義と自由が等号で結ばれている。正義＝排除の論理に抗うことこそが自由であり、それがラムへの愛の前提条件なのだ。たとえその愛の対象が排除を望んでいたとしても、だ。これは恐らく押井の新左翼の（遅れてきた）活動家としての経験から得られたものだろう。国内においては連合赤軍の末路に代表されるマルクス主義の敗北から20世紀後半の人類社会が得たものとは、政治的なもの、公的なもののために文学的なもの、私的なものを抑圧した20世紀的なイデオロギーに対する反省であり、自由を抑圧した正義は必然的に自壊するという教訓だった。共同体の排除の論理を超えるためにその外部へと脱出することは、この反省に基づいた正義と自由を結びつける思想であり、80年代という時代の要請したものでもあった。この正義と自由を結びつけるものとして、押井が描いてきたモラルは存在した。

だからあたるは「モラルのために」ラムの胎内から外部に脱出することで、正義（政治的なもの、公的なもの）と、自由（文学的なもの、私的なもの）を矛盾なく実現することができる――はずだった。しかし、これまで論じてきたように、この正義と自由をめぐる押井の情報論的展開はむしろ「外部」の不可能性を決定的に露わにしていった。そして押井の世界認識の背景となっていったグローバル／情報化は、そもそも世界から外部を消滅させた。こうして政治と文学、公と私、正義と自由の（「外部」という幻想に支えられた）幸福な結託が可能だった時代（映像の世紀）は終わりを告げた。

それは、共同体／外部、虚構／現実、排除の論理／モラルといった二項対立で世界を捉えることが不可能になったことを意味した。『アヴァロン』で押井が描いたように、この新しい世界においてはもはや（あらゆる現実が情報化＝虚構化されたために）虚構と現実に質的な差異はなく、情報量の多寡による量的な差異しか存在できない。このとき、かつて外部（を志向する意思）によって確保されていたモラルと自由は、相対的に多い情報量に対する対処力の高さ――「高いリアリティの与える経験値」によってもたらされる「調整力」――に過ぎなくなる。『イノセンス』のバトーは、そんな世界に生きている。言い換えれば本作におけるバトーはこれまでとは違うモラルを――映像の世紀における「人間」のそれとは異なるモラルを――生きているということだ。それは「人間」のモラルではなく「人形」のモラルとでもいうべきものだ。こうした新しいモラルの提示は、規律と訓練によって練磨され、他者に対して開かれた柔軟で寛容な知性をもつ近代的「人間」としてのモラルが有効ではなくなったネットワークの世紀に対する押井の一つの回答であったことは間違いないだろう。

だからこそ、バトーは「人形」を「人間」にしてしまう行為——具体的には作中で行われるセクサロイドに生身の少女の意識をダビングする行為と、「人形になりたくなかった」という被害者の少女の告白——を共に嫌悪する。彼にとって、両者は他者なきユートピアを形成する非人間的な、人形的なもの——自意識と双方向のコミュニケーションを必要としないもの——の存在を損なう行為として等価なのだ。

既にあらゆる場所は、人間たちの意思とは無関係に接続されてしまっている。映像の世紀からネットワークの世紀への世界の変化は現実から生の実感を奪い半虚構化する（『アヴァロン』）。そしてその半虚構化した世界を押井は高橋留美子のそれとは異なるかたちの他者なきユートピアとして提示した。他者の存在を排除することで成立するユートピア（「母性のディストピア」）から、そもそも他者を必要としない自閉的なユートピアへ——それが押井の回答だったのだ。

『攻殻機動隊』『アヴァロン』を通して、映像の世紀の次に訪れる新しい世紀の新しい世界——広大なネットワークに覆われた世界——のビジョンを提示してきた押井にとって、この他者なきユートピアという『イノセンス』での回答は必然的に得られたものだと言っていいはずだ。「物語の外部」も「絶対的な現実」も情報環境的に成立しなくなった現在、「母性のディストピア」の無限ループから、他者なき世界から脱出する方法はない。残されたのはこの他者なき世界をどう生きるかという問いだけだ。他者なき世界の終わりなき日常を構築するために他の誰かを排除し、隷属させる（高橋留美子的な）「母性のディストピア」を否定し、犬と人形という（非人間的な）存在で世界を満たすことでモラリスティックに自閉すること——それが押井の美学なのだ。

そして、その態度を可能にする情報環境――素子のいう広大なネットワーク――と、そのネットワークの海を自在に漂う素子の庇護をバトーは既に手にしているのだ。

そのためアッシュにはまだ存在した世界の構造を解き明かそうとする意思すらも、バトーには欠落している。両者の差はどこから来るのだろうか。それは二人の動機の差として描写されている。アッシュが世界の構造を解き明かそうとするのは、マーフィーの存在があるからだ。「Class Real」で失踪したマーフィー（の意識）との再会が彼女の動機となっている。しかしバトーは異なる。常に「守護天使」的に素子に見守られているという確信をもつバトーは、素子を能動的に捜しだそうとはしない。アヴァロンのゲームにログイン／ログオフを反復するだけの「現実感のない現実」も、「Class Real」の構成する（ゲーム内の）ワルシャワの「現実感のある虚構」ももはや情報として等価である（「すべての映画はアニメになる」）ことが判明したあと、世界の構造を解き明かすこと＝「現実」へのアクセスを試みること＝失踪した恋人を捜しだすことに意味はなくなっているのだ。

そして決定的に異なるのは、「病院のベッドに横たわる哀れな未帰還者」に過ぎないマーフィーとは異なり、人形使いと融合した素子はこの世界の構造――広大なネットワーク――を自在に往来する存在だということだ。素子は物語内で終始バトーを見守り続け、その危機にはネットワークを通じて空間を超越して彼を守護するために現れる。『天使のたまご』の少年から『パトレイバー2』の柘植へと至る、物語の外部に（擬似的に）立つことで、世界を支配する「父」的な存在は、映像の世紀の終わり（『パトレイバー2』の結末）と同時に押井の世界から消失した。その代わりに台頭したのは夫＝子を、ネットワークを漂いながら見守り続ける新しい「母」のイメージだ。押井の描く超越者はこうして「父」から「母」へと変化したのだ。それはある意味においては高橋留美子的なものへの押井の20年後の屈服だったと言えるのかもしれない。しかし、押井がここで素子に与えた「母」のイメージは高橋留美子的なものとは明白に異なっている。高橋留美子の描く「母」＝ラムが（かつて押井が批判したように）他者の存在を排除し、隷属させることを無意識に要求するのに対し、押井の描く「母」＝素子はそもそも他者なき世界に生きる＝非人間的な存在に囲まれて自足する「子」＝バトーを、安心して犬と銃器と戯れられるように庇護するだけだ。ラムとは異なり素子の母性が排除の論理を発動しないのは、そもそも『イノセンス』の世界には他者が構造的に存在し得ない、排除すべき他者が存在し得ないからだ。したがって素子＝「母」の役割は「子」＝バトーがその遊び場で怪我をしないようにそっちに行っては危ないと声をかけ、転べば助け起こして土ぼこりを払うこと、それだけだ。

映像の世紀からネットワークの世紀へ。「母性のユートピア／ディストピア」はこのとき高橋留美子的なもの（ラム）から、（後期）押井守的なもの（素子）へと進化したのだ。第1部で論じた戦後的な「母性のディストピア」が、情報技術の支援でより凶悪なものに進化したように。「宇宙世紀」が「黒歴史」に進化したように。

押井はこの虚実の皮膜の融解した新しいユートピア／ディストピアのかたちとそこにおけるモラリスティックな美学の可能性を、バトー＝「子」の孤独に自足した子供の遊び場のような世界と、それを見守る素子＝「母」として提示した。

しかしそれは同時にこの映画が、作家のフェティッシュを刺激する「モノ」の陳列室になったことを意味した。動物キャラクターの遊具の並ぶ児童公園のように、人形やミニカーの並ぶ子供部屋のように。もちろん、そのこと自体が問題なのではない。問題は、モノの陳列室になることによってこの映画が、物語の外部――その目で見、手で触れることはできないにもかかわらず確実に存在する絶対的な現実――との対峙によって強固な構造を内包し、その構造を内破しようとする運動によって成立していたかつての押井の映画とは異なり、極めて静的で熱量の低いものになってしまっていることだ。平易に言い換えるのなら、バトー＝「子」の他者なきナルシシズムの世界とそれを守護する素子＝情報環境の結託は既に完成されており、そこに物語の発生する余地はない。

例えばこれが宮崎駿ならば大きな物語（例えば政治的なもの）から切断され、モノへのフェティッシュに耽溺できる環境を正当化するためにこそ、母性を必要としたはずだ。『風立ちぬ』で二郎が菜穂子（の犠牲）を必要としたのは、そのモノへのフェティッシュに耽溺するだけの生き方に擬似的な意味を与えるためだ。たとえ歴史的に、社会的に、政治的に、意味のある行為でなかったとしても、そのテリトリー（胎内）にいる間、その意味を無根拠に保証する「母」的なものの支配下にいる間だけ、彼の生には意味が与えられる＝「飛ぶ」ことができる。こうして宮崎駿の世界では、飛べない豚のロマンティシズムとプライドを保守するための物語的な母性が常に要求されることになる。それは決定的に乖離した現実と虚構、政治と文学との距離を埋めるという「嘘」を与えるイデオロギッシュで排他的な母性だ。

しかし、『イノセンス』での押井守は違う。ここでの押井はモノへのフェティッシュに自足することに全く疑問を覚えていない。なぜならば、情報環境的にこの新しい世界にはそもそも他者も外部も存在しないからだ。かつて『ビューティフル・ドリーマー』で押井守が高橋留美子を批判したのは、その母性のあり方が排除の論理につながるからだ。他者を排除することで胎内＝共同体の同質性を保つことに対し、否を唱えるモラルを選んだからだ。しかしこの押井のモラルは『イノセンス』では発動しない。いや、する必要がないのだ。なぜならば、『イノセンス』の世界には、そもそも排除されるべき他者も脱出先としての外部も情報環境的に存在しないからだ。したがって「母」はもはや胎内の調和を乱すノイズ＝他者を排除する必要はない。彼女（素子）の役目はその子（バトー）の遊び場を安全に管理することなのだから。素子は菜穂子と異なり何かを主張しているわけではないし、何も背負ってはいない。

『イノセンス』に存在する唯一の構造――それは生身の身体を保持し、妻を得て子を愛するトグサの幸福と、守護天使＝「母」＝素子に見守られながら犬と人形を孤独に愛するバトーの幸福との対比だ。これは同時に映像の世紀とネットワークの世紀との対比でもあるだろう。作中でバトーが唯一見せる感情は犬と人形への愛――そして素子への信仰にも似た想いだけだ。バトーは映像の世紀と人間の世界から完全に離脱しているのだ。それは同時に、この新しい世界にはもはや押井が語るべきことがないことを意味したのではないか。かつての世界との対比しか語るべきものがない――『イノセンス』のバトーの自己完結はそのことを端的に表現してしまっている。

『イノセンス』は従来の二次元アニメーション（人物）と当時としては最先端の3Dアニメーション（背景）との乖離が激しく、その違和感が結果的にコンセプチュアルに作用している――非人間的なものに囲まれた世界に人間が（まだ）生きているグロテスクさを表現している――のだが、このこと自体がもはや押井がかつてのように映画を撮ることはできないという事実を露呈している。この時点で押井は事実上かつての映画／アニメーション（＝映像の世紀と人間の世界）の終わりを宣言すること以外に語るべきことがなくなっているのだ。

もはやアニメーションは、3D化することで仮想の空間内における立体モデルとしてのキャラクターの動きをシミュレートするものに近づき、20世紀の劇映画という「制度」――すなわち三次元の実体験を二次元の情報（映像と物語）に整理して共有可能にするもの――から逸脱しはじめている。それはまさに「もう一つの現実」であり、20世紀を支えた虚構を超えはじめている。

押井にとって映画とは物語の外部――その目で見、手で触れることはできないにもかかわらず確実に存在する絶対的な現実――との対峙に他ならなかった。だが広大なネットワークに覆われた新しい世界は情報環境的に絶対的な外部を消失させた。それはいわば押井にとっての映画の終わりであり、世界にとっては映像という虚構に整理された現実を共有することで初めてこの規模の社会が運営可能になっていった時代――映像の世紀――の終わりだった。そして押井はこのネットワークの世紀には、他者なき自己完結を可能にする情報環境下には、そのフェティッシュを確認すること以外に動機をもてなくなったのではないか。演出家＝テロリストは、その犯行動機を情報環境的に失ったのだ。

残された動機があるとすれば、それは犬＝人間の姿をしていないが双方向のコミュニケーションが可能なものと人形＝人間の姿をしているが双方向のコミュニケーションが取れないものへの愛しかない――それは押井にとっての映画の、「映像の世紀」の終わりの宣言でもあった。押井守はネットワークの世紀に描くべきものを見出せなかったのだ。

15 「父」への回帰

２００８年の夏に公開された『スカイ・クロラ　The Sky Crawlers』は、本書刊行時点では押井の最後の長編アニメーション作品である。この時期から、それまで寡作で知られていたこの作家はオムニバス中の短編や中編など小品を頻繁に監督するようになり、また若い世代の作家への企画、脚本提供が多くなり小説執筆も増える。それらの多くは、基本的にセルフパロディと内輪受けの類でありここで取り上げる性質のものではない。

だが、その中で長編『スカイ・クロラ』は、例外的に論理的な構造を備えた作品であり、それゆえに一方の『イノセンス』の自閉的なモラルとそれに伴う美学の提示が、この作家がもはやこの新しい世界には描くべきものを持ち得ないことの告白であったことを強く再確認させられる作品でもあった。

森博嗣の同名原作の映像化である同作の舞台は恒久平和が実現し、全ての戦争がショウになった未来だ。そこで描かれるのは「キルドレ」と呼ばれる少年兵たちの姿だ。人体改造を受け、「老い」ることを知らない永遠の少年兵たちは、究極的には無目的な戦闘を繰り返し、パイを食べ、セックスを繰り返す。たとえ戦闘で死亡したとしても、彼らは記憶をリセットされた上で新しい身体を与えられ、再び戦場に駆り出されていく。こうした終着点のない毎日がもたらす倦怠感が、彼らの精神を少しずつ、そして確実に蝕んでいる。押井は「キルドレ」たちは現代の若者の比喩なのだと、パンフレットや関連書籍で観客たちに自ら親切に解説している。

そう、このキルドレとは、押井がこれまで反復して描いてきたネットワークの世紀の人間像の延長線上にある存在だ。虚実の皮膜の融解した世界でゲームへのログイン／ログオフを反復する『アヴァロン』のプレイヤーたちの、そして「人間」であることよりも「人形」であることを選択し、そこに美学を見出す『イノセンス』のバトーの系譜に、このキルドレたちは連なっている。

ただ一つ異なっていることがあるとすれば、それはアッシュやバトーとは異なり、キルドレたちが未成熟な少年少女であることだ。

〈若い人たちに伝えたい事がある〉[*30]——押井はこの時期、『スカイ・クロラ』は再会した娘に——若き日の離婚で長く疎遠になっていた実娘に——捧ぐ映画なのだ、と繰り返し述べていた。宮崎駿が『もののけ姫』で〈糸井重里のコピーを借りて〉〈生きろ。〉と若者たちに「説教」したとき、それは自身の怯えと不安の裏返しだったことは既に述べた。では『もののけ姫』における宮崎とほぼ同じ振る舞いをしたこのときの押井には何が起こっていたのだろうか。

押井が『ビューティフル・ドリーマー』以降反復して描いてきた消費社会下のモラトリアムのもた

らすもの——終わりなき日常のもたらす疎外感——は、映像の世紀が終わり、ネットワークの世紀を迎えることで情報環境的に思春期のモラトリアム（虚構）から大人たちの世界（現実）まで拡大していった（『アヴァロン』も『イノセンス』も、思春期を通り過ぎた大人たちの物語であったことを忘れてはならないだろう）。

したがって『スカイ・クロラ』もまた、物語の外部を失った無限ループの世界で展開されることになるが、そのループはもはやモラトリアムの比喩ではない。消費社会のモラトリアムを生きたビューティフル・ドリーマーたちは、否応なく夢から醒め、老いに直面したが、ネットワークの世紀を生きる私たちは圧倒的に、一瞬の思春期を永遠に錯覚するビューティフル・ドリーマーよりも本当に永久に老いを迎えることのないキルドレに近い。

そう、キルドレの非成熟性とは、物語の外部を失った世界を生きる私たちの生の非成熟性に他ならない。それは同作が、かつて「人間」たちが獲得していた「成熟」と呼ばれたものを喪失した「人形」＝キルドレ＝現代の若者たちがいかに生の根拠を見出すか、という物語であることを意味している。

しかしバトーとは異なり、同作に登場するキルドレたちは素子という守護天使をもたない。したがって、バトーのように「人形」としての成熟（に相当するモラル）に到達することは、モラリスティックな自閉を選択することは、彼らにはできないのだ。そのため、キルドレたちはその無目的なまま永遠に反復される生に意味を見出すことができずに、苦悩することになる。そう、同じ「人形」であっても守護天使を得たバトーとは異なり、思春期の姿をしたキルドレたちは、自分たちが「人間」ではなく「人形」であることを受け入れておらず自らの成長しない身体に苦悩する——「アトムの命題」に囚われている——存在なのだ。

では、どうするのか。押井はキルドレ＝現代の若者たちを叱咤する。「戦え」と。いったい、誰と？　恐るべきことに、ここで押井が持ち出すのは「父」なのだ。同作の主人公・函南優一《カンナミユーイチ》はキルドレであり、同じくキルドレであり自身の所属する部隊の司令官である女性（草薙水素《クサナギスイト》）と肉体関係を結んでいる。作中ではこの函南と水素の物語は少しずつかたちを変えて反復されていることが示唆される。函南の前世にあたるジンロウもまた水素の愛人であったが、このときは無限に反復されるキルドレの生に絶望したジンロウの要求に応え、水素はジンロウを殺害している。しかし、ジンロウは函南として水素の前に再び現れたのだ。この草薙水素には、「ティーチャー」と呼ばれる非キルドレ男性兵との間に生まれた娘がいる。しかしこの「ティーチャー」は（恐らくは水素との関係が破綻した結果）現在は敵軍に籍を置き、函南たちにとって最大の敵として立ちはだかる。そして「老い」を知らないキルドレであることの苦悩を抱える水素の空虚さを埋めるため、函南は「ティーチャー」と対決する。

　作中で頻繁に言及されつつもその姿を現さない「ティーチャー」は押井作品に久しぶりに登場した物語の外部に（擬似的に）立つ不在の他者だと言える。演出家の支配力の前に物語内の登場人物が無力であるように、物語の外部に立つ不在の他者に、物語内の登場人物はアクセスすることができない。したがって函南の「ティーチャー」との対決は敗北が宿命付けられており、「ティーチャー」に挑んだ函南は戦死する。だが、同作におけるキルドレとは、前述したように事実上の不死者だ。

　そして物語は函南が新しい身体を得て再び水素の部隊に赴任し、「ティーチャー」との戦いが半永久的に反復されることが示唆されて、終わる。

　登場するパイロットの中でただ一人老いゆく身体をもち、水素との間にかつて娘を儲けている「ティーチャー」とは「父」の象徴だ。

『ビューティフル・ドリーマー』から一貫して、押井にとっての成熟とは母胎的なもので比喩される物語内部からその外部への脱出として描かれてきた。「父」になることとは無限にループする物語世界からの脱出と同義であり、この成熟論を映像の世紀の社会倫理の問題に拡張したのが『パトレイバー2』だった。

よって「たとえそれが絶対に倒せない敵、顔の見えない存在であったとしても父殺しの意思を持ち続けよ」という『スカイ・クロラ』のメッセージは「外部の存在の不可能性を認識しつつ、しかし共同性の内部に無自覚に自閉することなく常にその外部を意識せよ」という『パトレイバー2』のメッセージの反復でもある。もし『スカイ・クロラ』が『パトレイバー2』以前につくられていれば、「映像の世紀」につくられていれば、押井守はこの物語を父殺しとその不可能性をめぐる物語として完結することができただろう。しかし、『ビューティフル・ドリーマー』から『パトレイバー2』までの時代＝映像の世紀とは異なり、このネットワークの世紀にはもはや物語の外部も、絶対的な他者も成立できない。言い換えれば、かつての押井作品において「政治と文学」「公と私」の関係性で前者を（政治的なもの、公的なものを）体現していた「父」なるもの、つまり「外部」やそこに立つ「他者」の存在を仮定することすら既に説得力を失っている。

それは他ならぬ押井自身が『攻殻機動隊』以降反復して描いてきたことだった。もはやあたるが脱出すべき物語の外部も、柘植が東京に接続すべき海の向こうの戦争も、ニューヨークやパリの中心地こそが戦場と化した現在においては概念として成立できないのだ。「映像の世紀」の臨界点を描いた『パトレイバー2』以前の作品群と、ネットワークの世紀を背景とする『攻殻機動隊』以降の作品群ではその世界観をなす前提条件が根本から変化してしまっている。

前線と後方、発信者と受信者の間に決定的な距離と境界線が存在し得た「映像の世紀」とは異なり、あらゆる人と人、場所と場所が媒介なくゼロ距離で接続されるネットワークの世紀――それは言い換えればティーチャーのような絶対的な他者が存在し得ない時代でもあるはずなのだ。

そう、ここで、函南や水素がティーチャーを撃墜し、彼と再会したとしてもそこに立っているのは柘植のような「父」ではなく、『アヴァロン』のマーフィーのように廃人として病院のベッドに横たわりながら、ゲーム内の世界で「ここが現実で何の不都合がある」と強弁するような――いわばキルドレ的な生に諦念を抱き、居直っただけの――存在でしかないことは既に押井自身が反復して描いてきたことのはずだった。だからこそバトーは素子のようなネットワークの世紀の超越した存在を必要としたのだ。人形＝キルドレ的な生を肯定し、守護する「母」の存在――それが押井が『イノセンス』で提示した、外部を喪失した時代（ネットワークの世紀）の超越の像だった。

しかし、押井はここで「映像の世紀」に後退してしまった。『スカイ・クロラ』で描かれている成熟の像は、押井自身が既に過去のものとして描いてきた「映像の世紀」のそれにすぎない。そもそも、森博嗣の原作に描かれた「ショウとしての戦争」自体が「映像の世紀」的な発想にすぎない。

戦争はどんな時代でも完全に消滅したことはない。それは人間にとってその現実味がいつでも重要だったから。同じ時代に今もどこかで誰かが戦っているという現実感が――人間社会のシステムには不可欠な要素だから。そしてそれは絶対に嘘では作れない。戦争がどんなものなのか――歴史の教科書に載っている昔話だけでは不十分なのよ。本当に死んでいく人間がいてそれが報道されて――その悲惨さを見せつけなければ平和を維持していけない。平和の意味さえ認識できなくなる。空の上で殺し合いをしなければ――生きていることを実感できない私たちのようにね。

これは映画の終盤で水素が函南に語る台詞だ。[*31] 同作はこのように登場人物が世界観や設定に込められた押井の意図や物語を通した「若い人たちへのメッセージ」まで懇切丁寧に台詞で説明するのだが、この水素の語る世界観が体現するように本作で押井は明らかに「映像の世紀」に後退している。社会的な動物としての人間にとって欠かすことのできないリアリティの供給装置としての戦争と、それを支える旧世紀型のマスメディア、その倒錯した情況下におけるモラルの問題——しかし繰り返し指摘するように総力戦／冷戦＝映像の世紀におけるこうした諸問題はテロ／ネットワークの世紀においては経済的に、また、情報環境的に無効化されている。既に前線と後方を峻別し得る形の戦争は消滅し、ニューヨークの、パリの、そして東京の中心地こそが（潜在的な）戦場であり、そして誰もがその当事者となる戦争を自分の物語として発信し得る環境下にある。森博嗣の原作の描いた「ショウとしての戦争」という問題設定自体が冷戦期のそれに着想を得たものであることは明白だ。しかし、それを2008年に映画化した押井はこの設定をそのまま踏襲し、作品の世界観の中核に据えてしまった。だが、「現代の若者」がビューティフル・ドリーマー（永遠の思春期という錯覚）からキルドレ（非成熟社会）に移行したのは、現代が既に「映像の世紀」ではなく「ネットワークの世紀」だからではないか。

『イノセンス』で提示された世界観を延長するのならば、キルドレたちに必要なのは、その自閉的で非生産的な生への諦念を肯定してくれる守護天使の存在であって、その不可能性を自覚した上で「あえて」選択される父殺しの意思ではないはずだった。

前述の水素の台詞はこう続く。〈そして私たちの戦争が——決して終わってはならないゲームである以上そこにはルールが必要になる。たとえば——絶対に勝てない敵の存在〉。「現代の若者」たちが、やがて学園祭の前日を一瞬で終えていくビューティフル・ドリーマーから、永遠に老いることのないキルドレになったとき、物語の外部に立つ不可視の、絶対的な他者＝「父」に対峙する（触れることはできないが、意識し続ける）ことに意味はなくなった。いや、それ以前にそれらは既に概念としても存在できなくなった。同じ物語外の存在でも「ティーチャー」は『パトレイバー the Movie』の帆場や『パトレイバー2』の柘植のように「演出家」として意図（悪意）をもち、情況＝物語をコントロールする存在ではない。「彼」は言うなればシステムそのもので、「絶対に倒せない敵」として函南たちキルドレの生＝ゲームのルールを規定する無機的な存在にすぎない。それは、Google の検索アルゴリズムや Facebook の投稿規定のようなものだ。『スカイ・クロラ』の問題点はこのキルドレ的な生を規定するルールを、既に成立しなくなった「父」のイメージで描いてしまったことにある。そのため同作は映像の世紀のモラルと成熟論がネットワークの世紀に対する回答として提示されてしまっているのだ。

函南が「ティーチャー」への挑戦と敗北を反復し、永遠の思春期をも反復しているのは、『スカイ・クロラ』の世界が成熟をもたらす父殺し＝ロールモデルとしての「父」的存在との対峙が成立しなくなった世界だからだ。そして一見「父」的な存在を体現する「ティーチャー」とは実のところは顔のない存在＝システムに他ならない。水素はそんなキルドレの生に絶望し自殺をほのめかし、函南は水素に言う。〈君は生きろ、何かを変えられるまで〉と。しかし何度投稿を繰り返しても、それによって Facebook のウォールの仕様は変更されない。その不毛さを自覚した上で「あえて」投稿を繰り返すことが、ユーザーの内面の成熟をもたらすこともない。その方法が「ティーチャー」への挑戦である以上、彼らは何も変えられるわけはないのだ。何かを変えたければ、既に成立しなくなった「父殺し」を（その不可能性を自覚しながら）反復するのではなく、システム領域にアクセスすることを試みなければならない（この比喩を続けて展開するなら、あるいは市場により強力なサービスを投入し既存のシステムの社会的な位置を上書きするしかないが、この選択は押井の視野の外にあるようだ)。それは、『攻殻機動隊』で人形使いと融合した素子の、『アヴァロン』でマーフィーを射殺して「Class Real」をクリアしゴーストに対峙したアッシュの選択した世界の謎への挑戦だった。しかし、押井は『イノセンス』で、世界の謎を解きシステム領域にアクセスすること――ネットワークの世紀の世界認識とその対峙方法――ではなく、システム下での安全な自閉によるモラルの表現に舵を切った。押井はこのとき世界の謎に背を向けたのだ。

そして、その不可能性を自覚した上で「父」になる意思を持ち続けること――押井が「映像の世紀」の消費社会下で育んだ成熟観は、この「ネットワークの世紀」においては既に過去のものとなっている。押井自身半ばこのことには自覚的であったと思われる。押井にはここで、旧世紀の成熟論とモラルをめぐる物語に居直ることも可能だったはずだ。これは、かつて存在した映像の世紀のモラルと成熟を表現した映画なのだ、と。しかし、〈若い人たちに伝えたい事がある〉とその動機を反復して主張していたこのときの押井は、同作にネットワークの世紀の成熟観を表現するという目的を与えざるを得なかった。

その結果として、押井は従来のものとは異なる新しい時代の成熟観を同作で提示することになる。

それでも……昨日と今日は違う
今日と明日も　きっと違うだろう
いつも通る道でも　違うところを踏んで歩くことができる
いつも通る道だからって　景色は同じじゃない
それだけではいけないのか

それだけのことだから　いけないのか

これは『スカイ・クロラ』の結末近くに函南が口にする台詞であり、そして押井監督自身がインタビューなどで繰り返し「この台詞こそが本作のテーマだ」と強調する（！）同作における最大のメッセージだ。[*32] 外部へ超越する意思ではなく、自分の存在する世界に内在する事物への感性を研ぎ澄ますこと――『スカイ・クロラ』では物語の結末に突然、主人公の口から物語構造では表現し得なかった「思想」が台詞で語られる。

公開当時に同作には「説教臭い」という批判未満の悪口が感想として多く見られたが、その「説教臭さ」は正確には物語構造で表現されたメッセージ（その不可能性を自覚した上で父殺しに挑むこと）と結末近くで主人公の口から語られるメッセージ（外部に超越するのではなく、内在的な価値を見出すこと）との間の大きな乖離における論理的な欠落が生むものだ。

前者（既に成立しない不在の他者＝父殺しの不可能性への意思、という処方箋）の破綻を補うために異なる論理＝後者（日常に内在する価値の再発見）が持ち込まれたことは明らかだ。しかし、端的に述べれば、函南が日常に内在する価値を主張するために（その不可能性を自覚しつつ、あえて）、父殺しに挑む必要はどう考えても、ない。日常に内在する価値を再発見することで生の実感を得ることができるのなら、そもそもティーチャーと戦う必然性はないはずなのだ。

かといって、函南が日常に内在する価値に敏感であり、その感度の高さゆえに世界の豊かさを十二分に享受していることを示す描写も特に存在していない。函南自身は彼が主張するように「世界に内在する日常の中の変化を読む」ことで生きてはいないのだ。

それどころか、終盤の「ティーチャー」への挑戦のエピソードは、彼は水素という「母」に与えられた（偽物の）エディプス的物語（父殺し）に生きる意味を見出しているようにすら解釈し得るため、ほとんど真逆の生を歩んでいるとすら言える。

この物語終盤に訪れる露骨な破綻が、平易に表現すればとってつけたかのようなメッセージの説得力のなさが、同作に「説教臭い」という印象を与えてしまっているのだ。

そもそも、作中の反復されるメッセージとは裏腹に押井がどこまでキルドレ的な生に対して、批判的であったかも疑わしい。

例えば劇中にはキルドレ「ではない」旧人類たちが多数登場する。ダイナーで俯く無気力な老人たち、暗い表情を浮かベテレビを通してキルドレたちの戦うショウとしての戦争のニュースを見る人々、そして戦争ショウの道具となっているキルドレに哀れみの目を向ける老婆の偽善――押井はここで明らかに「成熟」したはずの旧人類を醜悪なものとして提示している。それどころか水素はこの老婆に怒りすら表明する。この水素の怒りは『イノセンス』でバトーが人間の少女に対して表明したものと同質のものだ。

この点のみから考えたとしても、押井が実のところ、もはや「映像の世紀」を生きる旧人類たちの「成熟」に価値を見出していないことは明白だ。「ネットワークの世紀」においては『イノセンス』的に自閉すること、それだけがモラルの可能性なのだから。そもそも『イノセンス』は、キルドレ的な生を肯定し、保護する守護天使的な新しい超越性を描いた作品であり、キルドレたちに必要なのはこの新しい「母」的な超越性であって、使い古されたエディプス的な構図に基づいた旧世紀の成熟論でも、とってつけたように終盤に台詞で語られる仏教的な「悟り」のイメージでもなかったはずだ。

にもかかわらず――描くべきものをもたないにもかかわらず――、動機（「若者」に「成熟」を説く）を捏造した結果、同作は空中分解を起こしている、そう指摘せざるを得ない。

押井はこの新しい世界〈ネットワークの世紀〉に対し、倫理的な自閉というモラルを提示した（『イノセンス』）が、その自閉の先に提示すべきものを発見できていなかった。その結果として、その必要性を本当に感じていたかどうか疑わしい〈若い人たちに伝えたい事がある〉という動機を用いて、押井は『スカイ・クロラ』を作り上げ、そして破綻したのだ。

そもそも押井守という作家は「母」的なものへの依存を断念するモラルを追求する作家として成立していたはずだった。「母」への依存が可能にする自閉とニヒリズムとは異なる形でのモラルの追求──それが押井守の「映像の世紀」における知的格闘だったはずだ。不在の他者に、見えざる「父」に、アクセス不可能な「外部」を意識し、求め続けることで結果的に獲得されるモラルの可能性──しかし押井は本作でこの「映像の世紀」の論理を、「ネットワークの世紀」の若者たち＝キルドレに対して適用してしまった。宮崎駿が「飛ぶ」ことが手段ではなく目的であるということに向きあいきれなかったように、押井もまたここで「若い人たちへのメッセージ」を発すること＝飛ぶことを目的にしたために、時代を映像の世紀に巻き戻すことに、自身が一度は乗り越えたエディプス的な物語構造に後退することになってしまったのではないか。

しかし、本当にここで求められていたのは、銃を撃つために捏造された不在の他者＝外部＝父などではなく、ネットワークの世紀のモラルと成熟の可能性を体現する撃つべき敵の姿ではなかったか。

こうして、押井は他方ではもはや賞味期限の切れた「父」への意思を再召喚し、その論理的な欠落をとってつけたような「説教」で埋めることになった。

これまでの押井の描いてきた主人公たちとは異なり、函南の目的は、不在の他者にアクセスして世界の謎を解き明かすことでもなければこの無限ループを脱出することでもない。これは前述したとおり、押井がこの新しい世界＝ネットワークの世紀において批判力のある思想を持ち得ていないためだ。

ではここで少し思考実験をしてみよう。

キルドレたち＝現代の若者たちが、仮に「成熟できない」存在ならば、彼らの成熟を阻害している存在は何か。それは決して（概念としても存在し得なくなった）「父」的なものではない。『イノセンス』でバトーの自閉と自己完結を保証しているのは、草薙素子というシステムの体現者＝「母」的な存在だった。しかし『スカイ・クロラ』からは、この「母」的なシステムこそがキルドレ的な無限ループの生をもたらしているという感覚はさっぱり抜け落ちている。

ティーチャーへの無謀な挑戦を行うまで、作中で函南は一貫して達観した人物として描かれている。周囲の人物とは異なり、彼はキルドレである自らの生を呪うこともなければ疑問も感じていない。彼の動機は一つ。キルドレであることを呪う「母」＝水素の救済だ。彼女の精神を救済するために、函南はティーチャーに無謀な、ほとんど「特攻」じみた戦いを挑む。バトーの自閉を守護するだけの素子とは異なり、水素はここで積極的に函南の生に意味を与える存在として機能する。つまり、水素は函南にエディプス的な物語を与える存在だ。函南は不可視の「父」＝ティーチャーを撃破することで、父殺しを実現し「母」＝水素を解放しようと／自らが「父」になろうとする。しかし、『紅い眼鏡』の紅一がそうであったように、『御先祖様万々歳！』の犬丸がそうであったように、（そして高橋留美子『めぞん一刻』の五代青年がそうであったように）「父」であろうとする欲望こそが、むしろ少年たちを、犬たちを母の胎内に閉じ込めていく。函南にとって水素に与えられたエディプス的な物語は、無限のループ構造からの脱出口ではなくむしろループへの罠に他ならないことは、押井自身がかつて反復して描いていた構造に表れていたはずだ。『パトレイバー2』の柘植が他者として機能し得たのは、物語の結末までしのぶの「父」であることを断念していたからだ。そして彼は物語の結末でしのぶと再会し、「父」としての側面を回復することで物語の外部に立つ絶対的な他者の座を降りることになったのだ。

そもそも『御先祖様万々歳！』の時点で、押井は悪意ある「母」というイメージを提出していた。同作の世界を悪意をもって支配していたのは、「母」である磨子だった。そして磨子は、物語を外部からコントロールする演出家であると同時に、より正確には自身をも演者となって展開を内部から誘導する詐欺師として設定された。磨子は押井が生み出した新しい「母」のイメージであり、そしてその「詐欺師」としての振る舞いは押井が到達した新しい他者像の可能性でもあったはずだ。

しかし、押井はこの新しい母、新しい他者と向き合うことはなかった。磨子に対し、犬丸は恋い焦がれ、求め、所有すること＝自身が「父」になろうとする欲望をもつことはあっても対決することはなかった。同じことが『ビューティフル・ドリーマー』におけるラムに対するあたるの態度にも言えるだろう。

押井は「母」の（排他的な）愛とその母に生の意味を依存する「父」の欲望との結託こそが成熟を疎外し、物語の内部で人間を思考停止させることを理解し、それを憎悪する一方でシステム＝母殺しを忌避してきた作家なのだ。その結果が、『パトレイバー2』で完成される「不可視の外部に対して常に祈り続けよ」というメッセージだった。それは「映像の世紀」に残された最後のモラルであり、成熟への条件だったはずだ。だが、「映像の世紀」は押井自身が描いたように終わりを告げた。その「映像の世紀」のモラルと成熟は、現代において――まさに押井が「説教」をしたくなるようなキルドレ的な生が前提となったこの「ネットワークの世紀」において――情報環境的に成立しない。

このネットワークの世紀におけるモラルに可能性があるとすれば、それは物語の外部に立つ他者＝「父」との対決ではなく、ネットワークの海を漂う自由なプレイヤーでありながら、時にシステム領域からその子を守護する「母」との対決に他ならない。そして押井はこの新しい時代の「母」のイメージを既に提出している。それは犬と銃器と人形と戯れながら静かに老いていくサイボーグ＝バトーの生を庇護し続ける守護天使＝『イノセンス』の草薙素子だ。『御先祖様万々歳！』の時点では物語の外部に立つ超越者＝映像の世紀の演出家＝父の位置にあった「母」＝麿子は、ネットワークの世紀という新しい世界を背景にすることで、「父」とは異なる超越者＝プレイヤーとシステム管理者を兼ねる存在としての「母」の像＝素子へと進化したのだ。しかし、押井は麿子に想定しえた悪意を、素子には想定できなくなっている。素子に守られる静的な生を選択したバトーとは異なり、何かを変えられるまで生きろと主張する函南が選択すべきはまず水素に背を、銃口を向けることではなかったか。

水素に与えられたエディプス的な物語を反復し続ける函南と、素子に庇護されながら犬と銃器と人形を愛し続けるバトーの違いはどこにあるのだろうか。異なるところがあるとすれば、函南は自分が水素の胎内での無限のループ構造にいることに無自覚であり、その自意識の上では父殺しの実践とその約束された失敗を反復しているのに対し、〈俺には守護天使がついてる〉と語るバトーのそれは完全に自覚的だということだろう。バトーはいわば老いて、諦めを受け入れた函南だ。函南は既に存在しない「父」との対決を反復し、そして諦めを受け入れたバトーは「母」の庇護下で幸福な思考停止に陥る。そこに押井の描いた現代の成熟観を見て取ることもできるだろう。しかし、だとすれば函南が饒舌に語る「顔の見えない父と戦え」というメッセージは、ただの耳当たりのいいキャッチフレーズであり、観客についた嘘にすぎないということになる。あるいは、それは『イノセンス』からの思想的な後退、問題理解の後退なのかもしれない。だとすると、この思想的な後退は、押井が『イノセンス』でネットワークの世紀における自閉を、新しいシステム＝母の庇護下における自己完結を選択した瞬間に約束されていたものなのかもしれない。バトー的な自己完結以外にこの世界との対峙法を見出せない作家が、（その必要性を実のところ感じてもいないであろう）現代における成熟を語るとき、自身がかつて過去のものとした旧世紀のモデルを提示してお茶を濁すことしかできないのは必然的な結果でもあったように思うのだ。

そして同作が、現時点で、論理的な構造を備えた最後の押井（映像）作品だ。小説や舞台脚本に例外はあるものの、以降の押井の作品は基本的にセルフパロディと内輪受けの小品であり、そこから本書で論じてきた諸問題を考える手がかりを見出すことは難しい。

これが意味するところは何か。押井はネットワークの世紀における外部と他者（とかつて呼ばれたもの）の存在とその必要性を予感しながらも、その想像力はその具体像を描くことができないまま部分的に映像の世紀への後退を余儀なくされている。

それは押井こそが「映像の世紀」の臨界点を描き、その次に訪れる時代を予見したという点において傑出した作家であったことを考えれば、皮肉な結果でもあるだろう。彼が愚鈍な作家であれば、映像の世紀に留まり続け、旧い世界観を維持したまま旧世界における傑作を幾つも物にできただろう。しかし、彼は愚鈍という言葉とは程遠い作家だった。彼は映像の世紀の、映像作家でありすぎた。にもかかわらず、その終わりにも自覚的でありすぎたのだ。

押井守は現実＝戦争の不可能性を描き続けてきた。しかし、その臨界点、『アヴァロン』における「Class SA＝Class Real」を描くことはできなかった。草薙素子が人形使いと融合することで到達した広大なネットワークとは、スクリーンを、モニターを、20世紀を彩ったありとあらゆる媒介を失って、直接人間と人間とが、場所と場所とが、モノとモノとがつながる新しい世界だった。それは彼の愛した映像の世紀の終焉であり、そして誰もがスクリーンを通して初めて現実に接続できた時代／スクリーンという平面に現実を加工／仮構することで社会を形成していた時代の終焉だった。押井守が拘泥した虚構が、平和が、夢の世界が、映画（的なもの）が、決定的に変質した。もはや「戦線から遠のくと」という仮定を置くことに意味はない。なぜならば、9・11以降――いや、そのはるか以前からあらゆる場所は既に戦場に他ならないからだ。

押井守は「映像の世紀」の終焉を、確実に予見していた。しかしその具体像を描くことはできていない。永遠に続くはずだった学園祭の前日＝平和＝虚構は、彼が描き出したシミュレーションとしてのそれをあざ笑うかのように世界貿易センタービルと一緒に崩れ去った。人々は貨幣と情報のネットワークによってスクリーンを介することなく現実に直面し、前線と後方、戦争と平和の境界線も消失した。ネットワークによって現実同士が媒介なく接続されるこの時代に押井守の想像力は追いつけなくなってしまった。その結果、彼はまだ生まれることもなく、高橋留美子的なもの＝「母性のディストピア」の胎内に留まったまま老い、壊死しつつあるのだ。

16　戦後史への撤退戦

『イノセンス』でネットワークの世紀の情報環境下に自閉することを宣言した押井守にとって、また、『スカイ・クロラ』で「若い人たちへのメッセージ」として壮大な空回りを演じた押井にとって、同作前後からの作品は前述したように内輪受けとセルフパロディの反復となった――少なくとも現時点（2017年秋）ではそう判断せざるを得ない。押井自身も、『イノセンス』以降の創作動機の変化についてはイ度々ンタビュー等で口にしているが、その多くが創作の決定的な動機を自らが失っていることを自嘲的に吐露するものだ。[*33]

この大作家がどこでつまずき、また何を失ったのか――それを本書では作家の才能や営みの問題ではなく情報環境の変化の問題として扱ってきた。作家としての（そしてかつての）押井が壊死しつつあることは疑いようがない。しかしそれは押井の非才を意味しない（するはずもない）。押井は正しく映像作家であり、映画監督であり続けたがゆえに映像の世紀とともに語るべきものを失った、というのが私の見解だ。

第5部の最後に、私はこの10年余り押井が反復し続ける内輪受けとセルフパロディの集積から持ち帰るべきものを探してみたいと思う。

例えば『立喰師列伝』（２００６）は押井の戦後の外食産業をモチーフにしたパロディ小説を映像化したものであり、登場人物の多くは押井の友人や仕事仲間が演じており、仲間内のお祭りといった趣の強い作品である。

立喰師とは押井の創作した存在で、『うる星やつら』のテレビシリーズから押井が反復して用いるモチーフだ。具体的には立ち食いそばに代表される軽飲食店で薀蓄や身の上話といったパフォーマンスで店主を翻弄し、代金を支払わずに逃走する無銭飲食常習犯のことをさす。例えば作中で最初に登場する元祖立喰師「月見の銀二」（もともとは『紅い眼鏡』などの登場人物）の「仕事」は、戦後という「まがいもの」の時代を、闇市で提供される代用品混じりのそばに重ねあわせ、その虚構性への自覚を促す「啓蒙」であったと語られる。そして60年安保の時代に活躍した女立喰師「ケツネコロッケのお銀」は、キツネそばという種物にさらにコロッケを追加することで、高度成長から来るべき消費社会へ至る大衆の欲望の肥大を批評的に体現した存在として位置づけられる。同作はこのような形で、押井の戦後史観が、外食産業を舞台にユーモラスに展開されていく。

ここに強いて注目する部分があるとすれば、同作が70年代のファストフードの台頭で事実上その記述を止めていることだろう。立喰師たちの戦いは文化的啓蒙から、ファストフードの代名詞たるハンバーガーチェーン店や、24時間営業をモットーとする大手牛丼チェーン店などの供給システムに対する「大食い」「大量注文」による挑戦＝消費社会批判に変化していく。しかし、その後のデフレーションによる外食戦争も、その反動としての中食ブームも、スターバックスの上陸による喫茶文化の変貌も、押井の射程の外にある。

これが意味するところは何か。押井は端的に消費社会の先に興味が薄い、のだ。『イノセンス』でバトーが体現した自己完結的な倫理と美学とは、この新しい世界に対する押井の批判意識のなさの証明でもあるだろう。映像の世紀からネットワークの世紀へ、消費社会から情報社会へ――押井は前者の虚構性にいかに自覚的であるか、という問いを通してその作品世界を構築してきた作家であったことはこれまで見てきたとおりだ。しかし後者については、守護天使＝母権的なシステムの庇護下で自己完結し、思考停止することを押井は選んだのだ。それは前述したように、押井がこれまで映像の世紀とその究極の表現形式であるアニメーションを、あるときは情報論に、あるときは戦争論に、あるときは倫理的な問いに重ねあわせて展開してきたからこそたどり着いた、いわば知的格闘の積み重ねの結果の自閉でもあっただろう。しかしその結果、批判力を失った押井という作家は以降ローカルなコミュニケーション（内輪受け）とセルフパロディを反復していくことになるのだ。

しかしその反面、押井は過ぎ去った映像の世紀については饒舌に語り続けた。いやそれは饒舌なパロディの域に留まることなく、戦後史を総括し得る長大な射程を獲得していく。押井にとって戦後史はそのマンガ原作（『犬狼伝説』シリーズ）において重要なモチーフとなっているが、ここではその集大成として2009年に上演された舞台『鉄人28号』を（知られざる傑作として）取り上げたい。

言わずと知れた横山光輝の原作は草創期のテレビアニメとして人気を博し、少年の拡張身体――操縦する巨大ロボット――という戦後アニメロボットの源流に位置する作品だ。押井はこの『鉄人28

号』を戦後史の総括的な物語として再生したのだ。

物語の舞台となるのは東京オリンピックが開催された１９６４年――戦後の高度成長期の只中にあった日本社会はこのオリンピックをスプリングボードに、来るべき経済大国化と消費社会化の下準備を整えつつあった。東名阪を結ぶ太平洋ベルトの動脈・東海道新幹線の開通、各種競技をお茶の間で視聴するためのカラーテレビの普及、そして首都高速道路の整備に代表される首都・東京の大改造――押井は自身の記憶に残るこの転換点を背景に、戦後という偽りの時代の精神をめぐる思想戦を描き出した。

鉄人28号――それは横山原作にあるとおり旧日本陸軍が開発した決戦兵器だ。敗戦後にこの鉄人は戦後民主主義と科学技術の進歩による明るい未来の象徴として、一人の少年・金田正太郎に託されることになる。その操縦者の意思によって、正義にも悪にもなり得るリモコン操縦の巨大ロボット――戦前は結果として侵略戦争という悪に加担してしまった科学の象徴――は（この舞台版の設定としては）「戦後に生を受け、民主主義に育まれた」正太郎少年に操縦されることで戦前の亡霊から戦後の精神の守護者として生まれ変わっていた。

正太郎の後見人である敷島博士は彼に鉄人28号を託し、彼を戦後民主主義と科学進歩主義の体現者として教育することによってその正義を実現しようとしていた。本作で正太郎は正確には少年ではなく、男装の少女であることが暗示されるのだが、敷島はそんな彼／彼女を「理想の恋人」として、徹底的にその思想を注入している。例えば少年でありながら銃の携帯を許された正太郎は、敷島にその銃を用いるのは自分の身を守るときだけだ、と教えこまれている――そう、専守防衛を謳ったこの国の自衛戦力のように、だ。そして敷島は言う。正太郎の体現する正義の心――手を汚すことを知らない無垢な少年が体現する戦後民主主義の理想という「建前」と、鉄人の滅びない身体、つまり戦前から受け継がれた全体主義的な秩序の実現という「本音」――が一つになるとき、自分の理想は実現するのだ、と。

だがその正太郎は東京五輪を阻止せんとするテロ組織「人狼党」に拉致されることによって、敷島の掲げる正義に疑問を抱くようになる。人狼党のリーダー・犬走一直は語る。正太郎がこれまで教えこまれてきた戦後民主主義の欺瞞を。正義の実現のためには犠牲が必要だと説く敷島の欺瞞を。正義と平和の建前のもと標準化できないマイノリティを排除し、敗戦直後に結果的に出現した、自由と多様性を徹底的に排除していく五輪を控えた東京が体現するものの不正義を。犬走の思想に触れた正太郎はもはや敷島博士に教えこまれた正義を信じられない。しかし一方で犬走の語る自由を擁護して、戦後の平和と繁栄を否定することもできない。

そんな正太郎の前に現れるのは犬走の恋人であり、60年安保闘争時に反体制派のシンボルとなった伝説の立喰師である「ケツネコロッケのお銀」だ。お銀は正太郎に、これからは自分だけを愛するんだよ、と語る。自分を時代に流されて生きるだけの存在として自嘲するお銀は、かつてキツネそばにコロッケを追加する行為に来るべき消費社会への予感を表現したように、正太郎に戦後という時代が結果的に選ぶことになる消費社会的なミーイズムを示唆する。戦後日本は犬走が愛した敗戦直後の自由を維持することはなかった。そして敷島が信じたように科学と民主主義の理想を実現したユートピアにもならなかった。結果的に戦後日本がたどり着いたのは、(『パトレイバー2』の柘植が罪と呼んだような)他国の戦争で潤いながらもその代価を支払うことのない不正義の平和であり、この不正義の平和は犬走的な自由も敷島的な正義も選択せず、個人の幸福と欲望を追求することに留まるという消費社会の精神に支えられていた。そしてこの自分だけを愛すること――個人の幸福と欲望だけを追求すること――をあえて肯定する思想は、自由と正義を追求した結果あまりに多くの犠牲を払い続けた20世紀前半から中葉（「政治の季節」の終焉まで）の反省から生まれた倫理でもあった。

そして、ケツネコロッケのお銀の手引きで犬走の元から脱出した正太郎は葛藤の末に一つの決断を下す。

１９６４年10月10日──東京五輪の開幕当日、会場の上空でデモンストレーションを行い、そこに5つの輪を描く予定だった自衛隊のブルーインパルスが、人狼党の妨害工作で飛べなくなってしまう。敷島はブルーインパルスの代わりに鉄人28号を飛ばすことを提案するが、その動きを察知した犬走は鉄人を襲撃する。鉄人28号のリモコンをめぐる争奪戦の中、正太郎は自分の意思で鉄人をブルーインパルスの代わりに飛ばすことを決断する。それは決して敷島の正義に正太郎が賛同したためではない。正太郎はあくまで自己実現のために──自分のことだけを考えて──鉄人を飛ばすのだと宣言する。この瞬間に敷島的な正義は時代に敗北する。戦後民主主義の理想という新しい天皇の下に推進されてきた「平和と繁栄の未来」は、このとき個人主義とミーイズムを実現するための「平和と繁栄の未来」にとって代わられたのだ。それはその後の歴史で、前時代的な大義より相対的にマシなものとして消費社会化の中で結果的に選びとられていくことになるのだが、「未来」を見定めることを自らに課した正太郎は１９６４年10月10日に積極的な意思をもってこれを選んだのだ。ここで正太郎が選択したのは、結果論としての、本音としての戦後民主主義ともいうべきものだ。公的な価値を拒否して、あくまで私的であることが結果的に、そして逆説的に公的なものに接続される──。

敷島はこの正太郎の選択を、〈少しばかり寂しくはあるがね〉と自身の敗北を認めつつ、肯定する。[*34] それは戦後日本という無垢な少年の精神──個人主義とミーイズム──がその身体──平和と繁栄──と一致した瞬間であったからだ。敷島の目指してきた未来は、その内実を大きく異にしたかたちで実現したのだ。

だが、無垢さと訣別した正太郎は敷島の許容し得る領域から大きく逸脱していた。正太郎は自分を阻止しようとする犬走を、その拳銃で狙撃する。発砲を制止する敷島を振り切って、自分の身を守るためではなく自己実現のために引き金を引く。そして鉄人は東京の空を飛ぶ。犬走のいう自由を葬り去り、敷島のいう正義を裏切って、来るべきミーイズムと消費社会を、誰もが自分のことだけを考えることを結果的に選択していった不正義の平和の時代を象徴する存在として。

エピローグでは、その日正太郎によって東京の空に五輪を描いた鉄人は東京湾岸の埋立地に墜落し、正太郎もまた鉄人を追って姿を消したことが語られる。そして現代——鉄人の消えた埋立地に数十年の時間を経て、まるでケツネコロッケのお銀のような熟女の装いとなった正太郎が登場する（正太郎とお銀は南果歩の二役として、つまり分身として登場する）。「彼女」は戦後という時代への訣別を謳う。鉄人に向かって、蘇れ、鋼鉄の巨人、この裏切りの空に再び、未来を描けと叫ぶ。まるであの柘植のように、結果的にこの国の戦後が選択してきた偽物の平和＝裏切りの空への叛意を叫んで、舞台は終わる。

もはや少年ではない正太郎は、ここでかつて自分が敷島と犬走、二人の思想を拒絶して選びとったものを自ら否定し、その清算を主張している。正太郎の叛意の具体像は描かれることがない。しかし彼女の言葉は明らかに『パトレイバー2』の柘植のそれに重なっている。

舞台の中盤、犬走に拉致された正太郎は（当時は海軍施設跡の廃墟である）埋立地から東京湾岸の街並みを眺める。そこには本来高度成長の成果が輝かしい未来像とともに聳え立っていたはずだが、敷島と犬走、二つの思想の間で揺れる正太郎は、〈僕にはもう何も見えない〉とその欺瞞に満ちた時代への失望を語り、泣き崩れる。そして数十年後——同じように埋立地のどこかに登場した彼女は、あの柘植がそうしたように東京を眺め、恐らくこう口にするはずだ。〈ここからだと、あの街が蜃気楼のように見える〉と。

17　ゴーストと女兵たち

少年だった金田正太郎が、数十年の時間を経て埋立地に降り立ち、あの柘植と視線を共有する――。舞台『鉄人28号』は言うなれば『パトレイバー2』の、いや『パトレイバー2』を頂点とする押井の「映像の世紀」における作品群のプロローグとしての戦後史総括だった。同時にそれは現在にも未来にも語るべきものを持たない押井が過去に対しては饒舌に語り得ることを証明した作品でもあった。

近年の押井が内輪受けとセルフパロディを頻発していることは既に述べたが、そんな押井にとって近年もっとも大きな仕事があの『機動警察パトレイバー』の実写による続編『THE NEXT GENERATION パトレイバー』（２０１４～15）だろう。この実写版パトレイバーは『パトレイバー2』で描かれた柘植のクーデターから十数年後（つまり現代）を舞台とし、テレビドラマ的な約1時間のエピソード12本とその完結編となる長編によって、三代目となった特車二課第２小隊の日常と活躍を描いている。

同作ではレイバー自体が他の作業機械やロボットに代替されるかたちで大きく衰退し、その結果レイバー犯罪対策チームである特車二課（パトレイバー中隊）も縮小され、出動の激減した隊員たちはヒマを持て余している。これらの設定は明らかに押井による自虐的なパフォーマンスだ。もはや戦後のロボットアニメの時代は終わり、現実世界での人工知能とロボットの発展もめざましい今、かつての『パトレイバー』のコンセプトのもっていた批判力は限りなくゼロに近い――押井はそのことを十二分に自覚しているのだ。第２小隊隊長を受け継いだ後藤田以下、新隊員の名前が旧第２小隊のもじりで統一されているのだから、そのセルフパロディ性への自覚は相当なものだろう。

同作は過去作のファンたちが心の半分で期待する通りに、過去作のリメイク的なエピソードを羅列し、そして心の残りの半分を「やっぱりか」と落胆させていった。完結編となる映画『首都決戦』（2015）では、柘植のシンパによるテロが描かれるのだが、ここでもそのセルフパロディ性は強調される。テロリストである柘植のシンパたちが目指すのは、かつて柘植が演出した「幻のクーデター」の再現であり、現特車二課の面々の動機もまたかつての隊員たち——後藤やしのぶから受け継いだ伝統を守ることにしかない。押井は自身が既に語るべきものを持たないことを自覚した上で、徹底的に露悪的に振る舞っているとすら言える。

テロの時代を迎え、前線と後方の差異が消滅した現在においてモニターの中の虚構の向こう側に戦争という現実を押し込める戦後日本のアンモラル——という「動機」自体が無効化していることを、押井は理解していたに違いない。だが、押井守はこの作品の中でテロの時代に対応した新しいモラルの問題を取り扱うこともなければ、その映像という虚構に対する自意識と自己批評をネットワークの世紀に対応した形で展開することもなかった。

同作の制作時には、劇中の設定同様の全高約8メートルのパトレイバーが作製され、実際の撮影にも使用されたのだが、皮肉にもこの作品がほとんど唯一注目を集めたのは、映画のプロモーションとしてこのパトレイバーが吉祥寺に飾られたときだった。このときソーシャルメディアの口コミで「吉祥寺のパトレイバー」の存在は瞬く間に広がり、ちょっとした「事件」として報じられていった。総力戦／冷戦＝映像の世紀が終わり、テロ＝ネットワークの世紀を迎えたこの時代を、この映画の批判力と訴求力のなさとそれでもほんの一瞬だけ大衆の耳目を集めた事件性のあり方が、非常に皮肉な形で象徴してしまっていると言えるだろう。

同作はおおまかには（押井にとって）語るべきものを持たない時代への諦念と、その結果としての自己言及への撤退として総括することができる。しかしここではこの不幸な作品から一つの論点を持ち帰りたいと思う。それは露悪的なセルフパロディにすぎない同作のほとんど唯一の独自要素とも言えるものだ。

それは同作がかつて押井が『パトレイバー2』『攻殻機動隊』『アヴァロン』の3部作で確立した女性主人公の類型――「女兵」ともいうべき女性主人公たちの物語であることだ。かつて南雲しのぶは、草薙素子は、そしてアッシュはそれぞれの個人的な動機から戦いに身を投じ、その結果として世界の謎に迫っていった。内省的な内面を持ち、戦闘の中で自己探求を行う女性戦士たち――失踪した恋人を捜しだし、世界の謎を解き明かそうとする「犬」のような女性たち――はそれまでの押井作品に象徴的に登場していた少女性／母性と隔絶した存在だった。

しかし、『イノセンス』以降彼女たちは息を潜めることになった。例えば『攻殻機動隊』に登場した草薙素子は『イノセンス』ではバトーを守護する「母」として、『スカイ・クロラ』の水素は函南にエディプス的物語を与える「母」としてそれぞれ機能する存在で、ネットワークの世紀の混沌と混乱から主人公を庇護する役割を果たすだけだ。しかし、同作で『イノセンス』以降は息を潜めていた女兵たちは息を吹き返し、再び戦い始めたのだ。現第2小隊の泉野とカーシャ、そして警視庁公安部の高畑慧――彼女たちはそれぞれの個人的な動機からテロリストとの戦いに身を投じていくことになる。

彼女たちが撃つべき「敵」もまた、女性として設定される。テロリストの主力となる自衛隊の戦闘ヘリコプター「グレイゴースト」――光学迷彩を施した自衛隊の新鋭機――を強奪し、首都を蹂躙するるのは天才と評される女性パイロット・灰原零だ。女性自衛官として初めて戦闘ヘリの操縦資格を得たとされる灰原だが、その経歴の一切は自衛隊のデータベースから消去されている。高畑は灰原の過去を調査するが、彼女の同級生たちは口を揃え「よく覚えていない」と証言したという。ただ「いつも笑っていた」ということを除いては——。そして彼女が唯一所持していた写真には、13歳で病死した「灰原零」の墓が写っていることが判明し、その正体は謎に包まれたまま物語は幕を閉じる。灰原には愛国心も思想も存在しない。その動機は一切描かれることなく、ただ自身の技量に対するプライドと、破壊それ自体への欲望だけが描かれる。

そう、灰原は帆場や柘植のような倫理的、社会的な動機を持っていない。過去の押井作品に例を求めるとするのなら、灰原の存在は『アヴァロン』の「ゴースト」にもっとも近い。これは、彼女の乗機名（グレイゴースト）を考えれば偶然ではないだろう。

アヴァロンというゲームのシステム領域にアクセスするための鍵となる「少女」の姿をしたNPC——それが「ゴースト」だ。主人公のアッシュはこの「ゴースト」を撃つことで、アヴァロンの世界の謎に接近する権利＝システム領域＝「Class Real」に接続する権利を得る。しかし「Class Real」をコンプリートしたアッシュの前にゴーストは再び姿を現し、ラストシーンで銃を向けるアッシュに悪意の笑みを浮かべる。アッシュの世界の謎（この場合は現実の在り処）をめぐる戦いが永続することを示唆して映画は幕を閉じるのだが、『首都決戦』の女性警察官たちと灰原の対決は、この『アヴァロン』の終盤の展開の反復だ。『首都決戦』の結末で彼女たちはグレイゴーストの撃墜に成功するが、灰原との決着は描かれない。脱出した灰原の過去と動機は明かされることなく、泉野、カーシャ、高畑といった女兵たちは個人的な動機に基づいた戦いに決着をつけるが、その結果世界の謎——この場合は柘植の思想に代わるものであるはずの灰原の悪意の正体——にたどり着くことはない。押井は明らかにここで語られるべき新しい時代（ネットワークの世紀）における倫理やそれを下支えする世界観、思想といったものを空洞化している。この空洞は語るべきものを失った作家の抜け殻のようなものだ。しかしそれゆえに、ここにいま戦後アニメーションとその隣接ジャンルが描くべきものの手がかりが転がっているとも言えるだろう。

映像の世紀からネットワークの世紀へ――1964年に湾岸の埋立地で失踪した金田正太郎の末裔たる女兵たちは、新しい時代、新しい世界の謎を解き明かすべくネットワークを漂う「ゴースト」に銃口を向けている。しかし、彼女たちが撃つべき「ゴースト」はその名の示す通りまだその像を結んではいないのだ。

同様のモチーフの反復例として実写映画『東京無国籍少女』（2015）も挙げておこう。これは、山岸謙太郎が監督した同名自主制作映画の押井によるリメイクだが、内容は大幅に改定され事実上押井のオリジナル長編映画となっている。物語の舞台はある美術学校――ヒロインの少女（藍）はとある事情でその心に決定的な傷を負っている。特待生である藍は周囲のねたみから学級で孤立し、執拗ないじめを受けている。過去の記憶と結びついた心の傷と、現在進行中のいじめ――過酷な情況下で藍は黙々とある作品を作り続ける。映画はその終盤まで藍の沈痛な日常を描き続ける。しかしラスト15分、物語は激変する。ある日――学校を突然の地震と、そしてロシア兵の大部隊（！）が襲う。藍は何かに憑かれたように高い戦闘力を発揮し、戦場となった学校で一人また一人とロシア兵を殺していく。戦闘は拡大し、藍の攻撃で敵の戦闘ヘリが撃墜され教室は爆風に包まれる――藍はここで「覚醒」することになる。

藍が目覚めた世界は未来の日本と思しき戦場――敵はロシアらしき国家――だ。夢の中（これまでの美術学校での展開）に登場した教師たちは軍の上官であり、藍をいじめていた少女たちは同じ部隊に所属する同僚の少女兵であったことが明かされる。そしてどうやら戦傷によって昏睡していたらしい藍は仲間たちのもとに復帰し、笑顔を見せて戦場に赴いていく——。

この作品で示されているのは端的に述べれば、ここは既に「戦場」であるという現状認識だ。宮台真司は同作を戦後日本の「終わり」を比喩的に表現したと評している。例えば藍の夢のなかで学園を襲う地震は戦後日本の終わりを象徴した東日本大震災に他ならない、と——。


「戦争だって？　そんなものはとっくに始まっているさ。問題なのはいかにケリをつけるか、それだけだ」


かつて『パトレイバー2』で荒川は述べた。[*35]「戦争はもう始まっている」と。しかしこのとき荒川が述べたのは目で見、手で触れることのできないモニターの向こう側＝外部に、戦争という現実が存在することを（その忘却に対する警句として）主張するものだった。しかし『東京無国籍少女』における世界認識は既に戦争が始まっているという認識こそ同様だが、その構造は全く異なっている。ここで藍に目覚めを促す戦友たちが主張するのは、いま、ここが既に戦場であるということなのだ。しかし物語はそれ以上の展開を見せることはなく、終わる。

そう、押井は戦争はこの世界のどこかでもう始まっているという認識を示す段階で立ち止まっているのだ。ネットワークの世紀において、テロの時代において、そして「災後」の日本において、既にここが実質的に戦場であることは自明だ。だが押井の想像力はいま、その自明であることを確認することしかできなくなっている。しかし、荒川がかつて述べたように、既に問題なのはいかにケリをつけるか、ではなかったか。

映像の世紀が終わりを告げたいま、この場所がもはや夢ではなく現実であることを押井は既に自覚している。しかし夢から醒めてしまったこの作家は、語るべきものを喪失しているのだ。

18 「母殺し」の可能性

押井守という作家はいま、難しい場所に立っている。例えば現時点の最新作である2016年日本公開の『ガルム・ウォーズ』は（恐らくは制作上の都合から）ほぼ作品の体をなしていない。ここでは取り上げなかったが『イノセンス』以降の押井にはその名前によって企画は成立したもののそれ以上のものではなく、ここで内容を紹介することすら憚られる類の小品が多いことを記しておかざるを得ない。この押井の変化は端的に述べれば『イノセンス』以降語るべきものを、ネットワークの世紀に語るべきものを押井が失っているからに他ならない。

押井守が対峙してきた「映像の世紀」、それはスクリーンの、モニターの中の映像を媒介として用いることで初めて社会が成立する時代だった。共有不可能な現実（三次元）を共有可能な虚構（二次元）に整理し、統合する装置――それが平面の思考＝近代という制度の結晶としての映像だった。そして押井守という作家は、作家の意図したもの以外は存在し得ない究極の映像、究極の平面であるアニメーションの性質への自覚を促し、その「外部」＝平面に整理し得ない現実それ自体の存在への認識を喚起することを反復してきた。それが押井の提示した映像の世紀のモラルだった。このモラルについての問いは、あるときは共同性に対するノイズを排除する母権的な排除の論理への抵抗として、あるときはバブル期の都市論として、またあるときはサンフランシスコ体制下における戦争と平和をめぐる戦後社会論として展開されてきた。押井にとって高橋留美子が体現する「母性のディストピア」とは、映像の世紀の戦後日本的展開に他ならなかった。そこでは高橋留美子の体現する近親姦的な想像力によって、外部への脱出は予め失敗が運命づけられている。そこで押井は情報論的なアプローチを用いることになる。たとえ脱出が不可能であったとしても、外部の存在を認識する／させることに映像の世紀におけるモラルの可能性を探る――その押井の新戦略を可能にしたのが『パトレイバー』以降の情報論的展開だった。そして『パトレイバー2』で提示した「冷戦／映像の世紀」の臨界点とそのモラルは、同時にその戦後日本的展開であった「母性のディストピア」下のモラルの提示でもあった。

しかし、押井自身が『攻殻機動隊』で予感したとおり、世界は既に広大なネットワークに覆われ、映像の世紀は終わりを告げた。もはや私たちは平面を、映像を介することなくつながることができる。いや、個人の意思とは無関係につなげられてしまっている。人と人、モノと人、モノとモノとが自動的に接続されたこのネットワークの世紀に、もはや私たちは彼岸を、平面に整理され得ない事物そのものを、世界の外部を想定することはできない。そしてこの新しい時代に、押井は語るべきものを失い、ただネットワークを拒絶して引きこもることしかできなくなっている。それは同時に、押井によるこのネットワークの世紀のモラルの表現だったに違いない。そして、そのことによって押井は端的に述べればかつて発揮していた世界の構造に対する想像力を失っている。バトーはネットワーク上を漂う守護天使としての素子に見守られながら、犬と銃器と人形を愛玩して生きることしかできない。それが映像の世紀からネットワークの世紀への移行の中で進化した新しい「母性のディストピア」だ。

女兵たちはテロ／ネットワークの世紀への抵抗を始めているが、その撃つべき対象をまだ見定めることができないでいる。彼女たちが撃つべき対象＝ゴーストはその名の通り、ネットワークを漂う幽霊のような存在だ。それはバトーの自閉を保証する守護天使＝素子がそうであるように、この新しい世界を決定づける構造とその原理を象徴する存在だ。しかし、押井はその像を『攻殻機動隊』からおよそ20年、『イノセンス』からおよそ10年経ったいまでも、新時代への予感＝ゴーストとしてしか、描けていない。押井はもはやこの新しい「母性のディストピア」の前に抵抗すべき武器を持っていないのだ。

ネットワークを漂うゴーストが、輪郭を持った実体として登場したとき、あるいは女兵たちが予感としてのゴーストではなく、世界の構造を体現する存在としての新しい「母」を撃つことができたとき、初めて押井はネットワークの世紀の世界の構造を描き、そしてそのモラルの可能性に到達することができるはずだ。それは言い換えれば、かつて押井が『御先祖様万々歳！』で自ら背を向けた「母殺し」的な想像力の再検討（ネットワークの世紀に対応したアップデート）でもあるだろう。

同作において、近親姦的な無限のループ構造を断ち切るために、文明は自決を選んだ。しかし、文明が本当にループ構造を断ち切るためにはその銃は自分を撃つのではなく、既に自分を妊娠しているであろう「母」＝磨子に対して向けられなければならなかったはずだ。当時の押井は明らかにそのことに気づいていた。だから文明の銃口は、自身にでも、磨子にでもなくモニターの向こうの観客に向けられ、その自決は象徴的に描かれるに留まった。しかし、この文明の銃口は本当は磨子に向けられるべきだったのだ。そして、押井はそのことに気づいていながらもそれができなかったのだ。

だが現在、押井の描く犬たちとはいつか父になることを夢見る（が、故に少女＝母に銃口を向けることのできない）少年たちではなく、自らが「母」となることを拒否した／失敗した女兵たちだ。彼女たちがその撃つべき対象を「ゴースト」から「母」へ具体化したとき、予感から現実へとその標的を見定めたとき「母殺し」は完遂され、ネットワークの世紀におけるモラルの可能性が開かれるはずだ。

第6部　「政治と文学」の再設定

1　「映像の世紀」と「母性のディストピア」

宮崎駿、富野由悠季、押井守——本書では、この3人の作家の軌跡を通じて、この戦後サブカルチャーの想像力とこれらが体現する戦後という長すぎた時代の終わりについて考えてきた。そして、彼ら戦後アニメーションの巨人たちの陥った袋小路を、本書では比喩的に「母性のディストピア」として表現した。

宮崎駿が『風立ちぬ』でそのルーツを描いたように、敗戦の記憶は戦後日本人の想像力をこの母子相姦的な構造の中に閉じ込めた。

近代とは人間に「市民」「父」という役を演じることを要求する舞台装置に他ならず、したがってその舞台＝「公」的なものとは原理的に虚構にすぎない。そして近代日本人の自意識とは、この舞台的な空間が機能しないことへの自覚として常に立ち現れてきた。それが虚構であることを自覚し、演じることがそもそも虚実の皮膜の融解した日本的な文化空間においては成立しなかったのだ。日本の前近代性とはつまるところ、この近代の必要条件として切断されているべきものがされていないことに起因している。虚実が、世界と個人が、公と私が、政治と文学が切断されていないがゆえに、それを接続するために演じることが成立しない。独立したふたつのものが化合するという現象が発生しないのだ。このような情況下にある近代日本において成熟とはそれが不可能であると自覚しながらも虚実の切断への意思を表明することと同義だった。

しかし第二次世界大戦における決定的な敗戦は、そこにもう一つのゆがみを加えた。その不可能性を引き受けながらも虚実の切断の意思を表明する、という擬似的な成熟のかたちすらも敗戦とその後の占領政策は完全に破壊したのだ。「アメリカの影」の下「12歳の少年」に留め置かれることになった戦後という時代、成熟する主体であることそのものが、政治と文学の切断と再接続の可能性そのものが、この時期に失われているのだ。

代わりにこの国の戦後がたどり着いた成熟像、それは12歳の少年による成熟の仮構だった。このとき「アメリカの影」で実質的に「政治」レベルは消去され、彼らは「文学」レベルでの「政治」ごっこを行うことでその代替としたのだ。成熟の不可能性の自覚から、成熟そのものの仮構へ。「あえて」アメリカの影を直視しないためにアメリカと自己同一化すること、あるいはアメリカの影の存在を意図的に無視して一国平和主義を普遍的平和主義だと錯覚すること。敗戦の記憶から、アメリカの影から「あえて」目を背ける、忘却したふりをすること。これが、治者／戦後民主主義者であることという戦後日本人が獲得したアイロニカルな成熟の可能性だった。こうして鈍感なふりをすることと成熟は等号で結ばれたのだ。

こうした構造が成立するためには（見田宗介的に表現すれば）現実が反現実に決定されている必要がある。理想と現実、夢と現実、虚構と現実——前者と後者は徹底的に分裂し、後者においては現実にはあり得ないことだけが真正な理想／夢／虚構の条件となる。これは（小林秀雄的に表現すれば）「政治（現実）と文学（反現実）」の関係のゆがみでもある。これらの根底に機能しているのは徹底的に個人的であることだけが逆説的に公的であり得るという戦後民主主義のイデオロギーだ。そして当然この戦後民主主義のイデオロギーを可能にしているのはサンフランシスコ体制的な「アメリカの影」――政治（現実）的なものへの決定権と責任をアメリカの核の傘に入ることで放棄し、文学（反現実）を自己完結させる回路――に他ならない。

「アメリカの影」の下、戦後日本では世界と個人、公と私、政治と文学の関係が前者が消去されていることで実質的には成立していない。しかし、いやだからこそ表面的にはそれらが存在し接続されているかのように演じることが要求される。その結果として後者（個人、私、文学）がその内部で自己完結することで、前者（世界、公、政治）と擬似的に接続されている状態をつくりあげる。この回路は政治的なものの語り得ない、武器を持てない／持たない戦後日本の男性的な自意識の救済に他ならない。その結果、こうした矮小な父性を救済すべく肥大した母性が導入され、無条件の承認を与えることで自己完結が達成される。

江藤淳から村上春樹まで、この国の戦後を生きた男たちは「母」の胎内に閉じこもったまま、「父」になる夢を見続けることになる。そして、何もなし得ないまま、死んでいく。この肥大した母性と矮小な父性の結託こそが戦後日本を呪縛した「母性のディストピア」だ。

この構造――「母性のディストピア」――が戦後アニメーションに強く表現されているのは、それが「映像の世紀」の戦後日本的適応がもっとも進化したジャンルだからだ。19世紀における近代文学とは、20世紀における劇映画だった。それは世界と個人、公と私をつなぐもの――全盛期においては国民国家と市民とをつなぐ物語的な回路――だった。つまり戦後アニメーションとは「アメリカの影」を抱え込みながら戦後日本的「政治と文学」の形式を追求する表現ジャンルだったと言えるのだ。

戦後アニメーションとは、この国の戦後が手にした映像の20世紀というアメリカニズムの受容に対するもっともラディカルな応答であり、それゆえに戦後という時代を規定する精神性を強く孕むことになった。現実ともっとも強く切断されたアニメーションという劇映画が突出して発展したのはそのためだ。私たちは本当の近代を、本当の市民＝父として生きることはできない。アニメーションの中で偽りの歴史（宇宙世紀）と偽りの身体（モビルスーツ）を得ることでしか生きることはできない。生身の身体で市民を、父を演じることができないという諦念と、にもかかわらず存在し続けた近代という舞台装置（＝劇映画）への欲望が戦後アニメーションを性格づけたのだ。

戦後アニメーションの批判力とは究極の近代としての「映像の世紀」の臨界点、つまりあらゆる事物と事象が作家の意図なしには存在できない究極の劇映画としての批判力だった。それは言い換えれば近代文学の20世紀的な展開＝劇映画の臨界点としての批判力でもあった。世界と個人、公と私、政治と文学を結ぶもの——その蝶番は原理的に後者（人間の側）の想像力によって形作られている。戦後アニメーションの持っていた批判力とは、戦後日本を規定していたアイロニカルな成熟観を、その表現上の制約／特徴からもっとも強く刻印されていたからこそ持ち得たものに他ならない。

世界と個人との関係が公と私、政治と文学と言い換えられる近代という時代において、成熟とは両者の関係の構築のことに他ならない。かつて近代文学と呼ばれていたものが、「私」という語り手の自意識に拘泥していたのは、本来は他者の体験を経由して世界を知る装置である物語が両者を結びつけるための蝶番としての役割を与えられたからだ。言い換えれば、近代文学とは本質的に他人の物語でしかありえない小説を、自分の物語として感受させるためのアクロバティックな方法論が追求された文化運動のことだ。戦後アニメーションもまた、この国における近代文学という未完のプロジェクトの一つのかたちだった。いや、少なくとも彼らの作品はそうあろうとしていたのだ。

例えば宮崎駿にとっては「飛ぶ」ことが、世界と個人とを結ぶことだった。しかし、堀越二郎がその近眼のためにパイロットの道を幼少期に断念していたように、宮崎駿は自らが「飛べない豚」であるという自覚から出発した作家だった。だからこそ宮崎駿は飛べない豚たちの物語（『ルパン三世カリオストロの城』『天空の城ラピュタ』『紅の豚』など）と、彼らの代わりに飛び続ける少女たち（『風の谷のナウシカ』『魔女の宅急便』など）を反復して描いた。「母」の胎内でだけ飛ぶことが、「父」になることができる。いや、その夢を見ることのできる少年たちがいて、そして彼らの代わりに大空を飛び回り、「父」を演じる少女たちがいる。それは戦後日本の根底に存在するニヒリズムと、そこから出発したアイロニカルな成熟のかたちそのものであり、宮崎自身の苛立ちとは裏腹に高度成長から消費社会へグロテスクに肥大した戦後日本の姿そのものだったと言えるだろう。

対して、富野由悠季はこの戦後という「母性のディストピア」を、偽りの身体と偽史によって表現した。モビルスーツという仮初めの身体と、宇宙世紀という架空年代記を用いた成熟の仮構装置は富野がその時代認識の表現として構築した巨大なシステムだった。そして、「ニュータイプ」とはそのシステムを内破するものとして――自己破壊的な超克として――自ら見出したものだった。

こうした戦後アニメーションの想像力が陥った袋小路にもっとも意識的な作家が押井守だった。押井は端的に述べれば、先行する作家たちの囚われていた戦後的男性性とその成熟の問題（「母性のディストピア」）を、そして「政治と文学」と呼ばれた問題を情報論に変換して展開することで突破しようとした。具体的にはそれは、超越的な外部を想定することのできない新しい世界におけるモラルのあり方の探求として行われた（その最大の成果が『パトレイバー2』だった）。

だが押井の情報論的展開もまた、今日においては暗礁に乗り上げていると言わざるを得ない。その最大の理由はこの四半世紀で押井が前提としていた情報環境（映像の世紀）は急速な技術発展と経済のグローバル化によって決定的に変化し（ネットワークの世紀）、完全に過去のものになったからだ。戦後アニメーションの思想的な挑戦は、最終的に映像の世紀そのものの終わりによって挫折したのだ。

そして今日において本書で「母性のディストピア」と形容したものはよりいびつに、厄介なかたちに進化してこの国を覆い尽くしている。「母性のディストピア」＝戦後における「政治と文学」の関係性なのだとすると、本来それはグローバル化（冷戦の終わり）／情報化（「映像の世紀」の終わり）と共に「母性のディストピア」構造も解体されていなければならないはずだ。しかし、現実はそうなっていない。この国を縛り付ける「母性のディストピア」の重力はより増していることは明らかだ。

こうしている今も、この国ではアイロニーを欠いた人々の物語回帰が進行している。いや、それはもはや「物語」と呼ぶべきではないだろう。人々は情報技術に支援されることで（新しい「母」を獲得することで）アイロニーを欠いたまま見たいものだけを見て（「情報」を得て）、信じたいものだけを信じることができる。ヘイトスピーカーから文化左翼まで、Googleで5分調べてたどり着いた都合のよい真実を根拠に、使い古されたイデオロギーを向精神薬のように消費し、その精神を安定させることができる。富野由悠季的に表現するのなら、この「母性のディストピア」は宇宙世紀（物語／映像的）から、黒歴史（ゲーム／ネットワーク的）に進化したのだ。押井守的に表現するのならその象徴がアイロニーを失った人形としてのバトーであり、そしてテレビのデッドコピーから抜け出せない日本のインターネット文化である。『イノセンス』で素子＝新しい「母」に依存するバトーはあたるのように外部を志向すらしない。それは外部の不可能性を認識しながらもあえてそれを思考するアイロニーがここでは喪失されているからだ。その喪失は今日において（素子という新しい「母」によって）技術的に埋め合わされている。こうして子は物語ではなく情報を享受することでネットワークの海から承認を獲得するのだ。

押井守の情報論的展開とその行き詰まりが体現するように、奇しくも結果的に「母性のディストピア」として表れた彼らの敗北は戦後アニメーションそのものの批判力の限界を示している。

いま、戦後アニメーションの批判力は、グローバルとローカル、二つのレベルの変化によって失われつつある。グローバルには情報環境的に事実上の近代文学の究極形として機能していた劇映画という制度そのものの批判力が「映像の世紀」の終わりと同時に大きく低下しつつあり、そしてローカルには「成長しない／死なない身体（キャラクター）で成長と死を描くこと」――「アトムの命題」――が戦後社会の変質によってその機能を停止しつつある。

もはや経済大国ですらない現代の日本は、同時にもはやネオテニーですらない。グランマンマーレの胎内をただ漂うだけの――黒歴史というデータベースからモビルスーツという偽物の身体を引用して「ごっこ」遊びに没入し、ネットワーク化によって逆に外部を失った世界をバトーのように自閉的に漂い続けるだけの――この国は単に成熟＝近代化に失敗した12歳の少年でしかなく、したがってそこには「アトムの命題」は機能しない。

成長しない／死なない身体を用いて成長と死を描くこと――「アトムの命題」――とは、アメリカという望まれざる義父に抑圧され、「12歳の少年」のまま経済大国としてその身体のみを肥大させていったこの国のアイデンティティそのものだった。

手塚治虫への反発から出発した宮崎駿が飛べない男たちを描き続けたのは、宮崎自身がこの「アトムの命題」の最大の継承者だったからに他ならず、今世紀の宮崎がニヒリズムに敗北しているのはもはやネオテニー（12歳の経済「大」国）ですらないこの国において、それはアイデンティティになり得ないからだ。偽善／偽悪を引き受けること。その実体が存在しないことを自覚した上で、あえて演じること。成熟を仮構し、「政治と文学」の「政治」を演じること。いや、正確には演じることすら不可能であることを自覚した上で演じたふりをすること。それが戦後という時代におけるアイロニカルな成熟のかたちであった。しかし、いま、この成熟の不可能性の自覚がもたらすアイロニカルな成熟の仮構という装置が、機能を停止しているのだ。宮崎駿は最終的にそのニヒリズムを誤魔化すため母親の胎内に引きこもった。そして全能感の保証された世界で、自分は自由に空を飛んでいるのだと建前的に主張するその一方で、露悪的な本音として胎内の海を漂うだけの、それなりに幸福な死を迎えつつある自分を描いてみせた。

比喩的に述べれば、現代においては母の胎内ですら、男たちは既に飛べなくなりつつある。そして宮崎駿はそのことに恐らく、いや、間違いなく気付いている。だからこそ宮崎はこの時代を、まるであの震災を予言するかのように、津波に飲まれた後に訪れる死後の世界として描いたのだ（『崖の上のポニョ』）。それは、最後に観客に告げたきれいな嘘（『風立ちぬ』）で誤魔化せるような性質のものでは、ない。

富野由悠季と押井守にも同じことが言えるだろう。宮崎駿にとって時代に対するニヒリズムとして表れたそれは、富野由悠季にとってニュータイプという「思想」の挫折として表れた。

富野はニュータイプという概念が予言的に獲得していた情報社会的なコミュニケーションに対し、生産的な想像力をもつことができなかった。距離を無効化し人間間が媒介なくコミュニケーションを取り得る新世界の到来を（ニュータイプの未来を）、富野は『ガンダム』第一作では希望として提示した。しかし富野の優れた想像力は、その結果として到来する憎悪の連鎖をも極めて正確に予見することになった。以降の作品群で富野はニュータイプたちの生を呪われたものとして描き続け、そしてその反復の中でニュータイプに代わるものを獲得しようとしたが、できなかった。この過程で富野が提示した選択肢はいずれも20世紀後半のニューエイジ的なものへの後退であり、不可避に到来する社会の情報化に対応しながら生産的な可能性を見出し得る類のものではなかったからだ。

その結果として、富野はかつて自身が作り上げた世界に飲み込まれてしまった。それは偽物の身体と偽物の歴史の中で偽物の成熟と自己実現を永遠に反復する虚妄のユートピアであり、言い換えれば宮崎駿が陥ったものと同質の、幼児的なマチズモが母権的に保証されるだけの世界でもあった。

こうして富野自身が憎悪したように「アトムの命題」に対する回答だったモビルスーツと宇宙世紀による成熟の仮構はオウム真理教的な矮小さの温床となり、それに対抗し得る思想（ニュータイプ）を富野は自ら放棄してしまった（『Vガンダム』『ブレンパワード』）。その結果、ネットワーク環境下でアイロニーを失い、もはやネオテニーでもなく単に幼児化したこの国のオールドタイプたちに対し、富野は語るべき物語を持てなくなっている（『Gのレコンギスタ』）。

そして押井守にとってそれは、映像の世紀からネットワークの世紀への時代の移行への不適応として——新しいモラルの再構築の失敗として——表れた。押井の情報論的な展開は、ネットワークの与える全能感に充足しつつ自閉する消極的なモラルの提示に留まっており、システムに対する、政治的なものに対する、世界構造に対する批判力を失っている（『イノセンス』『スカイ・クロラ』）。

この新しい（「黒歴史」的な）「母性のディストピア」を超克するためには、戦後的アイロニーとは異なるかたち＝ネットワークの時代に対応したかたちで政治と文学を接続するほかはない。

そしてその手がかりを第6部ではもう一度戦後アニメーション（とその隣接ジャンル）の想像力（の遺産）に求めたいと思う。巨人たちの痕跡から新時代を開く鍵を手に入れること。それが本書の最後の、そして最大の目的だ。

2　戦後アニメーションのターニング・ポイント

2016年は国内アニメーションが久しぶりに社会的インパクトを持った年として記憶されるだろう。新海誠監督『君の名は。』、山田尚子監督『聲の形』、そして片渕須直監督『この世界の片隅に』

といった大作アニメ映画が夏から秋にかけて次々と公開され、いずれも高い評価と優れた興行成績を残した。これらの作品はいずれも、あの「震災後」の想像力としての性格を強くもっているのと同時に、大きな非物語として出現する現代の世界像に対して——大戦／冷戦期からグローバリゼーション期への、「映像の世紀」から「ネットワークの世紀」への移行に対して——戦後アニメーションの想像力が示したそれぞれの回答でもあった。

なぜ「震災後」なのか。それは、先の震災は国内の文化空間において戦後の終わりを象徴するものだったからだ。大津波によって荒廃した三陸海岸は「失われた20年」を経て事実上の二流国に転落したこの国の外見を体現する光景に他ならず、そして田中角栄的国土開発と地方経営の象徴である原子力発電所がもたらした福島の惨劇は戦後の負の遺産によって内部からゆっくりと、確実に蝕まれていったこの国の内実を象徴している。その結果これらのアニメーションでは、震災的なものへの想像力の、個人の自己決定ではコントロールできない巨大な力に対する想像力の再構成が時代に対する回答として問われた。

例えば『君の名は。』では、先の震災の比喩として彗星落下が描かれる。岐阜県の山村を直撃したこの彗星落下は作中で近過去（数年前）に発生した国民的悲劇として社会に記憶されている。そして主人公の少年は超自然的な力（この山村に古来より伝わる神秘的な力）によって数年前の彗星落下時に死亡した少女（ヒロイン）の意識と交信しタイムリープを反復する中で、つまり彗星落下を知っている未来人の立場からヒロインと力を合わせ町民の避難に尽力する。しかし、同作における彗星落下＝震災は徹底してボーイ・ミーツ・ガールの物語の劇伴として、活性剤としてのみ機能することになる。同作において震災とは遠い地方を過去に襲った災厄であり、既に終わったもの、だ。だからこそそれは安全にボーイ・ミーツ・ガールの物語の劇伴として機能し、物語はハッピーエンドで幕を閉じる。

『君の名は。』はあれから5年、現実の日本国民がそうしたように震災の記憶を安全に消費できる悲劇の記憶——恋愛物語の背景にちょうどよい安全な悲劇の記憶——として提示するのだ。

後ろめたさを共有するがゆえに、それを安全な過去として終わらせてしまいたいという国民の欲望の追認——同作のメガヒットの背景に存在するのは、こうした国民的無意識へのアプローチであるように思えてならない。震災に対するぼんやりとした後ろめたさしか共有するもののないこの国の人々に、それは遠い場所で起こった、もう終わった悲劇なのだから安心していいのだと言い聞かせる。それが『君の名は。』だ。

新海が最初に注目を浴びたのは2002年、自主制作アニメーション『ほしのこえ』でのことだった。宇宙戦争を背景に地球と宇宙に引き裂かれた少女と少年を描いた同作は、その物語展開と新海の持ち味であるイマジネーション豊かな背景美術によって時代の気分を象徴的に表現することに成功していた。冥王星付近で戦死した少女からの電子メールが、10年近く後に地球の少年のもとに届く結末が象徴するように、それは当時のインターネットの普及で、人間と人間、人間と政治、人間と市場といったものの間の社会的な距離感が、個人と世界との距離感が書き換わったような頃の感覚を想起させるものだった。その意味においては『君の名は。』でも新海は時代の精神をリリカルな感性で映像化した、とは言えるのだろう。ただし、『ほしのこえ』がグローバルに共有されていたであろう情報化による個人と世界との距離感の再編されていく感覚をとらえていたのに対し、『君の名は。』は国内ローカルな「後ろめたさ」を共有するものでしかない。

一見、こうした主題とは断絶している『聲の形』にも同様の主題を発見することができる。

先天性の聴覚障害をもつヒロインと小学生時代彼女をいじめで転校に追いやった主人公の少年が高

校生になって再会する。主人公の少年は自らがいじめに遭うことでかつての行為を「反省」し、手話を身につけヒロインのもとに現れる。この二人を中心とした高校生たちの青春群像劇として展開する原作に対して、山田による映画版は主人公の内面の救済に物語の焦点を絞り込む。

映画のクライマックスは学園祭だ。贖罪を経た主人公が学園祭に参加し、この幸福なイメージに触れることで人間不信から解放される。これは原作準拠の展開だが、強力に打ちだされた学園祭的な幸福のイメージは制作スタジオ「京都アニメーション」がかつて手がけてきた『らき☆すた』（２００７）『けいおん！』（２００９~10）など「日常系」と呼ばれた作品群を髣髴とさせる。震災に前後してこれらの作品が体現していたのは、いわば何もない日常の幸福――それはこの20年で決定的に失われたものである――こそがアニメという完全な虚構でしか描けないものである、という逆説だ。

ここでは、戦後アニメーションのたどりついた終わりなきモラトリアムの幸福な日常のイメージが否応なく年老い、ときに欠損する生身の身体をもつ私たちの現実をどれほど救済し得るのか、が問われている。言い換えればそれは大塚英志が手塚治虫にその起源を求め「アトムの命題」と名付けた主題の拡張だ。

同作には『君の名は。』が（矮小化というかたちで）対峙を選択した世界への視線は大きく後退している。しかしこの後退こそが同作の、いや、同作に連なる京都アニメーションの、「日常系」アニメーションのコンセプトだったと言える。かつて「終わりなき日常」として押井守の、宮台真司のアイロニカルな表現の対象となった戦後的消費社会の風景＝失われたユートピアこそがアニメーションの獲得すべき虚構である、という「日常系」の思想的な態度はこの『聲の形』では大きく拡張され、「アトムの命題」そのもののアップデートとして提示される。それは身体（ヒロインの少女）／精神（主人公の少年）の欠損を無化するものとしての「終わりなき日常」の肯定だ。成長／死を表現し得ないはずの記号的な身体で成長／死を描かざるを得ないという「アトムの命題」の逆説は、成長／死を無効化するイメージの提示こそが戦後アニメーションの使命であるという逆説によってアップデートされているのだ。

『君の名は。』と『聲の形』——この二つの作品の思想的な態度の違いは背景美術に表れている。『君の名は。』における風景は——例えば彗星落下のイメージは——ボーイ・ミーツ・ガールの物語を演出する劇伴として徹底的にリリカルに、美しく描写される。背景美術のイメージこそが、同作における震災（の象徴するもの）への態度を表現しているのだ。対して日常系アニメの流れをくむ『聲の形』では、物語の舞台のモデルとなった岐阜県大垣市の制作時（２０１５年前後）の風景がほぼそのままトレースされている。これは主に制作コストの削減と自然主義的リアリズムの部分的導入のための手法で、特に『らき☆すた』『けいおん！』などの京都アニメーション作品では「聖地巡礼」現象の引き金となった。つまり日常系アニメから『聲の形』に受け継がれた「終わりなき日常」の回復願望とユートピア化は、こうした現実の風景を「聖地」と読み替えて肯定する想像力と深く結びついている。田中角栄的国土開発の破綻で決定的に疲弊する地方都市の風景はこうして「聖地」と化すことで肯定性を帯びるのだ。

『君の名は。』が震災を安全に「泣ける」過去の悲劇に加工し読み替えることで、国民的「後ろめたさ」に対する「癒やし」の装置として機能するなら、『聲の形』は戦後アニメーションが描いてきたユートピアとしての終わりなき日常へのノスタルジー（それは既に失われたものである）で、過酷な現実——同作で描かれているハンディキャップはその一つである——の中和を試みる。『君の名は。』は読み替えること、『聲の形』は中和することでこの現実に対峙しているのだ。そして、この対峙は傷の忘却（の正当化）とノスタルジー（による思考停止）に他ならない。両作が共に、主人公の凡庸な少年の生に意味を与えるために薄幸な少女の救済が設定されるという、戦後アニメーションの「母性のディストピア」構造が極めて無自覚に希薄化されて反復していることは、この両作の想像力の射程距離の限界を結果的に示してしまっている。戦後的なものに縛られた想像力では、もはやこの新しい世界を（忘却とノスタルジー以外の方法で）とらえることができないのだ。

そして戦中の呉市を舞台に、ある平凡ないち主婦（北條すず）の日常とその戦争による破壊を描いた『この世界の片隅に』もまた、『君の名は。』『聲の形』とは異なる形で「災後」の想像力を示している。

『この世界の片隅に』は原作者（こうの史代）の現時点での集大成と言える作品だ。こうののマンガには日常の他愛もないやりとりと、そこに付随するくすりとした笑いが基調にある。ヒロインはいずれも温厚で、スローテンポの、どこか抜けたところに親しみを感じさせる女性であり、そしてマンガは彼女の半径数メートルのミニマムな世界でのできごとをひたすら反復する。だがときおり（数十回に一度、くらいの割合で）、その中に普段は表面化することのない情念やいつかこの日常を断絶させるであろう死の予感が顔を見せる。しかし最後には――その過程でどれほどおぞましいものが顔を見せても――今時新聞の四コママンガでも採用しないようなずっこけた笑いが配置され、その世界は日常に回帰し登場人物たちを救済する。

ここにあるのは、日常を破壊し得るもの、巨大なもの、あるいは「死」の影を認識しながらも「あえて」目をそらすこと、逃避することと、抜け落ちていることで初めて獲得される強靭さだ。こうのの描くヒロインの閉塞した世界観と日常性を強引に回復する他愛もない笑いは、「外部」を認識しながらもその存在を直視しないために機能している。そうして初めてこの世界を生き抜く力を得る。それがこうの史代の世界観であり、それは戦後の日本大衆が結果的に身につけてきた感性の肯定でもあるはずだ。

転機となったのは2004年に出版した広島原爆とその後の被爆二世差別を扱った連作『夕凪の街桜の国』だ。ここで世界と個人、公と私、政治と文学の前者を消去することで成り立っていたこうの世界は戦争という暴力によって一度破壊される（『夕凪の街』）。そう、『夕凪の街』の結末では、これまでのこうのの作品とは異なりヒロインの日常は回復しない。広島で被爆したヒロイン（皆実）は、戦後の生活の中でゆっくりと日常性の回復を試みるが物語の結末に原爆症を発症し、死亡する。その回復には戦後という長い時間が必要とされる。現代を舞台に描かれる『桜の国』では、皆実の死から半世紀以上もの時間をかけて残された彼女の家族たちがどう戦争の傷を癒やし、日常性を回復していったかが描かれる。

そして同作の延長線上にある『この世界の片隅に』は、いわばこうのが反復して描いてきた小市民的な幸福感が戦争という巨大な破壊からその心を守るための砦としていかに機能するか、を描いた作品だった。

この原作をアニメーションとして再構築した片渕は、一方では徹底的な調査と偏執狂的な再現性で物語の舞台となる戦時期の呉とその周辺をシミュレートした。しかしその一方で片渕はこの精密にシミュレートされた世界（背景）を、半径数メートルの世界しか把握できないすずの目（主観）を通して描くことに固執した。当時の生活様式や小道具はもちろん、設定時の呉市の天候や、飛んでいる昆虫の種類まで徹底して再現し綿密に描写された世界（自然主義的リアリズム）が、ときに生活空間の中に妖怪すら幻視するヒロインの主観（記号的リアリズム）を通して描かれたのだ。

同作のヒロイン・すずは「絵を描く」ことが好きな少女として登場するが、彼女の半径数メートルに限定された、主観的な世界観に基づいて描かれる絵はまるでアニメーションそのものだ。北條すずとは戦後のマンガの、アニメの作家たちの「母」なのだ。

このとき作家の意図したものしか存在し得ないアニメーションは、全ての情報が絵として等価であるアニメーションは、こうの作品が反復してきた二つのリアリズムの混在と衝突を体現する存在となることで、その表現の特性を極めて効果的に発揮していると言える。そして、『君の名は。』では偽史によるヒーリングとして、『聲の形』では現状肯定への欲望の生むユートピアの提示として、それぞれの本質を体現していた背景美術は、『この世界の片隅に』においては、異なる二つのリアリズムの衝突を内包することで戦後的「政治と文学」のアイロニカルな関係を表現するものになっている。

片渕はかつて高畑勲が実践した、作家の意図したもの以外は存在できないアニメーションこそが自然主義的リアリズムを徹底し得る、という思想をもっとも強く受け継いでいる作家だ。高畑勲が前提にしていたのは、自然主義とは要するに近代的なパースペクティブに基づいた作り物の空間であるということであり、だからこそ、作家がゼロから全てを生み出すアニメこそが自然主義的リアリズムを貫徹できるというものだ。対する宮崎駿は、かつて押井守が批判した「塔から飛び降りてしまうコナン」の問題が代表する記号的な表現、彼のいう「漫画映画」的な表現こそがアニメの本質であるとする。

片渕の軸足は高畑的なものにあるが、ここで片渕は「アニメーションだからこそ獲得できる自然主義的リアリズム」をストレートに再現するのではなく、別の基準のリアリズムと衝突させることでその表現を構成した。比喩的に言うと、本作では「高畑的なもの」と「宮崎的なもの」が一つの作品の中でぶつかっている。そしてこの異なる二つのリアリズムの衝突は、同時に世界と個人、公と私、政治と文学、戦争と日常の関係性という原作から抽出された主題の表現でもある。背景美術に表れている「高畑的なもの」（自然主義的リアリズム）は戦争（世界、公、政治）を、ヒロインの主観の表現に表れている「宮崎的なもの」（記号的リアリズム）は日常（個人、私、文学）をそれぞれ体現する。その意味において、同作は戦後アニメーションの集大成なのだ。恐らく、片渕にとって戦後アニメーションの継承者としての仕事を手がけることは、個人と世界とを結ぶ回路を描くことに他ならない。

同作において戦争末期にヒロインのすずは家族を失い、右手を失う。すずは「絵を描く」能力を失うことで、世界から、公から、政治から個人を、私を、文学を守る方法を失う。そして玉音放送の日にはガラにもなく体制批判を口にする。半径数メートルの世界から一足飛びに体制批判を口にしたこの瞬間、彼女のキャラクターは、それまで維持されてきた「政治と文学」のアイロニカルな接続は完全に破壊される。このとき、非日常＝政治＝高畑的なもの＝自然主義的リアリズム＝背景が、日常＝文学＝宮崎的なもの＝記号的リアリズム＝すずの身体に侵入し、一度破壊してしまっているのだ。しかしエピローグでは原爆孤児を引き取ることで、これまでのこうの作品がそうであったように再び誰も傷つけないくすりとした笑いに支えられた日常が回復していく。かくして「政治と文学」の決定的な切断とアイロニカルな擬似接続はより強固に再生される。宮崎駿は、高畑勲的な自然主義的リアリズムと自身の「漫画映画」的、記号的リアリズムを同居させ、両者をシームレスにつないでしまうことで自身の表現を構築した。対して片渕は両者を相容れないものとして衝突させ、一方が破壊され、回復するダイナミズムで表現を構築しているのだ。

同作でこうのが描き出し、片渕がコンセプチュアルに昇華したものは戦後という長すぎた時代の本質を表現しすぎてしまっている。『この世界の片隅に』は手塚治虫の戦時下の習作『勝利の日まで』の直接的なアップデート版だ。大塚英志が手塚のこの習作に自然主義的リアリズムと記号的リアリズムの混在と衝突を指摘していたことは既に述べたが、同様の混在と衝突が片渕によるこのアニメーション映画に、それも極めて意図的に配置されている。その意図とは、前者（「政治」領域を描く自然主義的リアリズム）が体現する時代（近代、という）を、後者（「文学」領域を描く記号的リアリズム）を導入することで最後の最後の部分で拒絶すること、そして、そうすることがこの国の近代を生きた人々には必要とされていたことを描き出すことだ。

その結果、同作は政治的なものへの距離感の表明によって戦後的な「考えない」という選択そのものの限界までをも結果的に描いてしまっている。同作のヒロインがそうしたように、それまで半径数メートルの世界に留まることで、目をそらすことで、考えないことで、「政治と文学」の関係を断ち切り、後者に逼塞し前者を虚構化することで戦争を生き延び、戦争に負けたその瞬間にだけこの国の正義を問い直す。そして次の瞬間には再び半径数メートルの世界に逼塞し、戦後という偽りの時代から目をそらすこと、考えないことで生き延びることを選択する……。片渕が徹底して演出した自然主義的リアリズム（背景）と記号的リアリズム（ヒロインの主観）との対決と、後者の優位によるハッピーエンドはこの国の戦後の精神を体現しているが、それゆえにその病理をも完全に内包しているのだ。

そう、『この世界の片隅に』はその意味においても全ての戦後アニメーションの、いや全ての戦後サブカルチャーのプロローグなのだ。ここで断絶し、アイロニカルな再接続を余儀なくされた世界と個人、公と私、政治と文学の関係によって戦後的想像力は決定されてきた。北條すずは玉音放送の日に夏の空に向かって問う。この国から正義が飛び去ってゆく、と。次の瞬間にはその怒りを忘れる。いや、日常の中に押し込めていく。北條すずの失われた右手は返ってこない。だが失われた右手がまだ存在するかのように振る舞うことはできる。そして彼女は考えるのを、止める。いや、止めたふりをして生きていく。比喩的に述べれば「アトムの命題」はこうして必要とされたのだ。日々老い、死に向かい、時に欠損する身体の存在を否定すること。架空年代記の中で偽りの身体を機械で作り上げること。偽りの身体を偽りの世界の中に仮構することで正義を語る（ふりをする）こと。こうして戦後という偽りの時代は始まっていったのだ。アメリカの核の傘の下で、平和国家としての誇りと経済ナショナリズムを謳歌してきたこの国の長すぎた戦後という時間は、こうして。

片渕によれば北條すずは現在も健在であり、２０１６年の広島東洋カープのリーグ優勝に心を躍らせたという。「らしい」裏設定のお遊びで、ほほえましい気分になる一方、私はこうも感じる。この今もなお健在の「戦後的」感性こそがこの国を蝕んでいるのだ、と。

こうの史代の作品の日常性への逼塞は性的な回路と密接な関係にある。そもそもこうの史代の描くヒロインたちが狭い世界に閉じこもることでむしろ強く生きられるのは、巨大なものに接続する代わりに狭い世界の内部にどこまでも深く潜っていっているからだ。

それが幼少期は異界を覗く力として発現する。彼女たちは日常の、「いま、ここ」の世界に留まったままその内部に異界を覗くことができる。比喩的に述べれば情報技術の支援なく、彼女たちは道端や家屋の片隅にピカチュウを発見することができるのだ。したがって『この世界の片隅に』においてもすずの幼少期のエピソードは、人外のものとの接触＝ファンタジーとして描かれる。広島へのお使いの道中で、人さらいの妖怪と遭遇したすずは、そこで同時に将来の夫となる少年とも出会うことになる。そして成熟するとそのすずの能力は、性的な回路に置き換えられていく。例えばこうのの初期の代表作である『長い道』（２００５）では、反復される日常とその他愛もないやりとりの中に、ヒロインのストーカーじみた性的妄執が差し込まれその半径数メートルに閉じた作品世界にノイズをもたらしている。こうののヒロインが日常に留まりながらもその精神を逼塞させることがないのは、そして深く潜ることができるのはこの力があるからだ。

したがって成人するとすずは異界を覗く力を失うことと引き換えに夫を得て、新しい家族を得る。

『この世界の片隅に』はすずが異界を覗く力を持った少女から、戦争を経て原爆孤児を引き取り「母」となるまでの物語だとも言える。戦争はすずの日常を一度完全に破壊するが、そのことですずはその「外部」を認識することはない。正確に言えば、終戦日に体制批判を口走った彼女は漠然とだがその「外部」のことを認識している。しかし、彼女の日常は再び半径数メートルの日常に逼塞し、失われた右手は原爆孤児を引き取ることで擬似的に回復する。このときすずは「外部」のことを「あえて」考えていない。北條すずは作中でなかなか子供ができないことに悩み続けるが、物語の結末で原爆孤児を引き取った彼女は正しく偽りを引き受けた「母」となったと言えるだろう。

　異界を覗く力を失った代わりに、性的な能力を得るすずの成熟は、このとき「外部」に対する思考停止を、考えないふりをするために機能している。こうして北條すずの選んだ偽りの時代＝戦後が始まり、「母性のディストピア」がこの国を覆っていったのだ。

　しかし、私は考える。すずは異界を覗く力を維持すべきだったのではないか。異界を覗く力は日常の風景の中に非日常を重ね合わせる。このとき日常の風景は、深く潜ることで同時にどこまでも遠くに行けるものになる。しかし、「母」になることは、日常を決定的に非日常から切り離す。世界を、公を、政治を「見ないことにする」。すずはあの夏、原爆孤児を引き取るために必要な想像力を、家族から擬似家族へ愛を拡張する想像力を――、世界を、公を、政治を「見ないことにする」のではなく他の方法で獲得すべきだったのではないかと思うのだ。戦争が始まる前、すずはその異界を覗く力で座敷わらし＝浮浪児に対し、擬似家族的に接する。しかし、成人した彼女は、夫の馴染みの娼婦となった彼女に対し、当然かつてのように接することはできない。そして原爆によって死亡したことが示唆される彼女の生まれ変わりとして、すずは広島で第二の座敷わらし＝原爆孤児の少女に出会う。そして彼女を今度は「母」として迎え入れる。だがこのときすずは、右手を、家族を奪い去ったものから「あえて」目をそらし、忘れたふりをしている。

前述してきたように、こうして始まった戦後と呼ばれる時代では、世界と個人、公と私、政治と文学は切断されている。いや、より正確にはアイロニカルな接続が行われている。ここでは人々は前者と後者が接続されているふりをすること――戦後民主主義批判／擁護的な偽悪／偽善を「あえて」演じること――でしか「父」であることはできず、そして「母」たちは前者と後者のグロテスクに歪んでしまった関係を「あえて」見ない、考えないことでその胎内に自己完結した世界をつくりあげる。そして「父」を演じる子たちはその空虚さを「母」の膝に甘えることで、胎内に回帰し引きこもることで埋めようとし、娘たちは「母」となりその子たちを自分のテリトリーに閉じ込めることでその箱庭的な世界を満ち足りたものにしようとする。矮小な父性――戦後民主主義批判／擁護の表面的な対立関係と実質的な共犯関係――と肥大した母性――半径数メートルの日常世界での自己完結と思考停止――との結託による「母性のディストピア」はこうしてこの国の長すぎた「戦後」という時代を覆い尽くしていったのだ。

そして半世紀後、『パトレイバー2』の柘植はこう述べるのだ。埋立地のアジトから、偽りの時代に肥大しきった東京の街を眺めて。〈ここからだと、あの街が蜃気楼のように見える。そう思わないか〉と。〈そしてそれが幻であることを知らせようとしたが、結局最初の砲声が轟くまで誰も気付きはしなかった。いや、もしかしたら今も〉と。

3　第四の作家ともう一つの命題

今日においてもはや「アトムの命題」は機能しない。その結果として戦後アニメーションは震災というこの国を半世紀以上支えてきたシステムの崩壊を象徴するものに対して、忘却を促すこと(『君の名は。』)か、失われた「終わりなき日常」へのノスタルジーに逃避すること(『聲の形』)しかできなくなっている。あるいは「母性のディストピア」たる戦後的想像力のルーツを確認しながらも、それを追認することしかできなくなっている(『この世界の片隅に』)。

これが、「成長しない身体」――例えばモビルスーツ――を用いて成熟を仮構すること、にすら失敗したこの国の想像力の現在だ。いや、仮に成功したとしてもそれはかつてのような価値をもたないだろう。もはや経済的に没落した日本はネオテニーですらなく、アメリカという老いた義父はその抑圧的な振る舞いはそのままでありながら、少なくともかつてのようには核の傘で12歳の少年を庇護してはくれないのだから。いま、私たちは戦後的なアイロニズムとは異なるかたちでの成熟を――「アトムの命題」が機能しない時代の想像力を――求められているのだ。

それは戦後アニメーションの批判力が、ひいては戦後サブカルチャーのもっていた批判力そのものが、決定的に衰微したことを意味している。この点だけを考えれば、新しい時代にもはや私たちは戦後サブカルチャーの想像力から何かを持ち帰ることは難しい、という結論にならざるを得ない。

だが、本当にそうだろうか。

戦後アニメーションの、サブカルチャーの批判力は戦後的なアイロニカルな成熟像の深化にしかなかったのだろうか。たしかに「アトムの命題」と呼ばれた身体観がそこで描かれたものの全てであるのなら、そうだろう。しかし戦後サブカルチャーの鬼子として生まれ、そして結果的に嫡子となっていったマンガ、アニメ、ゲームといった「オタク」的な想像力は、もう一つの命題に規定されていた。それは「アトムの命題」――成長しない/死なない身体を用いて成長/死を描くこと――という逆説と並ぶもう一つの逆説的な命題だ。「アトムの命題」が、手塚治虫によって劇映画という20世紀アメリカ的なものの模写から生まれた戦後マンガとアニメーションの発生の過程で否応なく孕んでしまった逆説であることに対し、もう一つの命題は劇映画の日本における ユニークな展開として生まれたジャンル——特撮映画——が同様にその成立の中で孕んでしまった逆説だった。

特撮の歴史とは戦後日本の精神史そのものだ。「特撮の父」円谷英二が戦意高揚映画の中で培った撮影技術は、戦後怪獣映画というファンタジーの中で開花する。日本初の本格怪獣映画『ゴジラ』は第五福竜丸事件に着想を得て、アメリカの核実験の影響で異常進化を遂げた古代生物の末裔と設定された。その放射能怪獣は復興期の東京を火の海にし、あの戦争の記憶を、そして冷戦下のこの国も単に戦線の後方に過ぎないことを人々に突きつけた。同時にそれは戦後という偽物の時代に対する後ろめたさと、このような欺瞞の平和は焼け落ちるべきだという呪詛の代弁として結果的に機能したことは、その後の怪獣映画の、また、その影響下にあるサブカルチャーの展開を考えれば明らかだろう。

そしてテレビの時代に怪獣たちはお茶の間に進出し、怪獣を撃退するヒーローがその大衆化の中で要求される。こうして登場した怪獣退治の専門家たちもまた、アメリカの影を帯びていた。例えば『ウルトラマン』『ウルトラセブン』の2作は、サンフランシスコ体制の比喩としてくり返し読解されてきた。高度成長期の日本の街並みを襲う怪獣や宇宙人はいわば東側諸国の侵攻軍のようなものであり、それを撃退すべく組織されながらも見るからに戦力不足の「科学特捜隊」や「ウルトラ警備隊」といった防衛組織は日本の自衛隊、防衛組織に代わって侵略者を退治してくれる友好的な宇宙人=ウルトラマンやウルトラセブンは在日米軍だ。

20世紀という「戦争の世紀」の表舞台で活躍した国民国家による暴力装置=軍隊への畏れと憧れが複雑に入り混じった感情が、子供番組という不自由な枠組みに軟着陸したときに生まれた奇形的な想像力――それが戦後日本のミニチュア特撮の本質だ。それは強く強大なものへの憧れと、それをストレートに表現することを許してくれない敗戦の傷跡――自分たち日本こそが悪の侵略者だったという歴史の呪縛――が複雑に絡み合うことで生まれた奇形児であり、永遠の「12歳の少年」だったのだ。そして怪獣映画やウルトラマンはあらゆる意味において戦争映画のアイロニカルな代替物＝ミニチュアであったのだ。

そう、戦後日本における怪獣映画とは、戦争映画の代替物でもあった。怪獣というファンタジー的な存在を経由することで、先の大戦のもたらした傷を昇華すること、あるいは戦争の記憶が制度的にも人々の無意識的にも抑圧してきたものを描くこと――それが怪獣映画の機能だった。例えばそれは、巨大な力への畏れであると同時に陶酔感や破壊の快楽でもあったし、あるいは復興から高度成長へと邁進する時代のもたらした欺瞞と忘却のダイナミズムに対する悪意――こんな嘘くさいものは壊れてしまえ、といった気分だったかもしれない。怪獣映画のもたらした破壊と清算の快楽は、程なく「怪獣プロレス」と呼ばれる様式美に回収され、そのジャンルの対象年齢も大きく低下していくことになる。しかし、怪獣という意匠は大戦期の大量破壊のイメージを踏襲し続けた。それゆえに、怪獣映画とは常に戦後社会そのものを潜在的に問い直す装置でもあった。大怪獣同士がランドマークを背景に格闘する、といったパターンを反復する「怪獣プロレス」でさえも、それは「12歳の少年」のままその経済大国としての身体を肥大させたネオテニーとしての戦後日本の体現でもあったはずだ。

ここにあったのは「虚構（ファンタジー）」を経由することでしか描くことのできない現実がある、という確信だ。

この国の戦後という時間は、現実の一部を、それももっとも根源的に私たちの生を支配するものを、究極的には虚構化することでしか描くことができなかった時間でもある。ジャンルとしての反戦映画、戦記映画が無数に生まれていったその反面、戦後という時代そのものを成立させていた冷戦下における戦争というシステムそれ自体については、思考することも表現することも放棄していたのが戦後という時間であった。そして、この忘却と思考停止の時代下において結果的にもっとも深く戦争というシステムとそれによってもたらされる私たちの心理についてアプローチし得たのが、アニメであり特撮であったことは、これまで確認してきた通りだ。それは虚構化することでしか現実を描くことを禁じられた社会の生んだ逆説だった。それ以外の手段を暗黙に禁じられることによって不可避の選択となったアプローチが、奇形的な発展を遂げたものだ。その結果、戦後サブカルチャーは、たしかに現実に存在するにもかかわらず決して目に見えないものを表現する機能を先鋭化させることになった。例えば戦後期の児童文化では戦争が孕む大量破壊への畏れと憧れの入り混じったもの＝現実を、怪獣という虚構を通じて表現したのだ。

虚構（ファンタジー）を経由してしかとらえることのできない現実を描くこと――本書ではこの逆説を、戦後という偽りの（偽善／偽悪の）時間の中で結果的に育まれたもう一つの戦後サブカルチャーを規定する命題を「ゴジラの命題」と呼んだ。

「アトムの命題」がその機能を停止したいま、戦後サブカルチャーのもう一つの命題――「ゴジラの命題」――は機能するのか。それは言い換えればもはやネオテニーですらないこの国において、戦後サブカルチャーは批判力を持ち得るかという問いだ。それがなければ、もはや戦後サブカルチャーから私たちが持ち帰るべきものは、存在しない。

そして、先に挙げたアニメーション映画たちと同じ２０１６年の夏――一つの特撮映画が出現した。

東京湾内羽田沖で、無人のプレジャーボートが発見される。そして海面が大きく揺れ、大量の水蒸気が噴出する。局地的地震か、海底火山噴火か――議論が分かれる中、東京湾は封鎖される。異変の正体は放射性廃棄物の海底投棄が生んだ巨大新生物だ。東京湾から上陸した怪獣は、短時間で進化を続けながら首都を蹂躙——自衛隊と米軍の抵抗をその驚異的な生命力で突破し、人類を震撼させていく。政府はその新生物に「ゴジラ」の名を与えた——。

『シン・ゴジラ』——あの夏、突如日本に上陸し、誰もが予想し得なかった社会現象的ヒットを記録していったそれは、まるで「アトムの命題」が機能不全を起こし、その批判力を失いつつあった戦後サブカルチャーの最後の逆襲のように私には思えた。総監督はあの『新世紀エヴァンゲリオン』の庵野秀明——本書で中心的に取り上げる4人目の作家だ。

しかし庵野秀明という作家について、私は語る言葉を多くは持たない。いや、過去にその代表作である『新世紀エヴァンゲリオン』については反復して論じてきたし、本書でも取り上げている。しかし、庵野秀明という作家について私はここでは——少なくともこれまで取り上げた3人の作家のようには——取り上げない。正確には取り上げる動機を持たない。それは庵野秀明という作家の二次創作性によるものだ。

庵野秀明はそのインディーズ時代の活動を、戦後特撮、戦後アニメーションのパロディから出発している。しかしその作品群は初期からパロディの領域を逸脱していた。例えば『シン・ゴジラ』の原型とも言える自主制作特撮映画『帰ってきたウルトラマン　マットアロー1号発進命令』（1983）は、ウルトラマンを庵野本人が素顔で演じているというパロディ性を前面に打ち出した態度が見られるその一方で、物語そのものは、当時の円谷プロダクションのスタッフが厳密なコントロールのもと隠喩にとどめていたウルトラマンという作品のもつ政治性を正面から取り上げたものになっている。つまり、これは商業的、政治的な理由で隠蔽されていたウルトラマンの本質にアプローチした批評的なパロディであり、そこにあるのはただ作中のキャラクターと戯れ、作品を観ていた頃の思い出を温め直したいという欲望から出発しながらも、そのほとんど妄執と言っていい愛から批評的な二次創作というかたちで本来の姿を回復しようとする行為に他ならない。それは、戦後アニメーションの巨人たちの軌跡を追い続けるという本書で私が行ったことに限りなく近い、のだ。

よって本書は――まさに本書の執筆と同時期に同作を撮影していたであろう庵野秀明という同時代人が戦後アニメーションの、特撮の想像力をいかに葬送し、そして再生しようと試みたかを論じることで、これらの想像力の置かれた現在地を整理し、展望について考えたいと思う。

4 「ゴジラの命題」、再び

『シン・ゴジラ』という映画を一言で述べるのなら、それは怪獣映画という戦後日本の生んだ特異な想像力を駆使して、アクロバティックなかたちでポリティカル・フィクションを成立させるというプロジェクトだ。

首都東京を、放射能怪獣という「災害」が蹂躙する――同作におけるゴジラとは、怪獣とは東日本大震災と福島第一原子力発電所事故に他ならない。そして「もう一つの東日本大震災」に若手政治家と官僚たちがその知恵を総動員して対抗するポリティカル・フィクションとして展開するこの映画の根底にあるのは、もしあの津波と原発事故が東京を壊滅させていれば日本は正しくスクラップ・アンド・ビルドできたのかもしれない（しかしそれはできなかったし、これからもできるはずがない）という強烈なアイロニーだ。

もちろん、怪獣映画と政治という組み合わせに驚く必要はない。それは東京大空襲の再現であり、第五福竜丸事件に着想を得た初代ゴジラへの原点回帰だからだ。現代に蘇った『シン・ゴジラ』は東日本大震災とその後の原発事故が東北、とくに福島ではなく、東京を襲っていたらどうなったか、というシミュレーションとして出現したのだ。

このとき問われたのは現代において、とりわけ「災後」の世界において怪獣が比喩すべきものは何かという問いだ。

かつてアメリカによって落とされた原子爆弾は一瞬で二つの街を灰燼と化し、まるでスイッチをオンからオフに切り替えるように戦中と戦後の世界を分割した。しかし東日本大震災と福島第一原子力発電所事故は異なる。この二つの災禍、とりわけ後者は20年という歳月をかけてゆっくりとこの世界を侵食し、目に見えない（見えにくい）かたちで壊死させていったものを事後的に可視化させたものだ。ここで問われていたのはすなわち、原爆的なものではなく原発的な、外在的ではなく内在的な、戦争としてのではなく災害としての破壊的な危機に現代日本はどう対応し得るのか、という問いだ。

物語の結末で、人類（日本人）はゴジラを駆除するのではなく、「凍結」し、その活動再開を防止するためのケアを継続しながら、長い復興の道を歩むことが示唆される。ゴジラの「凍結」を主導した主人公格の若手政治家（矢口蘭堂）は語る。「日本、いや、人類はもはやゴジラと共存していくしかない」と。[*1] このゴジラとは福島第一原子力発電所が象徴する戦後日本の負の遺産のことに他ならない。当然だがこれはアイロニーだ。実際にはこの国は震災と原発事故に右往左往するばかりで対応できず、むしろ何も解決しないままにその傷を忘却しようとしている。しかし、庵野はこうした現実に対してゴジラという虚構を対峙させた。虚構の力でゴジラ＝福島第一原子力発電所を、日本の中心である東京駅の正面に配置したのだ。

この『シン・ゴジラ』の震災に対する態度は『君の名は。』と対照的だ。『君の名は。』があれから5年、現実の日本国民がそうしたように震災の記憶を安全に消費できる悲劇の記憶――恋愛物語の背景にちょうどよい安全な悲劇の記憶——として提示するのに対し、『シン・ゴジラ』はゴジラ＝福島第一原子力発電所を東京駅前に鎮座させることで、隠蔽され、忘却されつつある現実——まだ何も終わっていない震災と原子力発電所事故——を虚構の力で呼び戻し、再構成しているのだ。それも、あり得たかもしれない——しかし、実現することはなかった——もう一つのこの国の姿とともに。

アイロニカルな破壊の快楽を通じて、「あり得たかもしれない、もう一つの現実」を描くこと——そんな虚構の、フィクションの力を最大限に引き出すプロジェクトが『シン・ゴジラ』なのだ。それは誰もが忘れかけていた、怪獣の使命だった。ゴジラはもともと、そのために生まれてきたのだから。

それは怪獣という現実には存在し得ないもの＝ファンタジーを経由することでしか描けない現実をかたちにしたものだった。「ゴジラの命題」は、あの夏、ゴジラ自身によって再生されたのだ。

5　平成『ガメラ』から『シン・ゴジラ』へ

庵野によるゴジラの再生は、原点回帰であると同時に戦後社会が特撮で、マンガで、アニメで、そしてゲームで培ってきた想像力そのもののアップデートだった。このアップデートは——ファンタジーを通して初めて描くことのできる現実がある、という「ゴジラの命題」のアップデートは——かたちを変えて戦後サブカルチャーの中で反復されてきたものだ。

例えば第5部で取り上げた『機動警察パトレイバー』について考えてみよう。昭和怪獣映画の影響下にある作品でもある同作は、「レイバー」という人型の重機が普及している社会を舞台にした近未来SFであり、このレイバーを運用する警察の部隊、つまりパトレイバー中隊の活躍を描いている。同シリーズは「レイバーが普及した社会」という一つの大きな嘘をつくことによって、現実の戦後日本社会ではなかなかリアリティのある設定をつくりづらい東京での大規模テロ、といった題材をあつかうことに成功している。

パニック映画もポリティカル・フィクションも、「政治と文学」の「政治」レベルが実質的に消去されている現実の日本をありのままに舞台にするとかえって嘘くさくなってしまう。アメリカの核の傘の下で平和を謳歌してきた当時の日本に、警察や自衛隊が大規模動員される、といったリアリティが社会に共有されていないのは当然のことだ。しかしここに「レイバー」というファンタジー的なアイテムを一つかませることで、大きな嘘を一つつくことで、小さな嘘が気にならなくなる効果が発揮される。この手法で、日本で巨大なサイバーテロが起こったらどうなるかとか、日本である種の軍事テロのようなものが起こったらどうなるかということをシミュレートしたのが押井守による『パトレイバー』映画版でもあった。

同作は日本の警察という巨大官僚組織のいびつさを詳細に描くことで、リアリティを演出し重層的なドラマを構築する手法を開発した作品でもあるが、この要素はやがて『踊る大捜査線』など後の刑事ドラマに踏襲されていく。

そして『パトレイバー』の脚本を中心的に構築した伊藤和典が、そのノウハウを怪獣映画にフィードバックしたのが、平成『ガメラ』シリーズだった。

90年代の半ばから後半にかけて全3作が公開された同シリーズは、戦後アニメーションのノウハウを吸収することで怪獣映画をアップデートする試みだったと言える。そしてそれは、政治的なものを回避しながら怪獣映画を成立させる試みと言い換えることができる。ここでガメラという怪獣は環境の比喩として表現されている。それは20世紀的な総力戦のイメージでは「戦争」をとらえることが難しくなった時代に応じ「怪獣」の定義を更新する試みでもあった。

同シリーズにおけるガメラとはいわば「地球の白血球」であり、宇宙怪獣に代表される「異物」の侵入を感知することでその眠りを覚まし、その排除のために攻撃を加える。こうしてガメラと宇宙怪獣の怪獣プロレスが成立する一方で、映画は、未曾有の「災害」に対する社会の反応をシミュレートするある種のパニック映画の舞台となった日本における危機に対応する自衛隊員や政府の技官たちの物語にフォーカスした。同シリーズの特徴として挙げられるのが、彼ら物語の主人公たちがあくまで現場の、末端の隊員／職員であることだ。彼らは大きな権力を有してもいなければ、大組織の意思決定にも関与できない。権力に伴う責任も負ってはいない。つまり、相対的に非政治的な――政治色を極力削ぎ落とされた――人々なのだ。こうした末端の人員たちの等身大の物語に集中した結果、映画は乖離を起こしていく。職人的なプライドを強く持つ現場の公務員たちの物語と、人類と地球環境はどうあるべきかという世界の問題、怪獣という巨大災害にどう対応するかという社会の問題がつながらなくなっていくのだ。

その結果、同シリーズはガメラの側が人類に歩み寄ることになる。ガメラはやがて――かつての怪獣映画で反復されてきたモチーフである――超能力少女と交信し、そして危機に瀕したときには子供たちの声で復活する。こうして怪獣は人間化し、平成『ガメラ』シリーズは自らそのコンセプト――怪獣を「環境」的なもの、非人格的なシステムとして描くこと――を破壊してしまう。同シリーズは世界と個人、大きなものと小さなものをつなぐための想像力が、「政治的なもの」への想像力が欠落していたのだ。いや、むしろそれを忌避していたとすら言えるだろう。そしてその結果、大きなもの、つまりガメラの側を人間に歩み寄らせるしかなかったのだ。

そして今回の『シン・ゴジラ』はこの平成『ガメラ』シリーズの正統なアップデートだ。それは同時に巨大なものと小さなものを、世界と個人を、政治と文学をつなぐための想像力の導入を意味した。

そのために庵野秀明が行ったこと――それは正面から政治を描き、ポリティカル・フィクションを構築するということ、だった。政治家と官僚を主役にし、あるべきリーダーシップと組織論、そして戦後の思想的な総括を恐れずに引き受けること、だった。それはファンタジーだからこそ描ける現実がある／ファンタジーを通してしか現実を描けない、という戦後の文化空間を支配していた呪縛（「ゴジラの命題」）への挑戦でもあった。庵野がここで行ったこと、それはファンタジーの世界で培われた思想で現実に介入すること、だったのだ。

6　オタク的想像力の「政治と文学」

『シン・ゴジラ』はそのポリティカル・フィクションとしての側面から、左右両派から政権批判／擁護的に解釈され、論争の具にされたが、庵野以下のスタッフの風刺はこのような現状にも向けられていたことも間違いない。

2016年8月某日――新宿で『シン・ゴジラ』を鑑賞した私は、映画館を出た直後に「傑作だ」と一言だけTwitterでつぶやいた。そして次の瞬間に、あれは自民党の支持者に向けられた映画であり、そういったものに肯定的に言及するなという旨の罵倒が、見ず知らずのユーザーから飛んできた。虚しさのような、悲しさのようなものが胸に込み上げてきた。いつの間にか、この国は怪獣映画の感想一つつぶやけない国になっていたのだ。〈現実《ニッポン》対虚構《ゴジラ》。〉――これが『シン・ゴジラ』の宣伝コピーだ。そして、復活したゴジラが焼きつくすべきこの日本は、あまりにも貧しく、卑しいものに成り果てていた。

同作は、左右両派から極めてイデオロギッシュに読解されている。私に寄せられた罵倒も、こうした現象の一端だと言えるだろう。

たしかに『シン・ゴジラ』を緊急事態条項の必要性を訴えている映画として解釈することもできるだろう。あるいは同作の民間人の犠牲を前提とした自衛隊によるゴジラへの反撃を行うべきか否か、という判断が政府に問われるというシーンを指して戦後民主主義の欺瞞を描いたと解釈することもできるだろう。また、同作ではゴジラの来襲といった決定的な事態に対し現行の政治文化と法整備では自衛隊の全面的な対応まで時間を要する現実が揶揄的に描かれている。こうした問題提起そのものに対して、左翼たちの中には脊髄反射的な反発を見せる人が少なくない。こうした本作の政治的な描写が、現代日本にはびこっているヘイトスピーチや歴史修正主義と結びついている、ひいては安倍晋三政権擁護と結びつける陰謀論的な妄想を展開するケースまで出現する始末だ。

あるいはその逆に、同作の中核に存在する反核的なメッセージを指して教条的な戦後民主主義的なイデオロギーを嗅ぎ取ることも可能だろう。しかし、こうした相反する立場からの解釈が可能な程度には、同作の脚本と演出は慎重にバランスが取られており、両陣営に対してアイロニカルなアプローチを行っていることは間違いない。

この慎重さと距離感の背景にあるものは何か。『シン・ゴジラ』で描かれているのは、むしろこうした20世紀的な左右のイデオロギーに回帰しつつある現代日本に対するアンチテーゼとして、これらを思考から排してプラグマティックに、実効性のみを基準に戦争と権力を考えようというリアルポリティクス的な発想だ。これは国内においては90年代前半に議論されていた新保守系の言論ジャーナリズムで支配的だった議論であり、後の平成の改革勢力の思想的なバックボーンとなったものだ。

そして、今となっては信じがたいことですらあるが、この頃のオタクたち――オタク第一、第二世代と呼ばれる新人類世代から団塊ジュニア世代のオタクたち――はこうしたリアルポリティクスに親和性が高かった。

　残念ながら２０１７年現在、オタクとはヘイトスピーチと歴史修正主義の温床のひとつと言わざるを得ない。しかしあの頃の、かつてのオタクたちは世界を、個人の生を意味づける「物語」としてではなく、非物語的な「情報」の集積として見做す人々だった。それは「政治の季節」を生きた団塊世代の、より具体的には世界をあくまで物語的に見ようとするマルクス主義的な発想の亡霊を祓うために、「政治の話なんかダサくてできない」と言っていた80年代の新人類――都市型ライブカルチャーの受容者――たちとは異なるかたちでの、オタクたちの抵抗だった。当時のオタクたちはその意味において「政治的」であったのだ。

『シン・ゴジラ』の作中で活躍する事務官、技官たちがいわゆる「オタク」的なメンタリティの持ち主として描写されるのはそのためだ。『シン・ゴジラ』で活躍する「オタク」的な技官たち――高橋一生や市川実日子が演じる技官たち――はそんな「あの頃のオタク」たちの末裔であり、あり得たかもしれない（しかし実現することはなかった）オタクの、戦後日本の成熟の姿でもある。

　彼らのそれは世界を物語としてではなく情報の集積として捉える視線であり、かつての「オタク」たちが手にしていた成熟の可能性だった。だが現実の日本ではこの20年でこの世代の「オタク」の一部はヘイトスピーチと歴史修正主義の温床となり、そして映画のように彼らをまとめる（ここ数年で決定的に衰退した平成の改革勢力たちが理想とした）強く柔軟なリーダーシップも出現することはなかった。新しいゴジラはこの「何も変わらなかった日本」を破壊すべく再出現したのだ。

『シン・ゴジラ』の中核には、「あの頃のオタク」たちが、世界を「物語」としてではなく「情報」として受け止めていたころのオタクたちの知性こそが今の日本に必要だ、というメッセージが存在する。オタクだったら世の中を物語として見るのではなく、情報の集積として捉え、プラクティカルに判断することに回帰すべきだ、と。

しかし、同作のアイロニカルな語り口が示すように、これは既に一度失われた可能性であり、それ自体は80年代から90年代前半のモードに過ぎない。当時の保守論壇は現在のように物語的ではなかった。より正確には、そうではない人々がある程度支配力を持ち、シーンを牽引していた。「愛国」とか「民族」とか「伝統」とか、「中国侵略は正当だった」とか、「親学」とか、そんな妄言ばかりが埋め尽くす今日の情況とはまるで異なったものだった。いわゆる「新保守」と呼ばれた当時の若手の政治家や論客は、リアルポリティクスの観点から9条の改正や柔軟な解釈改憲を主張した。彼らにとっては憲法も自衛隊も、そしてナショナリズムも戦後民主主義も、「目的」ではなく「手段」に過ぎなかった。このリアルポリティクス性は、世界を非物語的な情報の束として見る欲望を持つ、オタクたちの視線と親和性が高かったのだ。

もしも　日本が　弱ければ
ロシアは　たちまち　攻めてくる
家は焼け　畑はコルホーズ
君はシベリア送りだろう
日本は　オォ　僕らの国だ
赤い敵から　守りぬくんだ
カミカゼ　スキヤキ　ゲイシャ
ハラキリ　テンプラ　フジヤマ
俺達の　日の丸が　燃えている

GLOW THE SUN
RISING SUN
愛國戰隊　大日本

これは、前述の庵野らが参加していた同人サークル「ダイコンフィルム」（後のガイナックスの母体）による特撮映画『愛國戰隊大日本』[*2]（1982）の主題歌の歌詞だ。東映の『スーパー戦隊』シリーズのパロディである同作は、『太陽戦隊サンバルカン』（1981～82）の主題歌の替え歌であるこの歌を一聴すれば分かるように、冷戦下における国粋主義勢力の主張を歌い上げている。当然、この極度にカリカチュアライズされた内容から明白なように、同作は徹底的に国粋主義をパロディの対象として嘲笑したものだ。そして同時に、1980年代当時においてもなお、もはやパロディとしてしか機能し得ない国粋主義を仮想敵に置く教条的な戦後民主主義的な言説とメディアに対しての侮蔑の表明でもあったはずだ。より具体的にはこうしたアプローチは、戦後左翼的なものを内面に引きずる――つまり、20世紀的な物語、イデオロギーで世界を解釈する――団塊世代の感性に対する新人類＝オタク第一世代の距離感の表明であり、消費社会化のもたらした当時の日本的ポストモダンの一風景だったと位置づけることができるだろう。

その一方でこの世代のオタクたちは軍事に対する知識を一つのサブカルチャーとして共有していた最後の世代でもあった。それは宮崎駿的な戦後の（アイロニカルな）軍国少年とはまた異なった消費社会下の感性に基づいた軍事的なものへの愛着の表現だった。80年代的な相対主義と旧世代オタク的な教養主義的態度が、彼らに世界を物語ではなく徹底的に情報の集積として把握する態度をもたらした。

新人類たちは「政治の話なんかダサくてできない」と語り「政治的ではない、ということがもっとも政治的である」という逆説を生きた。対して、オタクたちは世界を物語的にではなく情報的に解釈することで、20世紀的なイデオロギーに支配された世界観から距離を置いたのだ。

多少乱れたが、セッシャが最も言いたいのは、子供の頃あれほど軍事面について書かれたモノを読んでいたわりには、みんな軍国的には育っていなかったてことなのよ。兵器メカ、戦争は戦争と、子供の頃から割り切った考えを持って接していたって事が大事なのだナ。［中略］ましてや、子供の頃『世界はヒミツ兵器でいっぱいだ』みたいなモン読んで、人殺しが好きになるほど、ガキはバカではないんだぜ!! ナァ、平和主義者の知識分子の皆さんや!!

これは主にモデルガンや軍事情報を取り上げる月刊『コンバット・マガジン』１９８４年11月号に掲載されたイラストコラム「NOSTALGIC ZONE」（川越のりと）からの引用だ。

ある世代のオタクたちにとっては当たり前のことかもしれないが、モデルガンの商品情報及びそのチューンナップ方法の紹介と、実際の軍事情報を並列的に取り上げるというこの雑誌のコンセプト自体が冷静に考えれば異常なこと──少なくとも消費社会下の日本の少年文化独特の政治的なものへの距離感が表出した事例──だと言えるだろう。彼らは徹底してイデオロギーと情報を──引用文から垣間見えるように軍国／戦後民主主義的なものへの反発として──切断していたのだ。

旧世代オタクたちのこの態度は、その源流である日本ＳＦから引き継がれたものだ。

例えば森下達は、１９５０年代から60年代初頭にかけて、かつての「政治と文学」論争がそうであったようにＳＦ小説や怪獣映画といったサブカルチャーもまた、近代主義的な啓蒙装置としての機能が前面化していることが肯定的な意味で「政治的である」条件とされていたことを、そしてこの条件に対する安部公房、小松左京といった同時代の作家たちのアバンギャルド的な機能を重視する立場からの反発によって、日本SFがその政治性への態度を決定していったことを指摘している。[*3]

要するにSF的な想像力とは既に存在している問いへの回答を物語の力で説得的に示すための装置ではなく、現実には存在していない／できない仮定を置くことによって既存の問題設定自体を問い直す装置である、というのが安部、小松らの主張だった。

小松は〈二十世紀初期の「現実」と、現在の「現実」とでは、すでに「現実」の性質がちがう。それに呼応して「フィクション」の性質もかわってきている〉と前置きし、マクルーハンを引きながらこう主張する。[*4]

当今はやりのマックルーハンのひそみにならっていえば、今世紀初頭において、ナショナリズムの潮流や、「力」の葛藤の展開にのって供給されてくる「ホット」な情報によって描き出された「現実」に対し、現代ではあまりに大量かつ多様多面的な情報の奔流によって、情報自体が相殺作用を起し、アジテーションから沈静へとはたらき、なかんずく、もっとも「クール」な「科学的」情報の大量化と大衆普及によって、「現実」自体が、きわめて「クール」なものとしてわれわれの前に提出されている、と考えられます。だから、あなたが、「国際生化学会議の話題」を「フィクシァス」だなどというと、われわれは、ふき出さざるを得ない。クールな中でもとりわけクールな、科学分野の情報が、なぜそんな風にうけとられるのか？　われわれは、科学情報を理解できる。科学がどれだけ来たか、そしてまだどこがわからないか、ということを理解できる。しかし、そこには幻惑的な要素、アジテーションの要素はまったくない。

ここでのホット／クールはマクルーハンの自己完結性の高い／低いという定義から逸脱し、「政治と文学」の距離感をめぐるものに変化している。世界と個人、公と私、政治と文学が物語＝歴史＝イデオロギーを通じて接続されるという前提を共有する近代主義的な文学観に対して、小松のそれは両者（政治と文学）の関係性を問い直し、ときに攪乱し、再設定し続けるものこそが文学――特にＳＦである――という立場を表明していると言える。

こうしたアバンギャルドとしてのＳＦの立場は、小松らの世代から筒井康隆ら後続の作家たちに継承されていく。このとき前面化したのが、パロディという手法だ。ここで怪獣という意匠は、消費社会化する戦後日本における「外部」の喪失を象徴する記号として用いられていく。森下はこの時代のＳＦにおけるパロディの機能をこう述べている。〈怪獣・怪人モチーフは、「ＳＦ」ジャンルのなかでも好んで用いられはしたものの、それはもはや「日常」の破壊やアクチュアルな主題の発見を導くものではなかった。むしろそこでは、宇宙人がペットを愛で（星新一「探検隊」）、「神」が視聴率を気にする（小松左京「新趣向」）といった形で、一見形而上的なそれらのモチーフが実のところ「日常」と癒着してしまっているところにニヒリスティックなおかしみが見いだされる傾向があった〉[*5]。

世界を情報の束として解釈する「クールな」視線の獲得から、消費社会下における「外部」の喪失を前提とした差異化運動の戦略――こうした「ＳＦ」の精神史は、その継子としての「オタク」に引き継がれていった。80年代から90年代前半にかけてオタク第一、第二世代に支配的な態度として月刊『コンバット・マガジン』的な世界を徹底的に非物語的な情報の束として認識するリアルポリティクスと、『愛國戰隊大日本』的なシニカルな相対主義が結託することになったのだ。

だが、この国のオタクたちはこのクールな視線を維持できなかった。それはクールな視線（世界を情報の束として眺める視線）を動機づける精神性（シニカルな相対主義）に耐えられなかったからだ。

そしてオタクたちは堕落した。ターニング・ポイントの一つとして挙げられるのが、１９９７年の「新しい歴史教科書をつくる会」の発足だろう。かつて自分たちが批判したマルクス主義者たちとまったく同じように、世界を、歴史を、自らの生を意味づける「物語」として解釈することに固執する彼らの「市民運動」が、歴史修正主義的に改竄した歴史を記述した教科書を用いて「物語」を公教育の場で流布するところから始まったことは象徴的なできごとだ。景気の後退、インターネットの普及、そしてオタクたち自身の加齢――さまざまな要因が想定されるが、この時期に一気にオタクたちは劣化し、保守論壇は擬似科学と陰謀論に席巻され、気が付くとインターネット上には「萌え」系のアニメアイコンに日の丸をあしらった「ネット右翼」が溢れ、街頭にはヘイトスピーカーと歴史修正主義者の「市民運動」としての「デモ」が溢れかえった。

だからこそ、『シン・ゴジラ』はあの頃のオタク的な知性と、あの頃に彼らを率いた新保守系改革派が理想としていたリーダーシップが「もう一つの3・11」を迎え撃つ、という物語になったのだ。長谷川博己演じる主人公格の若手政治家（矢口蘭堂）のモデルは小泉進次郎とも、細野豪志とも言われるが、それはここで描かれたプラグマティックなリーダーシップが、当時の新保守にルーツをもつ平成の改革勢力の――現在では大きく後退した勢力の――それだからに他ならない。

この点は左翼の――本当にくだらないことだが――攻撃対象になってもいる。例えば、公開直後に噴出した批判の一つとしては、この映画が政治家と官僚を主役に置き、その活躍を描くことそれ自体が弱者への視線を欠いたものである、といった類のものがある。こうした紋切り型の左翼的クレームのもつ論理のショートカットと偏狭さが、この国の批判的知性を劣化させていることは論をまたないが、ここで本当に重要なのは思わずこういう稚拙な難癖をつけたくなってしまうこの国の左翼のメンタリティにあるだろう。究極的なことを言えば、この国の左翼は本当に批判力を持った現実的な理想主義の存在を認めたくないのだ。なぜならば、彼らの存在が自分たちの卑しさ――その実現性や実効性を度外視して、非科学的な甘言とあらゆるリスクを過大に喧伝し常に「～である」ではなく「～ではない」という言葉しか発することのできない卑しさ――を浮き彫りにしてしまうからだ。

現実と遊離していることこそが理想として成立するための条件である――それは徹底的に私的であることが逆説的に公的である、とする戦後民主主義の精神が生んだ負の遺産としての精神性だ。他国の戦争をモニターの向こう側に押しこめ、アメリカの核の傘の下にいる現実を忘却し、憲法9条こそがこの国の平和と安全を保障しているのだと主張し続ける、というおおよそ当時のローカルな文化空間以外では通用しない破綻した論理と態度が成立していたのは、現実には存在し得ないものこそが理想として価値をもつとした戦後憲法の精神性が、現実の戦後日本を主語に理想や正義を語ることを困難にしたサンフランシスコ体制下におけるアメリカという義父による抑圧が、無意識のレベルで強く作用していたからに他ならない。それは軍事的な従属によってアメリカという義父に承認される（ことによって自己回復を試みる）という戦後保守の甘えや卑しさとまったく選ぶところのない精神性だ。

対してある程度有効な批判としては、ここで語られているものは20年以上前から議論されていたある種の小沢一郎的「普通の国」に過ぎないというものが想定できる。しかし、同作の政治的なスタンスはもう一段階、いや二段階ねじれている。繰り返すがこの映画で活躍する新保守的リーダーも、成熟したオタク的知性も、現実のこの国からは全て失われたものであり、彼らを描く映画の語り口は苦笑に満ちている。それはあり得なかったこの国の姿であり、その結果突きつけられるのは要するにこの国は20年、いや30年もの間まったく進歩していなかったという現実だ。同作は決して強い日本を架空世界で描くことで「癒やし」を与える映画ではない。むしろ逆だ。いまなお20年前の処方箋が有効であり続けるこの国の変わらなさへの絶望が根底にある。そしてその絶望を受け入れた上で初めて、前に進むためには何が必要かを考えることができる——そんな諦念とアイロニーにこの映画は満ちている。

この「変わらなさ」を、20年、30年と進歩せず気がついたら事実上二流国になってしまっている日本という現実を受け止めるところから始まって、そこから生まれる99パーセントの苛立ちと、諦めと、それでもまだ残っている1パーセントの愛と希望——圧倒的な絶望の中で、それでも希望を語るとすれば何があるのか。その答えを、庵野秀明は2011年3月11日の東日本大震災に求めたのだ。

もしあの大津波が東京を襲っていて、爆発した原発が東京のど真ん中にあって、その完全な廃炉には数十年を要する状態になっていれば、日本はもっと変われたのかもしれない、日本はスクラップ・アンド・ビルドをちゃんとできたのかもしれない。『シン・ゴジラ』がこうした「もう一つの日本」になっているのはそういうわけだ。実際には、3・11は日本を大きく揺るがした。しかし、決定的には変えなかった。そこから今回の映画が始まっているのだ。そしてこうしたアプローチは怪獣映画の出自を考えたとき、極めて正当なものだといえる。

戦後日本とは、ファンタジーを通してしか暴力や戦争の本質——例えば私たちの内側にある破壊や日常性の断絶への畏れとは裏腹に存在する憧憬を含めたもの——について本当の意味では考えることができなかった国家だ。そしてあの決定的な敗戦から70年が経ったいま、同じように日本人が正面から向き合えていないこの国の変わらなさ、巨大な負債——それは原発であり、錆びついてあちこちで機能不全を起こしている戦後社会そのものなのだが——をその内部に抱え込んでゆっくりと壊死していこうとしている現実が存在する。この緩慢な壊死を迎えつつあるこの国の現実は、例えば平成の改革勢力が夢見たように、メディアポピュリズムを背景とした政権交代といった短期的なアプローチで一気に解決することはない。小沢一郎、小泉純一郎、橋下徹——それはこの20年余り、繰り返し試みられては失敗してきたプロジェクトだ。そう、私たちは既に敗北した未来を生きている。この敗北を、いや第二の敗戦を受け入れたところから再出発するしかないのだ。

『シン・ゴジラ』の結末がゴジラの駆除ではなく、「凍結」であることは既に述べた。「日本、いや、人類はもはやゴジラと共存していくしかない」——そのアイロニカルな語り口の根底には、怪獣映画の中でしかこうしたまっとうな——それこそ20年前から反復され続けた——主張が有効性を持ち得ないこの国への絶望が垣間見える。

　私たちはこの『ゴジラ』と、じっくり付き合っていくしかない。少しずつ飼いならし、軟着陸させ、解体していくしかない。こうした諦念とセットの希望は、あまりにも正当だ。そしてその正当さ、まっとうさを提示することこそがもっとも挑戦的であるという皮肉な情況を取り込むことで、この映画は極めてアイロニカルなかたちで成立しているのだ。

7 「現実」対「虚構」

〈現実《ニッポン》対虚構《ゴジラ》。〉——それが『シン・ゴジラ』の宣伝コピーだ。私は映画を観る前からこのコピーに強く、惹かれた。なぜならば私自身が、近年虚構に物足りなさを強く感じていたからだ。それは残念ながら庵野秀明の作品を含めて、そうだった。例えば『エヴァンゲリオン』の新劇場版の連作（『序』『破』『Q』）は全て90年代のオリジナル版『エヴァンゲリオン』の庵野自身による二次創作の域を出ていない、というのが私の判断だ。かつての『エヴァンゲリオン』はロボットアニメという戦後日本を代表する虚構の、ファンタジーの破綻を表現することによって社会現象化したと言える。物語は戦後的少年性とその成長願望の表現としてのロボットアニメ――偽物の身体と架空年代記（モビルスーツと宇宙世紀）――の機能不全を（富野由悠季の挫折を）反復する。主人公の少年はロボットを操縦することでの社会的自己実現に背を向け、ビルドゥングスロマンは挫折する。そして最終的には自己啓発セミナーのプログラムそのものと言える主人公の少年の心理描写の中でその幼児的承認欲求が満たされることで、事故的に終わる。それはメタフィクショナルなアプローチによるロボットアニメの、戦後アニメーションの「終わり」の宣言としての自己批評であり、同時に虚構を、ファンタジーを通して物事を考えてきた、現実を考えてきた時代の終わりの象徴でもあった。

マルクス主義の敗色が濃厚となり、世界的な「政治の季節」が終焉に向かっていってからの四半世紀――70年代から90年代半ばまでの四半世紀――は世界的に「世界を変える」のではなく「自分を変える」思想が支配的な時代だった。革命はもう成立しない。ならば、世界を変えるのではなく、自分の内面を変えて世界の見え方を変える――だからこそ、内面に変革をもたらすものとしてのサブカルチャーがこの時代の先進国の社会では特別な位置を占めていた。かつての『エヴァンゲリオン』が放映された1995年は、こんな時代の末端にあった。冷戦は終結し、インターネットの普及が始まり、時代はグローバル／情報化へ舵を切り始めていた。

かつての『エヴァンゲリオン』における世界の問題が全て、主人公の少年の自意識の問題の比喩にすぎないのは、同作が「世界を変える」のではなく「自分の内面を変える」ことしか信じられなかった時代の臨界点に出現した作品であり、庵野秀明という作家がそんな時代と寝ることを結果的に選択したからに他ならない。

そして自己啓発セミナーそのものである旧『エヴァンゲリオン』の結末は、全てを自意識の問題に還元した結果として虚構が不要になったという逆説だ。世界と個人、公と私、政治と文学――前者と後者を接続するために物語が、虚構が、ファンタジーが機能していたはずなのだが、旧『エヴァンゲリオン』には徹底して後者しかない。より正確には、徹底して「世界を変える」ことを断念したことが、架空年代記におけるそれすらも断念したことが、物語を、虚構を不要にして、問題を自己啓発セミナーというありふれた現実の1プログラムに収斂させてしまった。物語とは、虚構とは世界と個人をつなぐものである。世界との接続を放棄し徹底して自己の内面の問題に閉じこもることは物語的想像力を否定し、俗流心理学的な承認の獲得プログラムというありふれた、そして陳腐な現実に留まることを意味したのだ。

1995年は、オウム真理教による地下鉄サリン事件で記憶されている。オウム真理教こそが『エヴァンゲリオン』の、いや戦後アニメーションの並走者であり、その教義やイメージ戦略において、戦後アニメーションの強い影響下にあることは広く知られている。前述したように、彼らがその修行場であるサティアンで使用した空気清浄機は『宇宙戦艦ヤマト』に登場する放射能除去装置になぞらえて「コスモクリーナー」と名付けられ、教団の広報を担う幹部は雑誌などのインタビューに自分たちは『機動戦士ガンダム』に登場するニュータイプのようなものだと答えた。さらに教祖麻原彰晃を救世主として描くアニメーションの演出はほぼ『風の谷のナウシカ』を踏襲したものだった。彼らは戦後アニメーション的な架空年代記に酷似した世界観を構築していた。それはもちろん、世界を変えるのではなく自分の内面を変えるためだ。現実から切断された虚構の中で自己実現を果たし、内面を変える＝解脱すること。それが彼らの目的だった。

それは革命とフロンティアを失った20世紀最後の四半世紀に世界的に支配的だったユースカルチャーの、極東における純化された発現でもあっただろう。しかし、彼らは敗北した。結局、彼らは虚構の中で自分を変えることだけでは満たされなくなり、世界を変えるために毒ガステロという凶行に向かっていったのだ。

革命とフロンティアを失い、世界を高度資本主義とそれのもたらす消費社会が覆ったとき、この終わりなき日常を覆すことは不可能だと考えた若者たちが現実の世界を変えるのではなく虚構を通して自分の意識を変える方向に舵を切っていた時代の終わりが、見えてきた。

ではその「終わり」を具体的にもたらしたものは何か。

それは情報技術だ。

例えばインターネット――この場合はＩｏＨと呼ばれる今となってはやや旧いタイプの、人間同士をつなぐソーシャルメディアが代表するインターネットだが――の普及以降、私たちは「現実」へアクセスするためのコストを限りなくゼロにすることに成功している。現実に起こっているおもしろいこと、珍しいこと、知的な刺激を受けること、感情を強くゆさぶられることを知るためのコストが限りなくゼロに近づいている。嘘だと思うならGoogleで、YouTubeで検索をかければいい。そのつもりさえ、世界を見る目さえ養われていれば10秒も経ずして私たちは冒険に出ることができる。本当に起こっている刺激的な、決定的な現実に出会うことができる。もはやフロンティアは存在しない、革命はない、世界は変わらない――そんな消費社会下のユースカルチャーで支配的だった絶望は、単に世界がまだ十分に情報化されていなかったがための思い込みにすぎなかったのだとあざ笑うように。そして実際に、現代人はその世代が下がれば下がるほどに可処分時間を刺激的な「現実」へのアクセスに使っている。

もちろん、大半の人間には知的冒険心など存在しない。「検索をかけてまで」新しいものに出会って自分を変えようなどとは考えない。しかしそんな彼ら／彼女らだからこそ、その可処分時間は家族や恋人、友人とのだらだらとした雑談に占められている。スマートフォンとソーシャルメディアの発展は、その雑談のコストをもゼロに近づけ、24時間対応にした。彼ら／彼女らはよほどのことがなければ——少なくとも前世紀のようには——虚構に、フィクションに関心を寄せなくなっている。この20年は情報環境的に虚構が現実に敗北していった20年なのだ。

しかしそれは誰かが悪いわけではない。作家が悪いわけでもなければ消費者が悪いわけでもない。単に情報技術の発展のもたらした人間と情報の関係性の不可逆な変化の結果として発生している現象にすぎない。

逆にこの100年近くが、映像作品を中心に人間が異様に虚構を、フィクションを消費していて、さらにそれを共通体験に社会を維持していた例外的な時代（＝映像の世紀）だったと考えたほうがいい。そしてその「映像の世紀」は急速に過去のものになろうとしている。いや、もうなっている。

実際、世界的に映像文化はいま20世紀後半の思い出を温めるノスタルジー的なアプローチが支配的になっている。

気がつけば『紅白歌合戦』は1年の締めくくりにその年に活躍した音楽家がヒットソングを披露する場ではなく、戦後大衆音楽史のダイジェスト的なセットリストを組んで、老若男女がノスタルジーを共有する場に変貌し、そしてディズニーに権利が買われることでシリーズが再開した『スター・ウォーズ』は、第一作を手堅く現代風にリメイクしながら、初期シリーズの登場人物のその後の姿を盛り込むことで、ディズニーらしいファミリー向け映画に生まれ変わっていた。

恐らく私たちが生きているうちに、劇映画やアニメといった映像文化のメジャーシーンは20世紀、とくに戦後のタイトルを古典としたリメイクのようなものが占めていく可能性が高い。20世紀後半に先進国に生まれたベビーブーマー・ジュニア世代とその子供世代を中心に、エンターテインメントの需要の中心は確実にこちらに傾くはずだ。例えば随分前から、ハリウッドの興行収入ランキングでは、

20世紀後半を彩った有名大作の続編とリメイクが大きな位置を占めている。

考えてみれば、そもそも人々が映像で描かれた物語を最大の共通体験とする社会自体が戦後に決定的に拡大したもので、たった数十年の歴史しかもたないものだ。そしていまこうした世代の共通体験としての映像文化そのものが、いわば熟年期にさしかかっている。このとき『紅白歌合戦』から『スター・ウォーズ』まで、社会がメジャーシーンとしての映像文化に要求するのは、ユースカルチャーとして時代の感性を代表することではなく、むしろ観客自身の歴史を参照しながらその記憶を温め直すことなのだ。この『シン・ゴジラ』のように。

恐らく20世紀的な「映像」文化がかつてのような社会的機能を取り戻すことはないだろう。私たちは、マスメディアが社会を構成する時代に、その王者として君臨していた映像分野がもっとも果敢に時代の感性を代表し、世代の共通体験となる神話を生んできた時代に「たまたま」生きてきた。しかし、その時代はいま、終わろうとしている。それは（個人的には少し寂しいことだが）、一つの表現のジャンルが成熟し、社会の変化に応じてその役割を変貌させたにすぎない。

その上で二つの問題がいま、問われている。一つはこのとき、この数十年の「流行」の中で育まれた想像力とノウハウから私たちが持ち帰るべきものは何か、という問いだ。もう一つは「映像の世紀」が終わったいま「映像」だからこそできることは何か、という問いだ。この二つの問いに答えることが、「映像の世代」とすら言える現役世代の文化的な課題になるはずだ。

8　カリフォルニアン・イデオロギーと「映像の世紀」の終わり

現代はもう一回世界を、現実を変えることが信じられる時代になっている。

その意味でいま、虚構は敗北しつつある。少なくとも「映像の世紀」に占めていた地位からは降りようとしている。この敗北は、既に30年以上前に宿命付けられていた。１９６０年代の反体制運動とカウンターカルチャーの中から勃興したヒッピー文化は、「政治の季節」が退潮した１９７０年代以降のモードの変化――「世界を変える」ことから「自分の内面を変える」ことへの変化――の源流となった。もはや革命の可能性はない。世界を変えることはできない。だったら、自意識を変えることで、世界の見え方を変えるのだ――。ドラッグ、オカルト、ニューエイジ――これらの文化とその思想は全て、内面を、具体的には自意識を変革することで世界の見え方を変えるプロジェクトとして必要とされたものだった。そして、こうしたヒッピーとその末裔たちの試みた自己変革のためのプロジェクトの一つとして、サイバースペースによる擬似的なフロンティアの捏造があった。

そう、奇しくもそれは、最後のフロンティアであるアメリカ西海岸で起きたのだ。アメリカ大陸の開拓の歴史は、大西洋を渡り東海岸に入植したイギリス人たちが、その過程で独立を勝ち取りながらフロンティアを求め西進する歴史だった。カリフォルニアとは、アメリカ大陸の西の果てであり、そこから先に新しい土地はない。そこで花開いたヒッピーカルチャーは、行き止まりの現実世界ではなく、仮想空間にフロンティアを求めた。当時勃興しつつあったコンピューターカルチャーと合流し、サイバースペースを開拓する道を選んだのだ。

当時は今ほど直接的に情報技術が現実に影響を与えるとは考えられていなかった。サイバースペースはあくまで虚構の領域であり、ある種のファンタジーの世界だった。だからこそ、彼らはその精神世界の表現の場としてサイバースペースを開拓した。しかし、彼らが考えていた以上に、情報技術は世界を変える力を持っていた。サイバースペースがグローバルな資本主義経済と結びつけば、世界を変えられるのではないか。サイバースペースという超国家的な領域がグローバル資本主義と結託すれば、マーケットから世の中を変えられるのではないか、という一種のユートピア思想が生まれる。これがカリフォルニアン・イデオロギーだ。ヒッピーとヤッピーとの野合——かつてのカウンターカルチャーの担い手たちがグローバルなかたちに進化した資本主義の牽引者に「転向」したことを揶揄する言葉として生まれたこのカリフォルニアン・イデオロギーを、その担い手たちはほんの10年、20年という驚くほど短い時間で目に見えるかたちにしつつある。ヒッピーカルチャーからそれを出自とするカリフォルニアン・イデオロギーへ——この流れを体現する代表的な存在がAppleの創業者の一人スティーブ・ジョブズだ。ジョブズの経歴は、現代における虚構の敗北と現実の優位が宿命的なものであったことをも体現していると言えるだろう。革命とフロンティアの代替物として生まれた以上、それらは再び世界を変えることを信じられる思想の登場と同時に衰微するしかない性質のものだったのだ。

そしてGoogleやFacebookといったグローバルな情報産業のプレイヤーは、国境線とは無関係に活動領域を拡大している。彼らのターゲットはもはや国家ですらない。

現代はカリフォルニアン・イデオロギーのもと、こうした情報産業を中心に、グローバルな市場にイノベイティブな商品やサービスを投入することで「世界を変える」という思想がすっかり支配的になろうとしている。もはや国家より市場が大きく、オバマよりジョブズのほうが世界を変えたと思われている。正確にはそう信じられる人々と、そうではない人々に世界は二分されている。先進国の都市部に暮らす新しい産業のグローバルな市場のゲームのプレイヤーとそのゲームに参加できずに国家というセーフティネットを生活的にも精神的にも必要としている人々に、世界は二分されている。

２０１６年に全世界を震撼させたイギリスのＥＵ離脱をめぐる国民投票での可決とアメリカ大統領選挙におけるドナルド・トランプの選出——これらはともに、後者の人々の前者に対する——つまりカリフォルニアン・イデオロギーへの——抵抗として出現していると考えるべきだろう。

この21世紀は長期的にはグローバルな市場から世界が変わっていく時代であり、短期的にはそのアレルギー反応としてのナショナリズムの時代なのだ。

こうして再び「世界を変える」ことが信じられる時代への変化を前に、庵野による『シン・ゴジラ』は（トランプとは異なるかたちでの）いわば虚構の、フィクションの、映像の世紀の逆襲でもあったはずだ。同作が、他の数多の映像作品と同じようにもはや熟年と化した昭和特撮をリアルタイムで楽しんだ世代のノスタルジーに訴えたものであることは疑いようがない。しかしその一方でこの映画が、それでもまだフィクションを通してしか描けないものを果敢に追求し、アクロバティックなかたちでえぐりだしたこともまた、間違いないだろう。そして、それが戦後という長すぎた時間の本質と、その長すぎた時間のために失われてしまった可能性であったことは、この国にとっては不幸なことだが、映画にとっては幸福なことだろう。

9　「ポケモンGO」と「大きなゲーム」

現代は紛れもなく、「現実」の時代だ。いや、より正確に言えばかつて虚構と呼ばれたものはほぼ、現実の一部に回収されている。

レコードの売り上げが低下するその一方で、握手会と音楽フェスの動員数は伸び続けている。もはや、情報を摂取するだけではエンターテインメントとして物足りなくなってきているのだ。逆にいうと20世紀の、特に後半に情報を摂取する、パッケージソフトとして所有するだけでエンターテインメントとして成り立っていたのは、それが稀少だったからに他ならない。情報を放送で不特定多数のユーザーと同時に消費したり、ソフトパッケージとして所有したりするという体験自体が非常に珍しく、貴重な体験だったからに他ならない。

しかし現代において情報を――テキストを、音声を、画像を、映像を――摂取し、所有することは驚くほどに容易であり、また、そのコストは限りなくゼロに近づいている。事実上ゼロコストの情報がネットワーク上に溢れかえり、供給過剰が常態化した現在、私たちは単に情報を摂取することだけには価値を感じなくなっている。では、何に価値を感じるのか。それは自分だけの固有の体験だ。もはや情報は、体験を補強するためのものでしかない。ライフスタイル、スポーツ、音楽フェス、そしてＡＲＧ（Alternate Reality Game＝代替現実ゲーム）――いずれ全てのエンターテインメントはイベント化、フェス化していくだろう。

驚くべきことは何もない。20世紀後半が例外的に、人々が情報を摂取することで余暇を過ごしていた時代だったのだ。マスメディアが社会を維持していた半世紀余りの短い、過渡期の時代に極めて例外的に情報それ自体が価値を帯び、現実に対し虚構が優位な時代が成立していたにすぎないのだ。

もちろん、これからも音楽産業や映像産業が成立しなくなることはないだろう。しかし、20世紀のような支配力は確実になくなる。かつて放送技術と映像の結託が世界的な著名人を文豪からアスリートや俳優、ミュージシャンに変えたように。

こうしたカリフォルニアン・イデオロギーと現実優位の時代を象徴する存在が、奇しくも『シン・ゴジラ』と同じ２０１６年の夏にリリースされた位置情報／拡張現実ゲーム「ポケモンＧＯ」だ。これは、米ナイアンティック社がポケモンを擁する任天堂および株式会社ポケモンとのコラボレーションで開発したスマートフォン用のアプリゲームだ。

同作はリリースと同時に爆発的な人気を得て、位置情報に紐付けられ世界中に生息している数百種のモンスターを捕獲するために、世界中で1億人以上と言われるプレイヤーたちがスマートフォンを片手に街々を歩きまわった。拡張現実技術により、スマホのカメラを通して街の風景にモンスターが出現するビジュアルに、衝撃を受けたユーザーも多いだろう。公開からわずか1ヶ月で1億3000万ダウンロードを記録し、世界的なムーブメントを起こしたことは記憶に新しい。

同作の原型となったのは2014年にナイアンティック社がGoogleの社内ベンチャー時代にリリースした位置情報／拡張現実ゲーム「Ingress」だ。これは世界中の名所旧跡やインフラ建造物を「ポータル」として設定し、それを青軍と緑軍の二大勢力が奪いあう世界中を舞台にした陣取りゲームだ。ポータルの攻撃／防衛のためには実際にその場所まで赴いてスマホを操作する必要がある。開発責任者にしてGoogle幹部ジョン・ハンケは同作を人々を「外に出し、歩かせる」ためのゲームだという。実際にIngressのプレイはその土地の構造や歴史、インフラの配置などをプレイヤーに結果的に学習させる効果が高く、街歩きや散歩のコツ――こういうところを見て歩けば街歩きはぐっと楽しい――を身につけることができる。

かくいう私もIngressで街歩きに熱中した一人だ。正確には、Ingressをやっているうちに散歩の趣味のほうが面白くなって、Ingressは数ヶ月で止めてしまった。散歩のコツのようなものがわかってきたとき、スマートフォン上のゲームは単に邪魔になったのだ。しかし、これはハンケの狙い通りだろう。

言い換えればそれは、人間の地理と歴史への感度、世界を見る目を鍛える行為でもあるだろう。「いま、ここ」の深さや多層性を把握し得る世界を見る目なくしては、「ここではない、どこか」＝世界の果てまで旅をしても何も見えてこない――そんな確信がIngressのゲームデザインの根底にある。Ingress／ポケモンGOとはGoogleの思想の結晶であり、その最前線を担う尖兵だ。世界を情報化し、検索可能にすること。その世界に適切なゲーミフィケーションを施し、地図の上をユーザーに歩かせること。そうすることでユーザーは自動的に自分の物語を発見し、世界中のポータル＝地理と歴史に接続していく。そして何パーセントかの割合で世界を見る目を鍛えられていく。あとはゲームの設計を工夫しその確率を上げていけばよい。

かつて近代文学が世界と個人、公と私、政治と文学を結ぶ機能を担っていた——本来は他人の物語でしかあり得ない世界の表現＝文学を自分の物語として読み得るものに加工することによって——のに対し、Ingress／ポケモンGOはゲーミフィケーションによって自分の物語を通じて世界（地理と歴史）と個人とを、あくまで自分自身を主役にした自分の物語を通じて接続するというプロジェクトなのだ。前世紀まで「自分の物語」を社会に発信することは、一部の限られた職業人にしか許されていなかった。しかし、情報技術の発展は全ての人々に等しく、発信能力、つまり自分の物語を語る能力を与えた。こうしていま、文化の中心は紙やスクリーンの上の他人の物語を受信することではなく、自分の物語を語ることに移りつつある。いま、私たちは制作費数十億円の他人の物語を受信するよりも自分が主役の自分の物語として、参加した祭りで楽しそうに仲間とはしゃぐ写真をFacebookでシェアする（語る）ことの方に相対的に快楽を覚えつつある。

そしてGoogleがモニターの文字情報の検索から、現実そのものの情報化とその検索に舵を切ってから久しい。「仮想現実から拡張現実へ」とはもう15年ほど前の情報産業のトレンドの変化を表現する言葉だが、これは私たちの虚構に対する欲望の変化をも体現している。

フロンティアと革命の可能性を失った消費社会においては「ここではない、どこか」を仮構することが虚構の役割だった。しかし、超国家的に拡大した市場を通じて世界を変える回路が常態化した今日において、外部を失ったグローバル化以降の世界において虚構が果たすべき役割は「いま、ここ」

を重層化し、世界変革のビジョンをこの現実に示すこと、なのだ。

　私は2011年に『リトル・ピープルの時代』で『ポケットモンスター』シリーズを、私たちの虚構感の変化を代表するものとして位置づけた。前述したようにマルクス主義の失敗からカリフォルニアン・イデオロギーの勝利までの数十年のあいだ、虚構の機能は「ここではない、どこか」を仮構することだった。それは比喩的に言えばVR（仮想現実）的な虚構感だ。対して「いま、ここ」を多重化し、拡張していくことが虚構の機能として求められるようになった現代のそれはAR（拡張現実）的な虚構感だ。そのため同書では現代を「拡張現実の時代」と呼んだ。当時の携帯ゲーム機でのポケモンの消費のされ方に、その予感を感じて取り上げたわけだが、その予感は5年後の2016年――戦後サブカルチャーとカリフォルニアン・イデオロギーの結託によって実現されたのだ。

　ジョン・ハンケはポケモンGOにおいてあのモンスターたちを、人々を外に出し、街を歩かせ、世界を見る目を養い、自然と歴史への感度を高めるゲーミフィケーションへの蝶番として利用している。そしてハンケが、Google的な想像力をこの拡張現実の時代に対応した「大きなゲーム」に実装するためにポケモンたちを必要としたその理由は、恐らく日本の伝統的な虚構観に起因している。なぜならば日本の伝統的な「妖怪」もまた「ここではない、どこか」の異界ではなく「いま、ここ」の日常の中の習俗や生活文化から生まれた存在だからだ。そう、ここでは日常の生活空間の小豆洗いや油すましが現れるように路上にピカチュウが現れることが必要とされたのだ。言い換えればあの夏、ポケモンたちは伝統的な想像力に回帰することによって、同時に現代化したのだ。

　このネットワークの世紀とは、拡張現実の時代とは「ここではない、どこか」に脱出するのではなく、「いま、ここ」に深く潜ることでこの現実を拡張し、変えていくための想像力こそが批判力のある虚構として機能する時代だ。それはかつて信じられていた革命的なアプローチではなく、ハッキング的なアプローチによって世界が変わることが信じられる時代だとも表現することができるだろう。ポケモンＧＯの世界的な社会現象化はこうした現代的な＝拡張現実的な虚構観を端的に表現している。

同作はリリースから1年程度であり、今後の大幅なアップデートが予測される（現時点ではその機能の半分も開放していないだろう）が、ここで期待されるのはやはりモンスターという虚構の存在の、より深い現実への侵食だ。同作はこれからユーザー間のモンスター交換や、Ingress的な陣取りゲームの要素などが開放される可能性が高いが、その中でこのモンスターたちがどこまで、日本的「妖怪」の血を活かし、生活の風景に入っていけるのかがその批判力を決定するだろう。それはハンケの企てた、スマートフォンの中で完結するのではなく、現代人のライフスタイルに介入し変化させることを目的としたゲームとしての宿命でもある。

『シン・ゴジラ』の宣伝コピーが〈現実《ニッポン》対虚構《ゴジラ》。〉とされていたことは既に取り上げたが、このコピーはポケモンＧＯとの対比によって世界文脈に読み替えられる。現実とはこの拡張現実の時代であり、Googleであり、ジョン・ハンケであり、そしてポケモンＧＯのことだ。Googleの、特にGoogle Mapsとストリートビューというハンケの主導した二つのサービスが体現する現在のGoogleの「思想」――それは、世界の全てを情報化し、検索可能にすればこの現実の世界は無限に拡張され、それに触れることで人々は成熟し、感動し、創発性を引き出されていくという確信だ。十分な情報化と検索能力を授け、適切なゲーミフィケーションを施して環境整備を行えば人々はこの豊かな現実世界に触れることで自発的に自分だけの物語を発見していく――それがGoogleの思想なのだ。その意味でポケモンＧＯはカリフォルニアン・イデオロギーを代表するGoogleの生んだサービスの、それも（戦後）日本的サブカルチャーを取り込むことでハイブリッド化した最新の想像力の結晶だと言える。

対してここで言う虚構とは、いまゆっくりと人類社会の主役から後退しつつある劇映画という制度であり、特撮という20世紀半ばの撮影技術であり、この『シン・ゴジラ』という映画である。この見立てで考えるのなら、庵野秀明は戦略的に終わってしまった「映像の世紀」に留まっているのだ。

10　巨神兵東京に現わる

庵野秀明は常に終わりゆく戦後サブカルチャーの批評的継承者であろうとしてきた作家だった。旧『エヴァンゲリオン』以前の、いや今回の『シン・ゴジラ』を含む全ての作品が昭和映画とアニメからの膨大な引用で成り立っているコラージュであることは論をまたない。そしてそれらの仕事は結果的に戦後サブカルチャーの批判力の持つ射程距離をその都度証明してしまう宿命を負っていたと言えるだろう。例えば、旧『エヴァンゲリオン』が虚構の時代の終わりを体現したように。

庵野が『シン・ゴジラ』の4年前に企画した短編映画『巨神兵東京に現わる』——これは2012年に「特撮博物館」で上映されたものだ。「特撮博物館」とは同年に庵野が「館長」となって企画された東京都現代美術館の展覧会で、ミニチュア特撮という20世紀半ばのテクノロジーを「保存」することを目的にしたものだ。『巨神兵東京に現わる』は同企画にあわせて制作されたもので、この時代に「あえて」ミニチュア特撮を中心に撮影された。このとき庵野は、『エヴァンゲリオン』のルーツは「ウルトラマン」と「巨神兵」であると語っているのだが、『シン・ゴジラ』を経た現在、この『巨神兵東京に現わる』の位置づけはより明確化する。いや、正確には恐らく、『シン・ゴジラ』はこの『巨神兵東京に現わる』の復讐戦であり、同作が直面した問いに対する回答に他ならないはずだ。

あの『風の谷のナウシカ』に登場する巨神兵が、突然現代の東京に大挙して出現し、全てを焼き払う。10分弱の短い映像には、昭和期に育まれたミニチュア特撮の技術が惜しみなく投入され、現代のコンピューターグラフィックスで制作されたそれに引けを取らないリアリティを実現している。上映時には本編より長いメイキングが併映され、私も特撮の一愛好家として複数回美術館に足を運び、鑑賞した。

しかし何度目かの来館時、同作の上映が終了した直後、私のそばで鑑賞していた中学生くらいの女の子は開口一番こう述べたのだ。「CGみたいで、すごかったね」と。

この女の子の一言に、恐らくこのとき庵野秀明が直面した問題が集約されている。『巨神兵東京に現わる』にはそもそも二つの問題が露呈してしまっている。第一に、そこで描かれた冷戦期の終末（最終戦争）のイメージが今日においては陳腐化し、ノスタルジーの対象にしかなり得ないこと。第二にこの作品を支えるミニチュア特撮という技術自体が、既にコンピューターグラフィックスによって上書きされたものでやはりノスタルジーの、博物館の収蔵の対象にしかならないということだ。そしてこの二つの問題は根底の、極めて深いレベルでつながっている。

冷戦下の核兵器の比喩である巨神兵の――戦後アニメーションの――想像力の描く「世界の終わり」はもはやこの現代においては、特に震災後の日本においては批判力を失っている。それがもはや陳腐化し、ノスタルジーの対象でしかないことを、この時期の庵野は『巨神兵東京に現わる』にて核兵器の比喩として生まれた巨神兵が昭和の東京しか破壊できなかったことで、そしてその同年に『ヱヴァンゲリオン』の新劇場版（『ヱヴァンゲリヲン新劇場版：Q』）にて少年の心象風景の比喩としての世界＝自意識の終わり（～インパクトの類）を濫発し脚本をいたずらに混乱させたことで、自ら証明してしまった。

情報技術の発達した現在、もはやモニターの中でいかなることが起きても、それは人々の心を本質的に動かすことはない。もはや平面においては、二次元の中ではどんなことも可能な現代において、虚構の中で語られる世界の終わりは、最終戦争後の未来は批判力を持たない。既に現実と遊離した、冷戦期の古びた終末観はどれほど連発されようと、いや、セカンドインパクト、サードインパクト、フォースインパクトとされればされるほど、その批判力のなさ――安易な心象風景の比喩としての――を露呈してしまう。現実との接点を失い、それが自意識の問題の比喩でしかないことを露呈してしまった「世界の終わり」は何の批判力も持たないのだ。

世紀末に最終戦争が起こらなかったことも、原子力発電所が爆発しても世界は終わらなかったことも、現代を生きる私たちは知っている。「世界の終わり」はもう来ない。いや、私たちの目に見えるかたちではもう来ない。ファーストインパクトも、セカンドインパクトも、当然、来ない。それは冷戦期の、カビの生えた「世界の終わり」のイメージなのだ。

私たちがいま生きているのは冷戦／映像の世紀を上書きしたテロ／ネットワークの世紀だ。この新しい時代に世界を終わらせるのは、ある日突然世界の外部からの訪れで全てをリセットするものではなく、私たちの生きているこの場所を内部からゆっくりと侵食していく目に見えない力だ。かつて、広島と長崎に投下された原子爆弾のように一瞬で全てを灰にして、まるでスイッチのオンとオフを切り替えるように世界を終わらせるのではなく、福島で爆発した原子力発電所のようにゆっくりと世界を壊死させていく力――前者を原爆的、後者を原発的な力だとするのなら、庵野秀明が出した時代への回答は原爆としてではなく、原発としてのゴジラを生むことだったのだ。

原子力発電所とは戦後の高度成長の象徴であり、田中角栄的な国土の均等開発計画の象徴だ。古き良き戦後日本の遺産がいま、世界を壊死させる放射性廃棄物としてこの国を押し潰そうとしている――こうして新しいゴジラは生まれ、まさに今現在もこの世界の中心に立ち続けているのだ。

押井守が「すべての映画はアニメになる」というテーゼを提出して――「映像の世紀」の終わりを

認識して――十余年が経った。もはや現実の風景にカメラを向けて捉えた映像と絵に描かれたものとは情報として等価であり、実写とアニメ、特撮とアニメの境界線もまた消失しつつある。言い換えれば現実と接続された虚構である特撮と、切断された虚構であるアニメとの境界線が明白であった時代とは、同時に私たちにとって虚構が「ここではない、どこか」を志向するものと「いま、ここ」に重ね合わせるものとの二つに分離していた時代だと言える。そして両者の境界線が融解したということは前者（「仮想現実」的虚構）が後者（「拡張現実」的虚構）に回収され、下位カテゴリとなったことを意味する。

『シン・ゴジラ』は前世紀的な特撮と今世紀的なコンピューターグラフィックスが混在するかたちで制作された。前者は虚構と現実、アニメーションと特撮が明確に分離していた時代の技術であり、後者はその境界線を融解させる技術だ。『シン・ゴジラ』における両者のバランスは大きく後者に偏っている。そして庵野はここで前者（ミニチュア特撮）の時代に培われた美学――都市破壊の快楽を生む質感、二足歩行の怪獣の生む都市風景など――をコンピューターグラフィックスで再現したのだ。時代遅れの技術から、その美学だけを抽出し現代の技術で再現したのだ。

庵野秀明はミニチュア特撮を捨てた、という昭和特撮の愛好者たちからの批判も少なからず存在した同作だが、庵野のこの選択は制作上の要請であると同時に現代の情報環境に対する回答でもあるだろう。既に博物館の収蔵の対象となった特撮という前世紀の文化の遺産を用いて、いかに今世紀の情報環境下において批判力のある表現を生み出すか――この問いに対する回答が、昭和特撮の技術を捨てる一方でその美学を抽出しコンピューターグラフィックスで再現するという選択だったのだ。「すべての映画はアニメになる」時代に、虚構が現実の一部に回収されたこの拡張現実の時代に機能する虚構のかたちとして庵野秀明は「特撮」を再定義したのだ。

11 「政治と文学」の再設定

かつて庵野が監督したアニメ『新世紀エヴァンゲリオン』は同様の正体不明の生物の襲来がもたらす人類の危機を、消費社会を生きる自意識過剰なティーンエイジャーの内面の問題、心象風景の比喩としてのみ描ききることで、戦後サブカルチャーの文脈をリセットした。そして庵野は20年の時間を経て再びゴジラという怪獣を通じて世界と個人、公と私、政治と文学の現代的な関係を描くことに舵を切った。

それは同時にこの「拡張現実の時代」にどう対応するかという問いに答えることでもある。基本的に虚構と現実では現実が優位な時代に、虚構が現実を拡張する装置でしかあり得ない時代に、残された虚構の機能は何か。それもGoogle的、ジョン・ハンケ的、ポケモンGO的「ではない」、20世紀的な劇映画に留まった範囲で何ができるのか――その一つの回答が「あり得たかもしれない、もう一つの3・11」だったことは間違いないだろう。それが庵野秀明が見出した現代における虚構の機能であり、ジョン・ハンケ的なものに飲み込まれていない劇映画の可能性であり、そして「ゴジラの命題」のアップデートなのだ。

それは言い換えれば、過去の東京を焼き払うことしかできなくなった巨神兵を――戦後アニメーションの想像力を――更新する試みでもあったはずだ。そしてその結果、『シン・ゴジラ』は戦後アニメーションの、あるいは戦後特撮のとはまた異なったかたちでのいびつさ、のようなものを抱え込んでいる。平易に述べるのなら、庵野もまたここで政治と文学の再設定に、世界と個人、公と私との関係を描くことに失敗しているのだ。ここに『シン・ゴジラ』が結果的に表現してしまった新しい問題が存在している。

予め述べておけば、ポリティカル・フィクションであること――つまり世界を、公的なものを近代的な「政治」として捉えたこと――が失敗だったわけではない。なぜならば既に述べたように同作はカリフォルニアン・イデオロギーの支配するネットワークの世紀に対する――世界が、公的なものが、グローバルな市場とそれを支える情報ネットワークに取って代わられつつある時代に対する――映像の20世紀からの抵抗に他ならないからだ。

確信犯としての前世紀的なものの延命とアップデート――『シン・ゴジラ』というプロジェクトが実現した「怪獣」の再定義とオタク的ポリティカル・フィクションの構築という野心的な試みの与えた衝撃は極めて、大きい。しかし、その結果として、戦後アニメーションが試みてきた政治と文学の再設定は、むしろ決定的に破綻している。世界と個人、公と私、政治と文学――端的に述べれば旧『エヴァンゲリオン』では（戦後日本の想像力がそもそもそうであったように）前者が消去され後者のみで自己完結していたのとは逆に、『シン・ゴジラ』では後者が消去され前者しか存在しないのだ。

そう、同作にはほぼ等身大の人間間の物語が存在しない。断片的に描写される人物間の関係性が観客の二次創作的な欲望を喚起するその一方で、ほとんど禁欲的といってもいいほど個人の内面の描写は量的に制限されている（ゴジラの存在を関知していたとされる牧教授の失踪とその動機の描写が、その代表だ）。公開直後から同作に登場人物の内面の描写がほぼ存在しないことは批判の対象になっているが、これは庵野なりの時代への回答だろう。庵野はこの「拡張現実の時代」に対峙するために、人間の物語を後景に退かせ、限定したのだ。

それはジョン・ハンケのIngressでの、あるいはポケモンＧＯでの態度と比較することでより明確に浮かび上がる。ハンケはこのとき、世界をあまねく情報化すれば人々はただその世界を歩くだけで一定の割合で自分の物語を発見するのだ、という立場を取った。対して庵野は、ここで映像内にその断片を配置することで、観客は全体への想像力を喚起され、二次創作的に物語を発見していくという態度を示している。この点において庵野のそれは旧『エヴァンゲリオン』から一貫して見られた傾向だが、これは、物語を二次創作に委ねることで、本質的に他人の物語を享受する装置である劇映画に二次創作というかたちで——つまり自分が参加し、物語を補完し、書き換えることで——自分の物語に読み替えうる側面を強化したとも言えるだろう。

ハンケと庵野は受動的な観客を能動的なプレイヤーに誘う回路をその作品内に施した点においては一致している。しかし「映像の世紀」に留まり、あくまで物語的アプローチを取るか、「ネットワークの世紀」を受け入れ、ゲーム的なアプローチを取るかという点において決定的に対立している。そして、それゆえに『シン・ゴジラ』という映画内における政治と文学、いや世界（の物語）と個人（の物語）の断絶は決定的に浮き彫りになってしまっている。『シン・ゴジラ』の物語性——その多くを観客の二次創作的な欲望に求めたそれ——はあくまで登場人物の関係性についてのそれにすぎない。観客によって補完される物語群は、あくまで作中で意図的に描かれなかった登場人物同士の関係性の物語に限定され、それらが映画本編を支配する世界の物語、つまり怪獣とは、国家とは、環境とはを問う物語とはやはり断絶している。いや、むしろ世界の物語とは無関係に人間間の物語が肥大することで両者の断絶は強化されるとすら言えるはずだ。

対して、Ingress／ポケモンGOにおいて個人と世界は接続されている。それも「物語」ではなく「ゲーム」で接続されている。自分の物語と世界の物語がゲーミフィケーションによって接続されているのだ。この場合の世界とは、ドメスティックな国家ではなくグローバルな市場であり、そしてデータベース化されたこの世界の歴史と自然（地理）そのものだ。しかし、劇映画という制度に強く依存する——あえて時代に逆行する——『シン・ゴジラ』において、その接続先は国家といういま時代から取り残され始めた装置に限定され、そして個人と世界をつなぐ媒介も（劇映画における）物語という情報環境的に脆弱になってしまった回路を用いることしかできない。いや、言い換えればGoogle的、Ingress／ポケモンGO的、ジョン・ハンケ的なアプローチこそが、「映像の世紀」の退潮後に非物語的な装置を用いて世界と個人を結ぶ回路をどう再構築するかという巨大な問いに対する、現時点でのもっとも批判力のある回答なのだ。その背景をなすGoogle的な世界観は、世界を物語としてではなく情報の集積として見做す、というまさに『シン・ゴジラ』で庵野が描いた戦後のオタク世代の「思想」と同一のものを孕んでいる。いや、より徹底されたものだと言えるだろう。しかし、ハンケと異なり庵野は劇映画という制度にとどまり、個人と対峙すべき世界も20世紀的な国家に限定することを選んだ。世界がグローバルな市場（というゲーム）にコミットするプレイヤーと、その巨大なゲームから取り残された人々のセーフティネットとしての国家（という劇映画）に依存する観客たちに二分されている現在、庵野はあえて後者を選択していることは既に述べた。しかし『シン・ゴジラ』における政治と文学の決定的な断絶は、その選択の困難を体現しているのだ。

では、『シン・ゴジラ』的なアプローチに、劇映画に、物語に、世界と個人、公と私、政治と文学を再設定するポテンシャルは存在し得ないのか。

かつて押井守は『パトレイバー2』で、情報を、虚構を、そして劇映画的（20世紀的）な「映像」を通してしか個人と世界が接続されない時代（映像の世紀）におけるモラルの可能性を問い直した。押井は映像という虚構を通じてしか共通体験を獲得できず、社会を維持できなかった時代（「映像の世紀」）を、人間と世界をつなぐ情報のあり方を問い直したのだ。これは東京における大規模テロを描いた映画であることは先に述べた。ここでの戦争と平和の対比はそのまま現実と虚構の対比だった。

虚構としての平和と、現実としての戦争、そして両者（前線＝戦争とその後方＝平和）を媒介する映像という装置——。

この映画が前提とする世界像が既に過去のものであることも既に述べた。グローバル／情報化を経た現在、あらゆる場所がテロリズムの舞台となる現在、既に前線と後方との間に差異はない。また人々は、人間と事物は、さらに事物同士は媒介なく直接接続されてしまっている。

しかしここで重要なのは、押井守がその世界観の情報論的な視座に立つことによって、劇映画という制度を問い直すことと「映像の世紀」における戦争／平和を問い直すことを等号で結ぶことに成功している、ということだ。ここで押井が証明しているのは、劇映画はその物語という自由な表現に依存した形式のために、自身を取り巻く情報環境をもメタ的に取り込み得るということだ。つまり、『シン・ゴジラ』的なアプローチも、あと半歩進めばかつての押井守のようにアクロバティックなかたちで世界と個人の問題を接続し得たように思えるのだ。『シン・ゴジラ』の延長線上に現代的な世界と個人、政治と文学の関係を描き、再設定的に問い直すこと。それが庵野という戦後サブカルチャーの、映像文化の、「ゴジラの命題」の遺産の継承者に私が期待する仕事であり、それに続く私たち後継世代の使命、なのだろう。

12　戦後サブカルチャーと「ネットワークの世紀」

映像の世紀の情報環境と冷戦期の政治性に強く依拠してきた戦後サブカルチャーの批判力はいま、これらの変化によって大きく低下しつつある。

世界と個人、公と私、政治と文学——この二つを結ぶ回路は（近代小説的）物語から非物語的なゲーム（ゲーミフィケーションの施されたデータベース）に移行し、その舞台もマクルーハン的に述べるならホットなメディアの内部に閉じた物語空間からクールなメディアに担われ外部に開放された――より正確には虚構によって拡張した（情報を付加し、検索可能にした）――現実そのものに移行している。

そしてかつて〈アメリカの影〉（加藤典洋）という言葉に象徴されていた戦後的なものは冷戦からテロの時代への移行の中でその姿を大きく変化させた。もはやネオテニー――武器を持たない経済「大」国――ですらないこの国において、徹底的に私的であることが逆説的に公的であることに接続されること（戦後民主主義）／妻を殴り続けることで治者を演じること（戦後民主主義批判）というアイロニーは破綻している。もはや宇宙世紀とモビルスーツによる成熟の仮構を自覚的に演じることは、敗北主義的な幼児的イノセンスの肯定でしかない。押井守的に述べるなら、人間ではなく人形のモラルが要求される時代において、「アトムの命題」と呼ばれた戦後アニメーションを支配したアイロニカルな回路はその機能を停止しているのだ。２０１６年の夏に出現した映画たちは、この「アトムの命題」の批判力の低下をまざまざと見せつけてしまっているように思える。

その結果、『シン・ゴジラ』のアイロニーは空転し左右の20世紀的イデオロギーへの回帰運動に回収され、『君の名は。』は政治的なものの忘却への肯定によって大衆的な支持を獲得している。両者はコインの表裏であり、「政治と文学」の断絶を体現している。『シン・ゴジラ』には「政治」だけが、『君の名は。』には「文学」だけが存在している。そして『この世界の片隅に』は戦後アニメーションがこの分裂に対してもはや批判力を持たない戦後的アイロニズムのルーツを確認すること、かつてこの国の政治と文学は戦後的な物語（アイロニー）で結ばれていたことを確認することしかできないことを告白してしまっているのだ。

しかしそれは同時に、この膨大な遺産から私たちが何を持ち帰るべきなのか、という巨大な問いがいま目の前に浮上していることを意味する。

その答えの一つは当然カリフォルニアン・イデオロギーを背景に世界的なインパクトを持ったポケモンGO的なアプローチだ。世界を物語としてではなく、情報の束としてとらえること。個人と世界を結ぶ回路として大きな物語ではなく大きなゲームを用いること。映像の世紀からネットワークの世紀へ移行したこの100年の少なくとも前半に決定的な批判力を持つのは、こうしたアプローチであることは間違いないだろう。

比喩的に述べれば、『この世界の片隅に』の北條すずは（戦後日本のサブカルチャーは）日常の「いま、ここ」の世界の中に異界を発見する能力を、成熟（戦後的アイロニズムへの接続）と同時に失ってしまった。そしてGoogleが日本的「妖怪」としてのポケモンたちを取り込むことで実現したのは、情報技術の支援によって幼少期のすずが持っていた能力を世界中の老若男女に均等に付与することでもあったのだ。

その上で私が考えてみたいのは、いまなおGoogleが、ジョン・ハンケが再発見していない戦後サブカルチャーの遺産とその可能性のことだ。既に終焉を迎えた「映像の世紀」の、そしてその戦後日本において奇形的進化を遂げたジャンルの膨大な遺産――黒歴史――から現在と未来に接続し得るものをいかに抽出するか――それが本書の最後の問いだ。

この情報論的な問いは同時に性的な想像力をめぐる問いでもある。押井守の情報論的展開が示すように、戦後アニメーションが描いてきた成熟とは父性のアイロニカルな実現と同義であり、そしてそのアイロニーはアニメーションという作家に意図されたもの以外存在できない究極の虚構によってのみ達成し得るものだった。モビルスーツという自己実現（身体拡張）は宇宙世紀という偽史があって初めて成立するのだ。そして押井が提示したのはもはや情報環境的に現実から切断された虚構＝偽史が成立しない現在においては、象徴的な父性そのものが成立しなくなる、ということだった。父性とは内部と外部とを切断し、子を母胎から切断する役割を担う。しかし世界の全てが接続された今日において、「外部」はもはや成立しない。今日に求められているのは情報社会下における政治と文学の再設定であり、外部を喪失したこの世界における成熟のかたち──「母」の膝の上で甘えながら「父」を演じる（戦後的な）成熟のかたち（矮小な父）とは異なるもの──の獲得だ。

13 吉本隆明と母性の情報社会

肥大した母性と矮小な父性の結託──「母性のディストピア」と本書で表現したこの戦後的な精神性はいま、情報技術の支援を受けることでアイロニーを欠いたかたちで──物語ではなく情報として、この斜陽の国を覆い尽くしている。しかし、この事態は予見されていたものでもある。もちろん、正確な予見ではない。それはむしろ、高度資本主義の達成として、肯定的に予見されていたものだ。資本主義の拡大によって市場が国家を超え、高度に発達した情報ネットワークが人間の世界認識の方法を変革する。その両者の関係性によって、高度に情報化された個人と肥大し複雑化した市場によって、人類は新しい社会を構築することになる──。

グローバル／情報化の進行した今日において、こうした時代認識はカリフォルニアン・イデオロギーの浸透によっていささかありふれた未来観ですらあるだろう。しかしここで注目したいのはこれから取り上げるこの思想が80年代の日本──まさに本書で取り上げた戦後アニメーションの最盛期──において展開されたものであることだ。

「戦後日本最大の思想家」吉本隆明は『共同幻想論』において、西欧の父権的な近代国家に対してアジアの母権的な原始国家を対峙させている。このときの吉本の狙いは近代国家の、特に現代的な国民国家の相対化にあった。

人間の社会像は自己幻想（個人）、対幻想（家族的な関係性）、共同幻想（国家的な共同体）から形成される。本来は独立した関係を持つこれらの幻想が接続されることで、社会の規模は個人から家族へ、家族から国家へと拡大可能になる。この理論から日本の古代史を参照したとき、対幻想と共同幻想の接続は同時に母権社会から父権社会への移行として捉えられる、という。当時吉本の念頭にあったのは、近代天皇制批判としての反国家論の展開だったと思われる。そして、戦前の文学者や知識人の転向問題から出発し、やがて60年代の学生反乱のイデオローグを務めた吉本にとって、その間に記された『共同幻想論』の理論は天皇制と同時に戦後の市民社会の虚妄にも向けられていくことになった。近代天皇制にも、戦後民主主義にも動員されない自立した主体の形成、それが吉本の思想の根幹にあった。

そこで吉本が共同幻想からの自立の根拠として提示したものは何か。それは対幻想の領域で機能する核家族的な想像力だ。吉本にとっての戦後復興と高度成長とは、こうした対幻想が戦後的中流幻想の根幹をなすものとして強力に機能した時代でもあった。吉本はこの対幻想に基づいた自立を「大衆の原像」と呼び、その思想の根拠に置いた。

しかし70年代以降のマルクス主義の退潮と、80年代の消費社会の進行は吉本に更なる展開を要求した。近代天皇制／マルクス主義といった20世紀的イデオロギーによって支えられた国民国家が社会の変化の主役とは必ずしも言えない情況が徐々に生まれつつあった。国家と市場のパワーバランスが、この頃から徐々に後者に傾き始めたのだ。これはもはや国民国家という共同幻想からの自立が、思想的な課題にはなり得なくなることを意味していた。そしてかつて反国家論として『共同幻想論』を展開した吉本は、この国民国家の相対的な退潮と高度資本主義の肥大を、肯定的に捉えた。そして吉本は、この消費社会は同時に古代の母系社会に酷似したものであると捉えていた。吉本隆明は、戦後日本の復興と高度成長の成果としての80年代の消費社会に、高度資本主義における父権的な近代から母権的な脱近代への進化の萌芽を見出したのだ。

吉本によれば国家とは家族的な領域に機能する対幻想のうち、閉じた関係性を構築する夫婦／親子的なものではなく開かれた関係性たり得る兄弟／姉妹的なものが、共同幻想と接続されること（氏族社会の拡大）によって成立したものである。これは翻せば、消費社会下における国家の相対的な希薄化は前者の家族的な領域に留まり得る対幻想（夫婦／親子的なもの）の集合体に社会が傾いていくことを意味していた。

こうした対幻想という閉じた関係性による共同幻想への抵抗という吉本隆明の戦略は、例えば80年代に常態化した消費社会を背景とする家族形態の変容——戦後的核家族を担う中流幻想——と深く結びついていた。70年代以降の消費社会化の進行によって対幻想（家族）の領域が肥大し、相対的に共同幻想（国家）が希薄化する。60年代において対幻想を共同幻想への抵抗の根拠とするという吉本の構想は、その後の資本主義の発展と消費社会の出現によってほぼ達成されたと言ってよい。その点において、吉本隆明は恐るべき予見性を備えていた。

しかし、吉本は同時に決定的に誤ってもいた。それは本書で戦後アニメーションの思想が乗り上げた暗礁として繰り返し指摘してきた、「母性のディストピア」ともいうべき肥大した対幻想のもたらす共同性の問題に対する判断の誤りだ。

恐るべきことに、吉本は資本主義の発展に比例した対幻想の拡大が、外部を喪失した母権社会に接近していくことすらも予見していた。ただ、吉本はそれを近代の超克の可能性として肯定的に捉え、今日の（21世紀の）情報社会が陥った下からの全体主義に——吉本の論敵であった丸山眞男がかつて「無責任の体系」と呼んだ中心点なきボトムアップの共同幻想に——接近していくことを、かつて吉本自身が批判した近代天皇制的なシステムを情報技術の支援で再現したかのような社会が出現することを、予見できていなかった。

しかしこの吉本隆明の予見性と誤りについては、その継承者／批判者たちによって、80年代当時から部分的には既に指摘されてもいた。例えば、80年代フェミニズムを牽引した上野千鶴子は吉本の対幻想の概念を引きながら、家族形成の手前にある性愛に注目した。上野は夫婦／親子間の関係性そのものを対幻想の器として想定した吉本とは異なり、その構成要素の一つである性愛というアイデンティティ・ゲームを共同幻想への抵抗の根拠として提示する。

> 自己幻想とは、「それ以上分割できない《インディヴィジュアル》」個人、つまり身体という境位に同一化した意識の謂にほかならない。しかし意識は、身体のレベルをこえて同一化の対象を拡張することができる。たとえば「妻子のため」に外で「七人の敵」と闘う男は、家族に自己同一化している。「天皇陛下万歳」と叫んで死ぬ兵士は、自己同一化の対象をオクニのレベルにまで拡大している。［中略］しかし対幻想はちがう。他者は「わたくしのようなもの」という類推を拒み、しかも「もうひとりの私」として私と同じ資格を私に要求してくる。［中略］対幻想の中では、自己幻想は構造的な変容をとげている。自己幻想から対幻想への過程は、したがって不可逆であり、こうやって一度構造変容した自己幻想は、共同幻想からのとりこみに強い抵抗力を示す。[*6]

戦後アニメーションの精神史が証明するように性愛の対象は、生殖と家族形成につながる存在は、他者として機能することなく、むしろ自己幻想の肥大を生む。そこで、上野はフェミニズム的な視点から、吉本隆明の対幻想論から家族を切断し、性愛を救出することを選択した。上野のいう性愛的なアイデンティティ・ゲームは家族的なものに回収された途端に肥大した自己幻想と化し、そして共同幻想を醸成することになるからだ。

家族的なものは、他者として機能し得ない。流動的なアイデンティティ・ゲームは家族形成の過程で定型的な物語に固着する。それがむしろ戦後的なものからアイロニーを失効させ、辛うじて機能していたいびつな成熟への回路をも停止させるディストピアである。

吉本の主張する対幻想は、「治者」を演じるために家庭で妻を殴り続けた江藤淳から、「デタッチメントからコミットメントへ」の実践を妻に預け、自らは何も手を汚さないまま「父」になる物語を書き続ける村上春樹まで、宇宙世紀という架空年代記の中でモビルスーツという偽物の身体を得て成熟を仮構する戦後民主主義下の少年たちが共有する矮小な父性と、外部を喪失した共同性でそれを包み込む肥大した母性との結託の温床そのものなのだ。性愛という回路に過剰に依存する上野千鶴子の吉本に対する批判的継承は、彼女に代表される80年代フェミニズムが、あくまで当時の日本を覆っていた家父長制的、封建的な家族からの解放として強い批判力を持つその一方で、新しい家族像、家族のオルタナティブとしての共同体像を提出することはない思想であったことを、奇しくも証明してしまっている。しかし、上野による批判は吉本隆明の主張した通りに「大衆の原像」をその中核においた消費社会とそれを支える戦後中流幻想のもたらす負の可能性に対し、フェミニズム的な視点から修正を加えたものだと評価できるだろう。

また、浅田彰はこの上野による対幻想論を引きながら、より直接的に「大衆の原像」に立脚した吉本隆明的消費社会肯定論に批判を加えている。

> そもそも対幻想を対幻想たらしめていた抜き差しならぬ他者との「関係の絶対性」の契機がそれ自体著しく稀薄化し、対幻想は拡大された自己幻想に限りなく近付いていく。そうなれば、そのような幻想の共振によって共同体を構成することも不可能ではなくなる。公的というより私的、言語的《シンボリック》というより前言語的《イマジナリー》、父権的というより母性的なレヴェルで構成される共感の共同体。翻って考えてみれば、軍国主義の時代においてすら、国家幻想はきわめて表面的なものにすぎず、そうした共感の共同体こそがそれを裏打ちしていたと言えるかもしれない。［中略］実際、現代の日本社会は、情報化によって都市化するどころか、かつてなくムラ化の度を強めている。写真週刊誌を例に取るまでもなく、一億人が互いの私生活を覗き込み、ちょっとした噂が、発達したメディアにのって、際限もなく高速で旋回するのだ。これがムラ――正確に言えば巨大化されたムラのシミュラクルでなくて、いったい何だろう？　そこでは、共同幻想は、稀薄化するどころか、流動化・柔軟化したシミュラクルとしての「マス・イメージ」となり、弾力的な被膜のように社会全体をすっぽりと覆い尽くしている。言語的な禁止によるハードな父権的管理に代わって、イメージの氾濫のなかでそれ以外のものが見えなくなるといったソフトな母性的管理が進行しつつある。[*7]

このとき（１９８８年）浅田が想定していた「情報社会」とは当然だが新聞、テレビ、雑誌といった20世紀的なマスメディアに過ぎない。しかし、ここで注視すべきはこの浅田の批判が現代日本の21世紀的なソーシャルメディアを前提とした「情報化」にこそ当てはまってしまうことである。

情報化の与える人類社会へのインパクトそのものに対して冷笑的な態度を取りがちな近年の浅田の立場としては、21世紀における情報化は20世紀のそれの枠内にある、ということなのだろうが、本書は当然この立場は取らない。20世紀的「挫折したヒューマニスト」に対する慰撫としての技術批判という立ち位置をマーケティング的に選択しないとするのならば、ここで起こっていることは明白だからだ。

21世紀的な情報化はむしろ〈言語的な禁止によるハードな〉父権的管理（として作用する権力）を内包するかたちで、〈イメージの氾濫のなかでそれ以外のものが見えなくなる〉ソフトな母権的管理が肥大していっているのだ。ソーシャルメディアが（少なくとも今日においては）イメージではなく言語の氾濫によって成立している場であり、そこで言葉を弄ぶ人々は自分たちこそが今日において言語的な禁止による秩序に言語を用いて対峙する訓練された市民（父）であると自覚しているはずだ。しかし、その実態がソフトな母権的管理に依存する幼児たちであることはもはや説明の必要はないだろう。

本書で反復して指摘したように、父になろうとする意思こそが逆説的に母胎への回帰と逼塞を促してしまうジレンマがいま、情報技術に支援されるかたちで完成されつつあるとすら言えるだろう。矮小な父権と肥大した母権の結託というかたちをとることで、浅田の予見を大きく逸脱し事態はより悪化しているのだ。

このとき浅田彰が柄谷行人のパートナーとして、第1部で取り上げた湾岸戦争時に発表された「湾岸戦争に反対する文学者声明」を主導していたことには留意が必要だろう。吉本隆明の戦略を、（対幻想に支えられた）「大衆の原像」を肯定することによる20世紀的なイデオロギー（共同幻想）の解体であるとまとめるのなら、その戦略は浅田の指摘するように完全に破綻している。しかし、その破綻を予見した浅田が取り得た戦略が、第1部の冒頭で整理した【B】の立場——戦後的な形骸化した左翼——への回帰でしかあり得なかったのもまた、事実である。

ここで必要とされるのは、「父」殺しを達成して自らが新たな「父」となることでもなければ、「母」の膝に甘えながら「父」となった夢を見ることでもない、第三の道だ。吉本隆明は戦後思想史においてこの第三の道をもっとも初期から唱導した人物であることは疑いようがないが、その消費社会下における戦略は当時から既に破綻していたと言わざるを得ない。だが、その批判者である柄谷行人／浅田彰は第三の道を更新することはできず、戦後民主主義的な言説の枠内に——彼らの嫌悪する「ムラ」の言説の中に——回帰する以上のことはできなかった。より正確に述べれば、このとき柄谷／浅田が主張していた「外部」の批評とは、日本的な共同性に自覚的であるために「外部」という仮想の立ち位置にその身を置くこと、であった。

自らの立つ場所が、常に何らかの共同体の、物語の内部にすぎないことを自覚すること。批評とはそのためにこそ存在するのだが、吉本的な「大衆の原像」を根拠とする言説はその自覚を欠き忘却を促す言葉にしかなり得ない、というのがその批判の骨子である。この批判については、加藤典洋、竹田青嗣など吉本隆明の影響下にある批評家たちからの再批判が加えられている。それは、「外部」という仮想空間に自らを置くことで初めて可能になる柄谷／浅田の批評こそが、不可避に発生する共同性への依存の自覚ではなく忘却を促すというものだ。自らを、現実には存在し得ない「外部」に置くことで（日本的）共同性の問題から切断するという語り口こそが、例えば前述の「湾岸戦争に反対する文学者声明」に見られるような無自覚な一国平和主義と、こうした言説を普遍的な平和へのメッセージであると主張する愚鈍さを生んでいる、というものだ。

「内部」とのダイナミズムなしに、どのようなものであれ、「外部」は語られうるだろうか。［中略］従来の言説空間における「外部」（人間主義、国際主義、世界性）は、その「内部」の言説システムに内属する所以を、さらにその「外部」の視座からの批判によって明らかにされ、否定されたが、いまぼく達の前にあるのは、その「外部」、過去の「内ー外」の二項性そのもののの「外部」を中心に、新たに形成されつつある、それ自体閉ざされた、もう一つの言説空間なのである。（加藤典洋「『外部』幻想のこと[*8]」）

ひとが共同体の「外」に立つ（あるいは立たない）ことで何をなし、何をなさなかったか、そしてなぜそうだったのかを、問わない。柄谷の議論にはそのような「実践的契機」が欠落しているのだが、柄谷（たち）がそれを「実行」しようとすれば、そのとき彼らは「自分が暗黙に所属し前提している」日本語という言説空間の「外」に、素朴には立てないという事態に直面するはずである……。（竹田青嗣『現代批評の遠近法[*9]』）

こうした吉本隆明をめぐる対立から見えてくるのは一つの隘路だ。それは吉本が無自覚に依存する「母性のディストピア」に対し、その批判として選択された「外部」の批評の言葉こそが、父権的／言語的禁止の領域に留まりつつその抵抗／解体を試みるがゆえに――より安易なかたちで（戦後）日本的な共同性に無自覚に依存してしまう――矮小な父性（アイロニカルなロマン主義）と肥大した母性（アメリカの核の傘／グローバルな情報環境）の結託による思考停止を再生産してしまう、という隘路である。吉本の批判者たちが、「第三の道」のアップデートではなく教条的な戦後民主主義（事実上の一国平和主義の無自覚な選択）に回帰してしまった事実は、この隘路を端的に表現している。

吉本隆明と加藤典洋／竹田青嗣の唱導した「大衆の原像」に基づいた共同幻想批判も、柄谷行人／浅田彰の唱導した「外部」の批評もともに、日本的な共同性――本書で「母性のディストピア」と形容したもの――への対抗として模索されたものだが、これらの戦略は両者の水掛け論的な論争が示すように、展開された当時から既に破綻していたと評価せざるを得ない。

では、どうするのか。形骸化した国内の思想／文学のシーンにおいては柄谷／浅田的なもののマイナーチェンジとしてのイデオロギー回帰が、商業化を加速したジャーナリズム／サブカルチャーのシーンにおいては吉本的なもののアップデートが試みられていく。

マス・イメージとしての共同幻想――つまり、消費社会下において肥大した自己／対幻想と、日本的なムラ社会の「空気」によってボトムアップに醸成された「下からの全体主義」としての新しい共同幻想――への抵抗の根拠として、例えば「アトムの命題」を提唱した大塚英志は正しく共同幻想と「逆立」する倫理としての「おたく」的なものを配置する。

大塚が2001年のアメリカ同時多発テロとその後の対テロ戦争に際して上梓した『サブカルチャー反戦論』には、大塚のライトノベルシリーズ『多重人格探偵サイコ』の番外編が収録されており、その登場人物の一人、笹山刑事に仮託して大塚はこう語っている。

「あのな、どうせ人間は何かに騙されたり入れ込んだり踊らされたりしなきゃ生きてけない生き物なんだよ。だったら国家や勝手な正義なんてものに踊らされないようにだな、あらかじめくだらなくてどうでもよくて些細なこと、チョコエッグあたりにきっちり踊らされておく必要があるんだよ。それがおたくの本懐だって誰か言ってなかったか[*10]」

ここに大塚の屈折した「戦後」的なものの延長への意思を端的に見ることができる。大塚は市場と大衆社会の中から共同幻想への対抗と相対化の根拠を見出すという戦略を吉本隆明から継承しつつも彼らの戦後民主主義批判のモチーフは受け継がず、むしろそのリハビリテーションを提唱する。なぜ吉本においては対立していた戦後民主主義と消費社会は大塚においては等号で結ばれるのか。

引用文中にある「おたく」という単語は、その成立当初はマンガやアニメーションなど虚構性の高いメディアに耽溺し、そのキャラクターたちを愛する人々を指すある種の蔑称であった。現在においては、片仮名で「オタク」と表記されることの多いこの単語を、大塚は「おたく」と表記することに拘泥する。この言葉が1983年、コラムニストの中森明夫による、事実上の造語として出現したとき、それは平仮名で「おたく」と記されていた。大塚が平仮名の「おたく」に拘泥するのは、そこにある種の政治性を見出しているからだ。

大塚にとって「戦後民主主義」と「おたく」は、ほぼ完全に等号で結ばれるものである。なぜならば、どちらも先述の【B】の回路――「あえて」偽善を引き受けることで倫理と強度を獲得する回路によって成立するものだからだ。より正確には、徹底して私的であることのみが逆説的に公的なものに接続する、という戦後民主主義の精神の消費社会における具体化として、大塚は「おたく」を位置づけているからだ。大塚にとって「おたく」とは、「あえて」父にならないことを選択することの倫理という戦後民主主義の精神を唯一、実現し得た存在だったのだ。そのため、「この女のためには死ねないという男のような」対幻想が消費社会とそこに発生した中流意識によってむしろ下からの全体主義の温床としてしか機能しなくなったとき、大塚は「おたく」のもつネオテニー性にこそ「父」になることなく「チョコエッグあたりにきっちり踊らされておく」ことに共同幻想への対抗の根拠を見出そうとしたのだ。

消費社会のもたらした消費による自己実現によって、共同幻想に拮抗し得る対幻想／自己幻想を育むこと――それが大塚がこのとき「おたく」に見出した可能性であり、その「おたく」の思想の実践こそがその処方箋だった。それは吉本隆明の80年代における展開の継承でもあった。吉本が全身をコム・デ・ギャルソンの洋服で包み、消費社会を肯定したとき、その自己幻想の肥大を逆利用した戦略は思想未満のイメージ（ハイ・イメージ）として提示されたもの――具体的には消費社会のスケッチとそこから生まれるアイデア・メモ――に過ぎなかった。しかし、大塚の言説はこのとき結果として吉本が消費社会から得た「ハイ・イメージ」を具体化したものだと言える――ただし戦後民主主義を相対化する第三の道ではなく、そのリハビリテーションとして。大塚は、ここで「おたく」による戦後民主主義というイデオロギーと消費社会との「和解」を試みたのだ。

しかし「おたく」が「オタク」となった今日において、大塚英志の戦略もまた破綻している。例えば今日における（「おたく」の成れの果てとしての）オタクとは、歴史修正主義とヘイトスピーチの温床（の一つ）であることは明らかだ。これは消費社会――消費による自己実現が可能になった社会――で肥大した自己幻想は、共同幻想と同一化することはあっても対立することはないことを証明してしまっている。そもそも、大塚の戦後民主主義のリハビリテーションとしての「おたく」的なものの擁護という戦略自体が、戦後民主主義という共同幻想への同一化によって支えられていたものであった。問題は共同幻想の性質ではない。天皇に依存する人間は戦後民主主義にも依存し、決して自立することはない、という諦念が吉本隆明の立脚点であった。消費による自己幻想の肥大は、今日の20世紀的イデオロギー回帰への処方箋にはなり得ない。消費社会の精神では情報社会の病を克服できないのだ。それは言い換えれば、情報社会に耐えうる幻想をどこに求めるのか、どう育成するのかという問いでもあり、ドナルド・トランプに回収されない個をどう育成するのかという問いだ。

あるいは同じ2001年に出版された東浩紀『動物化するポストモダン』及びその後に展開された情報社会論、文化論では、小さな物語（共同性）と大きな非物語（データベース）を繋げることなく解離的に消費するポストモダンの人間像としての（「おたく」ならぬ）「オタク」が提示される。

これは戦後的アイロニーのリハビリテーションによる政治と文学の接続を試みる大塚の戦略とは逆に政治と文学の断絶を受容し、前者（大きな非物語＝データベース）のレベルでの技術的なアプローチによって後者（小さな物語）への回帰を管理するという戦略が語られているが、少なくともここで東が提唱した技術的なアプローチが今日において機能していないことは明白だ。

例えば東がその集大成として2011年に出版した『一般意志2.0』では、国会での議論をニコニコ動画で生中継することで（能動的で成熟した市民による）熟議と、（受動的で未成熟な動物たちによる）ポピュリズムとの対話が生まれ、現代的な民主主義の成熟が訪れる、というビジョンが提示されている。[*11] しかし、2017年現在実現して久しいこの中継はヘイトスピーカーと歴史修正主義者で溢れかえる結果を生み、むしろこうしたアプローチこそが彼らに、より積極的な活動の場を与えている。

この現実は、東が解離的な進行と位置づけたイデオロギー回帰とデータベース化が、吉本的に言い換えれば核家族的な対幻想（戦後中流）と情報社会下のボトムアップ的共同幻想（無責任の体系）が、実際には決して対立することはなくむしろ結託することを、本書の言葉で述べれば矮小な父性と肥大した母性がむしろ不可分に結託的であり、相互作用しながら肥大することを証明している。

情報技術に支援されて肥大した母性に庇護されることで、矮小な父性の獲得を（その矮小さから目をそらしたまま）謳歌する――それが東の言う「動物化」した現代人たちの生だ。そしてこうした現代人たちの成熟像として東が『弱いつながり』『ゲンロン0』といった近著で提示する「観光客」「不能の父」といった主体は、むしろ戦後的な「母性のディストピア」の枠内にある。

東の述べるグローバルな市場とローカルな国家、本書の言葉を用いればネットワークの世紀（市場）とそのアレルギー反応としての映像の世紀への回帰（国家）を往復する新しい主体とされる「観光客」「不能の父」の実態とは、市場と程よく距離を取る賢い消費者像と、戦後的な、つまり自省的な家長像だ。[*12]

消費（観光）を通じて（触れること／当事者になることはできない）外部の存在を意識せよ、というその処方箋は旧世紀における消費社会論で反復された自省的な、賢い消費者であれというメッセージの実質的な言い換えであり、そして「不能の父」とは、まさに本書で述べる戦後的な「矮小な父」の言い換えだ。

国家と市場のパワーバランスの変化に際し、世界と個人、公と私、政治と文学の中間のものとしての家族的な共同体を自立の拠点とする。そしてその共同体は戦後的な核家族とその拡張としての会社共同体として提示され、そのメンバーたる個人には内省的な父＝賢き消費者であることが説かれる。昨今の情況に対し、現在の東は、戦後の良質な部分の抽出と継承をもって対応しようとしているように見える。

こうして見てきたように、いまだにこの国は、かつて吉本隆明が陥った思想的な陥穽の中にある。この陥穽、つまり情報社会によってさらに強化された「母性のディストピア」は、核家族的な対幻想から発生する他者性を現代的な公共性の基礎に置く吉本隆明的な発想の限界を示している。戦後日本のグローバル／情報社会下における凋落が証明するように、核家族的な対幻想を共同幻想からの自立（公共性）の条件とする発想では、その矮小さを自覚する内省的な「父」という戦後的な、過去のものとなった主体では、「母性のディストピア」を、日本的な下からの全体主義を超えられないのだ。

14　もう一つの対幻想

戦後アニメーションの巨人たちの軌跡が証明するように、そしてそれ以上に今日の日本的情報社会の閉塞が証明するように、こうした家族的な他者の、吉本的な対幻想の機能不全が今、この国をゆっくりと壊死させている。これまで見てきたように「父」になろうとするその意思こそが、人間の想像力を「母」の胎内に閉じ込めるのだ。21世紀の今日においては情報技術に支援されることで自己幻想がボトムアップ的に共同幻想を醸成する回路が常態化している。恣意的に情報を選択し、信じたいもののだけを信じ得る環境を提供するデータベースとはいわば肥大した母性であり、この情報環境に依存して向精神薬のように20世紀的なイデオロギー回帰を（ときに陰謀論的に）謳歌する人々は矮小な父性を獲得している。母が子に与えるように無条件の承認を与える核家族的な対幻想は自己幻想を肥大させ、ボトムアップ的に共同幻想を醸成するのだ。こうして、戦後的アイロニーを失った世界と個人、公と私、政治と文学の関係は、今日において（情報技術の支援を受けることによって）極めて安易かつ短絡的に接続される。当然、そこで世界を、公を、政治を語ることは母の膝の上で子が父になる夢を見ているようなものだ。

情報技術の支援によってより肥大し、拡大した「母性のディストピア」に対し、私たちは抗う術をまだ持ち得ていない。持ち得るとすればこの重力を受け入れて（思想戦ならぬ）情報戦を反復するか、この接続された世界に背を向けて沈黙することしかない。そう、まるで情報技術によって進化した「母」である素子に見守られながら、自己完結するバトーのように。それは実際に押井守が見出した情報社会下における消極的なモラルのかたちでもあったはずだ。しかしその消極的なモラルはいま、排外主義とヘイトスピーチと陰謀論が溢れかえる現実に対し、何の力も発揮し得ていない。

では自分たちもまた、ヘイトスピーカーたちの語り口を身につけ物語回帰的に情報戦を戦うのでもなく、押井守的な敗北主義に陥りバトーのように沈黙しないことを選択するのなら、果たして何が考えられるのだろうか。かつて吉本隆明とその継承者たちが模索した第三の道を今日の情報社会に対応したものにアップデートするためには何が必要なのだろうか。

かつて吉本隆明が唱導した「大衆の原像」に立脚した思想とは、戦後レジーム下における（左右の）思考停止の突破口を模索するものであった。憲法9条を改正し偉大な「父」を演じること（【A】）でもなく、それを死守することで矮小な「父」に居直ること（【B】）でもない第三の道――それが吉本の根底をなす構想だった。このとき吉本が想定していたのは、20世紀的なイデオロギーによって駆動される（共同幻想としての）国家に、（対幻想によって支えられた）「大衆の原像」を対置するという構図のもと、後者に立脚するという戦略だった。そして、それは父権的／言語的な禁止を基礎に置く国民国家的な共同幻想に対して、市場に氾濫する母権的／イメージ的な包摂をもたらす対幻想をもって対峙することでもあった。吉本はこの対比を西欧近代的な前者と、アジアの前近代的（であるがゆえに部分的にポストモダンに通じる）後者との対比に重ね合わせていた。

アジアの古層に「潜る」ことによって、西欧近代の切り捨てたものを回復すること。言語的な禁止とパースペクティブによって平面的に整理された世界観が切り捨ててしまったものを、現代の情報技術によって立体的に回復しイメージによる包摂を試みること。

それは消費社会のもたらした20世紀的イデオロギーの解体を最大限に肯定しつつ、新しい時代のモラルを模索する試みであったことは疑いようがない。しかしその後の情報社会の不幸な展開が証明したように、吉本がかつて消費社会に氾濫するハイ・イメージの中に見出したアジア的な「母性」の支配する世界が、近代国家を超克したユートピアではなく、代替なきまま機能を麻痺させるディストピアであるとしたら——いや、現にそうなっていることは疑いようがないのだが——第三の道を選び、「母性のディストピア」を超克する可能性はどこにあるのか。

『共同幻想論』には対幻想の二つのかたちが登場する。それは夫婦的な対幻想と兄弟／姉妹的な対幻想だ。前者は閉ざされた関係性をつくり、子を再生産することで時間的な永続をその幻想の中核に持つ。対して近親姦の禁忌によって開放された関係性を構築する後者は、子を再生産しないため時間的永続の幻想を持ち得ないが、代わりに空間的な永続を保持する。古代社会における国家とは、後者の兄弟／姉妹的な対幻想が、共同幻想に転化することによって氏族社会が拡大したものとして定義される。そのため吉本は20世紀最大の共同幻想である国家への抵抗の拠点として、夫婦／親子的、核家族的な対幻想を重視した。しかしこの核家族的な閉じた関係性を拠点に選ぶことで、吉本的な「大衆の原像」は「政治と文学」の断絶を決定的なものとし、むしろ現代の情報社会下における「下からの全体主義」を、新しい「無責任の体系」を生み落としている。では、いかなる幻想を用いれば、情報社会下の「無責任の体系」を、「母性のディストピア」を解除できるのだろうか。

例えば宮台真司は『シン・ゴジラ』に戦後的「政治と文学」のアイロニカルな関係性（「母性のディストピア」）の温存を見出す。これは、同作にむしろ「政治と文学」の断絶と非物語的な承認の氾濫（「情報化によってより強化された」「母性のディストピア」）を見出す本書の解釈とは対照的だ。

日本人祖母を持つ大統領特使のキャラクターは映画内で浮いていて、世評も散々です。人物造形（社交的なハシャギっぷり）はテレビ版『エヴァンゲリオン』に於ける惣流・アスカ・ラングレーを彷彿とさせ、アニメ的だから実写では浮きます。さて、碇シンジに該当するのは誰かというと日本的行政官僚制そのものです。ここに庵野おなじみのオイディプス構造が成立します。米国が父（碇ゲンドウ）。日本が息子（碇シンジ）。特使が父から遣わされた母。『エヴァンゲリオン』では、シンジ以外のエヴァ搭乗者（綾波レイとアスカ・ラングレー）は父から派遣された母です。その母の入れ知恵で息子は父の謀略から脱します。米国高官が「危機が日本でさえ成長させるのだな」と哄笑する場面もあります。本作はゴジラをシトとしたエヴァ続編なのです。ラスト。凍結作戦が成功し、主人公の官房副長官と大統領特使が、互いに国のリーダーとなることを誓います。父を疎外した、母と子の結託。凍結はしたものの、処理しきれないゴジラが、ファルス（母のもう一つの欲望対象）の廃棄物化を暗示し、映画は幕を閉じます。そこでも、図式は『エヴァンゲリオン』のものがそのまま踏襲されます。[*13]

ここで宮台は『シン・ゴジラ』において今なお残存するエディプス的物語のサンフランシスコ体制的な見立てに注目し、本書で同様のモチーフの起源である昭和期の怪獣映画／「ウルトラ」シリーズと比較している。つまり、私は『エヴァンゲリオン』から『シン・ゴジラ』に至るエディプス的な物語の希薄化に注目し、宮台はエディプス的な要素が後退しつつも今なお残存し続けることに注目しているのだ。

当然のようにこの二つの解釈は同じ情況理解を正反対の地点から評したものだ。私は宮台の解釈に部分的にしか同意できないが、ここでの宮台の批判からは『シン・ゴジラ』の、いや戦後サブカルチャーの「政治と文学」を再設定するための手がかりを見出すことができるように思える。

本書が指摘する『シン・ゴジラ』の問題点はそこで語られた物語のイデオロギーにあるのではなく、むしろ物語的なアプローチの機能不全――政治と文学の断絶（物語的な接続の不可能性）――をアイロニカルに提示することに留まっている点にこそある。では、いかにすれば『シン・ゴジラ』は、戦後サブカルチャーの想像力は、現代的なかたちで（そしてGoogle的な非物語的アプローチではなくあくまで劇映画による物語的なアプローチで）政治と文学を再接続し得たのか。言い換えれば、「父」になることなく、「母」の胎内から脱出し得たのか。

宮台の分析を読み替えれば、そのために必要なのはエディプス的物語の解体だ。吉本的に言えば夫婦／親子的な対幻想からの脱出だ。つまり、アメリカを「父」でも「母」でもない存在に読み替えることだ。比喩的に述べれば、もし『シン・ゴジラ』に登場する大統領特使（カヨコ・アン・パタースン）が、「母」でなかったとしたらどうだろうか。もし「彼女」が「彼」であったら、どうだっただろうか。もちろん「彼」はもはや（日本という「子」を去勢する）「父」ではあり得ない。ドナルド・トランプの演じる表層的なイメージとは裏腹にその一国主義的な戦略の意味するところは、もはやアメリカは（日本にとっての）「父」であることを演じない、ということに他ならない。世界の警察であることに疲れ、自らその座を降りつつあるアメリカは、戦後日本の理想（母）を演じることはない。そしてこの国は現実（父）の不可逆な変容に直面している。

『シン・ゴジラ』が正しくもう一つの、理想化された「災後」の日本を描くのならそれがアイロニーであったとしても、いやアイロニーであるならなおさらカヨコを「母」的な存在として描くべきではなかったのだ。もちろん、「父」的な存在として描くのも時代錯誤だ。この比喩を続けるのなら『シン・ゴジラ』はカヨコを男性に設定し（いや、女性のままであったとしても）主人公と対等のパートナーとして描くべきだったのだ。核家族として閉鎖する夫婦／親子的な対幻想ではなく、外部の世界に開放され得る兄弟／姉妹的な対幻想の対象として、カヨコを描くべきだったのではないか。

時間的永続を司る対幻想から、空間的永続を司るもう一つの対幻想へ。所有する／される、父権／

母権的な縦のつながりの記述するナルシシズムではなく、兄弟／姉妹的な横のつながりの記述する関係性へ。上野千鶴子の言葉を借りれば、家族という閉じた関係性の中に収まらない、相補性の片割れたちによる、寄り添いのアイデンティティ・ゲームを維持し続ける関係へ。

もちろん、吉本隆明の想定したもう一つの対幻想が兄弟／姉妹「的なもの」であったことが示すように、この対幻想が同性間の友愛に限定される必要はない。あくまで比喩としての同性間の友愛「的なもの」と考えればよいだろう。このとき夫婦間から性愛の、親子間から家族の象徴的な次元が差し引かれると考えればよい。

それは卑近な表現を用いれば、矢口蘭堂と（男性化した）カヨコ・アン・パタースン特使のボーイズ・ラブ的な関係性だとひとまずは言えるのかもしれない。実際に『シン・ゴジラ』が、登場する若手政治家と官僚たちを対象にしたボーイズ・ラブ的な女性観客たちの欲望を強く喚起した物語であったことを忘れてはならないだろう。そう、『シン・ゴジラ』においては使い古された核家族的な対幻想のモチーフは（例えば『エヴァンゲリオン』に比して）大きく後退するその一方で、もう一つの対幻想が拡大しているのだ。

15　「政治と文学」から「市場とゲーム」へ

このもう一つの対幻想に基づいた主体こそが恐らく「母性のディストピア」を超克し得る最大の可能性だ。なぜならば今日においてこの空間的永続を表現する兄弟／姉妹的な対幻想は国家という共同幻想に回収されることなく、市場に開放されることで、対幻想のままその対象を拡大することができるからだ。

国家が共同幻想＝物語的な存在であるのに対し、市場は非物語的な存在＝ゲーム的な存在だ。物語が虚構によって個人の生を価値づけるのに対し、ゲームはプレイヤーの関与とその結果という現実によって価値づける。語り手と読み手の関係が固定的であり、その媒体は閉鎖的／一方向的（マクルーハン的に述べればホット）な物語（＝共同幻想）と、デザイナーとプレイヤーの関係はしばしば入れ替わり、その媒体は定義的に開放的／双方向的（マクルーハン的にはクール）なゲーム（＝非幻想）との関係はいわば虚構（＝仮想現実、現実から切断されたもの）と現実（＝拡張現実、現実の一部が拡張されたもの）の関係そのものだと言える。国家という物語の登場人物（国民）が虚構の住人であるのに対し、市場というゲームのプレイヤーは現実そのものの住人なのだ。

その意味においては核家族的な対幻想（ファミリー・ロマンス）は物語／国家的、兄弟／姉妹的な対幻想（ボーイズ・ラブ）はゲーム／市場的なものだと言えるだろう。

21世紀の現在、グローバルな市場はローカルな国家を超えたレベルで、個と個の関係を要求する。空間的永続を持つ兄弟／姉妹的な対幻想は、前世紀までとは異なりグローバル／情報化によって必ずしも国家という共同幻想に接続されるとは限らない。むしろ、人間同士が共同幻想を媒介とせずに接続されてしまうことが可能であり、そのことが豊かな可能性を示す一方で多くの混乱を引き起こしていると言える。

グローバル／情報化の生んだ「境界のない世界」では地理を超越して直接接続された知性が多くのイノベーションを生むその一方で、ローカルなレベルではこの「境界のない世界」へのアレルギー反応として20世紀的イデオロギーへの回帰、国家という零落した共同幻想への回帰運動が出現している。それが例えば２０１６年におけるイギリスのＥＵ離脱を支持した国民投票（ブレグジット）、そして同年のドナルド・トランプのアメリカ大統領選出だ。

国家という共同幻想が相対的に後退し、市場という非幻想が前面化した今日のグローバル／情報化された世界においては、個人単位での発信力の拡大に伴って自己幻想が肥大することになる。まるで母の膝の上で子が全能感に満ち足りるように。そしてその子たちは母の膝の上で父になる夢を見る（ヘイトスピーカー／文化左翼のように）。相対的に後退し、零落した共同幻想は以前よりはるかに安易なかたちで自己幻想と接続してしまうのだ。ネットワーク上のデータベースに無数に発生する共同幻想（物語）から、信じたいものだけを抽出するポスト・トゥルース的態度——矮小な父性と肥大した母性の結託——がここに完成する。

このとき、時間的永続を担う夫婦／親子といった性愛に基づいた対幻想は（吉本の構想とは裏腹に）その閉鎖性ゆえに家族という共同幻想に容易に転化する。そしてこの家族という共同幻想は、零落した国家という共同幻想とも同心円的に同一化する（父／母なる国家）。グローバル／情報化する市場へのアレルギー反応が蠢く今日においては特にそうだ（ドナルド・トランプが「壁を作れ」と叫んだように）。対して、空間的永続を担う兄弟／姉妹的な対幻想は、こうしたローカルに零落した共同幻想とは切断されたかたちで、自己幻想と自己幻想との接続と化学変化が、線の無限の交差が、ネットワークとして世界中を覆っている（カリフォルニアの情報産業のプレイヤーたちが、世界市民的な自意識のもとに反トランプを掲げ、合衆国からの独立によって脱国家的存在となることを主張しているように）。このグローバル／情報化された世界におけるネットワーク社会下では、時間的永続に規定された対幻想（夫婦／親子的なもの。「母性のディストピア」構造によって共同幻想に転化する）の相対的な希薄化に比して、空間的永続に規定された対幻想（兄弟／姉妹的なもの）が強く機能するようになる。それは平易に言い換えれば地域コミュニティからテーマコミュニティへの、中間的なものの変化だ。かつて吉本が国家という共同幻想と接続し得るものとして切り捨てた兄弟／姉妹的な対幻想こそが、今世紀においては零落した共同幻想としての国家／イデオロギー回帰への抵抗の拠点となり得るのだ。

現代はあくまで個と個として、いや、正確には相補性の片割れとして、境界を超えて誰かとつなが

なり得るのだ。

ることが要求される時代だ。人と人、人と法人、人と事物が媒介なく直接つながり得る時代、それが「境界のない世界」を実現するネットワークの世紀だ。しかし共同幻想を通じてしか自分以外の何者かとつながることのできない旧世紀のオールドタイプたちが「壁を作れ」と叫んでいる。私たちに必要なのは人間と人間、人間と事物が媒介なく直接つながる時代の思想なのだ。

世界が非物語的なデータベース＝市場となったとき、世界と個人、公と私は「政治と文学」ではなく「市場とゲーム」として結ばれることになる。このとき私たちに要求される成熟は、物語の語り手／読み手としての成熟ではなくゲームのデザイナー／プレイヤーとしての成熟に他ならない。世界と個人をつなぐものは静的で、一方向的で、自己完結的な文学ではなく、動的で、双方向的で、開放的なゲームに他ならない。他人の物語への感情移入によって成立するものから、自分の物語を自分で演じるものへの変化と言い換えても構わない。

インターネットが「下からの全体主義」を構成し、ボトムアップのマスメディアとして巨大なムラを醸成している今日の日本ではおよそ考えづらいが、本来インターネットとはグローバルな市場／ネットワークというフィールドで個と個が、いや個未満の相補性の片割れ同士が空間を超えて直接出会い、そして不可逆的に変化し得る装置だ。

そこで出会い得る他者は物語の外部に立つ絶対者ではない。しかし世界中が接続され、誰もが同じフィールドに立たされたとき、この世界は個人の生に対しあまりに広く、深い。そしてこの接続された世界とそのメカニズムはボトムアップ的に絶えず更新を繰り返していく。革命ではなくイノベーシ

ョンによって進化する世界が、既に出現しているのだ。問題は、この戦後日本という空間がそのポテンシャルを殺す方向にしか傾けなかったことにしかない。

では国家／反国家という零落した共同幻想としてのファミリー・ロマンスからの離脱をなし得る友愛の関係性を私たちはいかにして手にすることができるのか。それは比喩的に述べれば「父」になることなく、夫婦／親子的な対幻想に依存することなく、今日においては国家という共同幻想ではなく市場という半現実のネットワークに開放された主体をいかに確立するかという問いでもある。「父」にならない成熟の像について、私たちは考えなければならないのだ。

16 ロボットアニメの新しい身体

「アトムの命題」がその機能を停止した戦後マンガ／アニメーションの想像力において、この「失われた20年」に台頭していったのは、こうした兄弟／姉妹的な関係性のモチーフであったことは疑いようがない。

例えば本書で取り上げた戦後アニメーションの文脈に照らし合わせれば、90年代後半以降のロボットアニメの――とくに『ガンダム』シリーズの変貌がこの問題を体現している。奇しくも庵野秀明による『新世紀エヴァンゲリオン』と同年の1995年に放映が開始された『新機動戦記ガンダムW』を皮切りに、『機動戦士ガンダムSEED』『機動戦士ガンダム00』『機動戦士ガンダム　鉄血のオルフェンズ』（2015～17）といった新世代の『ガンダム』たちが原作者・富野由悠季の手から離れ、女性視聴者たちに絶大なボーイズ・ラブ的な文脈での支持を受けたことはもはや常識の範疇だ。戦後的な矮小な父性を体現してきた日本的ロボットアニメを代表する『ガンダム』は、今日においては半ば女性向けアニメーションとしてその市場を維持しているのだ。

これらの新しい『ガンダム』におけるモビルスーツはもはや少年に「父」になる夢を見せる偽りの機械の身体ではなく、既に完成されたナルシシズムと全能感を持つ美少年たちのアクセサリーに過ぎない（したがってそこには自らが偽物の、矮小な父でしかないことを自覚することでの戦後的成熟は成立しない）。

1995年、あの決定的な敗戦から半世紀を経た節目の年に、『エヴァンゲリオン』の主人公の少年（碇シンジ）が「父」になる夢を抱き、その不可能性に直面して傷ついていたそのとき、既に『ガンダムW』の美少年パイロットたちはまったく異なるゲームを開始していたのだ。それはまさに戦後アニメーションの終わりとその遺伝子を引き継いだ別の何かの始まりの光景だったに違いない。

彼らが演じる物語は（「父」となるための）成熟と喪失の物語ではなく、（少年同士の関係性として描かれる）相補性の片割れとしてのアイデンティティ・ゲームであり、そして消費者の二次創作的欲望がこのゲームを何万倍にも再生産し、拡大している。それはトロワとカトルが合奏し、キラとアスランが再会し、ロックオンとティエリアが和解し、三日月とオルガが誓いあったその瞬間から始まった新しいゲームなのだ。

この変化は——戦後サブカルチャーの描く対幻想モチーフの変化は——異なるジャンルで同時多発的に進行しているものだ。

例えば、ボーイズ・ラブについてはまさに「大衆の原像」としての核家族という対幻想からの脱出のための少年愛というモチーフを用いて少女マンガに発生した萩尾望都、竹宮惠子、山岸凉子ら「24年組」的なアプローチから、少年マンガのホモソーシャルの二次創作による読み替えを経由することでより直接的な批判力を獲得したよしながふみ的なものまで、多様な表現を内包する絶大な市場を、それもグローバルに拡大しつつある。

あるいは翻って少年マンガそれ自体についてもこの変化は発生している。例えば、髙橋ヒロシ『クローズ』（1990～98）以降、不良マンガは大人への抵抗というモチーフを捨て去り、さらには超えるべき「父」と守るべき女（「母」）をその世界から排除することで少年同士の関係性の物語を反復し続けている。

また「日常系」の萌え四コママンガの描く「終わりなき日常」へのノスタルジーからは、慎重に男女の性愛（夫婦／親子的な対幻想）が排除されている。これはまさに時間的永続を回避するために、性愛が排除されていると言えるが、代わりに同性間の友情としての対幻想が拡大する傾向にある。

ここにはこの熟年期を迎えた戦後サブカルチャーの片隅に生まれた、いや、もはや片隅とは言えない場所に確認できるこの氾濫するイメージに、恐らく私たちが手にすべきもう一つの、新しい対幻想の具体像の萌芽がある。

この新しい対幻想のかたちは、ポケモンと並び政府の唱導するクール・ジャパン的な空騒ぎとは無関係にグローバルな拡大を見せている。その膨大に拡大した世界に氾濫しているものには、近代文学におけるファミリー・ロマンスがそうであったように、幼児的ナルシシズムの共依存的な肯定から近代の理想としての絶対的な他者性の受容をめぐる試行錯誤までが含まれている。

しかしその一方で、こうしたもう一つの対幻想に基づいた関係性、アイデンティティ・ゲームの肥大がこれらの作品における世界と個人、公と私、政治と文学の断絶を決定的なものにしていることも間違いない。

例えば『ガンダムW』において登場人物たちが議論する平和論、『ガンダムSEED』に登場する優生思想、『ガンダム00』で描かれるテロリズム、そして『鉄血のオルフェンズ』の主題である階級闘争――これらはいずれも美少年キャラクター間の関係性を演出するための背景に過ぎず、実質を伴った描写は皆無と言ってよい。これらの新しい『ガンダム』では、政治家は政治家の、軍人は軍人の、アウトローはアウトローの、それぞれ20世紀の劇映画（もしくは富野時代の『ガンダム』）によってつくられた最小公倍数的なイメージを記号的に与えられているに過ぎず、そこで語られる思想は少年愛を彩る劇伴以上の機能は付与されていない（そう、『君の名は。』における震災のように！）。

しかし私たちは核家族的な対幻想に回帰することはできない。それは今日においてはアイロニーを欠いた物語回帰を、情報環境に支援されて信じたいものを信じることを、肥大する「母性のディストピア」に取り込まれ、その矮小さを忘却して「父」になることを意味するからだ。私たちはあくまでここから、もう一つの対幻想から、今日的な世界と個人、公と私、政治と文学、いや市場とゲームの関係性を記述し得る物語を獲得しなければならないのだ。

このもう一つの対幻想が世界と個人、公と私を接続する物語を記述し得ないのは、それがまだ「……ではない」というかたちでしか表現されていないものだからだ。「父」にならない成熟像の模索として生まれたこの対幻想は、いまは「……ではない」というかたちで表現される関係性でしかない。それが「……である」というかたちに結実したとき、この戦後サブカルチャーの想像力が乗り上げた巨大な暗礁からの最大の脱出運動は成功し、その機能を停止した「アトムの命題」は決定的に更新されるだろう。では、どうするのか。

17　想像力の必要な仕事

この肥大した「母性のディストピア」を破壊するためには、私たちの「父」への欲望を他のかたちに置き換えることが、新しい成熟のかたちを示すことが必要だ。政治と文学ではなく市場とゲームを結ぶ新しい蝶番を獲得することだ。しかし私たちが、いま手にしているもの――新しい対幻想――は新世代のガンダムを操る美少年パイロットたちの物語がそうであるように、まだ世界と個人、公と私、市場とゲームを結び得る想像力を手にしていない。

では、どうすれば私たちはこの新しい対幻想に基礎を置いた主体の社会化を成し得るのか。世界と個人、公と私、政治と文学、あるいは市場とゲームとを結ぶことができるのだろうか。

もはや私たちは父を演じることも、母に甘えることで父になる夢を見ることも許されない。12歳の少年は青年期を経ることなく成熟を試み、失敗したのだ。そしていま無様に老いた身体を引きずりながら、いまだに母の膝の上で甘え父になった夢を見続けている。しかし、その母の膝と父の夢も、まもなく消えてなくなっていくことだろう。そのとき、私たちは――留まりたくとも12歳の少年には留まれない私たちは――青年期をやり直すことを選択せざるを得ないはずだ。

では、私たちはいかにすればこの国の「失われた20年」を、青年期をやり直すことができるのか。

「スクラップ・アンド・ビルドでこの国はのし上がってきた。今度も立ち直れる」[*14]

これは、『シン・ゴジラ』の結末に登場する内閣総理大臣補佐官の言葉だ。もちろん、これはアイロニーにすぎない。実際のこの国は「失われた20年」の果てにあれほどの震災を経験しながらも、スクラップ・アンド・ビルドされることはなく既に耐用年数の切れたシステムを騙し騙し延命しながら徐々に壊死していっている。その事実から誰もが目を逸らそうとしている。

しかしこの国は、それが見えづらいというだけで既にゴジラの来襲を受け、スクラップと化している。だとするのなら私たちは（一度敗北した程度で）スクラップ・アンド・ビルドを諦めるべきではないのだ。

「（矮小な）父」になることとは異なる成熟の像を示すこと、兄弟／姉妹的なもう一つの対幻想を用いて世界と個人をつなぐこと。『シン・ゴジラ』で描かれたオタクたちの成熟と、平成の改革勢力の目指したリーダーシップの姿は、まさにその具体像として、例示として理想的だ。もちろん、庵野秀明がここで描いた理想はアイロニーにすぎない。それらはこの「失われた20年」の中で既に挫折した夢でしかないし、恐らく庵野たちもそれが実現されることはもうないと考えているからこそ滅びゆく映像の世紀の最後の抵抗として、いまこそ現実に対置すべき虚構としてそれを描いたのだ。

しかし『シン・ゴジラ』がアイロニーとしてあり得たかもしれない／しかし現実には成し得なかったもう一つの現実を提示したのならば、それはそこで提示された絶望を突破する方法は、もはや一つしかないことを意味するだろう。

もはや答えは明白だ。ここで必要とされているのは終わらない戦後＝「ゴジラの命題」を内破するための想像力だ。そしてそのための方法は一つしかない。

この現実を変えること、それだけだ。

『シン・ゴジラ』で描かれたもう一つの日本、もう一つの「失われなかった」20年、もう一つの「災後」を現実のものにすること、それだけだ。

庵野秀明がアイロニーとして提示したものを、私たちは現実にするしかないのだ。失われてしまったオタク的な成熟の可能性を取り戻し、平成の改革勢力の理想を実現するしかないのだ。

かつて『パトレイバー2』で後藤は言った。この街の平和が偽物だとするなら、奴が作り出した戦争もまた偽物に過ぎない、と。〈この街はね、リアルな戦争には狭すぎる〉と。

しかし、この後藤＝押井守による四半世紀前の認識が過去のものでしかないことは自明だ。もはやそれは偽物ではあり得ない。「虚構だけがとらえ得る現実がある」という命題（「ゴジラの命題」）に基づいて戦後アニメーションが描いてきたものは、もはやアイロニーではあり得ない、あるべきではないのだ。

そのために私たちは同作でのゴジラ＝震災に対抗し得た力――世界を非物語的な情報の束として解釈する「オタク」の思想と、その成熟としてのリアルポリティクス的な「第三の道」を、アイロニーではなく現実に主張し得る価値として追求する他ない。それ以外に、この国のスクラップ・アンド・ビルドを実現することはできないのだから。

『シン・ゴジラ』に登場する技官、研究者たちの動機はナショナリズムでもなければ、父性の獲得でもない。ただ目の前にある情報を整理し、謎を解き明かし、情況をコントロールする快楽を得ることだ。彼らの発揮する公共性は、こうした快楽に結びついている。おもしろいこと、気持ちのいいこと、夢中になれることと結びついた公共性への回路が、ここには出現している。『風立ちぬ』の堀越二郎の声を演じたのは、声優でも何でもない庵野秀明だ。「技術」へのフェティッシュから、政治的なものから目を背け、結果的に軍国主義に加担した二郎と、「オタク」を代表する庵野を宮崎駿は重ね合わせたのだ。恐らくは、自分自身の分身として。そしてそんな宮崎＝二郎の姿は、奇しくも情報技術によってより肥大した「母性のディストピア」に安住し20世紀的イデオロギーに回帰するこの国の人々と重なる。だとするのなら、現代を生きる私たちは、二郎の陥った罠を乗り越え、彼とは異なるかたちで「技術」を、フェティッシュを、「おもしろさ」を、公共性に接続しなければならないのだ。

庵野秀明が失われた理想として、あるいは不可能性として提示したものを可能性として読み替えること。ヘイトスピーチと歴史修正主義の温床となった「オタク」的なものを、（かつて垣間見えた可能性を回復し）非物語的な世界に耐えうる強さを備えたリアルポリティクスに引き戻すこと。世界を非物語的な情報の集合として認識することを受け入れ、戦後的なイデオロギー対立を無効化すること。さらに言えば、敗北した平成の構造改革勢力の理想を新しいかたちに再生すること——これがかつてオタクと呼ばれた想像力の孕んでいた——そして一度は失われてしまった——可能性なのだ。

この可能性を現実にすることこそが「東京駅前のゴジラと付き合っていくこと」であり、その根幹をなすオタク的な成熟こそが、父を演じるのでもなければ、母の膝に甘えるのでもない第三の道であるはずなのだ。それは未だに「世界を変える」ことではなく「自分を変える」ための想像力しか手にしておらず、世界に、公に、政治に対してはカビの生えた20世紀的左翼の方法論でしかアプローチできないこの国のハイカルチャーの、あるいは倫理としての非政治性から微温的な文化左翼に転向することしかできなかった新人類と呼ばれたサブカルチャーの担い手たちにはできないことのはずだ。

メインカルチャーとメジャーの権威をも文化資本は解体しつつあり、マイナーが分衆として資本に取り込まれるにはまだ間があった七六〜八三年という転形期にあって、低成長下のサブカルチャーは奇妙な活性化を見せていたのだ。『すすめパイレーツ』に『マカロニほうれん荘』。『LALA』に『別マ』に『花とゆめ』。萩尾望都、大島弓子、山岸凉子。『JUNE』に『ALAN』。諸星大二郎、ひさうちみちお。『ビックリハウス』『POPEYE』『写真時代』に『桃尻娘』に糸井重里。椎名誠。藤原新也。つかこうへいに野田秀樹。タモリとたけし。鈴木清順。異種格闘技戦に新日本プロレス。パンクにレゲエ、テクノ・ポップ、ニューウェーヴ、サザン、RCサクセション。YMO、『よい子の歌謡曲』、『スターウォーズ』。ミニシアター。『ガンダム』に新井素子。世界幻想文学大系やラテンアメリカ文学。メジャー不在の大空位時代にあっては、あらゆる新しいものがマイナーのままでメジャーだった。正義も真理も大芸術も滅び、世の中は、面白いもの、かっこいいもの、きれいなもの、笑えるもの、ヒョーキンなものを中心に回るしかない。この幸福な季節を、橋本治と中森明夫は八〇年安保と呼ぶ。（浅羽通明『天使の王国』[*15]）

後に「80年安保」と呼ばれるサブカルチャーの量的爆発が発生した80年代初頭は同時に、ここで紹介されている「新人類（後の「サブカル」）的なもの」と、本書で取り上げた「オタク」的なものが明確に分離していく時代だった、と言える。

一般的には前者は都市のインターナショナルなライブカルチャーで、後者は全国区のドメスティックなメディアカルチャーだとされている。前者は基本的に輸入文化であり欧米のユースカルチャーに対して敏感であり、その洗練されたローカライズを競うものだったと言えるだろう。ジャンル的にはその中心に音楽があった。対して、マンガ、アニメ、ゲームなどを中心とする後者は「一般的」には国内のマンガ雑誌とテレビアニメを基盤とする国内文化だったと言える。私が思春期の頃は前者こそがサブカルチャーの中心であり、後者は80年代末の幼女連続殺人事件の犯人がいわゆる「オタク」だったことの影響もあり、ほとんど犯罪者予備軍のようなイメージで見られることも多かった。こうした彼我の相対的な位置は、世紀の変わり目のあたりで逆転する。インターネットの普及を背景に、若者のサブカルチャーの中心は後者に移動し、（国の掲げる「クール・ジャパン」政策の空回りを横目に）日本のオタク系サブカルチャーがグローバルに支持を集めている現実が広く知られるようになり、ドメスティックだと思われていた後者の文化はむしろグローバルな輸出文化としての期待を集めるようになった。

この時代の「オタク」たちは（恐らく「結果的に」なのだろうけれども）そこに確固たる世界観を

構築しつつあったはずだ。ＳＦ、アニメ、特撮、パソコン（特にマッキントッシュ）、ビデオゲーム、輸入ボードゲーム／カードゲームとその国内ローカライズ文化、テーブルトークＲＰＧとメールゲーム、模型、ミリタリー、モータースポーツ……。私よりも少し年上のいわゆる「団塊ジュニア世代」を中心にこの頃、「オタク」的な感性を背景にした教養体系が機能していたのではないか、と私は考えている。そして、これらの体系は、漠然とした、しかし確実に一つの世界観として共有されていたのではないだろうか。

この雑食性と総合性は、一見新人類たちが掲げた「80年安保」と似ている。しかしその守備範囲は、「必修科目」のラインナップは確実に「新人類」のそれとは異なっている。私は仮に、この総合性を強くもった世界観を新人類のそれと対比し「ニュータイプ」の世界観と呼びたいと思う。

現在につながるカリフォルニアン・イデオロギーの源流にマッキントッシュ（を中心とするパソコン文化）を通して間接的に触れ、ボードゲームとそのローカライズで物語の語り手としての、またはシステム設計者としての訓練を受け、戦後のアイロニカルな文化空間の鬼子であるオタク系文化の批評性を受け止め、そして軍事へのオタク的な興味を基盤にリアルポリティクスを重視する（ことで戦後的な左右対立の思考を拒否する）――まさに国防からライフスタイルまでをカバーする総合的な世界観を、少なくとも総合性に近い雑食性を、彼らは結果的に確立しつつあったように思えるのだ。

今日においては、こうした「ニュータイプ」的な総合性は、オタク的なものの大衆化とインターネットの普及による趣味の細分化で破綻している。しかし、その一方でその遺伝子は今の若い現役世代の精神性の中に確実に宿り、現在のサブカルチャーやＩＴ業界のクリエイティビティを支えてもいる。

富野由悠季はかつて、自らが築き上げた宇宙世紀という「母性のディストピア」を超克するために「ニュータイプ」という思想を提唱した。それは、膨大な続編群の中で富野自らによって変質させられ、矮小化されていくことになったが、本来それは予感されていた高度な情報社会に適応した主体のモデルとして提示されたもののはずだった。空間を超越して、個と個が直接接続されること。距離や時間を超えて他の人間の存在やその意思を、それも言語を超えて無意識のレベルまで感知すること。対幻想が（共同幻想に転化することなく）空間的な拡大をなし得ること。富野の70年代末における「ニュータイプ」という発想は、今日における情報社会を予見したものだった。「ニュータイプ」とは、このグローバル／情報化された環境に適応した主体の確立でもあったはずなのだ。

この「ニュータイプ」という理想を富野由悠季は最後まで信じることができなかった。その意味において、「ニュータイプ」とインターネット（の背景をなすカリフォルニアン・イデオロギー）は似ている。ともにかつてのヒッピー的なカウンターカルチャーを起源に持ち、地縁と血縁を超えた擬家族的な共同性の可能性を、空間を超越したコミュニケーションの可能性を提示しながらも、現時点では中心と周辺を再生産する核家族／テレビ的なコミュニケーションの再生産に留まっている点において、そしてともに「母性のディストピア」／戦後社会を破壊するものとして期待されながらも、むしろその再強化を促す存在に変質した点において。「ニュータイプ」も「オタク」も同じルーツを持ちながらカリフォルニアン・イデオロギーになり損ねた失敗した思想なのだ。

しかし、いやだからこそ私たちは、この情報社会下のモラルとして、本来の「ニュータイプ」の理想を継承すべきなのだ。空間を超越し個と個が直接接続される今日において、ポスト・トゥルース的な共同幻想への反動を拒否し、物語への回帰を拒否し、友愛的な対幻想を維持すること。情報を物語化せずに情報のまま受け止め、国家という物語の登場人物ではなく市場というゲームのプレイヤーであり続けるための思想がいま、求められているのだ。宇宙世紀（物語）から黒歴史（ゲーム）に進化した「母性のディストピア」を内破することが求められているのだ。そしてそれは非物語的なゲームと化した世界と個人、公と私との関係を受け入れうる強靭さ――世界を情報の束であると見なし、リアルポリティクスの領域に留まること――と同義でもある。それが、この20年で失われたオタク的な成熟の可能性＝「ニュータイプ」に他ならない。

新人類たちが（文化）左翼に、オタクたちがヘイトスピーカーと歴史修正主義者に堕落したいま、かつてのオタクが可能性として抱えていた「ニュータイプ」としての成熟が求められているのだ。

こうして私たちはこの「失われた20年」を、平成という失敗したプロジェクトを正しく更新し、そして実現する他ない。

そしてここまできて初めて、私たちはカリフォルニアン・イデオロギーの信奉者たちと同じ土俵に立つことができるはずだ。彼らの技術への信仰に決して技術そのものを否定しないかたちで楔を打ち込むことができるはずだ。科学技術の発展のもたらす／を促す想像力の飛躍を肯定しつつも、それを脱政治化（「母性のディストピア」への安住による左右のイデオロギー回帰）ではなく、グローバルな市場がローカルな国家より上位に存在する時代の新しい政治性（リアルポリティクス）の獲得につなげることができるはずだ。これらの条件がクリアされたそのとき――オタク的な「成熟」がそのかたちを結んだとき――初めて私たちは国家という20世紀的な、ローカルな対象ではなく、21世紀的な、グローバルな市場を個人と接続されるべき世界として認識し得る。

そこで問われるのは、私たちがこの戦後という長すぎた時代の遺産を未来に接続し、ローカルな国家ではなくグローバルな市場に対して何を生み得るのか、ということに他ならない。それは言い換えればいかに「オタク」の思想からもう一つのカリフォルニアン・イデオロギーを築き上げるか、ということであり、シリコンバレーがそうであったように、東京から何を語り得るか、という問いでもある。当然、それは国民国家という旧世紀の妄執に縛られ、戦後サブカルチャーの（本書で論じたような）限界を理解しない空虚な自画自賛――クール・ジャパン政策的な虚妄――であるはずもない。

それは戦後サブカルチャーの遺産としてその想像力を現代的なかたちで――「映像の世紀」とその時代を支配した劇映画という制度を超え、「ネットワークの世紀＝拡張現実の時代」に対応した表現として出現することになるだろうし、そして既にその萌芽は現れ始めているのだ。

本書の冒頭で私は述べた。もはやこの国の現実に語るべきものは一つもない、と。

この国の卑しく、貧しい現実を語ることよりも、虚構について、アニメについて、サブカルチャーについて語ることのほうが意味のある行為なのだと。安倍晋三やSEALDsについて語ることよりも、ナウシカやシャアについて語ることのほうが価値がある、と。

ならば、私たちはこの現実の側を更新するしかないのだ。戦後アニメーションの遺した想像力を用いて、この現実そのものを語るに値するものに、接続するに値するものに変えるしかないのだ。

私たちはこの貧しく、卑しい現実に接続し、更新する他ない。それもバケツに空いた穴をふさぐような想像力の要らない仕事（最適化）ではなく、新しい井戸を掘るような想像力の必要な仕事（再構築）として、私たちはこの国の「失われた20年」に失われた可能性を、今こそ回復すべきなのだ。これは想像力の必要な仕事だ。

結びにかえて

▼2016年の「敗北」から

2016年から翌17年にかけての1年は二つの意味で人類の理想が敗北した瞬間だったと記憶されるだろう。イギリスのEU離脱（ブレグジット）とドナルド・トランプのアメリカ大統領就任――グローバル／情報化のもたらした「境界のない世界」への反動として表れたこの二つの現象は、もう一度この世界に境界を引きなおすこと――具体的には排外主義的な心性――を背景に支持を拡大していった。この拡大は第一に、戦後の資本主義国のたどり着いた一つの理想の実現としての多文化主義の敗北であり、第二にはこの「境界のない世界」を称揚するカリフォルニアン・イデオロギーの（恐らくは史上初の）敗北だった。

ドナルド・トランプが当選したあの日、私のFacebookのタイムラインには主に情報産業に従事する起業家やエンジニア、コンサルタントといった類の人々――「境界のない世界」＝グローバルな情報産業市場のプレイヤーたち――の、ほぼ同内容の投稿が並んでいた。

曰く、トランプの当選で自分のカリフォルニアの仲間たちが嘆き悲しんでいる。しかしその必要はない。なぜならば私たちは既に「境界のない世界」の住人なのだから、アメリカから自由と寛容が奪われるのなら君たちはアメリカを捨てて世界中のどこにでも――例えばこの東京に――来ればいいのではないか、と。

私はこれらの投稿群を見て、深い溜め息をついた。彼らのこの主張は、概ね正しい。しかし彼らは決定的なことを理解していない。彼らのこうした世界市民的な自意識こそが、アメリカにドナルド・

トランプ大統領を生んだのだ。彼らのその「境界のない世界」を自身が自由に移動できることを前提とした「語り口こそ」が、新しい「壁」を生んでいるのだ。グローバルな市場のプレイヤーとして世界市民的な自意識をもつ自分たちと、まだ経済的にも精神的にも国民国家というセーフティネットを必要としている旧世紀の住人たちとの間に壁を生成しているのだ。「境界のない世界」の素晴らしさを訴える彼らは、自分たちこそが壁を作っていることに気づいていない。これが、カリフォルニアン・イデオロギーの経験した最初の敗北だ。

本書では、戦後アニメーションの思想からこの国の戦後という長すぎた時代の「政治と文学」の問題を論じてきた。

だがここでは、視点を変えてこの「敗北」から、政治と文学の、いや市場とゲームの問題を考えてみたい。

21世紀を迎えた今日、戦後サブカルチャーの——例えばアニメーションの——批判力はグローバル／情報化で大きく変貌している。これはいまや博物館の収蔵の対象となりつつある過去の想像力たちから、いかに現在のものに応用し得る批判力を抽出し、対応するかという新しい問題が出現していることを意味する。

失われた革命の代替物として、世界ではなくその見え方を変える手段として虚構が求められていた時代は既に、終わりを迎えた。そしていま、私たちは再び世界を変えることができる。少なくともそう信じられる時代に生きている。そして、そのために虚構は機能している。現実の世界を変えるためにこそ虚構を経由することが求められている。それが「ゴジラの命題」が現代に対して有効でありつづけている理由だ。

多文化主義という政治的なアプローチが破綻し、カリフォルニアン・イデオロギーという市場的なアプローチが最初につまずきを見せた２０１６年を経たいま、文化的なアプローチでこのアフター・ブレグジットの、アフター・トランプの世界について、本書でこれまで論じてきた戦後サブカルチャーの思考を応用してとらえ直してみたい。

▼「境界のない世界」への二つの道

２０１６年の「敗北」において、カリフォルニアン・イデオロギーはどこでつまずいたのだろうか。その「語り口」はなぜ壁を、境界線を再生産してしまったのだろうか。

それは端的に述べれば、言語的な、物語的なアプローチの限界だとまとめることができるだろう。そもそもカリフォルニアン・イデオロギーの現代における優位は、人間の意識ではなく無意識、理性ではなく欲望にアプローチして世界を変えうる点にあった。市場に優れた商品／サービスを投入することによる内部からの社会変革――革命的ではなくハッキング的な変革――はグローバル／情報化によって市場が超国家的な存在に拡大することで飛躍的にその威力を増したと言える。

しかし、この「敗北」時にカリフォルニアン・イデオロギーを信奉する世界市民たちは自らそのアドバンテージを捨て、言葉で、人々の理性に訴えることでトランプと戦おうとした。ここに恐らくつまずきの原因がある。言語によるアプローチ自体が、父権的な禁止によるアプローチ自体が、物事に境界を設け区別することによる理解を前提にしたシステムなのだ。だから彼らが言葉で、言説でトランプに抗おうとする行為を選んだ時点で、境界の再生産は不可避になったと言わざるを得ない。

では、どうすべきだったのか。

例えばカリフォルニアン・イデオロギーを代表するGoogleについて考えてみよう。

Googleは世界と個人、公と私を接続する装置としてもはや物語を、言語を用いない。Googleがウェブサイトの文字列を検索するサービスを主眼においていたのは過去の話だ。第6部で解説したように、Google の検索対象はもはやモニターの中のウェブサイトではなくモニターの外側の現実そのものだ。かつて Google はインターネットの中に無数かつ無秩序に存在する情報に擬似的な秩序を構築し、インターネットを新聞や雑誌のように読者に提示する企業だと目されていた。しかし、現在において Google はこのモニターの外側に広がる世界の全てを情報化し、検索可能にすることで人々と世界を、人々と事物を媒介なく直接接続する企業に変貌しつつある。その思想的な実験の最新形が「Ingress」であり「ポケモンGO」であることは既に述べた。

映像の世紀からネットワークの世紀への移行は、情報（文章、音声、映像など）を供給過剰に陥らせ、その価値を暴落させた。そして情報を媒介に「他人の物語」に感情移入すること（劇映画を観る）から、「自分の物語」を体験すること（イベントに参加する）に文化の中心を移動させている。

この変化を前提とし、また牽引する Google は世界をあまねく情報化し、適切なゲーミフィケーションを施すことで誰もが自分だけの感動、自分の物語を体験し得る環境の整備を進めているのだ。そして本書で論じてきた戦後サブカルチャーの成果は、この Google 的なアプローチに吸収されつつある。

日本的妖怪（キャラクター）としてのモンスター群に導かれて、私たちはこの Google 的な想像力で情報化され、検索可能になった世界に深く潜ることができる。そして世界を見る目を養うことができる。こうして自然に、歴史に触れることで人々は一定の割合で解放され得る——それが、カリフォルニアン・イデオロギーの体現者である Google 的な想像力の最新のかたちであり、それはいま日本的な、それもプリミティブなものを取り込むことで進化／深化しつつあると言えるだろう。

では、Google 的なものとは異なるかたちで、世界と個人との関係に介入する方法はないのだろうか。

これから考えるべきはこのGoogle的なものとの結託とはまた異なった、正確にはその前提を同じくしながらも微妙に異なった応答だろう。それは同時にGoogle的な、Ingress的な、ポケモンGO的な、ジョン・ハンケ的なアプローチ――政治と文学を（大きな）物語ではなくゲームで結ぶアプローチ――とは異なる想像力のかたちを問う行為でもある。それは結果的にカリフォルニアン・イデオロギーに対する戦後日本（のサブカルチャー）からの応答にもなるはずだ。

▼ハイ・イメージのゆくえ

> 現在コンピューター・グラフィックスの映像でつきつめられた極限の像《イメージ》価値が、〈死〉または〈未生〉のときに外挿または内挿される像《イメージ》体験に近づいていることは、このうえない暗喩の拡がりを喚び起こす。もしかすると現在そのものの構成的な価値の概念が全体でつきあたっているものが、〈死〉または、ただ〈未生〉の社会像によって暗喩されるものかも知れないからだ。[*1]

吉本隆明が80年代の時点で『共同幻想論』での反国家論を、個人が接続されるべき世界が国家という共同幻想から市場という非幻想に変化しつつあることを背景に事実上放棄したことは既に確認した。そして当時の吉本の「大衆の原像」に依拠した消費社会論が、事実上の日本的「無責任の体系」への無自覚な肯定に過ぎなかったことも既に確認した。しかし同時に当時の吉本は今日の情報社会の到来すらも予見したかのような記述を試みている。

『ハイ・イメージ論』は他の吉本の著作と同様に、いやそれ以上に難解で錯綜した著作だ。その記述は日本語のレベルで混乱しており、その混乱は理論のレベルにも及んでいる。それ以上に長大な同書のほとんどが、高度資本主義の達成と社会の情報化に接した吉本の「予感」をまさに「イメージ」としてスケッチしたものであり、「論」の体をなしていない。しかし、それ故に『ハイ・イメージ論』は、今日再読した際に多くの発見をもたらし得る長大な射程を備えている。

例えばその名も「映像の終りから」と題された冒頭の批評文は、古今東西の臨死体験の類似の指摘から始まる。死にゆく自身の身体を幽体が上方から俯瞰するという臨死体験は、自身が世界に内在したまま、あたかも外部からその位置を把握するかのような視点をもたらす。死という経験不可能な体験とは現実と切断された虚構に他ならない。しかし、吉本はその本来切断されているものが、「映像の終り」を迎えつつある現代（80年代当時）には接続され始めていると指摘する。それは言い換えれば世界に内在する視線（普遍視線）の中に、外部から世界を俯瞰する視線（世界視線）が組み込まれることでもある。

こうした記述がほとんどGoogle Mapsのことを予見しているように思えるのは私だけではあるまい。いま、私たちはスマートフォンを手にすることで普遍視線の一部としてこの世界視線を用いている。吉本に言わせれば、それは死という本来体験し得ないもの（虚構）が、日常化されたこと（現実）と同義なのだ。

ここで重要なのは吉本がこの技術に情報化のもたらす社会像の変化そのものの象徴を見出していたことだ。見田宗介の時代区分を用いれば、情報技術は反現実（個人と世界を結ぶ蝶番）を、現実から切断された虚構（仮想現実）から現実に接続された虚構（拡張現実）に変化させる。普遍視線（現実）の中に世界視線（虚構）が組み込まれることは、この変化に等しい。そして吉本はこの世界視線は母胎の中の胎児の視線である、と述べるのだ。吉本隆明は来るべき情報社会を他の誰よりも速く母胎のイメージで表現していたのだ。

このなかで立体の映像は、平面スクリーン（二次元スクリーン）を脱して立体化された視覚像となり、視座席の近くにまで浮遊し、走り抜けてゆく映像体験がえられる。そのうえに世界視線が想像的な像空間の内部に内在化されて、いわば胎内視線に転化される。［中略］この驚きの源泉はどこからやってくるかをかんがえてみれば、それはあきらかに胎内体験の像《イメージ》のシチュエーション、あるいは瀕死や仮死の像《イメージ》のシチュエーションに、いちばん近くまで肉迫した映像体験だということにつきる。[*2]

恐るべきことに吉本は来るべき情報社会を、私たちに（素子に守られるバトーのように）母胎の中の胎児がその世界の全てを把握し得るような感覚を与えるものとして予見していたのだ。吉本のこの予感は不安な手探りであることが付記されながらも、肯定的に提示される。吉本にとって母胎への回帰は、アジア的段階、アフリカ的段階というかたちで西欧近代からの脱出と同義だったからだ。しかし、残念ながら今日の高度資本主義と社会の情報化は少なくともこの国の社会で吉本が期待したほどの成果をもたらしてはいない。だとすれば、この吉本の正確な予言と、その誤りとの間にあるものから、この問題の突破口を考えることができるはずだ。

吉本は社会の情報化の本質を、普遍視線と世界視線の混在に見ていた。世界の中に内在しつつも、その客観的な位置を把握していること。普遍視線の中に世界視線を組み込むこと。この視線の組み込みを吉本は高度資本主義と情報化の交点に出現する社会を象徴するイメージとして提示した。しかし、恐らくは現在のこの国の情報社会には世界視線／普遍視線の組み込みは極めて悪質な関係として機能している。例えば今の日本を覆う「母性のディストピア」とは、この世界視線（胎内視線）が氾濫し、普遍視線を押しつぶしてしまっている結果として表現できるだろう。

吉本はこの二つの視線が交差する場所としての現代（未来）都市に注目しているが、現代におけるこの国の都市＝サイバースペースにおいて吉本が予感した世界視線と普遍視線はむしろ使い分け／棲み分けによって独立して存在している。そしてその棲み分けゆえに、両者は共犯関係を結んでいる。

例えば今日のテレビ（ワイドショー）的建前主義の欺瞞とインターネット（Twitter）的本音主義への居直りは表面的に完全に対立する一方で、リベラルなマスメディアが投下するニュースに対して、保守的なソーシャルメディアを中心に大衆がガス抜きを行うという関係が固定化され、実質的に役割分担的な共犯関係にある。これは、戦後の55年体制下のリベラルと保守、社会党と自民党、戦後民主主義者とその批判者との関係の滑稽な再現であり、この国が半世紀単位で停滞している証拠でもある。

この表面的な断絶と実質的な結託は、ソーシャルメディアの内部でも発生している。例えば父権的な言語的禁止の場としてのTwitterと、母権的イメージによる包摂の場のInstagramの棲み分けがこれに当たる。「……ではない」という否定の言葉と相互監視のネットワークであるTwitterに対し、「……が好き」という肯定のイメージが氾濫するInstagramを、人々は解離的に使い分けている。あるいは、個人的なコネクションの管理アプリケーションとしてのFacebookと、不特定多数の人々と常に接触し日本的「世間」の実装として機能しているTwitterとの棲み分けでは、前者には肥大した自己幻想としての喧伝が溢れ、後者には共同幻想を下支えする同調圧力が渦巻いている。この両者もまた、同一人物がそれぞれ自己喧伝と怨嗟の発露の場として解離的な使い分けが行われている。

吉本によれば情報技術の発展によって本来は都市（的なもの）によって交差し、前者が後者に組み込まれるはずであった世界視線と普遍視線との関係は、つまり世界と個人、公と私の関係は十分に更新されずに、むしろ戦後的で表面的な断絶と実質的な結託というアイロニカルな関係を再現してしまっている。そして、このアイロニカルな回路がグローバル／情報化を経た今日においては、これらへのアレルギー反応的、ポスト・トゥルース的、イデオロギー回帰的な停滞の温床にしかならないことも明白だ。

あるいはこれと相似形をなす現象が、例えばカリフォルニアン・イデオロギーを支持する人々の「語り口の問題」でもあるだろう。吉本が想定した普遍視線（現実）と世界視線（虚構）が交差する場所としての現代都市を、その発展形としてのサイバースペースを拠点とする彼らは「境界のない」グローバルな市場のプレイヤーとして世界市民的な自意識を持つがゆえに、その語り口で旧世紀の工業社会と国民国家に生きる人々との間に境界を再生産している。

そしてこの吉本の「誤り」は第6部で論じたように、核家族的な対幻想の持つ他者性の理解への誤りである。吉本が核家族的な対幻想に、自己幻想の肥大（による共同幻想との結託）への防波堤を夢見ながらも裏切られたのは、肥大した母性が矮小な父性に無条件の承認を与えることで、その他者性は徹底して無化され対象に何の異化ももたらさないことを見落としていたからだ。

同様に世界視線と普遍視線の交差は、その接続法を誤ると表面的な断絶と実質的な結託という膠着を再現することになる。それが戦後中流的な核家族や戦後日本的な会社共同体では「母性のディストピア」に陥るだけだったように、今日の日本のインターネット情況もまた、その交差のかたちを誤っている。重要なのは、それらが交差することではなく、その交差のかたちなのだ。両者の距離を埋め、関係させる中間のもののかたちなのだ。

▼中間のものについて

では「中間のものについて」私たちはどう考えればいいのだろうか。それは震災以降の私にとって最大の関心事でもあった。そしてその関心は批評家としてではなく、むしろ編集者としての私の雑誌発行と、情況への提言というかたちで行われてきた。その成果を振り返りながら、「結びにかえ」たい。

本書は一度徹底して現実から切断されることを選び、そこから思考を開始した。しかし戦後アニメーションの「終わり」を確認し、「ニュータイプ」を失われたオタクの成熟像に着地させたいま、もう一度この現実に回帰したい。それは言い換えれば安倍晋三やSEALDsといった固有名詞に頼らずにこの現実を語ること、「想像力の必要な仕事」をすることだ。編集者としての私はあの震災から、そのことにむしろ力を注いできたと言える。

その中で中心的な課題となったのがこの「中間のもの」をめぐる思考だった。

例えば、震災後の２０１２年に私は主宰する雑誌（『PLANETS』vol.8）の座談会で以下のような議論を展開している。[*3]

「映像の世紀」まで人類は二つの極端な人間像を想定することでしか社会を機能させることができなかった。それは十分な教育と高い理性と自覚をもった能動的「市民」と、それらをもたない受動的「大衆」である。20世紀の情報環境に即せば、前者を対象にしたのが能動的観客を前提とした劇映画であり、後者を対象にしたのが受動的視聴者を前提としたテレビ放送だ。

今日の民主主義に照らし合わせれば前者は市民による熟議（参議院）と大衆によるポピュリズム（衆議院）に他ならない。20世紀＝映像の世紀までの人類は、技術的制約から能動的「市民」と受動的「大衆」という二つの極端な人間像を対象にした制度を並走させ、両者のバランスを運営レベルで取ることで社会を維持してきた、と言えるだろう。そして現在の民主主義の機能不全はこの手法の脆弱さを露呈させている、と言える。

例えばこの国の民主主義の迷走を例に考えてみよう。そもそもこの国の民主主義は震災の前からほぼ機能していなかった。国政選挙をはじめとする主要な選挙は概ね土着のコミュニティと支援組織によるいわゆる「どぶ板選挙」の組織票でその勝敗が決し、市民運動の類は20世紀的なイデオロギーに「自分探し」的に回帰する人々の社交場と化している。前者はいわば意識の低すぎる「大衆」の、後者は意識の高すぎる「市民」の文化だといえるだろう。ここでも、「中間のもの」の不在による戦後的均衡がその耐用年数がとうに過ぎているにもかかわらず存在し続けていて、そのためにこの国の民主主義をいよいよ機能不全に追いこみつつある。

こうした情況に抗おうとしたのが、平成の構造改革勢力であったことは間違いない。テレビを中心としたメディア・ポピュリズムを用いることで、この情況を打開するというのが彼らの基本戦略であった。土着のコミュニティや戦後的な労働組合、業界団体といった戦後的な動員組織から切断された都市の若い無党派層をテレビで動員し、ポピュリズムを駆動する。かつての吉本隆明の「大衆の原像」的とも言うべきこのマス・イメージ戦略は、彼らを瞬間的に時代の寵児とし、しばしば政権を与えることになった。しかしポピュリズムとは定義的に一過性のものであり、彼らは次の選挙では、あるいは次の次の選挙では敗北し、その結果こうしている今も縁故主義的な談合政治と市民運動の未熟なできそこないがこの国の民主主義を空転させている。

かつてインターネットがこの国に出現したときに集めた期待とは、こうした閉塞を打破する原動力となることだった。しかし、震災の後のインターネットによる、津田大介によって名づけられた「動員の革命」を経てもなお、いや経たからこそさらにこの情況は悪化している。「動員の革命」が叫ばれた折、この国のインターネットのオピニオン・リーダーたちは第二のテレビとして、ポピュリズムの器としてインターネットを用いようとした結果、敗北していった。「大衆」への動員装置として考えたとき、テレビとインターネットではそもそもその性質の違いで勝負にはならない。そして、気がつけばインターネットは第二のテレビとして、「下からの全体主義」の場として機能し、この国の民主主義はほぼ麻痺している。

このようなメディアと民主主義をめぐる閉塞的な情況は（ここまで極端な事例は珍しいにしても）決して日本だけのものではない。実際に、「アラブの春」と呼ばれたソーシャルメディアによる動員が大きな影響力を持った「市民革命」は、結果的に原理主義勢力の台頭を招き、彼らの最大の武器の一つとなったインターネットによる「動員の革命」はテロリズムに大きな貢献を果たしている。

本書で繰り返し取り上げたGoogle的（ジョン・ハンケ的）アプローチとは情報技術を背景にこの問題の解決を試みたものだと言える。人間は本来、「市民」ほど能動的でもなければ、「大衆」ほど受動的でもない。その両者の中間を絶えず移動し、そして同時にその両者であり得る存在だ。そのため、インターネットは劇映画よりも能動的なものとしても、テレビ放送よりも受動的なものとしてもユーザーの前に出現する。もちろん、その中間のものとしても。私たちはコンピューターによって初めて、能動的「市民」でも受動的「大衆」でもない、「人間」そのもの——常にその能動性／受動性が変化し続ける存在——にアプローチが可能になったのだ。情報技術を背景に人間の（常に変化する）能動性にアプローチすることによってゲーミフィケーション的なアプローチの可能性が大きく拡大した現在、Googleは「映像の世紀」の物語（劇映画）的アプローチとは異なる方法（データベースの整備とゲーミフィケーション）でゲーム的に——「大きな物語」ではなく「大きなゲーム」で——世界と個人、公と私、政治と文学との接続を試みているのだ。

ゲーミフィケーションとは情報技術による人間の能動性のコントロールによって世界と個人、公と私、政治と文学を「市場とゲーム」として接続させる思想だと言い換えられる。そしてこれはさらに言い換えれば、人間が、「市民」としてでも「大衆」としてでもなく、「人間」性を保持したまま（共同幻想に取り込まれることを避けて）世界と関係する技術とその思想だとも言える。

国会前のデモからインターネットの国会生中継まで、熟議とポピュリズム、市民と大衆、ストックとフロー、映画とテレビでバランスを取る、という発想自体がもはや過去のものなのだ。

既存のインターネット社会論のほとんどが、インターネットは文字の、ハイパーテキストのメディアだと考えていて、そこから論を組み立てている。しかし、実際にはいまインターネットが文字検索の文化だった時代が終わろうとしている。Google はもはや Wikipedia と食べログのインデックスにすぎず、LINE と Facebook で主にインターネットを使う人間に www の上の文字列検索が及ぼす影響などほとんどない。そして実際には LINE のような一対一のコミュニケーションを基本としたもの（対幻想の保持）や、Facebook のように戦略的に Google 検索による整理を拒否する（自己幻想の共同幻想化を拒否する）サービスがいまはインターネットの世界でむしろより大きく広く存在するようになりつつある。

吉本隆明は『ハイ・イメージ論』で以下のように記している。〈わたしたちのいう価値化の領域は、こういう道具の高度化によって、はじめは線型に延びる線分であったものが、平面となり、つぎには立体化し、しだいに多次元体の図像にちかづいてゆく〉[*4]。

従来のインターネット以降の社会論は、世界中の人々がウェブサイトやブログといったかたちで発信する文字列を検索することでどんな秩序が生まれるのかを考えていた。その秩序から次の社会のモデルを考えていた。なぜならば、文字列検索こそが、本来無秩序に、もしくは新しい秩序にしたがって拡大するウェブスペースを強引に旧来の（擬似マスメディア的な）秩序に置き換えるための装置だったからだ。その結果、従来のインターネット社会論は市民／大衆の二項対立から脱出できていない。

しかしいまやそのような思考にはほとんど意味がないだろう。これは言い換えれば、情報テクノロジーがメディアの中だけを進化させていた時代は終わる、という問題でもあるはずだ。ＩｏＴがその代表例だがこれからはネットワークがこの現実自体をつないで変えていく時代になる。いま必要なのは、情報技術がメディアの中ではなく、この現実自体をネットワーク化する時代の文化／社会論に他ならない。

ここでは、ある時期までのGoogleが実現した擬似的な旧い秩序の終わりが前提となる。情報技術がディスプレイの中にもう一つの（仮想）現実をつくるのではなく、この現実を「拡張」するのだ。そこではディスプレイの中の仮想現実を通して人々が社会につながる、仮想現実を通過することで（物語を内面に導入することで）社会契約し「大衆」から「市民」になるのではなく、半ば自動的に接続されながらも意思を持った主体であり続ける「人間」そのものを想定した社会像を描き得る想像力が要求されるだろう。

この国の機能不全を引き起こした民主主義についての対応策を考えるのなら、それはデモと選挙の「中間」に第三の回路を整備することだ。ポピュリズムの対になる概念は熟議ではなく組織票である、そしてデモと選挙の中間にあるのが社会的なロビイングであるというのが私の考えだ。そもそも、戦後政治においてもっとも実行力があったのはある種の談合主義に基づいた社会的ロビイングであることは明白だろう。例えば戦後社会においては閉鎖的なコミュニティの中に閉ざされ、談合主義の温床となっていたこの回路を、いかに情報技術を利用してオープンかつフェアなゲームとして民主化するのか、という課題が浮上するはずだ。

そのためにまず個人と国家の中間に、家族でも地域社会でもない、ましてや戦後的企業のムラ社会でもない、現代的な連帯のモデルを実現することが必要になる。

いま私たちはあらゆる意味で——社会的にも情報的にも「中間のもの」の再構築を迫られているのだ。

▼未来へのブループリント

私たちの興味は今、情報技術を通じてどう「中間のもの」を社会に埋め込んでいくのか、「市民」でも「動物」でもない、「人間」そのものを社会とつなぐ回路を再構築していくのかというこの一点にあると言っても過言ではない。

これは言い換えれば、本来、戦後的なものを解体するはずのインターネットが、大きな物語による社会統合装置であるべきマスメディアを相対化するはずのソーシャルメディアがどうして現代日本では機能しないのか、という問題だと言える。この問題を突破しない限り、「無責任の体系」を終わらせる方法はない。

その暫定的な回答としては恐らく、インターネットをメディアとして使用しないこと、だ。映像の世紀からネットワークの世紀へ——ここで失効しているのはいわば映像が担っていた中間のもの、だ。先の比喩を引き継げば、映画とテレビ（市民と大衆）の間でバランスを取ることではもはや中間のものを維持できない、世界と個人、公と私を結べないことが、現代においては露呈していると言える。人間は三次元的な体験そのものを伝達することはできない。パースペクティブという思想は近代において立体的な体験を二次元に整理し、共有を可能にすることで社会を拡大してきた。映像の世紀の終わりとは、社会の規模と複雑性の拡大にこの平面の思想が耐えられなくなっていることと同義だ。したがってネットワークの世紀は三次元的にこの中間のものを再構成することになる。

それは世界と個人、公と私の間の中間のもの（新しい対幻想に基づいた友愛の共同体）が必要であるのと同じように、政治と文学（市場とゲーム）の間にも「中間のもの」が必要なことを意味する。サブカルチャーやポルノグラフィといった文化領域（文学）から出発したインターネットサービスの普及は、「動員の革命」が失敗したいま、残念ながらまだ（肯定的には）政治を変えることはできていない。むしろ事実上公と私、政治と文学の断絶を強化していることは既に確認したとおりだ。しかしその一方でインターネットは、そしてその背景の情報技術は生活そのものを決定的に変え始めている。私たちの買い物を、食事を、被服を、住居を決定的に変え始めている。実は私たちは２０１２年末の『PLANETS』vol8から同誌やメールマガジンでこうした変化を取材し続けている。

そう、いま私の考える「中間のもの」は私たち自身の日常の、生活の中に芽生え始めているもののことだ。文学（文化）から（生活を経由して）政治へ。それが私たちの基本構想だ。

もちろん、私は「インターネットを通じた街おこしで地域共同体を再生」といった類の与太話をここに書き連ねようとは考えていない。

私が考えているのは例えばインターネットを利用した、テーマコミュニティの再編だ。地域コミュニティからテーマコミュニティへ。その具体像はソーシャルメディアを通じた趣味やライフスタイルの共同体といったイメージから、例えばビッグデータ上の信用情報を基盤としたウェブ共済保険の構想へと拡大している。

このクラウドソーシングサービスを基盤としたウェブ共済保険は私が参加している私的な勉強会から生まれたアイデアだ。クラウドソーシングサービスのネックはいわゆる「買い叩き」だ。この問題に対処するために内外のサービスが様々な対策を講じているが、特定のサービスを通じて一定量仕事を受注したユーザーに対して、インセンティブを設ける手法が注目を浴びている。私たちはこのケースから着想して、クラウドソーシングサービスを母体にした擬似保険の立ち上げを着想した。

特に国内において、フリーランサーの不安はその社会保障の脆弱さに起因する。そこに対して、これまでの仕事実績がウェブサービス上に蓄積されることで社会的信用となり、それに応じて保険的なセーフティネットが適用される、というのが基本コンセプトだ。クラウドソーシングサービスに登録し、一定以上仕事を受注することで既存の健康保険に匹敵するシステムに加入できるようにすること。それが私たちのウェブ共済計画のコンセプトだ。

この計画のクリティカル・ポイントはソーシャルメディアのもたらすであろう評価経済の相対化だ。現代日本は世間の（ソーシャルな）評価に大きく依存した社会だ。たとえ年収が１０００万円あったとしても、家族に正社員か役人の男性がいない限り部屋一つ借りられなくなるといったことすら発生し得る。そして、評価経済化はこの傾向をむしろ強化しつつある。評価経済下ではネット社会で有名であることが社会的な信用情報に結びつくことが予測され、一例を言えばTwitter で多くのフォロワーに好かれていることが市場からの集金能力とより直接的に結びつくようになる。要するに、オフラインのコネ社会がＳＮＳ社会の人気競争社会に変化しつつあるわけだ。

しかしライフログや買い物情報、あるいはクラウドソーシング上の仕事実績がビッグデータ上に蓄積されつつあるいま、これらのデータが信用情報として活用される可能性が高い（実際、インターネット・コングロマリットが運営に加わるクレジットカードの審査が甘く思われているのは、実は審査が甘いのではなく信用情報とリスク計算にビッグデータを活用しているだけの話だ）。私たちの計画はここに注目する。ソーシャルな評価ではなく、ビッグデータから得られる情報を信用情報とすることで加入条件と掛け金が算出される保険システム、それがこの計画の本質だ。それは恐らく、個人がソーシャルなネットワークを介することなく、直接システムとつながる世の中の誕生を意味するはずだ。私たちが考えているのは、最終的には、こうした中間的な団体の「政治化」である。こうした具体的なアイデアについては、２０１４年に出版した対談集『静かなる革命へのブループリント』や、あるいはその後のメールマガジンでの記事を参照していただきたい。[*5]

あるいは２０２０年の東京オリンピックについて考えてみよう。

私たちは２０１５年出版の『PLANETS』vol.9において、来るべき２０２０年の東京五輪への提言をまとめたオルタナティブ・オリンピック・プロジェクトを発表した。[*6]

１９６４年の東京五輪は復興と独立回復の象徴であると同時に高度成長を支える国土開発のための錦の御旗だった。首都高速道路、東海道新幹線、カラーテレビの普及——そこには経済大国化を目論む戦後日本の確固たる青写真が存在したはずだ。しかし、２０２０年のそれは違う。ただなんとなく、五輪が再びやって来ればゆっくりと壊死していくこの国に（あの頃のような）活力が回復するといった無根拠かつ安易な（そして実のところ後ろ向きな）願望しか、その背景には存在しない。五輪を錦の御旗にした都市開発のプランもなければ、世界に発信したい価値観もない。今日の大規模化した五輪が半世紀単位の都市開発とインフラ整備を兼ねたものとして以外成立しないのはいまや常識のはずだが、こうした最低限のものすら今回の招致では押さえられていない。これが２０２０年の東京五輪の貧しい現実であり、今日のこの国の卑しさと貧しさをもっとも体現するものだ。

こうした貧しい現実を、貧しい五輪計画を批判するのは簡単だ。しかし私たちはそれだけでは意味がないと考えた。「……ではない」という言葉ではなく「……である」という言葉を選ばなければ、それはほんとうの意味でこの貧しさと対決することにはならない、と考えたのだ。そのため私たちは「対案」としてもう一つの２０２０年、もう一つの東京五輪のアイデアをまとめることにした。それがオルタナティブ・オリンピック・プロジェクトだ。

ここで私たちが考えたのは、このグローバル／情報化の時代にこの国から発信し得る、これから来るべき社会のブループリントとしてのオリンピックだ。

例えば「映像の世紀」の申し子であり、世界最大のテレビ・ビジネスでもあるこのオリンピックの開会式／閉会式や競技の生中継はネットワークの時代に相応しい「参加できる」ものにアップデートする（もはや「他人の物語」に感情移入する映像の世紀ではない。ネットワークの世紀は「自分の物語」だけが人の心を動かすのだ）。

あるいはオリンピック／パラリンピックの境界はエンターテインメントの（ゲームなどの）ノウハウを導入し、健常者だろうがハンディキャッパーだろうがそれぞれの身体的個性を活かしたかたちで新しい競技を再発明することで取り払う。近代スポーツが象徴する五体満足信仰を破壊し、身体観のレベルで多様性を社会に実装するのだ。

これらのアイデアの根底にあるのは、国家という古い中間のものを経由せずに、オリンピックが象徴する世界に個人が接続するという発想だ。テレビメディアでのスポーツ・ジャーナリズムとその背景に渦巻くナショナリズムを経由せずに競技それ自体の魅力をもってして世界に接続する。新しい「中間のもの」で個人と世界（市場）を結ぶ。そのために近代スポーツが前提とする五体満足／男性中心主義的な身体観も解体する。こうしてオリンピックの理想像を示すことで、これからの社会設計のビジョンを示す。それがオルタナティブ・オリンピック・プロジェクトだ。

かつてアドルフ・ヒトラーがそうしたように、オリンピックとは「映像の20世紀」においてばらばらのものをつなぐ装置として最大限に活用されてきたものだ。20世紀とはこうしてばらばらのものをつなぐ「中間のもの」をマスメディアが、とりわけ映像メディアが担ってきた時代だった。

そしてこの21世紀のネットワークの世紀に、私たちはこの古びた「中間のもの」を再編成することを、オリンピックを通して考えたのだ。そこで描かれているのは、多様性を実装した人間がばらばらのままつながる社会のビジョンだ。媒介を、「中間のもの」を更新すること。そのビジョンを象徴的に提示すること。それがオルタナティブ・オリンピック・プロジェクトだ。この国の醜態そのものと言えるこの五輪について、私たちはあくまで「……ではない」という言葉ではなく「……である」という言葉で対峙しようと考えているのだ。なぜ「……である」という肯定の言葉で語ることにこだわるのかを、もはや説明する必要はないだろう。

これらの構想はあくまで一例にすぎない。詳細は私の主宰する批評誌『PLANETS』及びその周辺の展開を確認していただきたいと思う。私たちはこの貧しい現実に対峙することから逃げてはいない。単に「……ではない」という言葉を選ばないだけだ。

本書は「政治と文学」という古くて新しい問題から出発した。そして現在と向き合うための「中間のものについて」の思考で終わる。次に問われるべきは、この「中間のものについて」の試行錯誤の延長線上のより具体的で実験的な思考になるだろう。こうした仕事に興味を抱いてくれる人がいれば、ぜひ私たちの企てに合流して欲しい。それは確実に、あなたにとっても想像力が必要な仕事になるはずだ。

註一覧

序にかえて

＊1　三島由紀夫「果たし得てゐない約束ー私の中の二十五年」（『決定版　三島由紀夫全集36』新潮社、２００３年）

第1部

＊1　加藤典洋『敗戦後論』（ちくま学芸文庫、２０１５年）／加藤はその回復として先の戦争における日本人戦没者の名誉回復を前提とした国民的追悼と、その上での日本国憲法の選び直しを主張した。加藤はこの二つの分裂に対して国民的な「物語」の再構築による統合を提唱した。加藤のこの提唱は左右の言論人から、特に左派から事実上の歴史修正主義を是認するものとして糾弾された。日本人戦没者の名誉に配慮した追悼を行うべきという加藤の主張が、その歴史認識とは異なる次元で国家の歴史修正主義を是認するものとして機能するというのがその主な論旨であり、付随して膨大な論争が行われている。しかしこれについては端緒となった『敗戦後論』への批判そのものが形式化された戦後民主主義的言説からの逸脱を機械的にチェックするという以上の意味は（それこそ事実上）なく、ここで取り上げる価値は薄い。むしろ問題はこのとき加藤が提唱した国民国家的な物語の再構築の善悪ではなく、その処方箋の有効性にこそあるだろう。国民的アイデンティティの再構築という当時加藤から提出された処方箋が、「〜ではない」という否定形でしかつながることのできないこの国においておよそ効果を発揮し得るとは思われない。加えて、今日のグローバル化へのアレルギー反応としての（左右を問わない）国家への回帰という現象を前にしたとき、加藤の処方箋の副作用はまた別の視点から計測されるべきだろう。

＊2　江藤淳「『ごっこ』の世界が終ったときー七〇年代にわれわれが体験すること」（『諸君！』１９７０年1月号）／今日こうした対米自立論はむしろ保守において（少なくともアメリカ以外の軍事的同盟国が想定し得ない）多国間防衛以外実効性を（短期的には）持たない現代の軍事情況を無視した空論として退けられている。その一方で、リベラルにおいてむしろ対米自立論、自主防衛論が台頭している（白井聡『永続敗戦論』など）。ここでは現状追認的な保守が戦後レジームへの甘えを発揮し、リベラルが非現実的、冒険主義的な脱却を唱えているという転倒が発生していると言えるだろう。

＊3　江藤淳『成熟と喪失ー〝母〟の崩壊』（講談社文芸文庫、１９９３年）

＊4　柄谷行人、中上健次、島田雅彦、田中康夫、高橋源一郎、川村湊、津島佑子、いとうせいこう、青野聰、石川好、岩井克人、鈴木貞美、立松和平、ジェラルディン・ハーコート、松本侑子、森詠「湾岸戦争に反対する文学者声明」（１９９１年）

＊5　前掲「湾岸戦争に反対する文学者声明」に付随したＦＡＸ

＊6　柄谷行人『憲法の無意識』（岩波新書、２０１６年）／柄谷行人は２０１１年の東日本大震災とその後の福島第一原子力発電所の事故に際し活発化した反原発運動の、そしてその後の２０１５年の反安保法制運動のイデオローグとして活動した。これらの運動の訴求力は弱く、成果も皆無であったと言わざるをえないが、ここで重要なのは柄谷が展開していた憲法論に見られる倒錯だ。

〈戦後憲法一条と九条の先行形態として見いだすべきものは、明治憲法ではなく、徳川の国制（憲法）です。［中略］それは日本史においてまったく新しいものだとはいえない。ある意味で、明治以前のものへの回帰なのです。［中略］しかし、九条は日本人にとって、まったく外来のものというわけではありません。ある意味でそれは「徳川の平和」にあったものです〉と、柄谷は冷戦下のアメリカの占領政策のひとつであった戦後憲法による日本の非武装化を江戸期より形成されてきた日本人の無意識、超自我を結果的に表現した「神からの贈与」だと主張する。これは改憲論者がこの70年間反復してきた、アメリカの占領政策として「押し付けられた」憲法を、国家として「自立」しその尊厳を取り戻すために改「正」すべきだという主張に対する反論なのだが、ここで柄谷は実質的に歴史的な事実（政治）を後から読み替えること（文学）を主張しているのだ。

＊7　三島由紀夫・東大全共闘『美と共同体と東大闘争』（角川文庫、２０００年）
＊8　西尾幹二「文学の宿命―現代日本文学にみる終末意識」（『新潮』１９７０年2月号）
＊9　前掲『成熟と喪失』
＊10　江藤淳「日本と私」（江藤淳著・福田和也編『江藤淳コレクション2』ちくま学芸文庫、２００１年）
＊11　大塚英志『江藤淳と少女フェミニズム的戦後―サブカルチャー文学論序章』（ちくま学芸文庫、２００４年）
＊12　宇野常寛『リトル・ピープルの時代』（幻冬舎文庫、２０１５年）
＊13　河合隼雄・村上春樹『村上春樹、河合隼雄に会いにいく』（岩波書店、１９９６年）
＊14　村上春樹『ねじまき鳥クロニクル―第3部　鳥刺し男編』（新潮文庫、１９９７年）
＊15　宇野常寛『ゼロ年代の想像力』（ハヤカワ文庫、２０１１年）

第2部

＊1　手塚によるリミテッド・アニメーション的手法を用いた国産テレビアニメの制作以前、国産アニメーションの主戦場は劇場用映画であり、東映動画を中心にディズニーをより直接的に範とする長編作品が制作されていた。手塚によるアニメへの介入は、後にマーチャンダイジングと結びつき、より商業性を強めた（したがってより深くこの国の子供たちの欲望をすくい取った）独自のテレビアニメシーンの源流として位置づけることができるだろう。
＊2　大塚英志『アトムの命題―手塚治虫と戦後まんがの主題』（角川文庫、２００９年）
＊3　前掲『江藤淳と少女フェミニズム的戦後』
＊4　佐々木守『戦後ヒーローの肖像―『鐘の鳴る丘』から『ウルトラマン』へ』（岩波書店、２００３年）
＊5　アイザック・アシモフ著・小尾芙佐訳『われはロボット　決定版』（ハヤカワ文庫、２００４年）
＊6　切通理作『怪獣使いと少年―ウルトラマンの作家たち』（宝島社文庫、２０００年）
＊7　加藤典洋『日の沈む国から―政治・社会論集』（岩波書店、２０１６年）
＊8　佐藤健志『ゴジラとヤマトとぼくらの民主主義』（文藝春秋、１９９２年）

＊9　『機動戦士ガンダム』第1話（1979）オープニングナレーション
＊10　「ガンダム情報サイト・ガンダムチャンネル」年表より。http://www.gundam-c.com/other/history/uc.html
＊11　見田宗介『社会学入門―人間と社会の未来』（岩波新書、2006年）
＊12　大澤真幸『増補　虚構の時代の果て』（ちくま学芸文庫、2009年）
＊13　宮台真司『終わりなき日常を生きろ―オウム完全克服マニュアル』（ちくま文庫、1998年）
＊14　東浩紀『動物化するポストモダン―オタクから見た日本社会』（講談社現代新書、2001年）
＊15　『ドラゴンクエスト』シリーズ、『ファイナルファンタジー』シリーズなどRPGブームを牽引したタイトルの多くが、中世ヨーロッパ風を基調としたファンタジーであったことは象徴的だが、まさにこれらのゲームの描いた物語は失われた大きな物語を補う「仮想現実」的なものだった。当時の日本の文化空間ではなじみの薄かった西欧風のヒロイック・ファンタジーは戦後日本の少年少女にとって完全な「ここではない、どこか」として機能したのだ。

しかしこれらの仮想現実への没入は戦後的なアイロニー、例えば大澤真幸がオウム真理教に、あるいは「新しい歴史教科書をつくる会」に見出したような消費者ひとりひとりの内面における自意識の操作としてのアイロニーは働いていない。その代わりにゲーム「システム」が機能しているのだ。勇者がお姫様を救う勧善懲悪の物語に多くの消費者たちが没入した背景にも、もちろん「こんな相対主義の時代だからあえて勧善懲悪を、云々」といった自意識上の操作（アイロニカルな没入）が働いていたことは間違いない。だがそれ以上に、そこには「戦闘ゲームを繰り返すことで主人公たちの能力を鍛えていく」「物語上に提示された謎の解明やアイテムの捜索を行う」といったゲームをプレイすることそれ自体がもたらす没入の効果が強く働いていたと言えるだろう。「勇者がお姫様を救う」という物語なんて今更感動できないという消費者も、こつこつ主人公たちのレベルを上げていくうちにいつの間にか物語に没入し、結末ではうっかり涙を流してしまうのだ。こうして物語の、それも仮想現実的な物語の器としての側面を強く進化させた国内のデジタルゲーム、特にRPGはその傾向を強化していった。

第3部

＊1　宮崎駿「なぜ、いま少女マンガか？　～この映画の狙い～」記者発表用資料（スタジオジブリ・文春文庫編『ジブリの教科書9―耳をすませば』（文春ジブリ文庫、2015年））
＊2　http://bb.goo.ne.jp/special/gb/0807/meeting.html（現在閲覧不可）
＊3　押井守「前略　宮崎駿様―〈漫画映画〉について」（宮崎駿『風の谷のナウシカ―絵コンテ2』アニメージュ文庫、1984年）
＊4　同
＊5　『ルパン三世　カリオストロの城』（宮崎駿監督・脚本、山崎晴哉脚本、東京ムービー新社、1979年）
＊6　『天空の城ラピュタ』（宮崎駿監督・原作・脚本、徳間書店、1986年）

＊7　宮崎駿・丹羽圭子『脚本　コクリコ坂から』（角川書店、2011年）

＊8　岸由二・柳瀬博一『「奇跡の自然」の守りかた―三浦半島・小網代の谷から』（ちくまプリマー新書、2016年）

＊9　のちに単行本『楽器と武器だけが人を殺すことができる』（KADOKAWA、2014年）に収録。

＊10　カント著・中山元訳『純粋理性批判1』（光文社古典新訳文庫、2010年）／〈身軽な鳩は、空中を自由に飛翔しながら空気の抵抗を感じ、空気の抵抗のない真空の中であれば、もっとうまく飛べるだろうと考えるかもしれない。プラトンも同じように、感覚的な世界が知性にさまざまな障害を設けることを嫌って、イデアの翼に乗り、この感覚的な世界の〈彼岸〉へと、純粋な知性の真空の中へと、飛びさったのだった。そしてプラトンは、その努力が彼の探求にいささかも寄与するものではないことには気づかなかったのである。［真空の中では］その上でみずからを支えたり、それに力を加えたりすることができるような、いわば土台となるいかなる抵抗もないために、知性を働かせることができなかったのである〉

第4部

＊1　「アニメ新世紀宣言」（1981年2月22日、新宿駅東口のスタジオアルタ前広場で開催された『機動戦士ガンダム』劇場版第一作の宣伝イベント「2・22アニメ新世紀宣言大会」での宣言）

＊2　もっとも富野はその一方で当時から「ニュータイプ」という概念が物語展開上の要請に応えた後付けの設定であることを自虐的に語り、その過剰な意味付けに対し自ら牽制する発言を多く残している。後年の富野によるニュータイプの矮小化とその概念の混乱は、この中途半端な態度に既にその萌芽を読み取ることができる。

＊3　『別冊宝島293号　このアニメがすごい！』（宝島社、1997年）

＊4　『STUDIO VOICE』（インファス、2000年2月号）

＊5　『機動戦士ガンダム　逆襲のシャア』（富野由悠季監督・原作・脚本、サンライズ、1988年）

＊6　富野由悠季『機動戦士ガンダムF91―クロスボーン・バンガード（下）』（角川スニーカー文庫、1991年）

＊7　富野由悠季『増補改訂版　だから僕は…』（アニメージュ文庫、1983年）

＊8　富野由悠季監修・天本伸一郎編『富野由悠季　全仕事―1964-1999』（キネマ旬報社、1999年）

＊9　大塚英志・ササキバラ・ゴウ『教養としての〈まんが・アニメ〉』（講談社現代新書、2001年）

＊10　「勇者ライディーンスペシャル対談」（『ファミリー探検隊』勇者ライディーン特集2）／前掲『富野由悠季　全仕事』

＊11　氷川竜介『フィルムとしてのガンダム』（太田出版、2002年）

＊12　上原康仁・鈴木遼介編『ガンダム　Gのレコンギスタ　オフィシャルガイドブック』（学研パブリッシング、2015年）

＊13　『機動戦士ガンダム』には多くの女性兵士が登場するが、彼女たちのほとんどがモビルスーツ（人型のロボット兵器）ではなく、モビルアーマー（動植物などをモチーフにした非人間型の機動兵器）や戦闘機などに搭乗する（そしてこの構図は後の続編群で、極めて意図的に放棄されていく）。これはヒロインが女性型のロボットに乗り主人公の「サポート」に徹する『マジンガーZ』

の無邪気さ、無自覚さとは対照的だ。そのため、『機動戦士Zガンダム』以降の続編群において、富野は女性の社会進出とモビルスーツ・パイロットの女性化を重ね合わせ、重要な主題のひとつとすることになる。主人公の少年兵にガンダムを与える存在も、シリーズが進行すると「父」から「母」へとシフトする。

＊14 「私のなかの歴史　オホーツクから『ガンダム』へ―13　漫画家・安彦良和さん」（『北海道新聞』2012年3月19日付け夕刊）

＊15 『機動戦士Zガンダムを10倍楽しむ本』（講談社、1985年）

＊16 前掲『機動戦士ガンダム　逆襲のシャア』。以下191ページすべて同。

＊17 『アニメージュ』（徳間書店、1991年4月号）

＊18 前掲『機動戦士ガンダム　逆襲のシャア』。以下197ページまで同。

＊19 『別冊宝島129号　ザ・中学教師子どもが変だ！』（JICC出版局、1991年）

＊20 『別冊宝島330号　アニメの見方が変わる本』（宝島社、1997年）

＊21 富野由悠季『ターンエー（∀）の癒し』（角川春樹事務所、2000年）

＊22 『逆襲のシャア』へのアンサーであることが明言されている『新世紀エヴァンゲリオン』において、庵野秀明は「母性のディストピア」に耽溺する安心と、（戦後的）マチズモの獲得の間で揺れ動く主人公を描いた。だが、ここで描かれている肥大した母性はその毒素を抜かれてしまっている。同作における碇ユイ＝綾波レイに託された母性は、少年の小さなマチズモを保証する代わりにその胎内に閉じ込め、他者を排除するという高橋留美子―富野的な「母」像の母子相姦的モチーフを正統に継承しながらも、直接の参照元である『逆襲のシャア』から、その肥大した母性こそが「子」たちをやがては殺していくという決定的な要素を喪失している。『エヴァンゲリオン』における「母性のディストピア」は、その「子」たちを終わりなき日常に閉じ込めるだけなのだ。

＊23 小牧雅伸・穂浪優子・千手孝一・賀屋聡子編『富野語録―富野由悠季インタビュー集』（ラポート、1999年）

＊24 前掲『ガンダム　Gのレコンギスタ　オフィシャルガイドブック』

＊25 「ターンAターン」（『∀ガンダム』主題歌）

第5部

＊1 『機動警察パトレイバー2 the Movie』（押井守監督、伊藤和典脚本、バンダイビジュアル・東北新社・イング、1993年）。以下251ページまで同。

＊2 内田春菊『ファザーファッカー』（文春文庫、1996年）

＊3 大塚英志『システムと儀式』（ちくま文庫、1992年）

＊4 前掲『機動警察パトレイバー2 the Movie』

＊5 押井守『すべての映画はアニメになる』（徳間書店、2004年）

＊6　前掲『ゴジラとヤマトとぼくらの民主主義』
＊7　『紅い眼鏡SPECIAL』CD（キングレコード、1987年）ライナーノーツ
＊8　『紅い眼鏡』（押井守監督・脚本、伊藤和典脚本、オムニバスプロモーション、1987年）パンフレット
＊9　アニメージュ編集部編『イノセンス　押井守の世界―PERSONA増補改訂版』（徳間書店、2004年）
＊10　同
＊11　『アニメージュ』（徳間書店、1989年6月号）
＊12　『機動警察パトレイバー the Movie』（押井守監督、伊藤和典脚本、バンダイ・東北新社、1989年）
＊13　前掲『アニメージュ』1989年6月号
＊14　『映画風の谷のナウシカGUIDEBOOK』（徳間書店、1984年）
＊15　野田真外編著『前略、押井守様。』（フットワーク出版、1998年）
＊16　『うる星やつら2　ビューティフル・ドリーマー』（押井守監督・脚本、東宝・キティ・フィルム、1984年）
＊17　『Talking Head』（押井守監督・脚本、バンダイ、1992年）。以下293ページまで同。
＊18　前掲『機動警察パトレイバー2 the Movie』。以下305ページまで同。
＊19　庵野秀明責任編集『M.S.GUNDAM FAN CLUB CHAR'S COUNTERATTACK』（逆襲のシャア友の会、1993年）
＊20　前掲『機動警察パトレイバー2 the Movie』
＊21　士郎正宗『攻殻機動隊 THE GHOST IN THE SHELL 1』（ヤングマガジンKCDX、1991年）
＊22　『GHOST IN THE SHELL 攻殻機動隊』（押井守監督、伊藤和典脚本、講談社・バンダイビジュアル・MANGA ENTERTAINMENT、1995年）
＊23　前掲『紅い眼鏡』パンフレット
＊24　ここで士郎―押井が展開したネットワーク社会のビジョンに対しては、現代のソーシャルメディアが代表するインターネット社会に馴染んだ読者にとっては違和感が大きいかもしれない。たしかにFacebook、Twitterなどが代表する現代のソーシャルメディアは、ボトムアップ型のマスメディアとして機能している傾向が強い。ブロゴスフィアによる電子ジャーナリズムを前提とした電子公共圏の議論が盛んに行われていることはそのような一例となるだろう。私たちはインターネットを手にすることによって、より強力に虚構＝媒介を用いてマクロな社会像を共有する世界に突入している、という主張には大きな説得力がある。実際にGoogleによるウェブサイト検索は世界規模のインデックスとして機能している。しかし情報供給量の肥大から「ネットサーフィン」という文化が衰退し、Googleのウェブサイト検索が事実上Wikipediaと食べログのインデックスとしてしか使用されなくなった現在、当のGoogle自体がその事業の主力をウェブサイト検索から世界そのものの検索（地理や事物の検索）に舵を切ったことが象徴するように、情報社会はモニターの中の情報のレベルから逸脱しつつある。例えば人間（の自意識）同士をつなぐインター

ネット（ＩｏＨ）から、あらゆる事物が媒介なく接続されている状態としてのインターネット（ＩｏＴ）へ——情報環境の整備とセンサーの小型化および価格破壊は、自動車や家電製品、住宅から道路まで社会のあらゆる「モノ」が情報ネットワークに接続し相互通信することで（自動）制御される時代に入りつつあることは広く知られているが、90年代に士郎―押井が提示したネットワーク社会像は後者のそれに近い。押井にとって、「映像の世紀」を超えるものはボトムアップ型のソーシャルメディアによるマスメディアの代替、ウェブ投稿により20世紀的映像が代替される（津田大介が「動員の革命」と呼んだ）過渡期の社会などではない。人と人、人とモノ、モノとモノとが自動的に、否応なく接続されてしまういままさに成立しつつある社会なのだ。

*25 『アヴァロン』（押井守監督、伊藤和典脚本、バンダイビジュアル・メディアファクトリー・電通・日本ヘラルド映画、２００1年）

*26 押井守『Avalon―灰色の貴婦人』（メディアファクトリー、２０００年）

*27 前掲『アヴァロン』

*28 前掲『イノセンス 押井守の世界』

*29 『イノセンス』（押井守監督・脚本、プロダクションI.G・徳間書店・日本テレビ・電通・ディズニー・東宝・三菱商事、２００４年）

*30 『スカイ・クロラ The Sky Crawlers』ＤＶＤ（バップ、２００９年）封入特典・公式ガイドブック『スカイ・クロラ クリエイターズ』

*31 『スカイ・クロラ The Sky Crawlers』（押井守監督、伊藤ちひろ脚本、「スカイ・クロラ」製作委員会、２００８年）。以下３４７ページまで同。

*32 押井守編著『アニメはいかに夢を見るか―『スカイ・クロラ』制作現場から』（岩波書店、２００８年）

*33 押井守『勝つために戦え！』（エンターブレイン、２００６年）

*34 舞台『鉄人28号』（押井守脚本・演出、２００９年）

*35 前掲『機動警察パトレイバー2 the Movie』

第6部

*1 『シン・ゴジラ』（庵野秀明脚本・編集・総監督、東宝、２０１６年）

*2 『愛國戦隊大日本』（赤井孝美監督、岡田斗司夫脚本、庵野秀明特撮、ダイコンフィルム、１９８２年）

*3 森下達『怪獣から読む戦後ポピュラー・カルチャー―特撮映画・ＳＦジャンル形成史』（青弓社、２０１６年）

*4 小松左京「〝日本のＳＦ〟をめぐって―ミスターＸへの公開状」（『完全読本　さよなら小松左京』徳間書店、２０１１年）

*5 前掲『怪獣から読む戦後ポピュラー・カルチャー』

*6 上野千鶴子『女という快楽』（勁草書房、１９８６年）

＊7　浅田彰「むずかしい批評について（手帖12）」（『すばる』１９８８年7月号）
＊8　加藤典洋「『外部』幻想のこと」（『文學界』１９８８年8月号）
＊9　竹田青嗣『現代批評の遠近法―夢の外部』（講談社学術文庫、１９９８年）
＊10　大塚英志『サブカルチャー反戦論』（角川書店、２００１年）
＊11　東浩紀『一般意志2.0―ルソー、フロイト、グーグル』（講談社、２０１１年）
＊12　東浩紀『弱いつながり―検索ワードを探す旅』（幻冬舎、２０１４年）／同『ゲンロン0―観光客の哲学』（ゲンロン、２０１7年）
＊13　宮台真司『正義から享楽へ―映画は近代の幻を暴く』（blueprint、２０１7年）
＊14　前掲『シン・ゴジラ』
＊15　浅羽通明『天使の王国―平成の精神史的起源』（幻冬舎文庫、１９９7年）

結びにかえて
＊1　吉本隆明『ハイ・イメージ論Ⅰ』（ちくま学芸文庫、２００3年）
＊2　同
＊3　宇野常寛責任編集『PLANETS―僕たちは〈夜の世界〉を生きている』vol.8（PLANETS、２０１２年）
＊4　吉本隆明『ハイ・イメージ論Ⅱ』（ちくま学芸文庫、２００3年）
＊5　宇野常寛編著『静かなる革命へのブループリント―この国の未来をつくる7つの対話』（河出書房新社、２０１4年）／２０１4年より『PLANETS』はメールマガジンをほぼ日刊で配信している。詳細は同メールマガジンのバックナンバー、及びその取材記事のいくつかをベースにした書籍で確認できる。書籍としては『資本主義こそが究極の革命である―市場から社会を変えるイノベーターたち』『ものづくり2.0―メイカーズムーブメントの日本的展開』（共に宇野常寛編著、ＫＡＤＯＫＡＷＡ、２０１５年）などがある。
＊6　宇野常寛責任編集『PLANETS―東京２０２０　オルタナティブ・オリンピック・プロジェクト』vol.9（PLANETS、２０１５年）

付記と謝辞

本書のベースとなった原稿は、集英社WEB文芸RENZABUROで私が足掛け9年もの間、断続的に行っていた不定期連載（『政治と文学の再設定』）だ。

連載の経緯はいささか複雑だ。集英社の編集者として活動していた髙木梓から最初の依頼を受けたのは2009年のことで、当時刊行されたばかりの村上春樹の『1Q84』についての論考を依頼したい、という内容だった。ちょうどその頃、別の出版社からの同様の依頼で執筆した原稿が作品に批判的だという理由で一方的に非掲載にされてしまったことに腹を立てていた私は二つ返事で引き受けて、張り切って手元にあった原稿を全面的に改稿して送付したのが付き合いのはじまりだった。

髙木はその過程で「一回で掲載するには長過ぎるので分割して載せましょう」と提案し、そして掲載後には「これからもこのようなかたちで、時折寄稿してください」と提案してきた。私は深く考えることなく了承し、いつのまにか不定期連載という体裁が取られ、『政治と文学の再設定』というタイトルがつき、そしてそのうちまとめて本にしよう、という話になっていた。

この不定期連載は私にとってはいつのまにか大切な仕事になっていた。インターネット文芸誌という中間的な場所も、私には心地よかった。紙の老舗文芸誌の権威とプライドだけが空回りし続ける窮屈さからも、震災に前後して肥大しつつあったインターネット言論の空虚で躁病的な茶番劇の反復からも距離が置かれたそこは、もっとも自由にのびのびと思考を開陳できる場でもあった。そこで私は宮崎駿の新作に疑問を持てばその批判をすぐに寄稿し、震災が起こればそこで否応なく問い直される日常性をめぐる想像力について論じた。

高木はその後原発事故をきっかけにフランスに移住したが、連載は何度かの中断を挟みながら続いていった。そして、一昨年（２０１５年）、これまで幾度か雑誌等に寄稿し、あるいは大学やカルチャーセンターの講義で扱ってきたアニメーション論を一冊にまとめようと考えたとき、ベースとなり得る原稿がもっとも多かったのがこの不定期連載であり、そして本書をまとめ上げるパートナーとしてもっとも信頼できる編集者はやはり高木だ、という結論に達した。何よりまず、本書は彼の知的情熱と職業的誠実の産物であることをここに明記したい。

当初はこの数年間各所に書いた原稿を寄せ集め、一冊にまとめ上げる企画として出発した本書だが、結果的に約40万文字中過去の原稿を改稿したものを使用した箇所は1割から2割程度で、残りは『レンザブロー』誌の連載を再開するかたちで新たに執筆することになった。その結果、気がつけば2年近い時間が経っていた。

要するに、この2年は私にとって昔のアニメのことばかり考えていた時間だったということになる。それが茶番であることを伝えるためだけにテレビワイドショーで怒りを表明し、深夜ラジオで自分の人生以外に価値あるものを見つけられない学生の相談に応えながら、一日のある時間、戦後アニメーションのことだけを思考する時間は私にとって幸福だった。そしてそれはマイナスをゼロにするためだけの「社会的な」活動よりも、価値のある仕事だと確信している。

ここで本書の出版にご協力いただいた方々に謝辞を述べたい。

『レンザブロー』誌連載から単行本化にあたっては集英社の鯉沼広行、中山慶介の各氏に並々ならぬ尽力をいただいた。

矢野健二、中川大地、井本光俊、小船井健一郎、高橋薫、中西洋介の各氏には草稿時に詳細な感想と意見をいただいた。本書は、良心的でかつほんとうの意味で批判的な彼らの助言によって支えられている。また、青山ようこ氏には資料について相談に乗っていただき、執筆の大きな助けになった。新潮社の矢野優、松村正樹、三辺直太の各氏に、本書の構想源となった同名の評論を『新潮』誌に連載する際に尽力いただいたことにも、感謝の言葉は尽きない。同連載は私の力不足で一冊にまとまることはなかったが、そのモチーフを引きついだ本書がこうしてかたちになったのは、彼らに支えられた過去の仕事があってのことである。

また、中心的に論じた宮崎駿、富野由悠季、押井守の3監督についてだが、彼らの膨大な仕事を網羅的に取り上げることはこの分量をもってしても難しかった。例えば宮崎駿にとっての『パンダコパンダ』（1972）の、あるいは富野由悠季にとっての小説『機動戦士ガンダム　閃光のハサウェイ』（1989～90）の重要性も当然認識している。しかし人間に与えられた時間は短く、出版物という形式の限界もある。これらについての批評は別の機会に、別のかたちで挑戦させていただきたい。

最後に、富野由悠季は私にとって個人的にもっとも重要な作家である。かつて富野監督から受け取ったものを批評というかたちで返すことは、私の生涯の目標のひとつだ。まだまだ不十分だが、これを嚆矢としたい。

そして改めて、富野監督には新作を期待したい。

私たちがそうであるように、あなたにはまだやるべきことがある。

２０１７年秋

宇野常寛

主要参考文献

◎書籍等
浅羽通明『天使の王国―平成の精神史的起源』（幻冬舎文庫、1997年）
アイザック・アシモフ著・小尾芙佐訳『われはロボット　決定版』（ハヤカワ文庫、2004年）
アニメージュ編集部編『イノセンス　押井守の世界―PERSONA 増補改訂版』（徳間書店、2004年）
庵野秀明責任編集『M.S.GUNDAM FAN CLUB CHAR'S COUNTERATTACK』（逆襲のシャア友の会、1993年）
井上豊夫『果し得ていない約束―三島由紀夫が遺せしもの』（コスモの本、2006年）
上野千鶴子『女という快楽』（勁草書房、1986年）
上原康仁・鈴木遼介編『ガンダム　Gのレコンギスタ　オフィシャルガイドブック』（学研パブリッシング、2015年）
Web現代「ガンダム者」取材班編・サンライズ監修『ガンダム者―ガンダムを創った男たち』（講談社、2002年）
宇田亮一『吉本隆明『共同幻想論』の読み方』（菊谷文庫、2013年）
宇野邦一『吉本隆明　煉獄の作法』（みすず書房、2013年）
宇野常寛編著『静かなる革命へのブループリント―この国の未来をつくる7つの対話』（河出書房新社、2014年）
江藤淳『成熟と喪失―〝母〟の崩壊』（講談社文芸文庫、1993年）
江藤淳『妻と私』（文藝春秋、1999年）
江藤淳著・福田和也編『江藤淳コレクション1～4』（ちくま学芸文庫、2001年）
江藤淳『一九四六年憲法―その拘束』（文春学藝ライブラリー、2015年）
大澤真幸『増補　虚構の時代の果て』（ちくま学芸文庫、2009年）
大塚英志・ササキバラ・ゴウ『教養としての〈まんが・アニメ〉』（講談社現代新書、2001年）
大塚英志『サブカルチャー反戦論』（角川書店、2001年）
大塚英志『江藤淳と少女フェミニズム的戦後―サブカルチャー文学論序章』（ちくま学芸文庫、2004年）
大塚英志『アトムの命題―手塚治虫と戦後まんがの主題』（角川文庫、2009年）
大塚英志編著『まんがはいかにして映画になろうとしたか―映画的手法の研究』（NTT出版、2012年）
岡田斗司夫『オタク学入門』（新潮文庫、2008年）
押井守・天野喜孝『天使のたまご』（アニメージュ文庫、1985年）
押井守『トーキング・ヘッド―絵コンテ集』（バンダイ、1992年）
押井守『注文の多い傭兵たち―オシイマとその一党のコンピュータゲームをめぐる冒険』（メディアワークス、1995年）

押井守『Avalon―灰色の貴婦人』（メディアファクトリー、2000年）
押井守・森山ゆうじ『とどのつまり… 新装版』（アニメージュコミックス、2004年）
押井守『イノセンス創作ノート―人形・建築・身体の旅＋対談』（徳間書店スタジオジブリ事業本部、2004年）
押井守『すべての映画はアニメになる』（徳間書店、2004年）
押井守『勝つために戦え！』（エンターブレイン、2006年）
押井守編著『アニメはいかに夢を見るか―『スカイ・クロラ』制作現場から』（岩波書店、2008年）
押井守著・アニメスタイル編集部編『スカイ・クロラ―The Sky Crawlers― 絵コンテ』（スタイル、2008年）
押井守・山邑圭『TOKYO WAR 2 灰色の幽霊―THE NEXT GENERATION パトレイバー』（KADOKAWA、2015年）
押井守著・［聞き手・構成］山下卓・大塚ギチ『押井言論2012―2015』（サイゾー、2016年）
笠井潔・加藤典洋・竹田青嗣『村上春樹をめぐる冒険―対話篇』（河出書房新社、1991年）
加藤典洋・竹田青嗣『世紀末のランニングパス―1991―92』（講談社、1992年）
加藤典洋『日本という身体―「大・新・高」の精神史』（講談社選書メチエ、1994年）
加藤典洋他『加藤典洋の発言1―空無化するラディカリズム』（海鳥社、1996年）
加藤典洋・竹田青嗣『二つの戦後から』（ちくま文庫、1998年）
加藤典洋『3.11―死に神に突き飛ばされる』（岩波書店、2011年）
加藤典洋『敗戦後論』（ちくま学芸文庫、2015年）
加藤典洋『日の沈む国から―政治・社会論集』（岩波書店、2016年）
柄谷行人『批評とポスト・モダン』（福武文庫、1989年）
柄谷行人編『近代日本の批評Ⅰ～Ⅲ』（講談社文芸文庫、1997～98年）
柄谷行人『憲法の無意識』（岩波新書、2016年）
木川明彦・松尾亜紀子・錦織正・輿水晶子・天本伸一郎編『押井守全仕事 増補改訂版―「うる星やつら」から「アヴァロン」まで』（キネマ旬報社、2001年）
岸由二・柳瀬博一『「奇跡の自然」の守りかた―三浦半島・小網代の谷から』（ちくまプリマー新書、2016年）
切通理作『怪獣使いと少年―ウルトラマンの作家たち』（宝島社文庫、2000年）
小林秀雄『小林秀雄全作品19―真贋』（新潮社、2004年）
小牧雅伸・穂浪優子・千手孝一・賀屋聡子編『富野語録―富野由悠季インタビュー集』（ラポート、1999年）
小谷野敦『江藤淳と大江健三郎―戦後日本の政治と文学』（筑摩書房、2015年）
ササキバラ・ゴウ『〈美少女〉の現代史―「萌え」とキャラクター』（講談社現代新書、2004年）

佐々木守『戦後ヒーローの肖像―『鐘の鳴る丘』から『ウルトラマン』へ』（岩波書店、2003年）
佐々木守『ネオンサインと月光仮面―宣弘社・小林利雄の仕事』（筑摩書房、2005年）
佐藤健志『ゴジラとヤマトとぼくらの民主主義』（文藝春秋、1992年）
士郎正宗『攻殻機動隊 THE GHOST IN THE SHELL 1』（ヤングマガジンKCDX、1991年）
杉田俊介『宮崎駿論―神々と子どもたちの物語』（NHK出版、2014年）
スタジオジブリ・文春文庫編『ジブリの教科書9―耳をすませば』（文春ジブリ文庫、2015年）
巽孝之編『日本SF論争史』（勁草書房、2000年）
富野由悠季『増補改訂版 だから 僕は…』（アニメージュ文庫、1983年）
富野由悠季監修・天本伸一郎編『富野由悠季 全仕事―1964-1999』（キネマ旬報社、1999年）
中島紳介・斎藤良一・永島収『イデオンという伝説』（太田出版、1998年）
西尾幹二『三島由紀夫の死と私』（PHP研究所、2008年）
野田真外編著『前略、押井守様。』（フットワーク出版、1998年）
氷川竜介『20年目のザンボット3』（太田出版、1997年）
氷川竜介・藤津亮太編『BRAINPOWERD SPIRAL BOOK―ブレンパワード スパイラルブック』（学習研究社、1999年）
氷川竜介『フィルムとしてのガンダム』（太田出版、2002年）
三島由紀夫・東大全共闘『美と共同体と東大闘争』（角川文庫、2000年）
三島由紀夫『文化防衛論』（ちくま文庫、2006年）
見田宗介『社会学入門―人間と社会の未来』（岩波新書、2006年）
宮崎駿『風の谷のナウシカ―絵コンテ1～2』（アニメージュ文庫、1984年）
宮崎駿『出発点 1979～1996』（スタジオジブリ、1996年）
宮崎駿『折り返し点 1997～2008』（岩波書店、2008年）
宮崎駿・丹羽圭子『脚本 コクリコ坂から』（角川書店、2011年）
森下達『怪獣から読む戦後ポピュラー・カルチャー―特撮映画・SFジャンル形成史』（青弓社、2016年）
山岡有子構成・島田浩志編『機動警察パトレイバー2 the Movie―THIS IS ANIMATION THE SELECT』（小学館、1993年）
吉本隆明『改訂新版 共同幻想論』（角川ソフィア文庫、1982年）
吉本隆明『ハイ・イメージ論I～III』（ちくま学芸文庫、2003年）
『アニメージュ』（徳間書店、1995年8月号）
『コミック・ボックス』VOL.98（「完結記念特集 風の谷のナウシカ」ふゅーじょんぷろだくと、1995年1月号）

『ニュータイプ　マークⅡ』（角川書店、『月刊ニュータイプ』１９９７年７月号増刊）
『文藝別冊　円谷英二』（河出書房新社、２００１年）
『別冊宝島１１０号　80年代の正体！』（ＪＩＣＣ出版局、１９９０年）
『別冊宝島１２９号　ザ・中学教師子どもが変だ！』（ＪＩＣＣ出版局、１９９１年）
『別冊宝島２９３号　このアニメがすごい！』（宝島社、１９９７年）
『別冊宝島３３０号　アニメの見方が変わる本』（宝島社、１９９７年）
『別冊宝島　映画宝島 Vol.2　怪獣学・入門！』（ＪＩＣＣ出版局、１９９２年）
◎電子書籍
朝日新聞（永井靖二）『三島由紀夫は何に怒っていたのか―70年安保という時代〈新聞と憲法９条〉』（朝日新聞社、２０１６年）
日経ビジネス編『「シン・ゴジラ」、私はこう読む』（日経ＢＰ社、２０１６年）
◎ウェブサイト
安彦一恵「柄谷―加藤論争について」（『ＤＩＡＬＯＧＩＣＡ』第７号、滋賀大学教育学部倫理学・哲学研究室、１９９８年）／
http://www.edu.shiga-u.ac.jp/dept/e_ph/dia/7.html

初出
序にかえて　書き下ろし
第 1 部　『政治と文学の再設定』第四部「戦後アニメーションの〈政治と文学〉」前半部に加筆修正
第 2 部　『政治と文学の再設定』第四部「戦後アニメーションの〈政治と文学〉」後半部に加筆修正
第 3 部　『政治と文学の再設定』第一部第七章「宮崎駿と母性のユートピア」をベースに、『ジブリの教科書 10　もののけ姫』（文春ジブリ文庫）収録の〈「生きろ。」と言われてウザいと感じた人のための『もののけ姫』の読み方〉の一部、『ダ・ヴィンチ』誌 2013 年 9 月号掲載〈鳥は重力に抗って飛ぶのではない〉の一部にそれぞれ加筆修正
第 4 部　『政治と文学の再設定』第二部「富野由悠季と母性のディストピア」に加筆修正
第 5 部　『政治と文学の再設定』第三部「押井守と〈映像の世紀〉」に加筆修正
第 6 部　『政治と文学の再設定』第四部「戦後アニメーションの〈政治と文学〉」第三回「〈シン・ゴジラ〉と政治と文学の再設定」に大幅に加筆修正
結びにかえて　書き下ろし。ただし『PLANETS』メールマガジン（2015 年 1 月配信）〈「母性のディストピア 2.0」へのメモ書き〉を一部改稿して部分的に使用

『政治と文学の再設定』集英社 WEB 文芸『RENZABURO』2009 年 10 月～ 2017 年 2 月掲載

宇野常寛（うの つねひろ）
1978年生まれ。評論家。批評誌『PLANETS』編集長。著書に『ゼロ年代の想像力』（早川書房）、『リトル・ピープルの時代』（幻冬舎）、『日本文化の論点』（筑摩書房）、石破茂との対談『こんな日本をつくりたい』（太田出版）、『静かなる革命へのブループリント－この国の未来をつくる7つの対話』（編著、河出書房新社）など多数。企画・編集参加に『思想地図 vol.4』（NHK出版）、『朝日ジャーナル－日本破壊計画』（朝日新聞出版）など。京都精華大学ポピュラーカルチャー学部非常勤講師、立教大学兼任講師。

母性《ぼせい》のディストピア

2017年10月30日　第1刷発行
2017年11月21日　第3刷発行

著　者　宇野常寛《うのつねひろ》

発行者　村田登志江

発行所　株式会社集英社

〒101-8050　東京都千代田区一ツ橋2-5-10

電話　03-3230-6100（編集部）

03-3230-6080（読者係）

03-3230-6393（販売部）書店専用

印刷所　大日本印刷株式会社

製本所　株式会社ブックアート

ISBN978-4-08-771119-6 C0095